Peter Neumann
IRA: Langer Weg zum Frieden

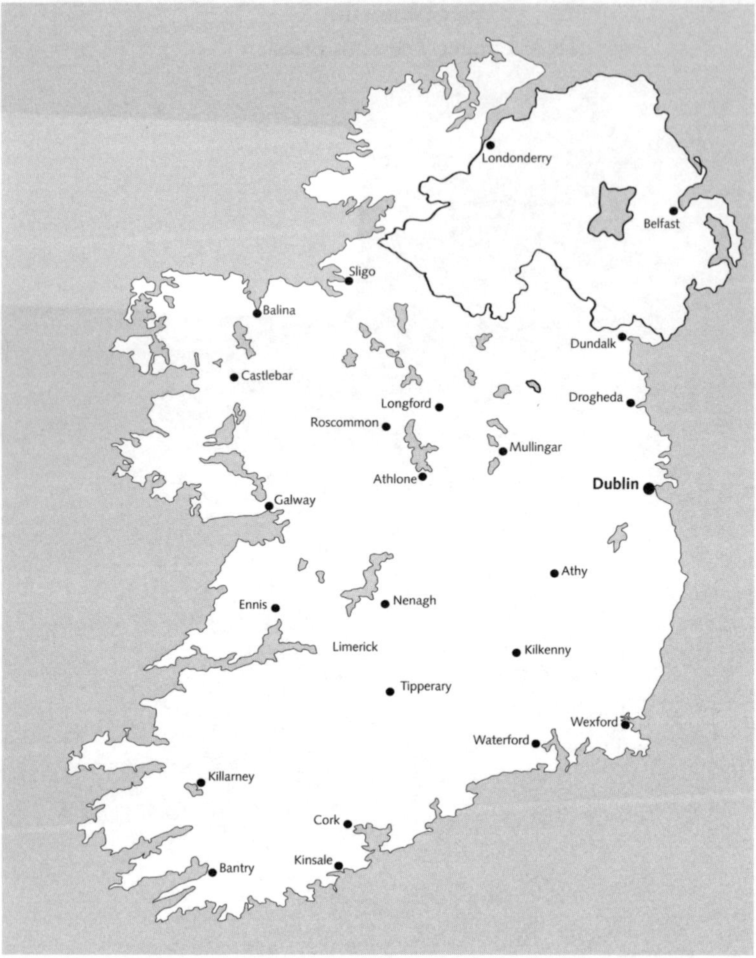
Londonderry
Belfast
Sligo
Balina
Dundalk
Castlebar
Longford
Drogheda
Roscommon
Mullingar
Athlone
Dublin
Galway
Athy
Ennis
Nenagh
Limerick
Kilkenny
Tipperary
Wexford
Waterford
Killarney
Cork
Kinsale
Bantry

Peter Neumann

IRA

Langer Weg zum Frieden

Rotbuch Verlag

Peter Neumann, geboren 1974, studierte Politikwissenschaft in Berlin. 1997/98 war er Stipendiat des *Belfast Education and Library Board* in Belfast. Seit 1997 ist er Auslandskorrespondent in Belfast. Er lebt als freier Journalist in Belfast und Berlin.

Die Deutsche Bibliothek – CIP-Einheitsaufnahme

Neumann, Peter:
IRA: Langer Weg zum Frieden / Peter Neumann. –
Hamburg : Rotbuch Verlag, 1999
ISBN 3-434-53043-6

Umschlaggestaltung: + malsy, Bremen
Herstellung: Das Herstellungsbüro, Hamburg
Satz: H & G Herstellung
Druck und Bindung: Druckerei Wagner, Nördlingen
Printed in Germany

Inhalt

Nordirland 7
Wurzeln 17
Eskalation 58
Langer Krieg 109
Patt 140
Frieden 164
Langer Weg zum Frieden 208

Anhang

Chronologie 221
Glossar 224
Personen 228
Literatur 233
Karten 236

Nordirland

Der 16. September 1997 beginnt in Markethill wie jeder andere Dienstag im Jahr. Im 4000-Einwohner-Dorf, eine Dreiviertelstunde von Belfast, ist Markttag. Die Bauern aus der ländlichen Grafschaft Armagh im Süden Nordirlands strömen in den kleinen Ort, um nahe des Zentrums ihr Vieh abzuladen. Gegen neun Uhr beginnt der Handel. Bärtige Männer lehnen über notdürftig zusammengeflickten Zäunen, die die Schafe und das Rind der Bauern voneinander trennen. Sie rufen sich Preise zu, fuchteln wild mit den Armen.

Um 11.15 Uhr endet das beschauliche Treiben. Einige Dutzend gepanzerte Landrover der britischen Armee stürmen den Ortskern: »Bombscare!«, Bombenwarnung, schreien die jungen Rekruten der britischen Armee, die – mit schußsicherer Weste und Maschinengewehr im Anschlag – die Menschen in Markethill aufsammeln, sie in Mannschaftswagen befehlen und außerhalb des Orts auf Parkplätzen oder in weiter Flur auf die Straße setzen. Innerhalb einer halben Stunde evakuieren die Sicherheitskräfte an diesem Morgen mehr als 1000 Menschen, darunter 260 Schüler einer Grundschule und eine bettlägerige 80jährige Dame, auf die man nur deshalb aufmerksam wurde, weil zufällig Verwandte zu Besuch waren.

Wenige Minuten vor zwölf ist Markethill menschenleer. Einzig die Tiere auf dem Viehmarkt sorgen für eine gespenstische Geräuschkulisse. Dann die Explosion. Die in einem blauen Ford Transit versteckte Bombe enthält 160 Kilogramm Sprengstoff – genug, um das Zentrum eines Dorfs wie Markethill in Schutt und Asche zu legen. In den Zeitungen wird am folgenden Tag berichtet, die Wucht der Explosion sei noch in der zwölf Kilometer entfernten Stadt Armagh City zu spüren gewesen. Das örtliche Polizeirevier, das vermeintliche Ziel der Bombenleger, wird genauso zerstört wie die Grundschule des Orts, ein Supermarkt, eine Apotheke, ein Restaurant und einige Dutzend Wohnhäuser. Der Anschlag hat kein einziges Menschenleben gefordert, aber Markethill, ein Ort, der Jahrzehnte des Bürgerkriegs in Nordirland nahezu unbeschadet überstanden hatte, wird niemals mehr der idyllische Flecken sein, den seine Besucher bis dahin kannten.

Kaum ist die Explosion vorüber, füllt sich das Dorf mit Menschen. Die Polizei hat den Stadtkern abgeriegelt. Nach und nach treffen auch Politiker ein, um vor der Kulisse des zerstörten Dorfs »ihrem Entsetzen und ihrer Erschütterung« über die Attacke Ausdruck zu geben. Aus London meldet sich die britische Nordirlandministerin Marjorie Mowlam zu Wort. Tags darauf füllen Artikel über den Anschlag in Markethill die Zeitungen in Nordirland. Einwohner berichten, daß sie ihr gesamtes Hab und Gut verloren hätten, daß ihnen beim Gedanken an die Bombenleger übel werde, daß sie in Frieden leben wollten. Die großen britischen Blätter widmen der Bombe immerhin zwei Spalten auf der Titelseite, in Deutschland wird der Vorfall unter der Rubrik »Weitere Meldungen« mit wenigen Zeilen auf der Auslandsseite abgehandelt.

Der Anschlag von Markethill ist kein Meilenstein, kein Wendepunkt in dem seit mittlerweile 30 Jahren andauernden Konflikt. Im Gegenteil. Markethill ist blutiges Ritual, ein für nordirische Verhältnisse fast »normaler« Vorfall. Schon wenige Tage nach der Explosion verschwindet das Thema aus den Nachrichten; die Bombe gerät zu einer statistischen Größe, zu einer von mehr als 10 000 sogenannten *Explosives Attacks*, die die nordirische Polizei, die *Royal Ulster Constabulary* (RUC), seit 1968 gezählt hat.*

Auf der Suche nach einer Erklärung, weshalb sich die Menschen in Nordirland bekämpfen, warum sie Krankenhäuser in die Luft jagen, Wohnhäuser anzünden, Kinder ermorden, verirrt sich der interessierte Beobachter zwangsläufig in einem Dickicht von Widersprüchen. Ein hoher britischer Beamter schrieb: »Wer glaubt, Nordirland zu verstehen, der hat gar nichts verstanden.« Ein Standardwerk über den Bürgerkrieg in Nordirland heißt »Explaining Northern Ireland« (Nordirland erklären) und wirft auf knapp 500 Seiten mehr Fragen auf, als Antworten zu geben.

Die einfachste Methode, den Konflikt zu beschreiben, besteht darin zu sagen, worum es nicht geht. Außerhalb Irlands hält sich beispielsweise hartnäckig die Auffassung, in Nordirland tobe eine Art »Gotteskrieg« zwischen Katholiken und Protestanten. Tatsächlich aber steht weder die Missionierung der jeweils anderen Bevölkerungsgruppe im Vordergrund, noch streiten Protestanten und Katholiken in Nordirland um die Interpretation bestimmter Enzykliken, Dogmen oder Glaubenssätze. Der Konflikt hat also nicht vornehmlich religiösen Charakter, obwohl die Konfessionszugehörigkeit die beiden politischen Lager in Nordirland grob voneinander abgrenzt. Einige Politikwissenschaftler meinen, der Konflikt in Nordirland beruhe vielmehr auf »konfligierenden nationalen Identitäten«. Im Klartext: Während sich die Katholiken als Iren begreifen und eine Vereinigung Nordirlands mit der Republik Irland anstreben, bestehen die Protestanten auf der Zugehörigkeit Nordirlands zum Vereinigten Königreich, also zu Großbritannien.

---

* Zum Anschlag in Markethill bekannte sich später die *Continuity-IRA*, eine Gruppe, die sich 1986 von der IRA abgespalten hat.

Auch wenn den geschichtlichen Wurzeln des Konflikts gelegentlich eine allzu große, beinahe umfassende Bedeutung beigemessen wird, so besteht kein Zweifel daran, daß ein Blick in zurückliegende Jahrhunderte hilfreich sein kann, die Entstehung unterschiedlicher nationaler Identitäten in Nordirland zu erklären.

Die ersten Spuren menschlicher Zivilisation in Irland reichen bis weit in die Zeit vor Christi Geburt zurück. Die gälischen Kelten eroberten die Insel gegen 350 v. Chr. Die vermeintlichen Ureinwohner waren also eigentlich die ersten Invasoren Irlands. Das kriegerische Volk, das bereits über Waffen aus Eisen verfügte, besiegte einen Stamm aus Nordspanien, der die Insel bis dahin nahezu allein besiedelt hatte. Im 5. Jahrhundert n. Chr. wirkte der heilige Patrick als Missionar in Irland und machte aus dessen Bewohnern eines der stenggläubigsten Völker in der westlichen Welt. Von einem einheitlichen irisch-keltischen Staatsverband konnte damals keine Rede sein. Die Insel war vielmehr in mehrere Königreiche aufgeteilt, die sich, je nach Interessenlage, gegenseitig bekriegten.

Im Jahr 1166 segelte der in einem Stammeskrieg unterlegene König der Provinz Leinster im Osten Irlands über die Irische See nach England, um die Normannen zu einer Invasion Irlands zu bewegen. Vier Jahre später war es soweit: Unter Führung des legendären Feldherren Strongbow landeten die Normannen in Irland, besiegten die Kelten und brachten die Insel unter die Obhut der normannischen Krone. Vom »Beginn 800jähriger britischer Unterdrückung« war vorerst wenig zu spüren: Die normannischen Kolonisten paßten sich schnell an keltische Sitten an, lernten die gälische Sprache und knüpften familiäre Bande mit den Kelten. Kurzum: Die Normannen arrangierten sich mit den Stammeshäuptlingen, und so blieb die keltische Gesellschaftsstruktur von der Invasion relativ unberührt. Eine Gruppe von Nachfahren normannischer Invasoren – das sogenannte House of Kildare – wurde im 15. Jahrhundert gar zur ersten ernsthaften Bedrohung für die Macht des englischen Königs in Irland.

In der ersten Hälfte des 16. Jahrhunderts versuchte König Heinrich VIII., dem eigenwilligen Treiben seiner Statthalter in Irland ein Ende zu setzen und die Insel wieder unter uneingeschränkte Kontrolle der Krone zu bringen. Während sich die Einführung des englischen Land- und Erbrechts noch relativ problemlos durchsetzen ließ, von vielen Stammesfürsten sogar begrüßt wurde, stieß Heinrich bei der Umsetzung der Reformation in Irland auf große Widerstände. Die Kelten und die Nachkommen der Normannen akzeptierten zwar die geistliche Oberhoheit des englischen Königs, weigerten sich aber, die Einführung eines neuen Gebetbuchs hinzunehmen. Für das englische Königshaus entstand so eine neue Konstellation: Irland wurde in den Augen der britischen Herrscher zum Einfallstor der Gegenreformation, zur potientiellen Angriffsbasis der Feinde Englands, zu denen damals vor allem Spanien und Frankreich zählten.

Und tatsächlich: Fortan war Irland ein Spielball in der europäischen Auseinandersetzung zwischen Anhängern und Gegnern der Reformation. Königliche Truppen und loyale keltische Stämme besiegten im Jahr 1601 den Clan der O'Neills, dessen Königreich sich in der Provinz Ulster im Nordosten der Insel befand, das heute zu Teilen zu Nordirland gehört. O'Neills Gefolgschaft floh und lebte später in Rom im Exil. Königin Elisabeth annektierte die Besitztümer O'Neills und teilte sie unter Siedlern aus England und Schottland auf. Weil die Neuankömmlinge reformierte Protestanten waren, erlangte der Konflikt um das Land im Nordosten der Insel damit unweigerlich eine religiöse Komponente. Bis heute wird diese Ansiedlung von Protestanten in den Jahren 1608 bis 1610 (die sogenannte *Plantation*) deshalb als Ausgangspunkt der Auseinandersetzung in Nordirland bezeichnet.

Ab 1641 nahmen die enteigneten (katholischen) Iren Rache an den protestantischen Siedlern; sie ermordeten mehr als 12 000 Protestanten in Ulster. In England bekriegten sich zur selben Zeit Krone und Parlament – und wieder wurde Irland zur »zweiten Front«. Die Iren kämpften dabei auf der Seite der englischen Krone gegen die protestantischen Siedler im Verbund mit der von Oliver Cromwell angeführten Parlamentsarmee. Zwischen 1689 und 1691 unternahm der abgesetzte englische König James II. den Versuch, von Irland aus die Macht in London zurückzuerobern. Die Truppen des (katholischen) James unterlagen in der Schlacht von Boyne 1690 dem protestantischen Wilhelm von Oranien.

Für Protestanten wie Katholiken stellt die im 17. Jahrhundert erlittene Schmach ein Trauma dar, das bis heute im Denken der jeweiligen Bevölkerungsgruppe tief verwurzelt ist. Während die protestantischen Nachfahren der Siedler im Nordosten der Insel die Siege von Oliver Cromwell und Wilhelm von Oranien als Rettung vor einem katholischen Genozid feiern und ihrer alljährlich mit zahlreichen Paraden gedenken, interpretieren die Katholiken den protestantischen Triumph im 17. Jahrhundert heute als Beleg britischer Unterdrückung. In jedem Fall blieb tiefes Mißtrauen der jeweils anderen Konfession gegenüber.

Die protestantische Minderheit in Irland übte »Siegerjustiz« und zementierte ihre Vorherrschaft in Form sogenannter Strafgesetze, die Katholiken pauschal als illoyal einstufte und sie de facto vom öffentlichen Leben ausschloß. Aus Angst, die katholische Mehrheit könnte die bestehenden Eigentumsverhältnisse wieder in Frage stellen, drängten die Nachfahren protestantischer Siedler und Soldaten die irischen Katholiken an den Rand der Gesellschaft: Sie mußten sich als rechtlose Landarbeiter verdingen und litten Hunger. Der Politologe Adrian Guelke bezeichnet das 18. Jahrhundert als »Periode der gescheiterten Integration«, weil diese drakonische Bestrafung der katholischen Bevölkerungsmehrheit die Katholiken dem Königreich entfremdete, dem sie bis zu dieser Zeit loyal gegenübergestanden hatten.

Auch gelang es den Katholiken nicht, die der englischen Krone bedingungslos ergebenen Protestanten im 19. Jahrhundert für die Idee eines unabhängigen oder autonomen Irlands zu begeistern. Die im Jahr 1921 besiegelte Teilung der Insel in 26 Grafschaften, die vom Vereinigten Königreich abfielen, und sechs Grafschaften im Nordosten, für die sich an der Zugehörigkeit zu Großbritannien nichts änderte, verhinderte im letzten Moment einen Bürgerkrieg zwischen protestantischen und katholischen Milizen. Die bei Großbritannien verbliebenen Grafschaften bilden das heutige Nordirland. Die Grafschaften Tyrone, Fermanagh, Armagh und Londonderry zählen zu den Hauptsiedlungsgebieten der schottischen und englischen Protestanten im 17. Jahrhundert. Die Grafschaften Antrim und Down im Osten, die die Hauptstadt der Provinz, Belfast, umschließen, waren schon vor der *Plantation* von schottischen Stämmen bewohnt. In Nordirland leben heute knapp 1,7 Millionen Menschen, gut die Hälfte davon im Ballungsraum Belfast.

Nach einer Statistik aus dem Jahr 1995 leben in Nordirland heute etwa 730 000 Katholiken, was etwa 43 Prozent der Gesamtbevölkerung entspricht. Die Mehrheit, etwa 55 Prozent, bekennt sich zu einer der zahlreichen protestantischen Kirchen.

Tief gespaltene Gesellschaft

Nach Ansicht von Sozialwissenschaftlern handelt es sich bei Nordirland um eine »tief gespaltene Gesellschaft«. Als Beleg hierfür reicht der Verweis auf die statistische Aufteilung der nordirischen Bevölkerung in Protestanten und Katholiken jedoch nicht aus. Nordirland ist vielmehr deshalb tief gespalten, weil beide Bevölkerungsgruppen zwar denselben Landstrich bewohnen, zwischen den zwei Gruppen aber keinerlei »Kreuzverbindungen« bestehen, also institutionalisierte Kontakte über Konfessionsgrenzen hinweg. Wer Nordirland besucht, wird beispielsweise rasch die zahlreichen Fahnen am Wegesrand bemerken. Sie markieren die Zugehörigkeit einer bestimmten Straße, eines Viertels oder Orts zu einer bestimmten Gruppe: Der britische Union Jack zeigt an, daß hier Protestanten wohnen, die irische Flagge steht für eine katholische Siedlung. In manchen Gegenden haben die Bewohner sogar die Bordsteine mit den Farben der jeweiligen Fahne angestrichen.

Die strikte Trennung zwischen katholischen und protestantischen Wohngebieten steht beispielhaft für den Lebensweg der meisten Nordiren. Nur ein verschwindend geringer Anteil der nordirischen Kinder besucht gemischte Schulen: Katholiken sind zumeist an kirchlichen Schulen eingeschrieben, Protestanten an staatlichen. Und auch die Freizeitgestaltung läßt wenig Raum für interkonfessionelle Begegnung. Die meisten katholischen jungen Männer spielen Gaelic Football, eine Mischung aus Rugby und Fußball, während ihre protestantischen Altersgenossen eher dem Rugby zuneigen. Obwohl eine Agentur für faire Beschäftigung die Diskriminierung am Arbeitsplatz überwacht, sind in vielen Betrieben die Angehörigen einer Konfession unter sich. Selbst in der einzigen, auch in der Praxis überkonfessionellen Einrichtung der Provinz, in der Queen's-Universität in Belfast, bilden Katholiken und Protestanten getrennte Grüppchen. Gemischte Ehen haben nach wie vor Seltenheitswert.

Natürlich spiegelt sich die tiefe Spaltung Nordirlands, die Isolation der beiden Bevölkerungsgruppen auch im politischen Spektrum der Provinz wider. Zwar betonen alle politischen Parteien regelmäßig, daß sie Wählern jeglicher Couleur eine Heimstatt bieten, in der Praxis aber sprechen die Parteien nur jeweils eine Gruppe an (die einzige Ausnahme bildet die kleine Alliance-Partei). Das Parteiensystem der Provinz wird heute von vier Parteien bestimmt, die im wesentlichen die relevanten Denkrichtungen in Nordirland repräsentieren.

Die wichtigste Kraft im protestantischen Lager ist die *Ulster Unionist Party* (UUP). Bisher gelang es der Partei stets, etwa zwei Drittel der protestantischen Wähler an sich zu binden.

Die UUP bezeichnet sich als »unionistisch«, weil ihr wichtigstes Ziel das Festhalten an Nordirlands Union mit Großbritannien ist. Die Partei verurteilt die Anwendung von Gewalt zur Durchsetzung politischer Ziele. Die zweite Partei im protestantischen Lager, die *Democratic Unionist Party* (DUP), ist untrennbar mit ihrem Vorsitzenden, dem charismatischen Pastor Ian Paisley, verbunden. Obwohl auch die DUP die Bezeichnung »unionistisch« im Namen führt, wird die Partei als »loyalistisch« eingestuft. Loyalisten kämpfen zwar ebenfalls für die Zugehörigkeit Nordirlands zum Vereinten Königreich, ihre »Loyalität« aber gilt vor allem der englischen Krone. Loyalisten können sich deshalb z.B. die Unabhängigkeit Nordirlands im Rahmen des britischen Commonwealth vorstellen. Die politischen Ansichten der Loyalisten sind in aller Regel radikal und extrem anti-katholisch; und obwohl sich Paisley offiziell von Gewalt distanziert, dominiert innerhalb der protestantischen Milizen das von ihm propagierte Gedankengut.

Auf katholischer Seite führt die *Social Democratic and Labour Party* (SDLP). Die Mitglieder der Partei bezeichnen sich als Nationalisten, weil sie für eine Vereinigung Nordirlands mit der Republik Irland eintreten. Dies jedoch, so das Credo der SDLP, könne nur auf Grundlage einer friedlichen Übereinkunft mit den Protestanten Nordirlands geschehen; die Einheit Irlands dürfe keinesfalls erzwungen werden. Auch *Sinn Fein* (gälisch: ›Wir selbst‹), die kleinere Partei im katholischen Lager, streitet für die Vereinigung mit der Republik Irland. Im Gegensatz zur SDLP aber hat *Sinn Fein* lange Zeit die Anwendung von Gewalt zur Durchsetzung dieses Ziels gebilligt. *Sinn Fein* repräsentiert eine Denkrichtung, die sich »irischer Republikanismus« nennt. Die Bezeichnung geht auf den Rebellen Wolfe Tone zurück, der Ende des 18. Jahrhunderts einen Aufstand zur Schaffung einer unabhängigen irischen Republik organisierte. *Sinn Fein* ist eng mit der Untergrundorganisation *Irisch-Republikanische Armee* (IRA) verbunden. Als Sammelbegriff für beide Organisationen, *Sinn Fein* und IRA, wird gelegentlich auch der Begriff »republikanische Bewegung« verwendet, wobei

Sinn Fein den politischen Flügel, die IRA den militärischen Flügel darstellt.

Der Konflikt in Nordirland ist ein blutiger Konflikt. Auch deshalb erlangt die Auseinandersetzung weit über die Grenzen der Provinz hinaus soviel öffentliche Aufmerksamkeit. Seit 1968 hat die Auseinandersetzung um die sechs Grafschaften mehr als 3200 Menschen das Leben gekostet. Diese Menschen wurden von katholischen wie protestantischen Untergrundorganisationen, den sogenannten Paramilitärs, aber auch von staatlichen Sicherheitskräften, der nordirischen Polizei oder der britischen Armee getötet. Hinzu kommen 40 000 Verletzte, viele darunter mit bleibenden gesundheitlichen Schäden. Ungezählt die Verwandten und Freunde von Opfern, die Augenzeugen schrecklicher Verbrechen, die Erpreßten und Eingeschüchterten.

Am Karfreitag des Jahres 1998 haben in Belfast die wichtigsten Parteien Nordirlands sowie die britische und irische Regierung ein Abkommen unterzeichnet, das den Konflikt friedlich beilegen soll. Im Gegensatz zu früheren Vereinbarungen ähnlicher Art wurde dieser Vertrag auch vom Anführer der republikanischen Bewegung, dem Vorsitzenden von *Sinn Fein*, Gerry Adams, unterschrieben. Das Abkommen verpflichtet die Unterzeichner auf den Gebrauch »demokratischer und ausschließlich friedvoller Mittel«. Vieles spricht dafür, daß mit dieser Unterschrift die IRA ein für allemal der Gewalt abgeschworen hat, daß der bewaffnete Kampf zur Durchsetzung eines vereinten Irlands mit der Unterzeichnung dieses Abkommens sein Ende gefunden hat.

Karfreitag 1999, ein Jahr später, ist das Abkommen noch immer nicht implementiert. Aber: Der Frieden hält; und eine Rückkehr zur Gewalt zurückliegender Jahrzehnte scheint für keinen der Akteure eine erfolgversprechende Option.

Wurzeln

Jedes Jahr am Ostermontag gedenkt die republikanische Bewegung auf dem Milltown-Friedhof an der Falls Road in Belfast ihrer Toten. Fast immer regnet es an diesem Tag, und trotzdem finden sich alljährlich um die 1000 Menschen an der IRA-Grabstätte ein, die den hinteren Teil des Friedhofs wie ein Leuchtturm überragt. Die Inschriften auf dem von allen Seiten mit Gravuren versehenen Grabstein nennen jeweils den Namen des »Soldaten«, sein Sterbedatum, geben einen vagen Hinweis auf die Umstände des Todes. »Died on active service«, im Einsatz gefallen, ist wohl die ehrenvollste Inschrift, die sich ein *Volunteer*, ein Kämpfer der IRA, hinter seinem Namen wünschen kann.

Auch am Ostermontag 1998 versammelt sich die republikanische »Gemeinde« vor dem Grab. *Sinn Fein* hat ein Podium aufgebaut, von dem aus Alex Maskey, ein führendes Mitglied der Partei, zu den Anwesenden spricht. Zwei Tage zuvor hat Gerry Adams, der Präsident von *Sinn Fein*, einem Vertrag zugestimmt, mit dem die Partei zum erstenmal in ihrer Geschichte anerkennt, daß Nordirland zu Großbritannien gehört, »solange es die Mehrheit der Menschen in Nordirland wünscht«. Unter den Zuhörern sind junge Familien wie auch Männer in schwarzen Lederjacken und ausgewaschenen Jeans, der inoffiziellen IRA-Uniform. Man klatscht nur mäßig Beifall, als Maskey dem skeptischen Publikum erklärt, der Friedensvertrag lege den Grundstein für ein vereinigtes Irland. Gegen Ende der Ansprache aber brandet tosender Beifall auf: Maskey preist die Helden der republikanischen Bewegung, beginnend bei den sogenannten United Irishmen im 18. Jahrhundert über die Kämpfer des Osteraufstands 1916 bis zu den Heroen, die als *Volunteers* der IRA der britischen »Besatzungsmacht« bis heute entgegentreten.

Die IRA, so scheint es, hat keine Ideologie. Die IRA bezieht ihre Sicht der Dinge aus der Vergangenheit. Ihre Ideologie ist die republikanische Deutung der Geschichte des irischen Volks, das nach Meinung der Republikaner »seit 800 Jahren gegen englische Unterdrückung und Ausbeutung kämpft«. Hieraus resultiert das republikanische Weltbild: Das Denken, die Rituale und Grundsätze der Organisation und letztlich auch das Recht, »Ehre und Freiheit der irischen Nation« mit Waffen zu verteidigen.

Republikanische Ahnen

In den Augen der irischen Republikaner beginnt die Geschichte des irischen Republikanismus im Jahr 1798: Allein im Juni des Jahres verloren mehr als 30 000 Menschen ihr Leben. Die 98er Rebellion ist Ausgangspunkt irisch-republikanischer Geschichtsschreibung, der Anfang des irischen »Befreiungskampfes«, gewissermaßen die Stunde Null der heutigen IRA.

Die Revolution von 1798 begann sieben Jahre zuvor mit der Gründung der *Society of United Irishmen*, einer elitären Vereinigung wohlhabender Presbyterianer, die mit Begeisterung die Revolution in Frankreich verfolgten und sich schworen, der verhaßten britischen Monarchie in Irland ein Ende zu bereiten. Anführer der jungen Protestanten wurde Theobald Wolfe Tone. Der 1763 in Dublin geborene Anwalt war einer der radikalsten Anhänger der Idee, daß Irland eine eigenständige Nation sei. Dabei schien es für Tones Konzept ohne Belang, ob es sich um die keltischen (katholischen) Einwohner der Insel oder um die im Zuge der sogenannten *Plantation* – vor allem im Nordosten Irlands – angesiedelten Protestanten handelte. Seiner Auffassung nach waren alle Bewohner der Insel schlicht Iren und als solche, den Idealen der Französischen Revolution entsprechend, frei und gleich. Religion, so Tone, sei ohnehin Aberglaube und würde durch den »rationalen Wind der Revolution« hinweggefegt werden.

Bis Ende des 18. Jahrhunderts hatten die Katholiken am öffentlichen Leben in Irland kaum Anteil. Sie durften weder Waffen tragen, noch konnten sie Soldaten in der britischen Armee werden. Vor der Annahme eines öffentlichen Amts mußten Katholiken zum anglikanischen Glauben konvertieren. Das Wahlrecht erkannte ihnen die Krone im Jahr 1728 ab. Schwerer noch wog die Tatsache, daß ihnen Kauf oder Pacht von Farmland de facto verboten waren. Der englische König bemerkte damals treffend, daß das Gesetz »so etwas wie irische Katholiken« nicht kenne. Natürlich hatte die Ausgrenzung erhebliche materielle Konsequenzen: Die Katholiken verdingten sich als rechtlose Landarbeiter, während sich unter den Anglikanern eine Oberschicht herausbildete, deren Wohlstand und Lebensstil dem der »Upper Class« in Großbritannien gleichkam. Schon damals machten die irischen Katholiken ihrer Unzufriedenheit Luft: Landarbeiter gründeten Geheimbünde, die nach dem Robin-Hood-Prinzip vorgingen und wohlhabende Protestanten mit Überfällen und Einbrüchen terrorisierten.

Irland war also schon vor Ausbruch der Rebellion ein Unruheherd, der für den britischen Premierminister einen Problemfall darstellte. Allerdings stand ein Krieg Britanniens mit dem revolutionären Frankreich bevor, und innenpolitische Probleme konnte man sich nicht leisten. Das Parlament in Westminster hob die gegen Katholiken gerichteten Gesetze folglich auf – einzig das Recht, Abgeordneter zu sein, blieb Anglikanern vorbehalten. Doch die Maßnahmen waren halbherzig: Die Katholiken hatten jetzt zwar theoretisch die Möglichkeit,

Land zu kaufen, aber nach wie vor fehlten ihnen die finanziellen Mittel.

Der Krieg Britanniens mit Frankreich, der 1793 begann, löste schließlich den Aufstand von 1798 aus. Englands Problem erwies sich als Irlands Chance. Tones *United Irishmen* nahmen mit Frankreichs Revolutionsregierung Kontakt auf. Die Verbindung zum Kriegsgegner blieb allerdings nicht lange geheim: Die englische Regierung verbot die *United Irishmen* und machte so aus einem relativ harmlosen Debattierclub einen revolutionären Geheimbund. Tone floh ins französische Exil und überzeugte die französische Revolutionsregierung davon, ihm Truppen für eine Invasion Irlands zur Verfügung zu stellen. Während sich Tone in Frankreich mit der Planung des Einmarschs beschäftigte, kam es in Irland zu immer brutaleren Auseinandersetzungen zwischen katholischen Geheimbünden und anglikanisch-protestantischen Milizen.

Im Dezember 1796 schließlich brach Tone mit 15 000 Soldaten auf 43 Schiffen in Richtung Irland auf. Das Kontingent sollte, vereint mit den katholischen Landarbeitern, einen raschen Umsturz und die Errichtung einer Republik nach französischem Muster herbeiführen. Doch Tones Mission scheiterte: Heftige Winterstürme zwangen die Soldaten zur Umkehr. Ein weiterer Versuch, mit französischer Hilfe in Irland die Macht zu übernehmen, mißlang ebenfalls. Als die revolutionären Truppen im August 1798 an Land setzten, war die Rebellion auf dem Rest der Insel bereits niedergeschlagen worden. Tone wurde im September verhaftet; er entzog sich seiner Hinrichtung durch Selbstmord.

Wolfe Tone gilt als Begründer dessen, was als »irischer Republikanismus« bezeichnet wird; jener Ideologie, auf die sich die Kämpfer der IRA bis heute berufen. Tone schrieb im Jahr 1795: »Die Tyrannei unserer abscheulichen Regierung zu beenden, den Bund mit England – Quell allen politischen Übels – zu brechen und die Unabhängigkeit meines Landes durchzusetzen –, das waren meine Ziele. Das gesamte irische Volk zu vereinen, die Spaltungen der Vergangenheit zu überwinden und die Bezeichnungen Protestant, Katholik oder Sonstiges durch den gemeinsamen Namen ›Ire‹ zu ersetzen –, das waren meine Mittel.« Die Briten, wenn notwendig mit Gewalt, von der Insel zu vertreiben, eine unabhängige und einige irische Republik zu schaffen, stellt sozusagen die Quintessenz des irisch-republikanischen Kampfes von Wolfe Tone bis Gerry Adams dar.

Die republikanische Interpretation der Rebellion von 1798 als Aufstand des geknebelten irischen Volks gegen grausame Fremdherrschaft ist aber mehr als umstritten. So sind sich die Historiker heute weitgehend einig, daß es den meisten Rebellen nicht darum ging, den Briten die Stirn zu bieten. 1798 war ein Armenaufstand: Brot und Butter waren wichtiger als die Errichtung einer unabhängigen Republik, die ein theoretisches Konstrukt darstellte, mit dem außerhalb von Tones intellektuellen Zirkeln ohnehin nur wenige Iren etwas anfangen konnten. Eben weil es vorrangig um materielle Dinge ging, richtete sich das Gros der aufständischen Gewalt gegen die Landlords sowie deren Milizen und nicht – wie man bei einem nationalen Befreiungskampf vermuten würde – gegen die der britischen Krone treu ergebenen Truppen der *Königlich Irischen Polizei*. Katholische Landarbeiter und *United Irishmen* kämpften zwar Seite an Seite, beide Gruppen hatten aber unterschiedliche Ziele: Gewalt gegen Menschen, bloß weil sie einer anderen Konfession angehörten, widersprach dem republikanischen Idealismus der *United Irishmen*.

Der Aufstand bewirkte genau das Gegenteil von dem, was Tones Männer erreichen wollten: Er verstärkte die konfessionellen Trennungslinien in Irland, statt sie zu überwinden. Nachdem Landarbeiter und protestantische »Peep O'Day Boys« 1795 beim berüchtigten »Battle of the Diamond« aufeinandergetroffen waren, wurde die erste Loge des Oranier-Ordens gegründet, eine Vereinigung, deren Mitglieder sich bis heute durch einen Schwur dazu verpflichten, den »fatalen Irrtümern und Doktrinen der römischen Kirche unermüdlich entgegenzutreten«.

Die Flamme des irisch-republikanischen Aufstands erlosch trotz der Niederlage von 1798 nicht: Fortan wechselten sich Perioden friedvoller und gewalttätiger Agitation ab, mal dominierten konstitutionelle, mal revolutionäre Vertreter der »irischen Sache« – bis zum heutigen Tag.

Die begrenzte Autonomie, die Irland bis dahin genossen hatte, machte der englische Monarch nach 1798 rückgängig. Das protestantische Regionalparlament in Dublin wurde durch den *Act of Union* im Jahr 1800 überflüssig. Irland unterstand nun direkt der englischen Krone. Obwohl das Vermächtnis der *United Irishmen* in den Köpfen der Intellektuellen weiterlebte, herrschte in der ersten Hälfte des 19. Jahrhunderts weitgehend Friede. Zum wichtigsten Anwalt irischer Interessen entwickelte sich ab etwa 1810 ein katholischer Anwalt aus dem Süden Irlands, Daniel O'Connell. Sein rastloser Einsatz für Irland im britischen Parlament brachte ihm den Beinamen »König der Bettler« ein. Die Gewalt von 1798 ließ in seinen Augen nur einen Schluß zu: »Nicht für alles in der Welt ... würde ich dem Vergießen auch nur eines einzigen Tropfen Bluts zustimmen – es sei denn, es wäre mein eigenes.« In dieser Hinsicht stellt O'Connell den Prototyp eines konstitutionellen Nationalisten dar: ein Streiter für eine größere Selbständigkeit Irlands, der allerdings Gewalt zur Durchsetzung politischer Ziele stets ablehnte. O'Connells Verdienst ist, daß sich die Unzufriedenheit der katholischen Bauern über die noch immer ungelöste Frage der gerechten Verteilung des Lands nur vereinzelt und lokal begrenzt in gewalttätiger Konfrontation mit den Landlords entlud. Unter seiner Führung hob London auch das letzte anti-katholische Strafgesetz auf, so daß ab 1828 auch Katholiken Abgeordnete des britischen Unterhauses werden konnten. O'Connell gründete mit der *Repeal Association* (Rücknahmeverein) eine Organisation, die Anfang der 40er Jahre auf Massenveranstaltungen die Aufhebung des *Act of*

Union einforderte, also die Wiederherstellung irischer Autonomie.

Tones Erben

Einer neuen Generation junger Radikaler war O'Connells konstitutionelle Strategie zu schwerfällig. Die Hungersnot der Jahre zwischen 1845 und 1848, die unter dem Namen »Great Famine« (Großer Hunger) traurige Berühmtheit erlangte, hat den Status eines nationalen Traumas, das irischen Schulkindern noch heute als Beweis englischer Unterdrückung präsentiert wird. Von 1845 an grassierte ein Pilzvirus, der die Kartoffelernte der Insel vernichtete. Weizen und Mais blieben von der Infektion verschont, doch Kartoffeln waren damals – wie heute auch – Hauptnahrungsmittel der irischen Bevölkerung. Die britische Regierung verfügte, daß die nicht vom Virus befallene Ernte weiterhin nach England zu exportieren war, so daß die Bewohner Irlands trotz vermutlich ausreichender Produktion hungerten. Der »versuchte Genozid« hatte geradezu biblische Ausmaße: Fast eine Million Männer und Frauen starben; mehr noch sahen den einzigen Ausweg darin, die Heimat in Richtung Amerika zu verlassen. Etwa acht Millionen Menschen bewohnten die Insel zu Beginn des Großen Hungers; knapp zwanzig Jahre später zählte man nicht einmal mehr sechs. Ein Zeitgenosse befand: »Der Allmächtige schickte uns die Kartoffelseuche, die Engländer aber brachten uns den Hunger.«

Die Hungersnot bestätigte die Erben Wolfe Tones in ihrem Haß auf England. Zu einer republikanischen Erhebung kam es allerdings nicht: Die Mehrheit der irischen Bevölkerung kämpfte ums nackte Überleben. Nur einige idealistische Akademiker erinnerten sich der Ideen Tones. Als Forum diente dieser Gruppe, die sich *Young Ireland* nannte, die Zeitschrift *Nation*. Darin wurden national gefärbte Essays, auch pathetische Balladen und Gedichte publiziert. Mit Beginn des Großen Hungers gewannen die Befürworter eines bewaffneten Aufstands innerhalb der Bewegung an Gewicht. Die Vorbereitung der Revolte war jedoch laienhaft. Den jungen Intellektuellen fehlte es außerdem an Anziehungskraft, um die Massen zu mobilisieren. 1848 schließlich kam es zu wenigen unbedeutenden Scharmützeln mit den Sicherheitskräften. Die Anführer begriffen rasch, wie aussichtslos ihr Unterfangen war und flohen nach Amerika.

Genau zehn Jahre nach dem Scheitern von *Young Ireland* entstanden zwei neue Organisationen, deren Mitglieder sich bald einen Namen als schonungslose Eiferer machten. In Irland gründete sich die *Irish Republican Brotherhood* (Irisch-Republikanische Brüderschaft, IRB), in Amerika die *Fenian Brotherhood* (Brüderschaft der Fenians). Beide Gruppen werden noch heute pauschal als *Fenians* bezeichnet – ein Begriff, der seinen Ursprung in einer irischen Sage hat.* An den Zielen änderte sich nichts. Noch immer ging es um eine Revolution zur Errichtung einer »unabhängigen demokratischen Republik« in Irland. Im Gegensatz zu *Young Ireland* waren die Fenians allerdings von Beginn an auf Konspiration bedacht: Die Geheimbünde organisierten sich in Zellen, die voneinander nichts wissen durften. Die Strategie war simpel: Männer, die im amerikanischen Bürgerkrieg gekämpft hatten, sollten den Grundstock einer schlagkräftigen Armee bilden, die der aus 11 000 (vornehmlich katholischen) Iren bestehenden *Königlich Irischen Polizei* (Royal Irish Constabulary, RIC) in Kampferfahrung und Rücksichtslosigkeit durchaus gewachsen war.

Der erste Versuch, auf diese Art einen Umsturz herbeizuführen, mißlang. Nur wenige Männer und Waffen der ameri-

---

* *Fenians* nannten sich die Soldaten des legendären keltischen Häuptlings Fionn Mac Cumhaill.

kanischen *Fenian*-Sektion erreichten 1865 ihren Zielort. Der geplante Aufstand aber machte genügend Wind, um die Sicherheitskräfte vor Ort zu alarmieren: Die Polizei verhaftete in Dublin die – trotz Geheimhaltung – inzwischen stadtbekannten Anführer der IRB.

Nach dem fehlgeschlagenen Umsturz von 1865 konzentrierten sich die verbliebenen irischen *Fenians* darauf, ihre verhafteten Gesinnungsgenossen zu befreien. Der zweifelhafte Ruf, den die *Fenians* seitdem genießen, beruht zu einem Großteil auf den brutalen Rettungsaktionen, die sie in den darauffolgenden Jahren durchführten. Als 1867 beispielsweise zwei *Fenians* aus einem Gefängnis »gebombt« werden sollten, gab es 30 Tote, darunter viele Zivilisten. Ein Jahr zuvor bäumten sich die amerikanischen *Fenians* zum vorerst letztenmal auf. In Kanada lieferten sich 800 *Fenians* ein Gefecht mit lokalen Milizen. Die Rebellen hatten die Vorstellung, durch eine Revolte in Kanada würde, so ihr Anführer Colonel John Roberts, »eine Operationsbasis geschaffen, von der aus wir nicht nur Irland befreien, sondern England vernichten«. Erstmals tauchte damals ein grünes Banner auf, auf dem die Bezeichnung »IRA«, Irisch-Republikanische Armee, eingestickt war.

Die *Fenians* sind fester Bestandteil der republikanischen Mythologie. Die Bedeutung halsbrecherischer Befreiungsaktionen, die Begräbniszeremonie für gefallene Kämpfer, selbst die Zellenstruktur der heutigen IRA, gehen auf das Vorbild der *Fenians* zurück. Der bedingungslose Idealismus, die Bereitschaft, den »tragischen Heldentod« für die »irische Sache« zu sterben – auch wenn keinerlei Aussicht auf Erfolg besteht –, ist für die IRA auch im 20. Jahrhundert noch ein leuchtendes Beispiel.

Bis zum nächsten Ausbruch irisch-republikanischer Gewalt sollten fast 50 Jahre vergehen. Die irischen Abgeordneten im britischen Unterhaus scharten sich Ende des 19. Jahrhunderts in der sogenannten Irischen Nationalpartei um Charles Stewart Parnell, einen protestantischen Landlord aus Wicklow, 30 Kilometer südwestlich von Dublin. Parnell gehörte zu den Gründern der Landliga, einer Art Bauerngewerkschaft. Es dauerte allerdings mehr als 20 Jahre, bis die Frage der gerechten Verteilung des Landes zur Zufriedenheit aller in den *Land Acts* von 1903 und 1909 gelöst wurde: Der Staat entschädigte die Landlords großzügig, während die Bauern das von ihnen bearbeitete Land zu günstigen Zinsen erwerben konnten.

Darüber hinaus bemühte sich Parnell um die Erneuerung der im Jahr 1800 von London beendeten Regionalautonomie. Die Forderung nach *Home Rule*, d.h. irischer Selbstverwaltung, stieß in London auf taube Ohren, bis die Unterhaus-Wahlen von 1885 die Irische Nationalpartei zum Zünglein an der Waage machten. Die irischen Abgeordneten sicherten dem liberalen Premierminister Gladstone die Mehrheit; als Gegenleistung präsentierte Gladstone dem Parlament 1886 die heißersehnte *Home Rule Bill*. Das Gesetz sah die Errichtung eines Parlaments in Dublin vor, das eigenständig über die Verwendung bestimmter Steuern entscheiden sollte. Dieses alles in allem moderate Gesetz wurde in zweiter Lesung niedergestimmt. Das 1893, zwei Jahre nach Parnells Tod, zum zweiten Mal eingebrachte *Home-Rule*-Gesetz passierte das Unterhaus, scheiterte aber in der zweiten Kammer des britischen Parlaments, dem *House of Lords*. Erst im Jahr 1912 hatte die Initiative einen begrenzten Erfolg: Das *House of Lords* besaß zu diesem Zeitpunkt längst nicht mehr die Macht, Gesetze zu Fall zu bringen, verzögerte aber die Umsetzung der Autonomie. Letztlich scheiterte die Initiative auch im dritten Anlauf. Bei Ausbruch des Ersten Weltkriegs stellte man die Verwirklichung von *Home Rule* zurück.

Die Protestanten, vor allem im Nordosten Irlands, bekämpften *Home Rule* erbittert – sie wollten die Union mit Großbritannien unverändert beibehalten (daher auch die Bezeichnung *Unionisten*). Allein die Ankündigung, *Home Rule* einzuführen, löste 1886 schwere Ausschreitungen aus. Parnell (wie auch seine nationalistischen Nachfolger) kümmerten die Vorbehalte der Protestanten wenig. Die Gegner seiner Pläne nannte er »Rowdies«, mit denen die »Männer der Königlich Irischen Polizei fertig werden« müßten.

Was aber genau bewog die irischen Protestanten, die irische Selbstverwaltung abzulehnen? Der Historiker Donald Akenson beschreibt in seinem Buch »Islandmagee, County Antrim 1798-1920« die Entwicklung eines nahezu ausschließlich von Protestanten bewohnten Dorfs im äußersten Nordosten Irlands. 1798 noch kämpften die Bewohner an Wolfe Tones Seite für eine unabhängige Republik, hundert Jahre später wurden sie zu eisernen Verteidigern des Status quo. Materielle Erwägungen scheiden als Erklärung für den Sinneswandel aus: In Islandmagee gab es keine Katholiken; eine (wahrscheinlich von Katholiken dominierte) Autonomieregierung hätte also an den Besitzverhältnissen in Islandmagee nichts geändert. Den Grund für die Ablehnung der Protestanten sieht Akenson vielmehr darin, daß die Menschen in Islandmagee (spätestens seit Ende des Großen Hungers) mit der Art und Weise, wie ihre Gesellschaft funktionierte, zufrieden waren. *Home Rule* versprach in ihren Augen keine positive Veränderung des Status quo. Im Gegenteil: Ihre britisch-schottisch geprägte Kultur wäre in einem von Katholiken dominierten Irland zwangsläufig ins Hintertreffen geraten. Bis heute hat sich an diesem Denkmuster wenig geändert.

Die Angst der Unionisten vor einem autonomen Irland wurde durch die martialische, anti-englische Sprache der Anhänger von *Home Rule* nur verstärkt. Parnell skandierte in einer Rede, daß kein Mensch das Recht habe, »den Marsch einer Nation« aufzuhalten. Der Unionistenführer Edward Carson kündigte deshalb »passiven Widerstand« gegen die irische Selbstverwaltung an: Zwei Millionen Menschen unterzeichneten eine Anti-*Home-Rule*-Petition.

Die protestantische Opposition konzentrierte sich in Ulster, einer der vier historischen Regionen Irlands, die zugleich das Hauptsiedlungsgebiet der Protestanten während der *Plan-*

tation im 17. Jahrhundert war. Als die gewaltfreie Gegenwehr wirkungslos blieb, begannen die Unionisten 1912 damit, eine bewaffnete Truppe zur Verteidigung der Union mit Großbritannien aufzustellen, die *Ulster Volunteer Force* (Freiwilligen-Armee Ulster, UVF), der sich Zehntausende anschlossen.

Sinn Fein

Der Versuch, in Irland eine Form der regionalen Selbstverwaltung zu etablieren, ging einher mit einem kulturellen Wiedererwachen keltisch-gälischer Traditionen, das im Rückblick durchaus als Wegbereiter der nationalen Revolution bezeichnet werden kann, die später zur Unabhängigkeit des größten Teils der Insel führte. Der protestantische Schriftsteller William Butler Yeats rief 1904 das Abbey Theatre in Dublin ins Leben. Dort wurden Stücke aufgeführt, die sich mit dem Leben in Irland beschäftigten – ein ungewöhnlicher Vorgang in den Augen vieler Iren, die sich mit der auch kulturellen Dominanz Englands längst abgefunden hatten. Das Wirken Yeats' inspirierte einige Zeitgenossen, sich mit den kulturellen Wurzeln Irlands zu beschäftigen. So stieß man unter anderem auf die seit Ende des 18. Jahrhunderts in der Versenkung verschwundene gälische Sprache, die die Nachfahren der keltischen Siedler in Irland gesprochen hatten. Die von dem Angestellten Eoin MacNeill 1893 ins Leben gerufene *Gaelic League* setzte sich zum Ziel, Irland zu »de-anglisieren«. Für Protestanten hatte man in der *Gaelic League* genausowenig übrig wie in der 1884 gegründeten *Gaelic Athletic Association*, die sich der Förderung »irischer Sportarten« verschrieb, so zum Beispiel dem *Gaelic Football* oder dem Hurling, einer Mischung aus Rugby und Polo. Ihr gemeinsames kulturelles Ideal war eindeutig gälisch und katholisch. Insofern vertiefte die kulturelle Renaissance die Spaltung entlang der Konfessionslinie: Dieselben Leute, die 1898 lautstark an die republikanischen Ideale Wolfe Tones erinnerten, vermittelten im gleichen Atemzug ein kulturelles Leitbild, das einem Viertel aller Bewohner Irlands, den Protestanten, das Irischsein, die Zugehörigkeit zur irischen (Kultur-) Nation verwehrte. Der Politikwissenschaftler Padraig O'Malley brachte die fatale Ambivalenz der Republikaner zur Jahrhundertwende auf den Punkt: »Bist du kein Katholik und kein Kelte, dann bist du auch kein Ire. Wenn du nur das eine bist und nicht das andere, dann bist du weniger irisch als das Original: der irische Ire.«

Politisch manifestierte sich die Rückbesinnung auf keltische Traditionen im Jahr 1900 in einer Vereinigung, die sich fünf Jahre später *Sinn Fein* (»Wir selbst«) nannte. Der zunächst eher kulturelle Ansatz verlor an Bedeutung, je mehr die Organisation zum Sammelbecken irisch-republikanischer Separatisten und schließlich zur politischen Partei wurde. *Sinn Fein* galt anfangs als Tummelplatz recht unterschiedlicher Gestalten, die sich lediglich auf ihre prinzipielle Ablehnung alles Englischen einigen konnten:

Die Gründung von *Sinn Fein* geht auf den Journalisten Arthur Griffith, den Herausgeber der nationalistischen Zeitung *The United Irishman* zurück. Seine Haltung läßt sich als eher moderat beschreiben: Die Forderung nach einer ganz und gar selbständigen irischen Republik kam ihm – zu diesem Zeitpunkt – nicht über die Lippen; Gewalt zur Erreichung irischer Autonomie lehnte er ab. Er favorisierte ein eigenverantwortliches Irland innerhalb des britischen Empires: Diese Strategie, so vermutete Griffith, ein Kenner europäischer Geschichte, habe es Ungarn ermöglicht, sich aus den Fesseln der Habsburg-Monarchie zu lösen. Die – wenn auch nur formale – Verbindung mit dem englischen Königshaus würde zudem die Protestanten in Ulster besänftigen, so glaubte er (eine Milchmädchenrechnung, betrachtet man die kompromißlose Ablehnung der vergleichsweise harmlosen *Home-Rule*-Pläne).

Bei *Sinn Fein* fanden sich aber auch die nationalen Fanatiker der Irisch-Republikanischen Brüderschaft IRB wieder, deren Zellen noch immer auf der ganzen Insel existierten. »Revolution – besser jetzt als nie« war nach wie vor ihr politisches Credo. Gewissermaßen als offizieller Statthalter der IRB führte James Stephens, ein im Jahr 1907 aus Amerika zurückgekehrter Exilant, im Stadtzentrum von Dublin einen Tabakladen, der zugleich als Hauptquartier und Planungszentrale des Geheimbundes diente. Zu seiner Gruppe gehörte Patrick Pearse, Lehrer aus Dublin, der an das »Lebensrecht von Nationen« glaubte – ein Mystiker, der in theatralischen Gedichten den »irischen Freiheitskampf« verbal überhöhte, ihm den Rang eines Martyriums gab, das nach Blutopfern verlangte: »Leben entsteht aus Tod; und aus den Gräbern patriotischer Männer und Frauen sprießen lebendige Nationen« – Pearses Lyrik findet sich noch heute als Inschrift auf den Grabsteinen gefallener IRA-Kämpfer.

Die dritte Fraktion, die sich um *Sinn Fein* gruppierte, war die um den Marxisten und Arbeiterführer James Connolly. Seine Begeisterung für den irischen Unabhängigkeitskampf gründete auf der Überzeugung, daß die Union mit England der Herrschaft des britischen Kapitalismus, gleichkomme. Connolly war der Auffassung, daß durch einen Bruch mit England die Chance bestehe, eine kommunistische Gesellschaft aufzubauen, deren Vorläufer er in der keltischen Stammesgesellschaft sah, die durch die Invasion der Normannen im 12. Jahrhundert zerstört wurde. Die Abgeordneten der Irischen Nationalpartei im britischen Parlament hielt Connolly für ›bourgeois‹: »Eine nationale Revolution muß auch sozialistisch sein.« Die von ihm ins Leben gerufene Arbeitertruppe *Irish Citizens' Army* (ICA) schwor er beim Osteraufstand von 1916 auf den republikanischen Kampf ein.

Die neue Partei gewann schnell an Zulauf: Hunderte besuchten die Versammlungen *Sinn Feins*, einige Abgeordnete der Irischen Nationalpartei traten über, und im Januar 1908 feierte *Sinn Fein* den ersten Wahlsieg: Die Dubliner wählten 15 Kandidaten der Partei in den Gemeinderat der Stadt. Der schnelle Erfolg brachte für Griffiths Partei ein Dilemma mit sich: Das Recht des britischen Parlaments, Gesetze für Irland zu beschließen, wollten die Republikaner keinesfalls anerkennen. Ein *Sinn-Fein*-Parteitag im Jahr 1908 beschloß deswegen, daß Unterhaus-Kandidaten der Partei, falls siegreich, ihrem Mandat fernbleiben und statt dessen ein unabhängiges Parlament für Irland bilden sollten. Diese Politik des Verzichts wurde zum Prinzip, das für *Sinn-Fein*-Abgeordnete bis heute Gültigkeit hat: So ist beispielsweise Gerry Adams Abgeordneter des Wahlkreises West-Belfast, hat das britische Parlament aber bisher nicht ein einziges Mal betreten.

An der Einschätzung der Situation in Irland hatte sich seit den Tagen Wolfe Tones seitens der Republikaner nichts geändert: England war »Quell allen politischen Übels«. Sobald sich Großbritannien aus Irland zurückgezogen haben werde, würden die unionistisch-protestantischen »Querulanten« in Ulster schnell begreifen, daß es in ihrem Interesse liege, sich in den neuen Staat einzufügen. Sie seien ja ohnehin »auf irgendeine Art und Weise« Iren. Die vermeintliche kulturelle Verbundenheit mit Britannien, so die offizielle *Sinn-Fein*-Doktrin, werde den Protestanten von London nur eingeredet, um unter diesem Vorwand an Irland festhalten zu können. Tatsache aber war, daß *Sinn Fein* damals wie heute die Stärke der britischen Identität in Ulster schlichtweg unterschätzte. Ein Eingeständnis der Tatsache, daß auf der Insel im Prinzip zwei unterschiedliche Nationen existierten, hätte sämtliche Dogmen der republikanischen Bewegung über den Haufen geworfen: Die Briten wären dann keine Besatzungsmacht mehr gewesen, Irland keine Kolonie.

Auf die Ankündigung des Unionistenführers Carsons, eine bewaffnete Truppe zur Verteidigung der Verbindung Irlands mit Großbritannien aufzustellen, reagierten die Nationalisten im Jahr 1913 mit der Gründung der *Irish Volunteers* (Irische Freiwillige) dem Vorläufer der heutigen IRA. Diese paramilitärische Einheit, die schon bald knapp 40 000 Mann zählte, sollte den *Home-Rule*-Beschluß des britischen Parlaments gegen Carsons UVF durchsetzen.

Die sogenannte Curragh-Meuterei im Frühling 1914 bestätigte die Befürchtung der Nationalisten, daß auf die reguläre britische Armee im Ernstfall kein Verlaß sei. Der Generalkommandant des größten Armeestützpunkts Irlands in Curragh fragte damals die ihm unterstellten Offiziere, ob sie bereit wären, die irische Selbstverwaltung in Ulster mit Waffengewalt zu erzwingen. 57 der 70 Anwesenden zogen es vor, unehrenhaft aus der Armee entlassen zu werden.

Die *Ulster Volunteer Force* und die *Irish Volunteers* schmuggelten indes große Mengen Gewehre und anderes Kampfgerät auf die Insel; die amerikanische »Connection« der *Irish Republican Brotherhood* erwies sich dabei als außerordentlich hilfreich.

Je näher der Sommer rückte, desto mehr verschärfte sich die Situation. Die britische Regierung erwog erstmals, *Home Rule* in einzelnen Grafschaften (vor allem in Ulster) auszusetzen. Ohne es bereits so zu nennen, hätte diese sogenannte *County Option* de facto die Spaltung Irlands bedeutet. Der Kompromißvorschlag Londons jedoch ging an den tatsächlichen Absichten von Unionisten und Nationalisten vorbei. Die Unionisten kämpften nicht für Ulster im engeren Sinne: Sie wollten – durch den Widerstand in Ulster – die Selbstverwaltung in ganz Irland zu Fall zu bringen. Auch im nationalistischen Lager dominierte zu diesem Zeitpunkt längst eine Alles-oder-nichts-Denkweise, allerdings mit umgekehrten Vorzeichen.

Anders als bei den Rebellionen des vorangegangenen Jahrhunderts, die durch die Diskriminierung irischer Katholiken, die Ausbeutung von Kleinbauern, durch Hunger und Not ausgelöst worden waren, stellte sich die Lage für die irische Bevölkerung im Jahr 1914 vergleichsweise vorteilhaft dar: Den Bauern gehörte mittlerweile das Land, das sie bewirtschafteten; Westminster finanzierte der katholischen Kirche eine eigene Universität; die irischen Rentner kamen in den Genuß der britischen Altersversorgung. Prinzipiell befanden sich Irlands Katholiken damals ihren (Noch-)Landsleuten in England, Wales und Schottland gegenüber nicht im Nachteil. Gut möglich also, daß die ungelöste nationale Frage in Irland das Ventil für Mißstände bot, die sich zur selben Zeit andernorts in kommunistischen Revolutionen entluden – so jedenfalls argumentiert der Politologe Henry Patterson. Auch die auf den ersten Blick eigenartig anmutende Allianz des Marxisten Connolly mit den republikanischen Revolutionären der IRB würde sich auf diese Weise plausibel erklären lassen.

Triumph

Irland stand im Juli 1914 am Rande eines Bürgerkriegs. Eine Konferenz in London, bei der beide Seiten ihre Standpunkte austauschten, endete ohne Ergebnis. Die Kriegserklärung Großbritanniens an Deutschland am 4. August, der Beginn des Ersten Weltkriegs, verhinderte im letzten Moment den offenen Ausbruch von Feindseligkeiten. Das Unterhaus vertagte das Thema der irischen Selbstverwaltung.

John Redmond, Anführer der Irischen Nationalpartei, kalkulierte kühl. In einer Rede im britischen Parlament forderte er die *Irish Volunteers* dazu auf, an der Seite Großbritanniens mit in den Krieg zu ziehen. Die so demonstrierte Loyalität irischer Nationalisten zum Königreich würde, so dachte Redmond, früher oder später von London mit der Einführung von *Home Rule* belohnt. Redmond wußte außerdem, daß sich die meisten Iren – trotz allen republikanischen Gepolters – Irland nach wie vor als Teil des britischen Empires sahen, wenn es auch mehr Eigenständigkeit haben sollte als bisher. Redmond schätzte die Lage richtig ein: Fast 70 Prozent der *Irish Volunteers* folgten seiner Aufforderung und wurden Rekruten der britischen Armee.

Die in Irland Zurückgebliebenen spielten eine zentrale Rolle beim Osteraufstand des Jahres 1916 – dem Ereignis, das die Karten zugunsten *Sinn Feins* wenden sollte.

Der Kommandant der *Irish Volunteers* nach der im Jahr 1914 erfolgten Spaltung, Eoin MacNeill, begriff die Präsenz seiner Paramilitärs in Irland als Sicherheit gegenüber Großbritannien, keinesfalls aber als Keimzelle einer Revolution. Die Männer der IRB dachten anders: Englands Problem war – wieder einmal – Irlands Chance, und so begann schon wenige Tage nach Ausbruch des Ersten Weltkriegs unter strenger Geheimhaltung die Planung für einen bewaffneten Aufstand. Im darauffolgenden Jahr konstituierte sich ein Militärrat, dessen Mitglied auch Patrick Pearse wurde. Dem Prinzip folgend »Der Feind meines Feindes ist mein Freund«, nahm das Komitee über den ehemaligen britischen Konsularbeamten Sir Roger Casement Kontakt mit der deutschen Reichsregierung auf. Casement schlug Berlin einen Deal vor. Er versprach, aus irischen Kriegsgefangenen in Deutschland eine Truppe zusammenzustellen, die ihre englischen Ex-Kameraden bekämpfen würde; im Gegenzug müßte Deutschland den irischen Republikanern moderne Waffen für die geplante Rebellion zur Verfügung stellen. Casements Angebot überzeugte die Deutschen. Der Enthusiasmus im Planungsstab des IRB war groß: Sobald die Lieferung einträfe, sollte losgeschlagen werden. Als Datum setzte man Ostern 1916 fest. Auch der Marxist Connolly, unabhängig von der IRB zunächst selber mit der Vorbereitung eines Aufstands seiner *Irish Citizens' Army* beschäftigt, stieß im Januar 1916 zu den Verschwörern um Pearse. Doch die versprochenen Gewehre erreichten die irische Küste nicht. An der vereinbarten Anlegestelle im einsamen Westen Irlands wartete niemand, um die Ladung der *Aud* entgegenzunehmen. Der Kapitän kehrte um; unter bis heute nicht vollständig geklärten Umständen sank die *Aud* auf ihrer Rückkehr vor der Küste Irlands und mit ihr die von den irischen Revolutionären so dringend benötigten Waffen. Ein deutsches U-Boot brachte tags darauf Casement nach Irland, wo ihn die Polizei noch am selben

Tag festnahm: In seiner Manteltasche fanden die Beamten bei einer Durchsuchung ein deutsches Zugticket. Die Aktion schlug also in jeder Hinsicht fehl. Nun bekam auch MacNeill Wind von der geplanten Rebellion; per verschlüsselter Zeitungsanzeige sagte er sämtliche für das Osterwochenende geplanten Übungen der *Volunteers* ab. Doch dafür war es bereits zu spät.

Die Parade der nationalistischen Paramilitärs am Ostermontag verlief zunächst ganz normal: 1500 *Volunteers*, darunter 200 Mann von Connollys ICA, marschierten gegen Mittag durch die O'Connell-Straße im Zentrum Dublins. In der Stadt war es an diesem Tag relativ ruhig; die meisten Dubliner, auch viele britische Offiziere, befanden sich außerhalb der Stadt bei einem traditionellen Pferderennen. Das Routine-Manöver nahm plötzlich eine überraschende Wendung: Einige hundert *Volunteers* bogen nach rechts und besetzten das Hauptpostamt. Der Rest der Truppe beeilte sich, andere strategische Punkte der Stadt einzunehmen. Pearse, der sich nun als »Generalkommandant der Irisch-Republikanischen Armee« ausgab, Connolly und die anderen Anführer des Aufstandes befanden sich im Hauptpostamt. Durch einige Schüsse aus seiner Pistole vertrieb Pearse Kunden und Angestellte; dann begann er damit, die Proklamation der Irischen Republik zu verlesen. Darin hieß es: »In jeder Generation hat das irische Volk bisher sein Recht auf nationale Freiheit und Souveränität zum Ausdruck gebracht ... Diesem fundamentalen Recht gemäß, das wir jetzt vor aller Welt zum wiederholten Male geltend machen, proklamieren wir hiermit die Irische Republik als einen souveränen und unabhängigen Staat ... Bis unsere Waffen es uns ermöglichen, eine ständige Nationale Regierung einzurichten, die das ganze irische Volk repräsentiert ..., übernimmt die hiermit ins Leben gerufene Provisorische Regierung alle zivilen und militärischen Angelegenheiten der Republik im Namen des Volkes.«

Die *Volunteers* besaßen nur wenige Pistolen und Gewehre; geeignete Ausrüstung war nach dem Fehlschlag der *Aud* Mangelware: Die »Bewaffnung« der Rebellen bestand deshalb auch aus Vorschlaghammern, Äxten, selbstgebastelten Sprengsätzen und Sandsäcken. Sechs Mann der ICA drangen sogar bis in den Sitz der britischen Verwaltung in Dublin Castle vor, zogen sich aber schnell zurück – vielleicht, so schätzt der Journalist Eamon Mallie, »weil sie ihr Glück nicht begreifen konnten«. Die britische Armee, vom Putschversuch vollkommen überrascht, verhängte am darauffolgenden Dienstag das Kriegsrecht; Soldaten umstellten die Positionen der Aufständischen und nahmen sie systematisch unter Beschuß. Nach fünf Tagen Kampf glich die Innenstadt Dublins einem Schlachtfeld; der Aufstand forderte 450 Opfer, die Hälfte davon Zivilisten. Am Samstag schließlich kapitulierte Pearse. Als die Rebellen das Hauptpostamt verließen, beobachtete eine riesige Menschenmenge das Spektakel. Der kurze Weg vom Gebäude zu den Gefangenen-Transportern der Armee wurde für die *Volunteers* zum Spießrutenlaufen: Mütter, deren Söhne im Weltkrieg gegen Deutschland kämpften, buhten Pearses Männer aus – sie hatten kein Verständnis für »republikanische Spinnereien«, während ihre eigenen Kinder in Frankreich oder auf dem Balkan ihr Leben riskierten. Redmond nannte die Rebellion »böse und verrückt«. Die Reaktion der britischen Armee war allerdings unverhältnismäßig hart: Der Militärkommandant wollte ein Exempel statuieren, so daß »das Wort Verrat in den nächsten hundert Jahren noch nicht einmal mehr geflüstert wird«. Ein Militärgericht erließ Todesurteile gegen 15 Anführer des Aufstandes – darunter Pearse und Connolly – und verfügte die Internierung von 1500 *Volunteers*, von denen gar nicht am Aufstand beteiligt gewesen waren, auf unbestimmte Zeit in ein Kriegsgefangenenlager in Wales.

Der Osteraufstand war von Anfang an zum Scheitern verurteilt: Die Aufständischen hatten keine genauen militärischen und politischen Ziele; die ungenügende Vorbereitung, die dürftige Ausrüstung und die fehlende Unterstützung einer zumeist gleichgültigen Bevölkerung machten den Putschisten einen

Strich durch die Rechnung. Doch Pearse ging es nicht um einen militärischen Sieg. Er wollte ein Zeichen setzen – im vollen Bewußtsein, daß ihn das sein Leben kosten würde. Zwei Tage nach seiner Verhaftung schrieb er in einem seiner letzten Briefe an seine Mutter: »Ich selber hoffe nicht, daß ich weiterlebe – ich wünsche es mir noch nicht einmal ... Wir haben Irlands Ehre und unsere eigene bewahrt. Unsere Taten der vergangenen Woche sind das großartigste Ereignis der irischen Geschichte. Die Menschen werden jetzt schlecht über uns sprechen, aber die Nachwelt wird sich an uns erinnern und noch ungeborene Generationen werden uns preisen. Auch Dich, denn Du warst meine Mutter.« Pearses Worte mögen anmaßend klingen. Sein Opfer jedoch gilt mittlerweile nach der offiziellen irischen Lesart als Fundament des irischen Staates; der Text der Proklamation »an das irische Volk«, den Pearse im Hauptpostamt vortrug, findet sich heute an zentraler Stelle im irischen Nationalmuseum.

Der Aufstand von 1916 ist Dreh- und Angelpunkt republikanischer Geschichtsschreibung: Hierauf gehen die Glorifizierung von Märtyrern in der IRA zurück, die Wertschätzung von Blutopfern, der Mythos vom heldenhaften Scheitern im Angesicht der drückenden Überlegenheit der britischen Armee. Ein Grundsatzdokument *Sinn Fein*s aus den 80er Jahren definiert einen »irischen Republikaner im strengen Sinne« als »jemanden, der seine Loyalität der Republik von Ostern 1916 gibt«.

Pearses Prognose bewahrheitete sich schneller, als er selber vermutet hatte: Desinteresse und Ablehnung der Iren schlugen in Bewunderung um: Die Dubliner bereiteten den an Weihnachten 1916 begnadigten *Volunteers* – zu deren eigener Verblüffung – bei ihrer Rückkehr aus Wales einen überschwenglichen Empfang. Dieser plötzliche Meinungsumschwung ist vielen Historikern noch heute ein Rätsel. Die unbarmherzige Exekution der Anführer des Aufstandes setzte zweifellos Emotionen frei, die den Republikanern zugutekamen. Im gleichen Maße sank das Vertrauen der Bevölkerung in die konstitutionelle Strategie der Irischen Nationalpartei: Die am Kriegskabinett beteiligten Unionisten Carsons hatten sich mit der Einführung der irischen Selbstverwaltung unter Aussparung des Hauptsiedlungsgebiets der Protestanten im Nordosten der Insel abgefunden und verwässerten das Gesetz Schritt für Schritt. Redmonds Partei, trotz Einladung aus prinzipiellen Erwägungen nicht am All-Parteien-Kabinett beteiligt, sah hilflos zu: Das Irland-Problem war für Premierminister Lloyd George, mitten im Weltkrieg, von zweitrangiger Bedeutung. Als anderthalb Jahre später, im Frühling 1918, London nach Beginn einer deutschen Offensive auch in Irland junge Männer zwangsverpflichten wollte, wurden selbst aus ergebenen Anhängern Redmonds sogenannte »Shinners«, Unterstützer von *Sinn Fein*.

Die erste Möglichkeit, die Trendwende zugunsten *Sinn Fein*s in Wählerstimmen zu messen, ergab sich im Januar 1917. Bei Nachwahlen zum britischen Unterhaus eroberten die Republikaner vier Wahlkreise. In »East Clare« im dünn besiedelten Südwesten der Insel siegte ein junger Mann namens Eamon de Valera, der zum Zeitpunkt seiner Wahl im Gefängnis saß. De Valera entkam als Kommandant des Osteraufstandes der Hinrichtung, weil er – 1882 in New York geboren – die amerikanische Staatsbürgerschaft besaß. Der charismatische Nachfahre irischer und spanischer Eltern lehrte Mathematik an einem College, bevor er sich ganz dem irischen Unabhängigkeitskampf verschrieb. Als Überlebender aus dem engeren Kreis um Patrick Pearse galt de Valera als legitimer Hüter des Vermächtnisses von 1916 – ihn umgab eine Aura, die seinen Aufstieg innerhalb der Partei beschleunigte, so daß er schon im Oktober 1917 Griffith als Präsident von *Sinn Fein* ablöste.

Die Erfolgsstory der nach 1916 neuorganisierten Partei setzte sich bei den ersten Wahlen nach Ende des Weltkriegs im Dezember 1918 fort. Eine Konferenz, auf der Unionisten,

Irische Nationalpartei und britische Regierung in London die Einführung von *Home Rule* diskutierten, endete zuvor ohne Ergebnis. Die Irische Nationalpartei offenbarte dabei für jedermann sichtbar ihre Machtlosigkeit, die vor dem Weltkrieg versprochene Selbstverwaltung in ganz Irland durchzusetzen. Dementsprechend fiel auch das Wahlergebnis aus: *Sinn Fein* errang 73 Sitze, 26 fielen an Unionisten, die Irische Nationalpartei gewann lediglich sechs Mandate. Die Republikaner nennen dieses Ergebnis gerne als Beleg dafür, wie unzweideutig die Unterstützung der irischen Bevölkerung für das Programm *Sinn Fein*s und damit für den bewaffneten Kampf für ein unabhängiges und einiges Irland im Jahr 1918 war.

In historischen Rückblicken der Partei ist häufig die Rede von einer »überwältigenden Mehrheit«, ohne jedoch zu spezifizieren, was genau dies bedeutet. Mit gutem Grund: Die vermeintlich »überwältigende Mehrheit« bezieht sich nur auf die Anzahl der Sitze. Im Unterschied zum in Deutschland üblichen Verhältniswahlrecht produziert das angelsächsische Mehrheitswahlrecht Sitzverteilungen, die nicht zwangsläufig den für die Parteien abgegebenen Stimmen proportional entsprechen müssen. Betrachtet man das Ergebnis der Wahl von 1918 genauer, so stellt sich heraus, daß *Sinn Fein* weniger als 48 Prozent der abgegebenen Stimmen auf sich vereinigen konnte. In knapp einem Viertel aller Wahlkreise trat ausschließlich der Kandidat *Sinn Fein*s an, weshalb dort eine (Aus-)Wahl im eigentlichen Sinne gar nicht stattfand. Das Ausmaß der Unterstützung für *Sinn Fein* wird durch die Sitzverteilung also bestenfalls übertrieben. Die Wahl von 1918 ist allerdings auch in anderer Hinsicht aufschlußreich; das nach Meinung *Sinn Fein*s klare Mandat zur Schaffung eines freien und vereinigten Irlands kann gewissermaßen auch als Auftrag zur Spaltung der Insel interpretiert werden: In dem Gebiet nämlich, das zwei Jahre später als Nordirland bei Großbritannien verblieb, erzielten die Unionisten knapp 70 Prozent aller Stimmen; 23 der 30 zu vergebenden Sitze gingen an Carsons Partei.

Die Abgeordneten von *Sinn Fein* verzichteten auf ihr Mandat und konstituierten im Januar 1919, wie Jahre zuvor beschlossen und in Pearses Proklamation verkündet, das Parlament und die Nationale Regierung einer irischen Republik, den »Ersten Daíl Eireann«: An der Spitze der Regierung stand als Ministerpräsident Eamon de Valera. Die Abgeordneten beschlossen eine auf Pearses Leitlinien basierende Unabhängigkeitserklärung und eine Verfassung. Natürlich konnte der Erste Daíl nicht wirklich Gesetze für Irland erlassen – wie sich im Laufe der folgenden Monate herausstellte, bot die Konstruktion allerdings die Möglichkeit, Londons Autorität in Irland zu untergraben. Der Stadtrat in Dublin beispielsweise, ebenfalls von *Sinn Fein* dominiert, verweigerte den britischen Finanzbehörden Informationen über das Steueraufkommen und begründete dies mit der Zuständigkeit des Ersten Daíls.

De Valera, der in einer dramatischen Rettungsaktion aus dem Gefängnis befreit worden war, befürwortete zunächst eine gewaltfreie Strategie zur Durchsetzung der irischen Unabhängigkeit. Aus diesem Grund wurde ein Beauftragter nach Paris entsandt, der bei der Neuordnung des europäischen Staatensystems nach Ende des Weltkriegs in Versailles die »irische Sache« vertreten sollte. In einem Brief an den Leiter der Konferenz erklärt *Sinn Fein*: »Das irische Volk ergriff die Möglichkeit, die sich in der Wahl im Dezember 1918 bot, um unmißverständlich seinen nationalen Willen auszudrücken; nur in 26 von 105 Wahlkreisen des Landes gelang es England, genug ›Loyalisten‹ zu finden, die die Union zwischen Irland und Großbritannien aufrecht erhalten wollen.«

Die britische Delegation beschied den anderen Konferenzteilnehmern, daß es sich bei Irland um eine interne Angelegenheit des Königreichs handele, und die Regierung Ihrer Majestät das Problem nicht als adäquaten Verhandlungsgegenstand des Gipfeltreffens betrachte. Der Abgesandte des Ersten Daíls mußte unverrichteter Dinge nach Irland zurückkehren. De Valera brach nach dem Scheitern dieser Mission in Richtung Amerika auf, um dort iro-amerikanische Unterstützung für den Ersten Daíl zu mobilisieren. Erst 18 Monate später, auf dem Höhepunkt des anglo-irischen Krieges, kehrte de Valera nach Irland zurück.

In Abwesenheit de Valeras gewann eine Strömung innerhalb des Ersten Daíls an Einfluß, die sich mit passivem Widerstand allein nicht zufrieden geben wollte. Wieder einmal waren es die Männer der IRB, allen voran der »Finanzminister« Michael Collins, die hier eine wichtige Rolle spielten. Collins gab 1915 eine Stelle als Postbeamter in London auf, um in seine Heimat Irland zurückzukehren und als *Volunteer* am Aufstand von 1916 teilzunehmen. Seine Kaltblütigkeit und seine Intelligenz machten ihn schnell zur Lichtgestalt innerhalb der radikal-revolutionären Irisch-Republikanischen Brüderschaft – wenn auch nicht de jure, so galt Collins doch de facto als Generalkommandant der *Irish Volunteers*, die sich seit 1917 reorganisiert hatten.

Unabhängigkeitskrieg

Die *Volunteers* erfreuten sich regen Zulaufs: Schnell erreichte die Einheit wieder die Stärke von vor dem Aufstand im Jahr 1916. Die Truppe erklärte sich in der Zeitung *An tOghlach* (»Der Volunteer«) zur »Armee der Irischen Republik« und unterstellte sich im August 1918 damit dem Kommando der Regierung des Ersten Daíl. Von diesem Zeitpunkt an hießen die *Irish Volunteers* auch offiziell Irisch-Republikanische Armee, IRA. Obwohl die britische Regierung 1919 den Ersten Daíl sowie die IRA verbot und das Hauptquartier von *Sinn Fein* schließen ließ, hielten die *Volunteers* öffentliche Paraden ab. Ein Zwischenfall in der Grafschaft Tipperary im Zentrum Irlands im Januar 1919, kurz nach Konstituierung des Ersten Daíls, wird im Rückblick als »Wasserscheide« hin zum Unabhängigkeitskrieg betrachtet, der in voller Wucht erst im darauffolgenden Jahr entbrannte. Zwei *Volunteers* erschossen dabei hinterrücks zwei irisch-katholische Beamte der *Königlich Iri-*

schen Polizei, die einen Sprengstoff-Transport begleiteten. Die Aktion diente der Waffenbeschaffung: Die *Volunteers* stahlen das Dynamit und die Pistolen der Polizisten. Die irische Öffentlichkeit war über das skrupellose Vorgehen der IRA-Leute schockiert; auch die Kirche verurteilte die Aktion. Tatsächlich gingen die *Volunteers* eigenmächtig vor; der Erste Daíl distanzierte sich jedoch von der Operation nicht: Man schwieg und gab damit indirekt seine Zustimmung – ein deutliches Zeichen, daß die moderaten Anhänger einer Strategie der passiven Auflehnung um *Sinn-Fein*-Gründer Arthur Griffith entweder endgültig im Abseits standen oder es nicht mehr wagten, den radikalen Elementen vom Schlage eines Michael Collins zu widersprechen. Obwohl noch auf niedrigem Niveau, häuften sich Vorfälle wie in Tipperary im Laufe des Jahres: Bis Ende des Jahres 1919 waren 14 tote und 20 verwundete Polizisten zu beklagen.

Michael Collins ließ es zu einer schrittweisen Eskalation des Konflikts kommen. Ende des Jahres schließlich gab es eine klare Direktive an alle Einheiten der IRA, Polizisten zu erschießen.

Die Männer um Collins lernten aus ihren Fehlern: Im Gegensatz zu den gescheiterten Revolutionen von 1798 bis 1916 entschied man sich diesmal, dem Feind nicht offen gegenüberzutreten; in der direkten Konfrontation war man dem besser entwickelten technischen Gerät sowie der professionelleren Ausbildung der Briten stets unterlegen gewesen. Die Republikaner verweisen noch heute mit Stolz darauf, daß Collins in gewisser Weise als Erfinder des modernen Guerilla-Kriegs gelten kann. Es existierten kleine Einheiten, die unabhängig voneinander operierten, sich eigenständig Ziele suchten und die die Sicherheitskräfte – meist aus einem Hinterhalt – überraschten. Die für einen Territorialkrieg klassischer Art (»Mann gegen Mann«) ausgebildeten Sicherheitskräfte standen dieser neuartigen Form der Auseinandersetzung zunächst hilflos gegenüber. Collins' Taktik versetzte die *Königlich Irische Polizei* in einen Zustand ständiger Verunsicherung: Wenn Polizei oder Armee reagierten, dann traf es meist die Falschen; Attacken auf Zivilisten aber nützten der IRA, die sich so der zunächst eher kriegsunwilligen Bevölkerung als Beschützer und Freiheitskämpfer darstellen konnte. Collins baute zudem ein umfangreiches Spitzelnetz auf. Er hatte in allen Einheiten der Sicherheitskräfte Verbindungsleute, die ihn mit Informationen belieferten. Sein Arm reichte so weit, daß er sich innerhalb Dublins frei mit seinem Fahrrad bewegen konnte, obwohl auf seinen Kopf eine Belohnung von 10 000 Pfund ausgesetzt waren.

London glaubte anfangs an eine relativ unproblematische Begrenzung des Konflikts – ebenso wie bei all den republikanischen Putschversuchen zuvor. Um die Bedeutung der Rebellion nicht unnötig aufzuwerten, entschieden sich die Militärplaner zunächst, nur die Polizei mit der Bekämpfung des Aufstandes zu betrauen. Als sich die Auseinandersetzung rascher als erwartet ausweitete, stellte London aus ehemaligen Soldaten in Großbritannien eine Unterstützertruppe zusammen. Der Beschluß zur Bildung dieser Gruppe fiel so kurzfristig, daß zunächst keine einheitlichen Uniformen zur Verfügung gestellt werden konnten, weswegen die Bevölkerung die Soldaten nach der unterschiedlichen Farbe ihrer Jacken umgangssprachlich »Blacks and Tans« (»Schwarze und Khakis«) taufte; noch heute sprechen Republikaner deshalb vom »Tan«-Krieg. Später kam auf britischer Seite noch eine dritte Einheit hinzu, die »Auxiliaries« (»Hilfskräfte«).

Beide Seiten kämpften mit Brutalität und Härte gegeneinander. Collins' persönliches Geschwader, ein Erschießungskommando namens »Squad«, ermordete in einer Nacht im November 1920 14 britische Undercover-Agenten im Schlaf. Die *Blacks und Tans* schossen am darauffolgenden Tag beim alljährlichen Gaelic-Football-Finale im Dubliner Croke Park wahllos in die Menge: 14 Zivilisten starben bei diesem ersten sogenannten »Bloody Sunday« (»Blutsonntag«). Das Squad erwiderte diese Tat mit der Hinrichtung von 17 *Auxiliaries*. Im Frühling des Jahres 1920 töteten britische Truppen den Bürgermeister von Cork, der einem IRA-Kommando angehörte. Sein Nachfolger Terence McSwiney, ebenfalls ein Mitglied von *Sinn Fein*, trat in einen Hungerstreik und starb 74 Tage später im Gefängnis von Brixton in London. An Märtyrern bestand also kein Mangel.

Inwiefern die Bevölkerung den Kampf der IRA unterstützte, läßt sich nur schwer beurteilen. Zum einen trugen die unverhältnismäßig harten Aktionen der britischen Truppen dazu bei, der IRA Sympathisanten regelrecht in die Arme zu treiben; andererseits gibt es zahlreiche Hinweise darauf, daß die IRA widerwillige Zivilisten unbarmherzig einschüchterte: Allein in den ersten drei Monaten des Jahres 1921 zählt die Kriegsstatistik 73 hingerichtete Zivilisten, auf deren Leichname die Mörder »Spy« (»Spion«) geschrieben hatten – darunter überdurchschnittlich viele Protestanten.

Im Jahr 1920 brachte Premierminister Lloyd George das so lang erwartete *Home-Rule*-Gesetz im britischen Parlament ein. Der *Government of Ireland Act*, wie das Dokument offiziell hieß, sollte allen Seiten gerecht werden: Einerseits mußte Lloyd George den Unionismus in Ulster als Realität anerkennen; andererseits wollte er dem Vorwurf entgehen, auch nur ein einziger irischer Nationalist bleibe unter dem direkten Patronat Londons. Demzufolge sah das Gesetz zwei *Home-Rule*-Parlamente vor: eines in Dublin, das zweite in Belfast. Wissend, daß hierdurch die Teilung Irlands praktisch institutionalisiert werden würde, bestimmte das Gesetz ein sogenanntes »Council of Ireland«, das aus Vertretern beider Parlamente bestehen sollte – diesem Rat könnten, so Lloyd Georges Plan, die Versammlungen in Dublin und Belfast nach eigener Entscheidung Kompetenzen übertragen. Die Tür zu einem einzigen Autonomie-Parlament für ganz Irland stand folglich offen, wenn sich die Protestanten in Ulster und die Katholiken im Rest Irlands darauf würden einigen können.

Während die Teilung der Insel heutzutage selbst von moderaten Nationalisten als legitimes Mittel zur Verhinderung eines Bürgerkriegs zwischen UVF und *Irish Volunteers* anerkannt wird, sind Form und Größe der neuen Provinz Nordirland laut diesen Dokuments noch immer Gegenstand heftiger Debatten. Im *Government of Ireland Act* umfaßt Nordirland die sechs Grafschaften Antrim, Londonderry, Armagh, Down, Fermanagh und Tyrone sowie die zwei kreisfreien Städte Belfast und Londonderry. Daß nicht die gesamte Region Ulster, die aus neun Grafschaften bestand, einbezogen wurde, hängt nach Meinung vieler Nationalisten damit zusammen, daß in einer solchen Konstellation die Protestanten Carsons keine Mehrheit gehabt hätten: Das heutige Nordirland stelle also das größtmögliche Territorium dar, das unter unionistische Kontrolle zu bringen gewesen sei. Aus diesem Grund seien auch die mehrheitlich katholischen, aber dünn besiedelten Grafschaften Tyrone und Fermanagh Bestandteil Nordirlands. Die Unionisten verweisen dagegen auf das Wahlergebnis von 1918 und auf die von unionistischen Kandidaten gewonnenen Wahlkreise, denen die Form Nordirlands in etwa entspräche.

Der von Lloyd George vorgeschlagene Kompromiß gab die künftigen Trennungslinien vor; die Teilung wurde erst durch die zwei verfeindeten Lager auf der Insel zur Realität. Die Unionisten akzeptierten das Regionalparlament in Belfast, verweigerten sich aber der Idee des Council of Ireland. Collins und de Valera erteilten dem Vorschlag als Ganzem eine Absage: Sie kämpften für die Ideale von 1916, für eine einige und unabhängige Republik, nicht für eine Regionalautonomie in 26 Grafschaften. Daß nicht London, sondern die Protestanten im Norden der Insel der Verwirklichung ihres Traums im Weg standen, ignorierten die Republikaner: Unionismus sei, so de Valera, »eine Sache der Einbildung, die in der Wirklichkeit nicht existiert«. Von einer Aussöhnung zwischen Protestanten und Katholiken, die Voraussetzung für die Zusammenführung beider Teile der Insel gewesen wäre, war man noch weit entfernt. Jeder tote britische Soldat jedenfalls, jeder als Spion denunzierte Protestant ließ das Ziel, das sich die Männer im Ersten Daíl gesetzt hatten, vorerst nahezu unerreichbar erscheinen.

Die Wahlen zu den zwei Parlamenten fanden im Mai 1921 am selben Tag statt – sie haben in der republikanischen Ideologie deshalb als letzte gesamtirische Wahlen einen festen Platz. Von Anfang an machte *Sinn Fein* klar, daß es die Abstimmung als Wahl zum »Zweiten Daíl« betrachten würde, nicht im eigentlichen Sinne zur Errichtung der *Home-Rule*-Versammlungen. Die *Sinn-Fein*-Kandidaten errangen in den 26 Grafschaften »Süd«-Irlands, also in dem der Versammlung in Dublin zugeordneten Territorium, ohne Gegenkandidaten 124 von 128 Sitzen; in Nordirland erzielte die Partei nur sechs von insgesamt 52 zu vergebenden Mandaten. Die Sinn-Fein-Abgeordneten beider Teile Irlands bildeten zusammen den »Zweiten Daíl«. Der Zweite Daíl ist in den Augen republikanischer Hardliner nicht nur das letzte legitime, da aus gesamtirischen Wahlen hervorgegangene, Parlament – das Ergebnis, die deutliche Mehrheit für *Sinn Fein* in Gesamt-Irland, bestätigte ihrer Auffassung nach den Auftrag, im Namen des irischen Volkes für »nationale Selbstbestimmung« – d.h. für eine vereinigte Republik – zu kämpfen. Das irische Volk habe also in allen auf die Proklamation von 1916 folgenden gesamtirischen Wahlen Pearses Vermächtnis bekräftigt. Im *Volunteer*-Handbuch der heutigen IRA, dem »Grünen Buch«, findet sich dazu folgende Erklärung: »Das moralische Recht der Irisch-Republikanischen Armee, Krieg zu führen, basiert auf ... ihrer direkten Nachfolge der Provisorischen Regierung von 1916, des Ersten Daíls 1919 und des Zweiten Daíls 1921.« Diese Konstruktion macht es der IRA möglich, alle Wahlniederlagen *Sinn Feins* nach der Teilung der Insel im Jahr 1922 mit der bequemen Begründung zu ignorieren, sie seien ohnehin »ungültig«.

Die *Home-Rule*-Versammlung in Belfast konstituierte sich im Juni 1921. Es war die Geburtsstunde Nordirlands. Der englische König, der zur Eröffnung des Parlaments nach Belfast reiste, appellierte an die Abgeordneten, »zu vergeben und zu vergessen und gemeinsam für eine neue Ära des Friedens zu arbeiten«. In Irland aber wütete der Krieg – ein Krieg, den keine Seite gewinnen konnte. Michael Collins faßte damals die Lage folgendermaßen zusammen: »Wir haben den Feind davon abgehalten, uns zu bezwingen ... Wir haben es nicht geschafft, die Briten militärisch aus Irland zu vertreiben. Im Juli haben wir das Maximale dessen erreicht, was wir im Sinne wirtschaftlichen und militärischen Widerstandes leisten können.« Lloyd George bot Anfang Juli einen Waffenstillstand an und de Valera, der inzwischen aus Amerika zurückgekehrt war, akzeptierte: Zum 11. Juli erging Order an alle Einheiten, jegliche Kampfhandlungen einzustellen. De Valera und Griffith fuhren zu Vorverhandlungen nach London; die irische Delegation bei der eigentlichen Friedenskonferenz wurde aber von Michael Collins geleitet. De Valera ahnte wohl, daß der relative Erfolg eines Waffenstillstandes und darauffolgender Verhandlungen die Republikaner in eine Situation bringen würde, in der sie einen Kompromiß schließen mußten; die Serie »heldenhafter Niederlagen« seit 1798 hatte ihnen dieses bislang erspart.

Lloyd George schlug die Errichtung eines »Dominions« nach kanadischem Vorbild vor: Irland könne, im Gegensatz zur Gesetzeslage unter *Home Rule*, eine eigene Außenpolitik führen und hätte volle Hoheit über alle internen Belange. Gleichzeitig jedoch bliebe der englische König Staatsoberhaupt, dem die Abgeordneten ihre Loyalität beeiden müßten. Irland wäre Mitglied des Commonwealth und müßte, zum Beispiel durch die Bereitstellung von Häfen für die britische Armee, zur Verteidigung des Königreichs beitragen. Nordirland könne per Parlamentsentscheid innerhalb eines Monats nach Inkrafttreten des Vertrags aus dem *Dominion* austreten (was das Parlament in Belfast auch umgehend beschloß). Republikanisches Ideal und politische Realität klafften meilenweit auseinander: Die Unterhändler *Sinn Feins* mußten nicht nur die Teilung der Insel akzeptieren – sie sollten auch der verhaßten britischen

Monarchie ihre Ergebenheit bezeugen. Eine einzige Konzession konnte Collins den Briten im Laufe der Verhandlungen abringen: Eine Grenzkommission sollte nach einigen Jahren, »den Wünschen der Bevölkerung gemäß«, aber auch »wirtschaftlichen und geographischen Erwägungen« folgend, die Trennungslinie zwischen Norden und Süden der Insel überprüfen.

Am 5. Dezember 1921 drohte Lloyd George mit »Krieg innerhalb von drei Tagen«, sollte die irische Delegation dem Vorschlag nicht zustimmen. Collins wußte, daß die IRA ihren militärischen Zenit längst überschritten hatte und unterschrieb, zusammen mit den vier anderen Delegationsmitgliedern, den sogenannten »Treaty« am frühen Morgen des 6. Dezember. Persönlich war Collins mit dem Erreichten alles andere als unzufrieden – für ihn gab der Vertrag Irland »die Freiheit, Freiheit zu erlangen«. Aber ihm dämmerte, daß viele seiner republikanischen Mitstreiter eben dies nicht verstehen würden; noch am selben Tag schrieb er einem Freund: »Stell Dir vor, was ich für Irland rausgeschlagen habe! Etwas, was es die letzten 700 Jahre gewollt hat. Werden alle mit dem Handel zufrieden sein? ... Ich sage Dir folgendes: Heute morgen habe ich mein eigenes Todesurteil unterzeichnet.«

Niederlage

In Irland selbst war der Vertrag nicht unpopulär; auch die katholische Kirche gab ihr Plazet. Im Daíl aber erreichte das Dokument im Januar 1922 nur knapp die nötige Zustimmung: 64 Abgeordnete stimmten dafür, 57 dagegen. De Valera, der den Vertrag ablehnte, trat als Regierungschef zurück. Die IRA, mit 100 000 Mitgliedern die größte Organisation des Landes, spaltete sich in zwei Teile. Collins begann unterdessen damit, aus den ihm verbliebenen IRA-Leuten Polizei und Armee des neuen Staates zu rekrutieren: Die Sicherheitskräfte des irischen

Staates wurzeln also gewissermaßen in der IRA. Die Wahlen vom 14. Juni in den »26 Grafschaften« (ohne Nordirland) bestätigten seine Politik: De Valeras Vertragsgegner errangen nur 36 der 128 Sitze. Doch der Wille der Menschen im Land interessierte die »Anti-Treaty«-IRA wenig: Warum so kurz vor dem Ziel aufgeben? Es ging, wie so häufig in Irland, ums Prinzip: Die Abtrennung Nordirlands störte die Vertragsgegner zunächst nicht. De Valeras Anhänger hofften – genauso wie Collins – auf die vereinbarte Grenzkommission; ein dann auf maximal vier Grafschaften reduziertes Nordirland, so dachten die Republikaner aller politischen Schattierungen, wäre wirtschaftlich nicht überlebensfähig und würde mittelfristig mit dem Freistaat gemeinsame Sache machen. Der Treueeid auf den englischen König und der Status als Dominion im Commonwealth dagegen widersprach den republikanischen Grundsätzen, der Proklamation Irlands als »souveräne und unabhängige« Republik, auf fundamentale Weise.

Die Vertragsgegner besetzten den Obersten Gerichtshof, die »Four Courts« in Dublin und nahmen einige Tage später einen Daíl-Abgeordneten als Geisel. Dieser Vorfall markierte den Anfang eines Bruderkriegs – eines Krieges zwischen ehemaligen Gesinnungsgenossen, die noch ein Jahr zuvor Seite an Seite gegen Großbritannien gekämpft hatten. Natürlich ging es um die Macht im Lande; im selben Moment aber, so der Historiker Sean McMahon, stellte dieser Krieg »die klassische Auseinandersetzung zwischen Pragmatikern und Träumern« dar. Collins war der Auffassung, daß der in formaler Hinsicht noch nicht einmal ausgerufene sogenannte *Irische Freistaat* nur dann überleben könne, wenn die Abtrünnigen endgültig niedergeschlagen werden würden.

Im Verlauf dieses Bürgerkriegs zwischen der irischen Armee und der (Rest)-IRA kam es zu größerem Blutvergießen als im zurückliegenden anglo-irischen Unabhängigkeitskrieg. Im Frühling 1923 befanden sich knapp 12 000 IRA-Kämpfer in irischen Gefängnissen oder Internierungslagern. Auch Collins' düstere Prophezeiung vom Tage des Vertragsabschlusses bewahrheitete sich: Im August 1922 lauerte ein IRA-Kommando dem charismatischen Politiker und Soldaten in der Grafschaft Cork auf und erschoß ihn hinterrücks. Die Konfrontation brachte tragische Verwerfungen mit sich und führte zu Bitterkeit auf beiden Seiten. Mit immer brutaleren Aktionen beantwortete der eine die Schläge des anderen.

Als genau ein Jahr nach Abschluß des Vertrages, am 6. Dezember 1922, der *Saorstát Éireann* (»Irischer Freistaat«) offiziell ausgerufen wurde, zeichnete sich die Niederlage der Vertragsgegner bereits ab: Die Bevölkerung stand dem Kampf der IRA bestenfalls gleichgültig gegenüber; mangelnde Organisation der Rebellen und das entschiedene Auftreten der Regierungstruppen taten ein übriges. Im April 1923 verkündete de Valera einen einseitigen Waffenstillstand; es dauerte noch einen Monat länger, bis die IRA – ohne sich für geschlagen zu erklären – den Kampf einstellte und ihre Waffen in Verstecken deponierte, die über die gesamte Insel verstreut lagen.

Die im Vertrag von 1921 vorgesehene Grenzkommission änderte an der Trennungslinie zwischen Nordirland und dem neugeschaffenen Irischen Freistaat nichts. Trotz hunderter Eingaben und zahlreicher Ortsbegehungen schlug das Gremium, in dem Vertreter der britischen und nordirischen Regierungen die Mehrheit hielten, nur minimale Grenzverschiebungen vor. An dem Status der vornehmlich katholischen Städte Londonderry und Newry wollte die Kommission genausowenig rütteln wie an der Zugehörigkeit der Grafschaften Tyrone und Fermanagh zu Nordirland. Sichtlich enttäuscht machte der irische Premier Cosgrave den Vorschlag, alles beim alten zu belassen und den ursprünglichen Grenzverlauf in einem völkerrechtlichen Vertrag beim Völkerbund zu registrieren. Damit erkannte Irland die Zugehörigkeit Nordirlands zum Vereinigten Königreich auch im Rahmen des internationalen Rechts an.

Die Jahrzehnte bis zum Ausbruch der Unruhen in Nordirland 1969 waren für die IRA die sogenannten »Twilight Years«, Jahre im Zwielicht; eine Zeit, in der der Organisation jegliche Orientierung fehlte, in der sich die Bewegung so häufig spaltete, daß schließlich nur noch ein Rumpf aus realitätsfernen Ideologen und Militaristen übrig blieb – eine Gruppe von Verschwörern im Dienste einer unsichtbaren Republik.

Das Jahr 1926 brachte entscheidende Änderungen mit sich: Eamon de Valera, noch immer führender Kopf der Republikaner, erkannte, daß der irische Staat mittlerweile eine Realität darstellte und von den meisten Menschen auch als Autorität akzeptiert wurde. *Sinn Fein* dagegen weigerte sich, das Parlament von *Saorstát Éireann* anzuerkennen – gewählte Abgeordnete der Partei blieben der Versammlung fern und überließen damit den Anhängern von Cosgrave freie Hand. De Valera vollzog die Transformation vom »Träumer zum Pragmatiker«: Er entsagte dem bewaffneten Kampf und gründete seine eigene Partei *Fianna Faíl* (Soldaten des Schicksals). Selbst der bis dahin so umstrittene Treueeid auf den englischen König bedeutete plötzlich keine große Schwierigkeit mehr: Als Fianna Faíl 1927 aus dem Stand 44 Mandate errang, erklärte de Valera, der Eid sei ohnehin nur eine »leere politische Formel und ... hat keine Verpflichtung zum Inhalt«. Fünf Jahre später schon übernahm de Valera die Macht und blieb, mit kurzen Unterbrechungen, bis Ende der 50er Jahre irischer Regierungschef. Zurück blieb eine immer kleiner werdende Zahl »Unverbesserlicher«, die mit fast religiösem Eifer an die Legitimität des bewaffneten Kampfes glaubte, der aber nicht entging, wie stark die Unterstützung dafür innerhalb der Bevölkerung geschwunden war.

Auch um wieder vermehrt Rückhalt beim Volk zu gewinnen, besann sich die IRA nun auf ihre sozial-revolutionären Wurzeln zurück. Die im Jahr 1931 von dem Kommunisten Peadar O'Donnell gegründete Fraktion *Saor Éire* (Freies Irland) wollte die materiellen Nöte der Iren während der Weltwirtschaftskrise instrumentalisieren und so neue Unterstützung für die »nationale Sache« der IRA erlangen. Im Kampf gegen den »britischen Imperialismus und seinen engsten Verbündeten, den irischen Kapitalismus« schlug *Saor Éire* die Nationalisierung aller Industrien, des Farmlands und die Bildung einer unabhängigen und vereinten Arbeiter- und Bauernrepublik vor. Die IRA verübte damals Anschläge auf Pubs, die das britische Bier der Marke *Bass* verkauften oder griff Lebensmittelhandlungen an, die Schokolade der englischen Firma *Cadbury's* führten. Die Anstrengungen der IRA blieben ohne Wirkung: Die katholische Kirche verurteilte das »subversive Treiben«, die Kleinbauern fürchteten sich vor Enteignungen, und für den irischen Premier Cosgrave lieferte das kommunistische Programm einen Vorwand dafür, die IRA 1931 zu verbieten.

In den 30er Jahren erreichte die IRA als politische Vereinigung ihren vorläufigen politischen Tiefpunkt. Während sich auch die Sozialrevolutionäre als *Republican Congress* von der Bewegung abspalteten, zogen IRA-*Volunteers* raubend und brandschatzend durch das Land, lieferten sich Straßenschlachten mit einer rechtsgerichteten Gruppe namens *Blueshirts*, erpreßten Zeugen und Richter, die gegen Mitglieder der Organisation ermittelten, und ermordeten – ohne erkennbare politische Zielsetzung – Polizisten und Soldaten. Ab 1932 ließ de Valera als Premierminister zunächst Milde walten, hob das Verbot der IRA auf und begnadigte inhaftierte Aktivisten. Doch seine Geduld mit den einstigen Mitstreitern hatte Grenzen: Die unter Ex-Premier Cosgrave beschlossenen Spezialgesetze zur Bekämpfung der IRA wurden reaktiviert, die führenden Köpfe der Bewegung inhaftiert und die Organisation ab 1936 verboten. De Valera erklärte, es sei legitim, für die Vereinigung Irlands einzutreten; es bestehe aber »keine Notwendigkeit mehr für eine bewaffnete Organisation«, um dieses Ziel zu erreichen.

In Nordirland gab es zu dieser Zeit keine nennenswerte Aktivität der IRA. Dort beschloß das Parlament schon 1922 drakonische Strafgesetze, die jegliche republikanische Agitation im Keim erstickten. In den Jahren 1922 und 1935 kam es zu gewaltsamen Aktionen gegen Katholiken – abgesehen davon herrschte in Nordirland ein trügerischer Friede. Die unionistische Partei um Premierminister James Craig baute ihre Vorherrschaft aus; mit der Abschaffung des Verhältniswahlrechts 1929 und der Manipulierung von Wahlkreisen, dem sogenannten »Gerrymandering«, gelang es, der Partei eine dauerhafte Mehrheit in Stormont, dem 1932 fertiggestellten pompösen Sitz des nordirischen Parlaments vor den Toren Belfasts, zu sichern.

Mit Sean Russell an der Spitze der Organisation erwachte die IRA Ende der 30er Jahre zu neuem Leben. Russell sah sich als Berufsrevolutionär, als Militarist in der Tradition der Fenians aus dem 19. Jahrhundert. Seine Idee, den Kampf für die »Befreiung« Irlands dort auszutragen, wo der Feind am verwundbarsten schien – in Großbritannien selber –, stieß bei seinen jungen Anhängern auf offene Ohren. So begann das Hauptquartier der IRA in Dublin 1938 mit der Planung einer Offensive auf dem britischen Festland. Nur England kam als Ziel in Frage: Schotten und Waliser blieben als »keltische Brudervölker« verschont. Die IRA setzte sich das Ziel, Infrastruktur und militärische Einrichtungen in England zu zerstören, ohne dabei Menschen zu töten. In der Zeitung *Daily Mirror* prahlte Russell gar damit, in einen Luftkrieg mit England zu treten: »Unsere Luftwaffe mag klein sein, aber sie ist sehr effizient. Wenn Feindseligkeiten ausbrechen, dann werden wir selbstverständlich mit unseren Flugzeugen England bombardieren.« Davon konnte natürlich keine Rede sein; zu keinem Zeitpunkt hat die IRA jemals Flugzeuge besessen.

Um die Legitimität des Vorhabens zu wahren, übertrugen die sieben noch lebenden Regierungsmitglieder des Zweiten Daíls von 1921 alle Exekutivbefugnisse des »Parlaments« auf die Führung der IRA, so daß im Sinne republikanischer Geschichtsschreibung die aus zwölf Mitgliedern bestehende Armee-Exekutive der IRA (Army Executive) nun die legitime Regierung der 1916 proklamierten Irischen Republik darstellte. Am 12. Januar 1939 schließlich ließ man dem britischen Außenminister Lord Halifax einen Brief zustellen, in dem es hieß: »Die Regierung der Irischen Republik ... verlangt den Abzug aller britischen Truppen, die in Irland stationiert sind ... Wir bedauern, sollten wir gezwungen sein, in das militärische und kommerzielle Leben Ihres Landes einzugreifen, so wie Ihre Regierung es in unserem Land tut. Die Regierung der Irischen Republik glaubt, daß ein Zeitraum von vier Tagen ausreicht, um Ihrerseits die Absicht bekanntzugeben, mit dem militärischen Rückzug zu beginnen.« Die britische Regierung ignorierte das Ultimatum: Am Morgen des 16. Januar explodierten in Kraftwerken in London, Manchester, Birmingham und anderen Städten Englands insgesamt sieben Bomben. In der ersten Hälfte des Jahres verübten *Volunteers* insgesamt 127 Anschläge, darunter auf Bahnstationen, Postämter, Geschäfte und Kinos – zwei Zivilisten verloren dabei ihr Leben. De Valera war außer sich vor Wut: Nicht nur, daß sich die IRA als Regierung Irlands aufspielte – die Bombenkampagne gefährdete auch die Neutralität Irlands im sich anbahnenden Zweiten Weltkrieg. Der Versuch von IRA-Chef Russell, über Deutschland an Waffen zu gelangen, hätte London zweifellos einen erstklassigen Vorwand geliefert, Irland zu besetzen. Deshalb erließ de Valeras Regierung mit dem *Offences Against the State Act* ein Gesetz, das die Maßnahmen der britischen Regierung an Härte weit übertraf: Die irischen Behörden nahmen insgesamt 400 Republikaner fest; sie mußten sich vor Militärtribunalen verantworten. Die von der konservativen britischen Regierung unter Chamberlain geplanten Sonderrechte für Scotland Yard stießen bei der Labour-Opposition im britischen Unterhaus zunächst auf Skepsis; als die IRA allerdings während der laufenden Parlamentsdebatte einen Anschlag im Londoner Bahnhof King's Cross verübte, bei dem ein schottischer Arzt so schwer verletzt wurde, daß er beide Beine verlor, passierte das Gesetz die Kammer innerhalb von weniger als fünf Minuten.

Eine Bombe in der englischen Stadt Coventry, die fünf Zivilisten das Leben kostete, brachte für die »S-Plan« genannte Kampagne (›S‹ steht für Sabotage) den Wendepunkt. Die Unterstützung aus den USA versiegte, die Sondergesetze Dublins und Londons zeigten Wirkung. Russell, der sich mit den Nazis in Berlin gerade auf eine neue Waffenlieferung für die IRA geeinigt hatte, starb im September an Bord eines deutschen U-Boots auf dem Weg nach Irland. Auf einen zunächst gelungenen Coup im Dezember in Dublin folgte ein schwerer Schlag für die IRA: Die *Volunteers* erbeuteten bei einem Überfall auf ein Fort der irischen Armee zwölf Lastwagen-Ladungen Waffen und mehr als eine Million Schuß Munition. Die Menge des geraubten Materials stellte die IRA vor erhebliche logistische Probleme: Die Verstecke der Organisation reichten nicht aus, um die Waffen vor der irischen Polizei in Sicherheit zu bringen. Im Rahmen einer groß angelegten Suche beschlagnahmten die Behörden nicht nur die zuvor gestohlenen Waffen, sondern auch einen Großteil des restlichen IRA-Arsenals sowie streng vertrauliche Dokumente. Die S-Plan-Kampagne der IRA endete im März 1940. Die Niederlage fiel derart vernichtend aus, daß die IRA gegen Ende des Zweiten Weltkriegs, so der irische Journalist Brendan O'Brien, »praktisch nicht mehr existierte«.

Doch die Flamme loderte weiter. Eine Gruppe junger Männer trommelte 1945 alle noch lebenden und nicht internierten Mitglieder der Armee-Exekutive von 1938 zusammen. Die »Regierung der Irischen Republik« stellte damit ihre Handlungsfähigkeit wieder her und ging sogleich an die Planung eines weiteren Umsturzversuchs, der die verhaßten Briten endgültig von der Insel vertreiben sollte.

Die sogenannte »Grenzkampagne«, deren aktive Phase von 1956 bis 1962 währte, wäre eigentlich nur eine weitere Episode in der schier unendlichen Folge »heldenhafter Niederlagen« der IRA – hätte diese Anschlagsserie nicht in vielerlei Hinsicht den Grundstein für das gelegt, was ab 1969 geschah. Vor allem zwei Entscheidungen der IRA-Führung aus den 50er Jahren in Vorbereitung auf die Grenzkampagne gelten bis heute als wegweisend.

Der erste Beschluß betraf das Verhältnis zu den Sicherheitskräften (Süd-)Irlands. Ein Überfall auf eine Kaserne der britischen Armee in der Grafschaft Tyrone im Jahr 1954 zur Beschaffung von Waffen scheiterte an den nordirischen Sicherheitskräften, insbesondere an den sogenannten *B-Specials*, einer ausschließlich aus Protestanten bestehenden Reservetruppe der nordirischen Polizei. Obwohl nicht direkt davon betroffen, machte der Vorfall die irische Polizei auf die – offensichtlich wieder aktive – IRA aufmerksam: Die Wiedereinführung der Spezialgesetze drohte, die erheblichen Anteil am Scheitern der S-Plan-Kampagne gehabt hatten. Also entschied die Führung der IRA, irische Polizei und Armee fortan von Anschlägen der Organisation auszunehmen – deshalb der Befehl an alle *Volunteers*: Es sei »streng verboten, unter welchen Umständen auch immer, militärische Mittel gegen die Kräfte der 26 Grafschaften einzusetzen«. Diese in einer dogmatischen Vereinigung wie der IRA seltene Anerkennung der Realität (die einzig legitime Armee Irlands ist schließlich laut reiner Lehre die IRA selber) bewahrte die Organisation später vor allzu konsequentem Durchgreifen der Sicherheitskräfte in Irland und sicherte ihr so einen wichtigen Rückzugsraum im Anschluß an in Nordirland durchgeführte Operationen.

Zweitens reaktivierte man das Bündnis mit dem politischen Arm der republikanischen Bewegung, der Partei *Sinn Fein*. Zur Überraschung der Republikaner errang *Sinn Fein* bei den Wahlen zum britischen Unterhaus zwei Sitze, auf deren Wahrnehmung die siegreichen Kandidaten, dem alten Grundsatz folgend, verzichteten. Auch im Süden der Insel erzielte die Partei bei Wahlen vier Sitze im Daíl, wie das irische Parlament inzwischen offiziell hieß. Auch hier blieb *Sinn Fein* dem Parlament fern. Dieser relative Erfolg der Partei erforderte eine genauere Festlegung des Verhältnisses von *Sinn Fein* und IRA. Die Führung der IRA machte deutlich, daß die Armee seit 1938 die rechtmäßige Regierung der Irischen Republik darstelle und *Sinn Fein* deshalb den Beschlüssen der IRA-Exekutive Folge zu leisten habe. Solange keine Rückgabe der Befugnisse an *Sinn Fein* erfolge, könne die Partei niemals mehr als ein »Juniorpartner« in der republikanischen Bewegung sein. Daran hat sich im Prinzip bis heute nichts geändert.

Im Laufe der Grenzkampagne sollten die britischen »Besatzungstruppen« in Nordirland durch Zerstörung von Verwaltung und Infrastruktur Stück für Stück zurückgedrängt werden, so daß von Westen und Süden her entlang der Grenze zwischen Nordirland und Irland überall sogenannte befreite Zonen entstehen würden, die, miteinander verbunden, irgendwann der britischen Armee keine Wahl mehr lassen würden, als sich vollständig aus Nordirland zurückzuziehen. Während der sechs Jahre dauernden Offensive starben sechs Beamte der nordirischen Polizei, der Royal Ulster Constabulary (RUC), und sechs *Volunteers* der IRA (vier davon durch eigene Bomben).

Die Sicherheitskräfte im Süden wie im Norden der Insel griffen hart durch: Die Festnahme von IRA-Verdächtigen ohne Anklage erwies sich, wie schon 1939, als probates Mittel, um das Netzwerk der Republikaner zu zerstören. Am 26. Februar 1962 schließlich erklärte die IRA ihre Kampagne für beendet. Die Mitteilung, daß die Waffen versteckt und die *Volunteers* zurückgezogen würden, endete mit einem Zusatz: »Die irische Widerstandsbewegung erneuert ihr Versprechen ewiger Feindschaft zu den britischen Besatzungstruppen in Irland ... Sie sieht der endgültigen und siegreichen Phase des Kampfes für die vollständige Befreiung Irlands mit Zuversicht entgegen.«

Eskalation

Eamon de Valera, über 20 Jahre irischer Regierungschef und von 1959 bis 1973 Staatspräsident, gab in einem Fernsehinterview freimütig zu: »Wir sind eine katholische Nation« – für Protestanten war in den 26 Grafschaften des Freistaats Irland, das im Jahr 1948 zur »Republik Irland« wurde und auch alle formalen Beziehungen zum Vereinigten Königreich abbrach, kein Platz. Trotz aller rhetorischen Bekenntnisse: Die Spaltung der Insel stellte eine Realität dar, die die meisten katholischen Iren – wenn auch zähneknirschend – akzeptierten. Die Regierung in Dublin tat jedenfalls alles, um die bei den Protestanten im Norden herrschenden Vorurteile zu bestätigen.

Die im Jahr 1937 von de Valera ausgearbeitete Verfassung garantierte zwar Glaubensfreiheit, hob aber die »besondere Position der katholischen Kirche« heraus. Am deutlichsten zeigte sich der katholische Ethos des irischen Staates am Beispiel der Familienplanung. Der Daíl verbot in den 30er Jahren die Einfuhr von Verhütungsmitteln. Erst 1973, als das Verfassungsgericht feststellte, daß hierdurch die freie Entfaltung der Persönlichkeit beeinträchtigt würde, lockerte die Regierung die diesbezüglichen Beschränkungen. Im Jahr 1979 schließlich genehmigte ein Gesetz den Verkauf von Kontrazeptiva in Apotheken an Ehepaare nach einer Verschreibung durch einen Arzt. Der damalige Ministerpräsident Haughey nannte dies »eine irische Lösung für ein irisches Problem«. Das verfassungsmäßige Verbot von Ehescheidungen strich man auf Druck der Europäischen Gemeinschaft erst 1995 per Volksentscheid aus der Verfassung; will eine irische Frau eine Abtreibung vornehmen lassen, so muß sie jedoch nach wie vor nach England reisen.

Die Regierung übertrug der katholischen Kirche zudem die Verantwortung für das Schulwesen, so daß die »Allmacht Roms« im Erziehungsbereich bis heute institutionalisiert ist: In den 70er Jahren feierten es Modernisierer als großen Erfolg, daß »nur« noch ein Drittel aller Lehrer einem katholischen Orden angehörten. Die wahre Machtzentrale der »Republik« befand sich nach Ansicht vieler nicht in Leinster House, dem Sitz des irischen Regierungschefs. Ein Minister formulierte es Ende 1951 so: »Hier in der Republik gibt es zwei Parlamente: Eines in Maynooth [dem Sitz des Erzbischofs] und eines in Dublin ... der Daíl schlägt vor, Maynooth ändert ab.«

Anders als in Nordirland wurde die gesellschaftliche Minderheit in der Republik Irland nicht offen diskriminiert: Die Protestanten machten im Süden Irlands ohnehin nur eine verschwindende Minderheit der Gesamtbevölkerung aus, und ihre Zahl nahm stetig ab. Der Anteil der Protestanten sank von zehn Prozent bei Gründung des irischen Freistaates im Jahre 1922 auf heute etwa drei Prozent. Die Gründe dafür sind vielfältig: Viele Protestanten wanderten nach England oder Amerika aus. Hinzu kommt, daß das päpstliche Dekret »Ne Temere« verfügt, daß gemischte Ehen nur dann erlaubt seien, wenn sich die Heiratswilligen dazu verpflichten, ihre Kinder als Katholiken aufzuziehen. Auch diese Verfügung trug dazu bei, den protestantischen Bevölkerungsanteil zu reduzieren.

Der Vormarsch des Fernsehens, die Urbanisierung sowie der Beitritt zur Europäischen Gemeinschaft haben zweifellos zu einer Liberalisierung Irlands beigetragen. Der grundsätzlich katholische Charakter des Staates verfehlte seine Wirkung auf die Protestanten in Nordirland jedoch nicht. Schon als es zu Beginn des Jahrhunderts um die Einführung der irischen Regionalautonomie ging, setzten die Unionisten in Ulster in einem noch heute gängigen Slogan »Home Rule« mit »Rome Rule«, d. h. der Herrschaft Roms, gleich.

Nordirland

Die Unionisten beeilten sich, Nordirland zu einem – in den Worten des ersten nordirischen Ministerpräsidenten James Craig – »protestantischen Staat für ein protestantisches Volk« zu machen. Die Angst, die Republik Irland könnte Nordirland »schlucken«, verstärkte sich, als de Valera in Artikel 2 der irischen Verfassung von 1937 einen Gebietsanspruch auf die nördliche Provinz formulierte: »... das nationale Territorium besteht aus der gesamten Insel Irland«, hieß es dort. In den Augen der Unionisten ließ diese Aussage nur den Schluß zu, daß in letzter Konsequenz der Status Nordirlands als Bestandteil des Vereinigten Königreichs von der Vormachtstellung der Unionistischen Partei abhing.

Alle Änderungen am Wahlrecht, die die Unionisten ab 1920 vornahmen, richtete sich nicht nur gegen die Katholiken, sondern generell gegen alle Nicht-Unionisten – darunter auch die vor allem im protestantischen Lager an Zulauf gewinnende Labour-Bewegung: Die Unionisten schafften das Verhältniswahlrecht zum nordirischen Parlament in Stormont ab und schnitten die Stimmkreise so zu, daß unionistische Mehrheiten auch dort entstanden, wo – wie z.B. in Londonderry – die Protestanten klar in der Minderheit waren. Als die Labour-Regierung in Großbritannien 1946 das Kommunalwahlrecht auf Bedienstete ausdehnte sowie das Doppel-Stimmrecht für Inhaber von Geschäften abschaffte, verweigerte sich Nordirland der Reform. Obwohl Umfang und praktische Bedeutung der Manipulationen des Wahlrechts bis heute heftig umstritten sind, besteht unter den meisten Wahlforschern Einigkeit, daß die Katholiken hierdurch zumindest tendenziell benachteiligt wurden.

Auch den Nachfolgern des nordirischen Ministerpräsidenten Craig ging es primär um den eigenen Machterhalt, nicht um die Diskriminierung von Katholiken, obwohl beides einander häufig bedingte. Die nordirische Regierung stellte – im Gegensatz zu den Behauptungen der Republikaner – keine totalitäre Diktatur dar: Die katholische Presse konnte offen für eine Vereinigung Irlands werben; die im Durchschnitt kinderreicheren katholischen Familien profitierten überdurchschnittlich von staatlichen Zuschüssen für Kinder; katholische Schulen erhielten höhere Subventionen als konfessionell gebundene Schulen in Großbritannien. Dennoch: Die Arbeitslosenquote unter Katholiken ist bis heute deutlich höher und der Zugang zu höherer Bildung gestaltet sich für sie schwieriger als für Protestanten.

Diskriminierung bei der Vergabe von Arbeitsplätzen oder der Zuweisung von Sozialwohnungen betrieben allerdings ebenso nordirische Katholiken: Die (katholische) Bürgerrechtlerin Bernadette Devlin wies 1969 darauf hin, daß die Benachteiligung »nur deswegen auf katholischer Seite weniger einschneidend ist, weil es weniger katholische Bosse und lokale Behörden gibt, die in der Lage sind, die Diskriminierung [von Protestanten] zu praktizieren«.

Bis Mitte der 60er Jahre entspannte sich die Lage in der Provinz. Als »Belohnung« für die enthusiastische Unterstützung Nordirlands beim Kampf gegen Hitler garantierte London der Provinz im *Ireland Act* von 1948 ihren konstitutionellen Status als Bestandteil des Vereinigten Königreichs. Die Dankbarkeit der britischen Regierung zeigte sich auch in finanzieller Hinsicht: Das Haushaltsvolumen des Parlaments in Stormont stieg stetig an, so daß unionistische Politiker hoffen konnten, durch soziale Reformen und wirtschaftliches Wachstum würde der Ruf der katholischen Minderheit nach einer Vereinigung mit der Republik Irland verstummen. Tatsächlich bildete sich eine katholische Mittelschicht, die die Vorteile der Verbindung mit Großbritannien, insbesondere vor dem Hintergrund einer darniederliegenden Wirtschaft in der Republik Irland, zu schätzen wußte.

Die Integration durch wirtschaftliches Wachstum hatte allerdings ihre Grenzen: Eine zu Beginn der 60er Jahre durchgeführte sozialwissenschaftliche Studie ergab, daß Nordirlands

Gesellschaft zwar »stabil«, aber dennoch »tief gespalten« sei. In der Untersuchung war von einem Zustand des »Kalten Krieges« die Rede, in der offene Feindseligkeiten zwar rar seien, es unter der Oberfläche aber brodele. Es herrsche eine Tendenz, »vom anderen immer das Schlechteste zu denken«.

Besonders konservative Unionisten bestanden auf ihren Privilegien, lehnten jegliche Reform kategorisch ab; trotz aller Versicherungen Londons, den Status Nordirlands nicht zu ändern, fürchteten sie die »demographische Bombe«, d. h. mittelfristig eine katholische Mehrheit aufgrund der höheren Geburtenrate.

Im Frühjahr 1963 wählte das Parlament in Stormont den ehemaligen Offizier Terence O'Neill, ein Protestant, zum neuen Regierungschef. Er kündigte in seiner Antrittsrede an, »Brükken zwischen den beiden Traditionen in unserer Gesellschaft« bauen zu wollen. O'Neill, so scheint es, war ernsthaft an einer Transformation Nordirlands hin zu einer in jeder Hinsicht demokratischen und gerechten Gesellschaft interessiert. Seine Amtszeit gilt dennoch als Katalysator für die Ereignisse, die sich ab 1969 zu einem Bürgerkrieg entwickelten. Der Historiker Brian Barton vertritt die Ansicht, daß O'Neills vorsichtige Reformen »nicht genügten, um diejenigen zufriedenzustellen, die sich nach einem Wechsel sehnten, aber ausreichten, um reaktionäre Elemente in seiner eigenen Partei zu alarmieren«.

O'Neill beschränkte sich in seiner Politik zunächst auf symbolische Gesten: Als Papst Johannes XXIII. starb, ordnete der Ministerpräsident Trauerbeflaggung an; O'Neill traf sich – als erster nordirischer Premier überhaupt – mit dem irischen Regierungschef. Zur Stormont-Wahl 1965 warb O'Neill offen auch bei katholischen Wählern um Unterstützung für die Unionisten. O'Neills Gegner auf protestantischer Seite fürchteten, der liberale Ansatz O'Neills sei nur der Anfang eines »Ausverkaufs«, der mit der Vereinigung Irlands enden würde. Zu ihrem Wortführer spielte sich ein junger Pastor namens Ian Paisley auf: Der 1926 geborene erzkonservative Sohn eines Baptisten-

Predigers gründete 1951 die *Free Presbyterian Church*; sein Haß auf alles Katholische, verbunden mit seiner rhetorischen Brillanz, setzte zweifellos Emotionen frei, die die Spannungen verschärfte und sich zum Teil auch in Gewalt der katholischen Bevölkerung gegenüber entluden.

Dreizehn Aktivisten aus der katholischen Mittelschicht riefen unterdessen im Jahr 1965 die »Campaign for Social Justice« CSJ (Kampagne für soziale Gerechtigkeit) ins Leben, eine Bürgerinitiative, die sich zum Ziel setzte, die Öffentlichkeit in Großbritannien auf die Benachteiligung von Katholiken in Nordirland aufmerksam zu machen und bei Politikern und Gerichten besonders krasse Fälle anzuprangern. Die zaghafte Herangehensweise der CSJ zeigte allerdings kaum Wirkung: Aus Frustration über die Machtlosigkeit der Initiative entstand 1967 die *Northern Ireland Civil Rights Association* NICRA (Nordirische Bürgerrechts-Vereinigung). Begeistert von den Studentenprotesten in Amerika und Kontinentaleuropa entschieden sich die Gründer von NICRA für eine Strategie »direkter Aktion«. Die NICRA sollte für die Bürgerrechte aller eintreten, unabhängig von ihrem religiösen Bekenntnis. Obwohl größtenteils katholisch, zog diese Organisation anfangs Liberale aus allen Schichten an; sogar einige Mitglieder der Jugendorganisation der Unionisten fanden sich unter den Aktivisten. Zu den wichtigsten Forderungen der NICRA gehörte die Einführung des Prinzips »One Man, One Vote« (Ein Mensch, eine Stimme) bei Kommunalwahlen, ein fairer Zuschnitt der Wahlkreise, die gerechte Vergabe von Jobs und Wohnungen. Weitere Ziele der Initiative waren die Abschaffung der sog. *B-Specials*, einer paramilitärischen Polizeireserve, und die Rücknahme des *Special Powers Act*, der Spezialgesetze zur Bekämpfung der IRA.

Schritt für Schritt avancierte die Bewegung zum Sammelbekken für Republikaner, wenn auch von einer gezielten Infiltration durch die IRA zunächst keine Rede sein konnte. Das gemeinsame Aufbegehren gegen die unionistische Herrschaft verdeckte, daß die Republikaner innerhalb der NICRA, im Gegensatz zu Liberalen aus anderen Parteien und der Studentenbewegung nicht an einer Reform der Machtverhältnisse interessiert waren, sondern Nordirland als Ganzes in Frage stellten. Der Massenprotest der Bürgerbewegung bot für dieses Anliegen eine gute Basis. Auf dem ersten Jahrestreffen im Februar 1968 zählte die Polizei unter den 70 Anwesenden immerhin bereits 30 den Behörden bekannte Republikaner. Allmählich veränderte die NICRA ihr Gesicht: Im selben Maße, in dem Republikaner in die Bewegung strömten, verließen moderate Aktivisten die Vereinigung.

Mitte des Jahres begann die NICRA damit, Straßenmärsche zu organisieren. Der erste Marsch fand im August statt und führte auf einer Strecke von sechs Kilometern von Coalisland nach Dungannon in der Grafschaft Tyrone. Anlaß: Die Benachteiligung einer katholischen Familie durch die Stadtverwaltung, die ihr zugunsten einer alleinstehenden protestantischen Sekretärin eine Sozialwohnung vorenthielt. Der Demonstration schlossen sich 2500 Menschen an: Ein Teil der Marschierer stimmte republikanische Balladen an, ein anderer Teil die Bürgerrechtshymne »We shall overcome«.

Zwei Monate später, im Oktober, offenbarte sich der wachsende republikanische Einfluß innerhalb der NICRA ganz unverhüllt. Die Organisatoren planten einen Protestzug, der durch die protestantischen Viertel Londonderrys führen sollte. An einem friedlichen Ablauf der Demonstration bestand anscheinend kein Interesse; sonst wäre die Marschroute anders gewählt worden – im Gegenteil. Es bestand die klare Absicht, eine repressive Reaktion der Polizei herauszufordern, um das nordirische »Regime« vor Kameras aus aller Welt bloßzustellen und so die gesamte Provinz zu destabilisieren. Der an der Planung beteiligte Republikaner Eamon McCann kommentierte die damalige Zielsetzung folgendermaßen: »Der vorgeschobene Grund unserer Aktion war, die Wohnsituation herauszustellen; generell aber verstanden wir Katholiken den Marsch als Angriff auf das ganze politische System, was er natürlich auch war.« Aus der Konfrontation mit der Polizei entwickelte sich eine heftige Straßenschlacht mit 80 Verletzten. Bei ähnlichen Protestveranstaltungen in anderen Teilen der Provinz kam es in den darauffolgenden Monaten zu ebenso brutalen Auseinandersetzungen. Die Republikaner hatten ihr propagandistisches Ziel erreicht, belegten die Fernsehbilder doch scheinbar unzweideutig, daß die »autoritäre Staatsmacht« und deren »fünfte Kolonne«, die Anhänger Paisleys, selbst die grundlegendsten Forderungen der Bürgerrechtsbewegung brutal niederknüppelten.

Der nordirische Regierungschef O'Neill verlor langsam aber stetig die Kontrolle über die Situation. In einer dramatischen Fernsehansprache im Dezember 1968 warnte er davor, daß das Parlament in Stormont abgeschafft werden könnte, sollte die Lage weiter eskalieren: »Wenn wir unsere Probleme nicht lösen, wird das Parlament in Westminster über unsere Köpfe hinweg entscheiden.« Nordirland stehe »am Rande des Chaos«. Die von O'Neill Anfang des Jahres 1969 hastig eingeleiteten Reformen – darunter die Einführung eines Punktesystems bei der Wohnungsvergabe, die Überprüfung des Wahlrechts und der Spezialgesetze – entschärften die Situation nicht. Sie ermutigten die Republikaner vielmehr, den Druck der Straße weiter zu verstärken und ihre Forderungen immer höher zu schrauben, bis Nordirlands Status selbst zur Disposition stand. Im April 1969 trat O'Neill resigniert zurück.

Die Ereignisse im folgenden Sommer übertrafen O'Neills schlimmste Befürchtungen wohl noch: Am 12. August setzten sich etwa 15 000 Mitglieder des protestantischen *Apprentice-Boys*-Ordens zu ihrer jährlichen Parade durch die Innenstadt von Londonderry in Bewegung. Die Polizei versuchte, Katholiken und Ordensmitglieder voneinander fernzuhalten, aber dies gelang nur wenige Stunden. Als sie von Jugendlichen aus dem katholischen Stadtteil Bogside attackiert wurde, entschied die Polizei, die zuvor errichteten Barrikaden um das Viertel zu stürmen. Die Ankündigung der RUC, zur Unterstützung auch die verhaßte Reservetruppe – die *B-Specials* – zu mobilisieren, trieb die »Schlacht an der Bogside« zum Höhepunkt. Die Bewohner wehrten den Angriff der Polizei allerdings zunächst erfolgreich ab. Nach zwei Tagen Straßenkampf entschied der Nachfolger O'Neills als Ministerpräsident – Major Chichester-Clark –, britische Soldaten zur Unterstützung anzufordern. Deren Einmarsch in Londonderry beendete die Auseinandersetzung.

Die Barrikaden aber blieben: Das auf diese Weise für Armee und RUC unzugängliche Gebiet erhielt den Namen *Free Derry* (»Freies Derry«). Eine Wandzeitung verkündete am Morgen des 14. August: »Das ist eine große Niederlage für die unionistische Regierung. Wir wissen noch nicht, ob es ein Sieg für uns ist. Eine Regierung, die nur durch den Einsatz bewaffneter Truppen an der Macht bleiben kann, ist keine rechtmäßige Regierung mehr. Wir müssen jetzt abwarten, ob Westminster [das britische Parlament] bereit ist, das zuzugeben.«

Noch während der »Schlacht« erging der Aufruf an Katholiken in anderen Teilen der Provinz, Polizeireviere anzugreifen, um »Druck von der Bogside« zu nehmen. Daraufhin prügelten sich katholische Jugendliche in Belfast am Abend des 13. August mit der Polizei; am folgenden Morgen attackierten radikale Unionisten (sogenannte Loyalisten) katholische Familien, warfen Scheiben ein und setzten Häuser in Brand.

Im Laufe der Unruhen im August 1969 starben insgesamt zehn Menschen, 900 wurden verletzt, darunter mehr als 150 durch Schüsse. Ein Bürgerkrieg hatte begonnen.

Provos

Auch für die IRA markierte das Jahr 1969 einen Wendepunkt. Die Führungsgruppe der Organisation hatte sich nach Ende der gescheiterten Grenzkampagne 1962 vom traditionellen »Briten raus«-Republikanismus abgewendet. Cathal Goulding, »Chief-of-Staff« und damit oberster Kommandant der IRA, scharte eine kleine Gruppe links-marxistischer Denker um sich, die Konzepte für eine Revolution entwarfen. Es entstand die sogenannte »Phasentheorie«, nach der ein Umsturz in Irland in drei Schritten zu erfolgen habe. Zuerst müßten protestantische und katholische Arbeiter in Nordirland ihre kollektiven Interessen entdecken und sich jenseits konfessioneller Spaltungslinien zu einer einflußreichen Bewegung zusammenschließen. In einer zweiten Phase würden die Arbeiterklassen nördlich und südlich der Grenze gemeinsame Sache machen, um dann schließlich das kapitalistische Regime auf der gesamten Insel »hinwegzufegen« und eine vereinigte und sozialistische Volksrepublik auszurufen. Der »neue« Republikanismus Gouldings bekannte sich zwar nach wie vor zum Ziel eines vereinigten Irlands, verabschiedete sich aber gleichzeitig von einer Reihe traditioneller Dogmen. Die Politik der Nicht-Anerkennung der Parlamente in Belfast, Dublin und London sollte aufgegeben und den Abgeordneten *Sinn Feins* dadurch ein »Marsch durch die Institutionen« ermöglicht werden. Der bewaffnete Kampf galt Gouldings Leuten nicht mehr als Selbstzweck, sondern als taktisches Mittel: Die IRA sahen sie in der Rolle eines bewaffneten Garanten einer revolutionären Bewegung.

Mit aller Macht sollte die IRA zu einer nicht-konfessionellen, prinzipiell anti-nationalistischen Arbeiterbewegung transformiert werden (was sie niemals zuvor gewesen war). Der marxistische Eifer der Goulding-Clique stieß die Traditionalisten vor den Kopf: In der Grafschaft Kerry im Südwesten Irlands verbot die Führung, bei IRA-Treffen den Rosenkranz zu beten.

In Dublin ordnete Goulding an, der Jugendorganisation der kommunistischen Partei die Teilnahme an den alljährlichen republikanischen Ostermärschen zu ermöglichen. Die Republikaner vor Ort gehorchten nur widerwillig.

Der Unmut über die neue Linie an der Basis der Organisation blieb zunächst ohne Konsequenzen. Der orthodox-republikanische Teil der IRA begnügte sich mit verbaler Auseinandersetzung, zumal die von Goulding beschlossene Infiltration der Bürgerrechtsbewegung auch von Gegnern des sozialistischen Kurses unterstützt wurde. Die Diskussion über die Aufgabe des traditionellen Mandatsverzichts wirkte akademisch, da es den Kandidaten von *Sinn Fein* an öffentlicher Untersützung mangelte, so daß die Bewegung ohnehin nicht in die Verlegenheit kam, tatsächlich über die Annahme eines Parlamentssitzes entscheiden zu müssen.

Während der Unruhen vom August 1969 allerdings brachen die Spannungen auf. Das »Pogrom« an katholischen Familien in Belfast, so die Meinung der Traditionalisten, habe bewiesen, daß die IRA ihre eigentliche Aufgabe, die katholische Bevölkerung gegen die Angriffe »der Polizei und unionistischer Mobs« zu verteidigen, vernachlässigt habe. Tatsächlich fanden sich an einigen Häuserwänden im katholischen Falls-Viertel Graffiti, die die IRA mit dem Spruch »IRA – I Ran Away« (IRA – Ich lief weg) verhöhnten. Deswegen, so ein historischer Rückblick der Partei *Sinn Fein* im Internet, »wurde der bewaffnete Kampf wieder zur vorherrschenden republikanischen Strategie«.*

---

* In Wirklichkeit war es der Ansturm einiger orthodoxer Republikaner auf ein Polizeirevier, der die gegen Katholiken gerichteten Attacken auslöste. Der Gebrauch der wenigen, noch vom Ende der Grenzkampagne 1962 verbliebenen Waffen »beeinflußte das Ausmaß des erbarmungslosen protestantischen Angriffs erheblich« – so die Einschätzung des Politologen Henry Patterson.

Die Interpretation dieser Ereignisse als Versagen des »korrupten unionistischen Regimes« in seinem Bestreben, die katholische Bevölkerung zu beschützen, paßte gut ins Konzept der Fundamentalisten. Statt des von Goulding propagierten »Marschs durch die Institutionen« gewann die alte Deutung des Konflikts wieder an Boden: Nordirland sollte weg, egal wie; Waffen mußten her, so schnell wie möglich.

Die Rebellion der orthodoxen Fundamentalisten ging von Belfast aus. Schon zehn Tage nach den Unruhen in Londonderry trafen sich die Fundamentalisten konspirativ in einem Vereinsheim im katholischen Stadtteil Andersonstown. Knapp ein Dutzend IRA-Veteranen, viele davon seit Ende der Grenzkampagne passiv, entschieden, der Führung des IRA-Kommandos in Belfast ein Ultimatum zu stellen: Wenn sich Goulding und seine Clique nicht zurückzögen, würden die Veteranen die Bewegung verlassen. Gerade einmal vier Wochen später versuchten die Rebellen, einen Putsch herbeizuführen: 16 bewaffnete Männer platzten in ein Stabstreffen des IRA-Kommandos für Belfast und machten ihren Führungsanspruch deutlich. Gouldings Leute hätten die nationalistische Bevölkerung in Nordirland verraten. Billy McMillen, Stabschef in Belfast und Anhänger Gouldings, erklärte, es sei »absurd und selbstmörderisch«, jetzt mit internen Auseinandersetzungen zu beginnen. Am späten Abend schlossen beide Fraktionen einen Kompromiß: McMillen sollte Stabschef bleiben; die Verbindung zur IRA-Führung in Dublin aber wurde nach der turbulenten Versammlung abgebrochen.

Der Frieden hielt nicht lange. Als sich die IRA im Dezember desselben Jahres in Dublin zur *Convention* – einer Art Vollversammlung – traf, existierten im Grunde schon zwei verschiedene Organisationen. Eine Resolution, die eine Arbeitsgruppe aus IRA- und *Sinn-Fein*-Mitgliedern im Jahr zuvor erarbeitet hatte, brachte das Faß zum Überlaufen: Der Antrag enthielt die Forderung, die »scheinheilige« Politik des Mandatsverzichts aufzugeben und zusammen mit der kommunistischen Arbeiterpartei eine »Nationale Befreiungsfront« zu bilden. Als die Fundamentalisten diese Abstimmung verloren, verließen sie die Versammlung und gründeten am 28. Dezember die *Provisional IRA* (Provisorische IRA, kurz: Provo). In einer öffentlichen Stellungnahme nach der Spaltung erklärte die neu eingesetzte Führung: Die Spaltung sei eine »logische Konsequenz der Zwangsvorstellung, parlamentarische Politik betreiben zu müssen, wobei die grundsätzliche militärische Rolle der Irisch-Republikanischen Armee vernachlässigt wurde«.

Zum tatsächlich rechtmäßigen Erben Patrick Pearses und der Rebellion von 1916 wurde die neue Gruppe jedoch erst durch Thomas Maguire, dem letzten Überlebenden des Zweiten Daíls von 1921. Er übertrug am 31. Dezember 1969 auch formal sämtliche Rechte des *Sinn-Fein*-Parlaments von 1921 auf die Provos. Die Abtrünnigen entzogen sich somit dem Vorwurf des Hochverrats.

Nach gleichem Muster vollzog sich am 11. Januar 1970 die Spaltung *Sinn Feins*, des politischen Flügels der republikanischen Bewegung. Auch hier stand aus Anlaß des alljährlichen Parteitags der umstrittene Antrag zur Abstimmung. Die Resolution verfehlte als Satzungsänderung die nötige Zweidrittel-Mehrheit, passierte aber als normaler Antrag mit einfacher Mehrheit. Der ehemalige britische Soldat Sean MacStiofáin ging daraufhin – sichtlich angespannt – zum Mikrofon und sagte: »Ich erkläre hiermit meine Treue zur *Provisonial IRA*. Es ist Zeit zu gehen.« Die fundamentalistische Fraktion zog aus und gründete »Provisional Sinn Fein«. Die Spaltung war damit vollzogen; wie Phönix aus der Asche entstand mit den sogenannten Provos – so der irische Journalist Brendan O'Brien – »eine neue Version des alten Modells ... entschlossen, fundamentalistisch, militaristisch«. Zurück blieb die sogenannte »Official IRA«, deren ziviler Flügel sich bald in *Arbeiterpartei* umbenannte und Schritt für Schritt an Bedeutung verlor.

An der Spitze der *Provisional IRA* stand in den ersten Jahren MacStiofáin, ein in England geborener Sohn eines englischen Vaters und einer irischen Mutter. Seine persönliche Abneigung

Goulding gegenüber verbarg er nicht, hielt ihm aber im Armeerat jahrelang (zumindest formal) die Treue. MacStiofáin, praktizierender Katholik, widerstrebte vor allem der säkulare Aspekt von Gouldings Kurs; gleichzeitig aber galt MacStiofáin als »Mann der Tat«, dem keine Aktion zu riskant schien. In den ersten Jahren des Konfliktes dominierte er in seiner Position als Oberkommandant die gesamte Bewegung.

Das große Selbstbewußtsein der Provo-Rebellen, die Initiative, eine Untergrundorganisation aus dem Nichts aufzubauen, kam nicht von ungefähr. Die Unruhen in Londonderry und die Ausschreitungen gegen die Katholiken hatten die Öffentlichkeit in der Republik Irland regelrecht elektrisiert. Schon am 13. August 1969 erklärte der irische Premierminister Lynch im Fernsehen, die Republik würde »nicht untätig zusehen«: »Sollten die Ereignisse eine bestimmte Grenze überschreiten, wird die Regierung [der Republik Irland] intervenieren«. Der Ankündigung folgten Taten, wenn auch der von einigen Republikanern herbeigesehnte Einmarsch irischer Truppen in Nordirland ausblieb. Zwei Mitglieder der irischen Regierung nahmen noch im August Kontakt mit der Führung der IRA auf, darunter auch der damalige Finanzminister und spätere Regierungschef Charles Haughey. Unter keinen Umständen allerdings wollten die irischen Politiker den kommunistischen Revolutionären um Goulding unter die Arme greifen, dessen Drei-Phasen-Plan auf einen Umsturz auf der gesamten Insel, also auch in der Republik Irland, hinauslief. Die Regierungsvertreter knüpften deshalb Kontakt zu den Fundamentalisten in Belfast, die sogleich versicherten, ihre Aktionen auf Nordirland zu beschränken. Dublin leistete unverzüglich Schützenhilfe, versprach Geld und Waffen. Über ein Konto in Dublin, das Haughey als Fonds für die Opfer der Gewalt in Nordirland ausgab, floß monatelang Geld an die zukünftige *Provisional IRA*. Die Regierung der Republik finanzierte außerdem die *Voice of the North*, eine republikanische und extrem antikommunistische Zeitung. In einem Camp der irischen Armee in der an Nordirland angrenzenden Grafschaft Donegal erhielten einige *Volunteers* sogar Waffentraining. Die Unterstützung der Provos durch die Regierung in Dublin kam erst an die Öffentlichkeit, als die irische Polizei auf dem Flughafen in Dublin eine aus Wien kommende Ladung Waffen beschlagnahmte, deren Beschaffung ein irischer Armeeoffizier eingefädelt hatte. Ob Ministerpräsident Lynch das Waffengeschäft billigte, ist bis heute nicht geklärt. Haughey und sein Kollege, Landwirtschaftsminister Blaney, mußten im Mai 1970 zurücktreten, als sich herauskristallisierte, wie massiv Kabinettsmitglieder der irischen Regierung in den Aufbau der Provos verstrickt waren. Vor Gericht aber reichten die Beweise nicht aus, um Haughey wegen Beteiligung an Waffenschmuggel zu verurteilen.

Die Provos legten von Beginn an Wert auf eine hierarchische Struktur, die den Charakter der Organisation als »Armee der Irischen Republik von 1916« hervorheben sollte: Oberste Autorität der Organisation ist die Armee-Versammlung (Army Convention), zu der jede Einheit Delegierte entsendet. Dieses Gremium, das seit 1969 überhaupt erst fünfmal zusammengetreten ist, wählt die aus zwölf Personen bestehende sogenannte Armee-Exekutive (Army Executive) – nominell die Regierung der Irischen Republik von 1916. Die Exekutive wiederum entscheidet über die Mitglieder des Armeerats (Army Council), der eigentlichen Machtzentrale der IRA: Nur der Armeerat kann eine Kampagne für beendet erklären. An der Spitze des Armeerats steht der oberste Kommandant, der »Chief-of-Staff« (C/S) und sein Stellvertreter, der »Adjutant General«. Weitere Mitglieder des Armeerats sind in aller Regel der Quartiermeister (zuständig für Instandhaltung und Versteck der Waffen), ein sogenannter Einsatzleiter, Verantwortliche für Finanzen, Aufklärung und Öffentlichkeitsarbeit. Immer wieder nahmen die Mitglieder des Armeerats in ihr Gremium auch die obersten Offiziere (Officer in Command, O/C) wichtiger Provo-Einheiten auf, z.B. aus Belfast oder Londonderry. An der Basis teilten sich die Provos in Brigaden (für Grafschaften und größere Städte) und deren Untereinheiten: Bataillone und Kompanien.

Der Struktur folgend, nahm der Aufbau der Organisation rasch Gestalt an. Die »Officials« behaupten, 70 Prozent der *Volunteers* seien nach der Spaltung bei Goulding verblieben. Die Konkurrenz um junge Rekruten jedoch entschieden die Provos klar für sich: Die durch Straßenunruhen mobilisierten Jugendlichen der sogenannten »69er-Generation« suchten nach einem Ventil für ihren Haß auf das unionistische Regime; sie wollten ihre katholischen Glaubensbrüder beschützen und sich gleichzeitig an den aufgehetzten Loyalisten und dem Staat rächen, der die »Pogrome« angeblich billigte. Die simple Militanz der Provos entsprach den Vorstellungen dieser Jugendlichen weit mehr als das durch Politik »verseuchte« Weltbild der *Officials*, das die traditionellen Freund-Feind-Muster ja gerade zu überwinden suchte. Schon Mitte 1970 – sechs Monate nach ihrer Gründung – zählten die Provos 1500 aktive »Soldaten«, 800 davon in Nordirland, allein 600 in Belfast.

Als die Provos 1970 ihren Kampf aufnahmen, befanden sich unter ihnen zwei junge *Volunteers*, die das Gesicht der republikanischen Bewegung bis heute prägen. Ihre Lebensläufe stehen beispielhaft für unzählige junge Männer (und einige Frauen) aus der katholischen Arbeiterklasse, die damals den Weg zur IRA fanden: Gerry Adams, heute Präsident von *Sinn Fein*, dessen republikanische Laufbahn durch seine Familie bereits vorgezeichnet schien, sowie Martin McGuinness, Chefunterhändler der Partei und inoffiziell »Pate« der IRA.

Gerry Adams wurde 1948 im katholischen West-Belfast geboren. Sein Vater kämpfte in den 40er Jahren für die IRA; auch einige Verwandte seiner Mutter saßen für die »irische Sache« im Gefängnis. Adams wuchs in bescheidenen Verhältnissen auf. Der Vater mußte als Bauarbeiter zehn Kinder ernähren. Schon im Alter von 15 Jahren begann Gerry Adams' Engagement als Wahlkampfhelfer von *Sinn Fein*; im »Republikanischen Club« von Andersonstown las er Bücher über irische Geschichte. Nach Verlassen der Schule im Alter von 17 arbeitete Adams zunächst als Barmann in einem Pub im Stadtzentrum von Belfast. Berichte über die Bürgerrechtsbewegung der Schwarzen in Amerika im Fernsehen brachten ihn dazu, der IRA beizutreten: »Wir sahen darin ein Beispiel dafür, daß man nicht alles schlucken muß«, sagt er heute. Adams gehörte bereits 1969 zu der kleinen Verschwörergruppe, die im September in Belfast den Coup gegen die Gruppe um Goulding wagte. Schon 1971, im Alter von 22 Jahren, zählte Adams zum Führungskreis der Provos.

Der Lebensweg des zwei Jahre jüngere Martin McGuinness mag als klassisches Beispiel einer sogenannten »69er«-Biographie gelten. McGuinness stammt aus einer weitgehend unpolitischen Arbeiterfamilie im Bogside-Viertel von Londonderry. Der Vietnamkrieg und die Studentenunruhen in Kontinentaleuropa ließen den damaligen Metzger-Lehrling McGuinness anfangs kalt. Als es im Oktober 1968 allerdings bei Bürgerrechtsdemonstrationen zu ersten Zusammenstößen mit der Polizei kam, ging auch McGuinness mit auf die Straße, warf Steine und Molotow-Cocktails. In einem Gespräch mit dem Autor Tom Toolis erinnert sich McGuinness: »Plötzlich waren die Leute nicht mehr bereit, auch die andere Backe hinzuhalten. Die RUC wurde zum Feind, genauso wie die unionistische Regierung. Zu diesem Zeitpunkt hatte ich wahrscheinlich noch nicht begriffen, daß die Verantwortlichen für all das in Downing Street [dem Sitz des britischen Premierministers] saßen. Das kam später.« McGuinness wandte sich 1970 zuerst nichtsahnend an die *Officials*, stieß aber schon einen Monat später – nach eigenen Angaben durch stundenlange politische Schulungen gelangweilt – zu den Provos und stieg dort innerhalb kurzer Zeit zum Kommandanten der Brigade in Londonderry auf.

Die Beschaffung von Waffen hatte in den ersten Monaten nach Gründung der *Provisional IRA* oberste Priorität. Unter Gouldings Führung war die militärische Rolle der IRA so sehr vernachlässigt worden, daß im August 1969 in Belfast gerade mal ein bis zwei Dutzend Pistolen zur Verfügung standen. Die Verbindung zur irischen Regierung brach ab, bevor Kampfmaterial in nennenswertem Umfang nach Nordirland gelangen konnte. Die nach Ende der Grenzkampagne 1962 beiseite geschafften Waffen befanden sich in Verstecken, die über die gesamte Insel verstreut waren. Da kein zentrales Register existierte, kostete die Wiederbeschaffung viel Zeit; sie förderte ein skurriles Sammelsurium verschiedenster Feuerwaffen zutage: Zum Teil waren die Gewehre bereits verrostet, zum Teil existierte keine passende Munition mehr. Einen größeren Erfolg versprach die Reaktivierung republikanischer Sympathisanten in den Vereinigten Staaten. Der IRA-Veteran George Harrison organisierte 1970 in Philadelphia eine Ladung Gewehre des Typs AR-15, umgangssprachlich auch »Armalite« genannt, die später zum Kennzeichen der IRA avancierten. Da Waffen aller Art in den USA weitgehend frei verkäuflich sind, verwendete Harrison den größten Teil seiner Energie darauf, ein Netzwerk von Republikanern bei Zollbehörden und auf Häfen aufzubauen, das die reibungslose Verschiffung der »heißen Ware« garantierte. Harrisons Seilschaft blieb intakt, bis die amerikanische Bundespolizei FBI den Waffenring im Jahr 1981 aushob. Der Militärjournalist Sean Boyne berichtet zudem von 50 Revolvern, die 1970 über die baskische Separatistenorganisation ETA von Spanien nach Nordirland gelangt sein sollen.

Auch trieb die IRA die Entwicklung eigener Waffen stetig voran. Zu den ohnehin fast wie am Fließband produzierten Molotow-Cocktails kamen selbstkonstruierte Sprengsätze, deren Erprobung nicht wenige *Volunteers* mit dem Leben bezahlten. Die sogenannte Nagel-Bombe zählt wohl zu den tückischsten Erfindungen aus der Anfangszeit der Provos. Dabei wird eine Konservendose mit Nägeln und einer kleinen Menge Sprengstoff gefüllt. Zündet dieser in der Produktion extrem preisgünstige Sprengsatz in der Nähe eines Menschen, verwandeln sich die Nägel durch die Wucht der Explosion zu Geschossen, die sich in das Fleisch des Opfers regelrecht eingraben. Die Verletzungen sind meist so schwer, daß der Betroffene eines qualvollen Todes stirbt.

Das Mißtrauen vieler Provos politischen Konzepten gegenüber wurzelte in der Erfahrung mit der Goulding-IRA, die – so gängige Provo-Meinung – vom bewaffneten Kampf durch das Ausbrüten komplexer ideologischer Entwürfe abgelenkt wurde. Ein nicht unwesentlicher Teil der *Volunteers* hatte wohl auch schlicht kein Interesse an Politik. »Freiheit zuerst« galt als Losung: »Alles andere kommt später.« So dauerte es mehr als ein Jahr, bis auf Drängen des Präsidenten von (Provisional) *Sinn Fein*, Ruairi Ó' Brádaigh, der als IRA-Mitglied auch Sitz und Stimme im Armeerat hatte, die Entwicklung einer politischen Vision für ein vereinigtes Irland begann: Das Mitte 1971 veröffentlichte Ergebnis dieser Überlegungen, »Éire Nua« (Neues Irland), galt für einige Jahre als offizielle politische Doktrin der *Provisionals*. Das Konzept war insofern neu, als es die Bildung eines irischen Bundesstaats vorsah, der aus den vier historischen Regionen Connacht, Leinster, Munster und Ulster bestehen sollte, wobei die Region Ulster danach neun Grafschaften umfaßte, deren sechs das heutige Nordirland bilden. Auf diese Weise wollte Ó' Brádaigh den Protestanten in Nordirland die Angst vor der katholischen Mehrheit in einem vereinigten Irland nehmen, gleichzeitig aber die unionistische Dominanz in Nordirland durch das Hinzufügen von drei vornehmlich katholischen Grafschaften dämpfen. Um den dezentralen Charakter der Föderation zu betonen, sollte nicht Dublin, sondern das kleine Städtchen Athlone – die geographische Mitte der Insel – Hauptstadt von Irland werden. *Éire Nua* blieb eine Gedankenspielerei, schien aber in den Anfangsjahren der Provos immer dann als Orientierungspunkt durch, wenn die Provos ihre politischen Forderungen formulieren mußten. So zum Beispiel, als sie im Herbst 1971 Bedingungen für einen

Waffenstillstand benannten: Die Provos verlangten die Abschaffung Stormonts und » ... freie Wahlen zu einem Regionalparlament in der Provinz Ulster als erster Schritt hin zu einer neuen Regierung für alle 32 Grafschaften«.

Krieg

Der Einmarsch der britischen Truppen auf dem Höhepunkt der Straßenschlachten im August 1969 beendete die Unruhen. In Belfast begannen Soldaten mit der Errichtung der (bis heute bestehenden) sogenannten »Peace line«, einer befestigten Demarkationslinie zwischen katholischem Falls- und protestantischem Shankill-Viertel, deren Durchgänge die Armee immer dann schließt, wenn gewalttätige Auseinandersetzungen zwischen den Bewohnern beider Viertel drohen. Zum Entsetzen der meisten Republikaner bejubelten die Bewohner der katholischen Stadtteile in Londonderry und Belfast die Ankunft der britischen Soldaten. In einer BBC-Dokumentation erinnert sich ein damals in Belfast stationierter Soldat: »Es war unglaublich. ›Danke‹, ›Schön, dich zu sehen!‹, ›Hallo Soldat!‹ ... Tee? Es gab zuviel Tee – und Kekse und belegte Brötchen. Um sechs Uhr morgens hattest du das Frühstück vor dir stehen. Sie haben es mit Tabletts nach draußen gebracht. Ich muß wohl ungefähr fünf Kilo zugelegt haben.« Der katholische Bürgerrechtler Patrick Devlin bestätigt, die Frauen aus den Falls hätten die Soldaten »in Tee und Suppe regelrecht ertränkt«. Den vertrauensvollen Umgang der katholischen Bevölkerung mit der britischen Armee belegt auch eine Anekdote, wonach es durchaus üblich gewesen sei, daß Soldaten in katholischen Pubs ihr geladenes Gewehr einfach auf der Kneipentheke deponierten, bevor sie zur Toilette gingen.

Bis zum Februar 1970 hatte sich die Lage so sehr entspannt, daß die Armee bereits drei der acht zusätzlich nach Nordirland entsandten Armee-Einheiten auf das britische Festland zurückbeorderte. Die Beschützerrolle der Armee stieß auf breite Akzeptanz; in Belfast begannen die Katholiken sogar bereits damit, die im vorangehenden Sommer errichteten Barrikaden abzubauen.

Die Provos entwarfen zu dieser Zeit, im Januar 1970, die militärische Strategie ihrer kurz zuvor gegründeten Organisation: »Es bestand Einigkeit«, so Provo-Kommandant MacStiofáin in einem Memorandum, »daß die Verteidigung [der katholischen Gebiete] zunächst oberste Priorität hat ... So schnell wie möglich muß die IRA [dann] von einer rein defensiven Position in eine Phase gleichzeitiger Verteidigung und Vergeltung wechseln. Sollten britische Soldaten Zivilisten schlecht behandeln oder töten, müssen Gegenmaßnahmen ergriffen werden, sofern republikanische Soldaten dazu in der Lage sind. Nach einer ausreichenden Vorbereitungszeit ... wird ein dritter Schritt vollzogen: der Beginn einer allumfassenden Offensive gegen das britische Besatzungssystem.«

Das Konzept hatte nur einen Haken: Die katholische Bevölkerung wollte die britische Armee anfangs partout nicht als »feindliche Besatzungstruppe« begreifen; die Soldaten aus England spielten in den Augen der meisten Katholiken vielmehr diejenige Rolle, die die Provos eigentlich für sich beanspruchten: die des Verteidigers. Die Situation bescherte den Provos ein echtes Dilemma: Auf dem Anspruch, Verteidiger und Beschützer der katholischen Bevölkerung zu sein, fußte immerhin die moralische Autorität der *Provisional IRA*; im gewissen Sinne rechtfertigte sich dadurch die Existenz der gesamten Organisation. Hinzu kam eine militärisch-taktische Erwägung: Die katholischen »Ghettos« in Belfast und Londonderry stellten in den Planungen der Provos ein wichtiges Rückzugsgebiet dar – ohne sympathisierende Bevölkerung wäre der Eintritt in Phase drei des Konzepts von MacStiofáin (die Offensive gegen das »britische Besatzungssystem«) schlicht unmöglich gewesen.

Der Stimmungsumschwung hin zur Ächtung der britischen Armee vollzog sich im Laufe des Jahres 1970. Die Provos machten sich dabei die Hilflosigkeit der – zum größten Teil sehr jungen – britischen Soldaten im Umgang mit Zivilisten zunutze. So zum Beispiel in der Osterwoche Ende März. Die Attacke einiger Republikaner auf ein Polizeirevier in Londonderry löste damals Zusammenstöße zwischen Loyalisten und Katholiken in der gesamten Provinz aus. Auf dem Höhepunkt der Spannungen setzte sich am Ostermontag in Belfast die traditionelle Parade der Jugendorganisation des protestantischen Oranier-Ordens durch den katholischen Stadtteil Ballymurphy in Bewegung. Auf provozierendes Gehabe der Oranier hin begannen katholische Jugendliche damit, Steine und Molotow-Cocktails auf die Marschteilnehmer zu werfen. Schritt für Schritt entwickelte sich ein Straßenkampf, der insgesamt drei Tage andauerte. Verzweifelt versuchte die Armee, eine Pufferzone zwischen Katholiken und Protestanten zu errichten. Nach kurzer Zeit richtete sich die Aggression der Steinewerfer auch gegen das schottische Regiment, das – falsch ausgerüstet und auf Situationen dieser Art nicht vorbereitet – weder Katholiken noch Oranier unter seine Kontrolle bringen konnte. Als die Armee am letzten Tag der Unruhen mehr als 200 Soldaten in gepanzerten Fahrzeugen aufbot und im großen Stil Tränengas gegen katholische Jugendliche einsetzte, stand für viele Katholiken bereits fest, daß die Armee bei der Verteidigung des katholischen Stadtteils Ballymurphy versagt und einseitig für die Oranier Partei ergriffen hatte.

Im Rückblick liegt die Vermutung nahe, daß die Ereignisse in Ballymurphy einem von der IRA inszenierten »Drehbuch« folgten, zumal andere Zusammenstöße zwischen Katholiken und Armee nach einem ganz ähnlichen Muster abliefen. Der Kommandant der Provos in Ballymurphy war damals Gerry Adams.

In demselben Maße, in dem sich die Armee als Beschützer der katholischen Bevölkerung durch unbeholfene oder überzogene

Einsätze diskreditierte, profilierten sich die Provos als »wahre« Verteidiger. Die Abwehr der loyalistischen Attacke auf das katholische Viertel Short Strand durch den IRA-Veteranen Billy McKee am 27. Juni gilt vielen Republikanern noch heute als Beweis für den Wagemut, mit dem die Provos für die katholische Bevölkerung einstanden. Die Bewohner von Short Strand feierten McKee nach überstandenem Angriff tagelang als Volkshelden.

In der Polizeistatistik jener Zeit ist nachzulesen, daß die angeblich »defensiven« Operationen der Provos in immer kürzeren Zeitabständen immer zahlreichere Angriffe von Loyalisten nach sich zogen, so daß die Häufigkeit der gewaltsamen Übergriffe in Nordirland durch den vermeintlichen »Schutz« der Provos nach und nach anstieg. Der Journalist Malachi O'Doherty, der als Jugendlicher aus den katholischen Falls die Entwicklung der Provos hautnah beobachten konnte, beurteilt deren »Verteidigungsstrategie« dementsprechend skeptisch: »Es scheint, als sei die IRA bereit gewesen, die Gefährdung – und damit zwangsläufig auch den Tod – von Katholiken im Dienste ihrer politischen Strategie in Kauf zu nehmen. Wenn Verteidigung Schutz bedeutet, die Minimierung von Opfern, ... dann hat das, was die IRA für die katholische Bevölkerung getan hat, jedenfalls genau das Gegenteil bewirkt: Es zog die Katholiken in einen Krieg mit der britischen Armee und führte zu einer Eskalation der religiösen Spannungen in Belfast.«

Freilich trägt auch die Armee selbst Schuld am Vertrauensverlust der Katholiken. Nur knapp eine Woche nach der »Verteidigung« von Short Strand durch die Provos hob die Armee ein Waffenlager der *Official IRA* in den westlichen Falls aus. Wie mittlerweile üblich, zog die Militäraktion eine wilde Straßenschlacht zwischen Bevölkerung und Sicherheitskräften nach sich. Am Abend des 3. Juli 1970 forderte der Kommandant der britischen Truppen die Bewohner auf, nach Hause zu gehen und dort zu bleiben. Die Armee riegelte das Gebiet auf einer Fläche von anderthalb Quadratkilometern ab. Wer trotz des Verbotes sein Haus verließ, so die Armee, würde auf der Stelle erschossen. Bis Sonntag durchsuchten die Soldaten jedes im Kordon liegende Haus: Die Soldaten traten Türen ein, rissen Gardinen von den Fenstern und zerstörten Heiligenstatuen. Wie Dunst lag noch tagelang über den gesamten Falls das zentnerweise von der Armee versprühte CS-Gas. Zwei unbewaffnete Zivilisten wurden durch Kugeln der Armee tödlich verletzt, ein weiterer wurde von einem Militärfahrzeug überfahren. Die Briten werteten die Aktion dennoch als großen Erfolg: Immerhin konfiszierten die Soldaten 52 Pistolen, 55 Gewehre, 100 selbstkonstruierte Bomben, über 100 Kilo Sprengstoff und 21 000 Schuß Munition. Den von der Armee verursachten immateriellen Schaden allerdings hätte kein noch so großer Waffenfund aufwiegen können: Die im Volksmund als »Vergewaltigung der Falls« bekannte Ausgangssperre trieb den Provos gleich scharenweise neue Rekruten in die Arme. Gerry Adams erinnert sich: »Tausende Leute, die niemals zuvor Republikaner gewesen waren, unterstützten die IRA jetzt aktiv; andere, die nie zuvor etwas für den bewaffneten Kampf übrig hatten, akzeptierten ihn nun als praktische Notwendigkeit.«

Zu Beginn des Jahres 1971 trat die Kampagne der Provos offiziell in ihre zweite Phase: Der Armeerat sanktionierte die Erschießung britischer Soldaten und nordirischer Polizisten; am 6. Februar setzte ein *Volunteer* den Beschluß mit der Ermordung von Gunner Curtis erstmals in die Tat um. Bis zum Sommer töteten die Provos insgesamt zehn Sicherheitskräfte. Der Konflikt eskalierte in Schritten: 1970 gingen 15 Morde auf das Konto der IRA, 1971 waren es 89. In beiden Jahren war die IRA für mehr Morde verantwortlich als die Sicherheitskräfte und die protestantischen Paramilitärs zusammen. Die Eskalation spiegelt sich auch im sprunghaften Anstieg von Bombenexplosionen, Brandanschlägen und im hierdurch verursachten Sachschaden wider. In dieser Zeit, so der Terror-Experte Bowyer

Bell, sei es unmöglich gewesen, tagsüber auf einer Straße im Zentrum Belfasts oder Londonderrys zu stehen, ohne aus irgendeiner Richtung den Knall einer Explosion oder einen Schußwechsel zu hören.

Gleichzeitig eröffneten die Provos eine »zweite Front«: Die systematische Zerstörung der kommerziellen Zentren nordirischer Städte sollte die Kosten der »britischen Besatzung« in die Höhe treiben. Die katholische Bevölkerung zeigte sich zunächst skeptisch: Die Provos begründeten die Anschläge auf Geschäfte und öffentliche Einrichtungen den Menschen in der Bogside Londonderrys oder den Falls in Belfast gegenüber deshalb als »rein defensive Operation, die die britische Armee davon abhalten soll, ihre Ressourcen auf die katholischen ›Ghettos‹ zu konzentrieren« (so IRA-Kommandant Joe Cahill).

Die *Volunteers* der *Provisional IRA* gingen allerdings mitunter auch eigene Wege. Zu den dunkelsten Kapiteln der Provo-Geschichte gehört zweifellos die Ermordung von unbeteiligten Protestanten, die zu dieser Zeit begann. Im Frühling 1971 beispielsweise sprengte die *Provisional IRA* eine vollbesetzte Kneipe in der protestantischen Shankill Road in die Luft – wie durch ein Wunder gab es nur Verletzte. Solche Aktionen verstießen gegen den ungeschriebenen Ehrenkodex der IRA, wonach protestantische Zivilisten als »legitimes Ziel« nicht in Frage kamen. Obwohl sich die Führung der *Provisionals* von diesen Anschlägen distanzierte, prägten sie den Charakter der Organisation als anti-protestantische Miliz. Daran änderte auch die beinahe rituelle Beschwörung inter-konfessioneller Gemeinsamkeit im Provo-Sprachrohr *Republican News* nichts. Die Anschläge verstärkten bei den nordirischen Protestanten den Eindruck, die Aktionen der Provos seien von einem generellen Haß auf Protestanten geprägt, und nicht durch den Wunsch nach einem tatsächlich demokratischen Staat.

Im März 1971 trat Premierminister Chichester-Clark zurück. Sein Nachfolger wurde Brian Faulkner, der dritte Ministerpräsident der Provinz innerhalb von zwei Jahren. Trotz Bedenken der Militärs und der britischen Regierung beschloß Faulkner, den »republikanischen Spuk« durch die Wiedereinführung von Internierungen Verdächtiger ohne Anklage zu beenden. Wie effektiv diese Maßnahme sein konnte, hatte sich zu Beginn der 60er Jahre gezeigt, als nach der Verhaftung der IRA-Führung die damalige Grenzkampagne im Sande verlief. Die dafür notwendige Gesetzgebung existierte bereits in Form des *Special Power Acts* von 1922. Natürlich ahnten Provos wie *Officials*, daß »Internment« wieder auf der Tagesordnung der nordirischen Regierung in Stormont stand, zumal die Sicherheitskräfte seit Juli bei Hausdurchsuchungen und Verhören gezielt personenbezogene Erkenntnisse sammelten.

Als die Internierung schließlich am 10. August 1971 um Punkt vier Uhr morgens begann, verhaftete die Polizei 342 Männer, darunter Gewerkschaftler, Bürgerrechtler, einen an einer Bushaltestelle aufgelesenen Betrunkenen sowie mehrere Personen, die mit polizeilich gesuchten Republikanern verwechselt wurden. Kurzum: Die Namenslisten der Polizei stellten sich als unzureichend und hoffnungslos überaltet heraus. Der Journalist Peter Taylor zitiert einen der Internierten bei seiner Verhaftung mit den Worten: »Ich bin entzückt, daß ich für die britische Regierung noch immer ein Ärgernis darstelle, aber ich muß ihnen leider mitteilen, daß ich seit dem Osteraufstand [1916] nicht mehr aktiv bin.« Die Führungsclique der Provos hatte sich indes bereits zwei Tage zuvor in die Republik Irland abgesetzt oder versteckte sich in sogenannten »sicheren Häusern«.

Der einseitige Rundumschlag Faulkners gegen alle, die an der Legitimität der nordirischen Regierung kratzten, bestätigte in den Augen der katholischen Bevölkerung die republikanische Lesart nordirischer Politik, wonach die unionistische Regierung zur Verteidigung ihrer Macht offensichtlich jedes Mittel guthieß. Dem 10. August folgten zwei Tage chaotischer Straßenkämpfe zwischen Armee und katholischen Jugendlichen: 17 Menschen starben, die meisten davon durch Schüsse der Armee. Um Faulkners Regierung bloßzustellen, trat die gesamte Führungsriege der Provos in Belfast am 17. August zu einer Pressekonferenz an, auf der die IRA-Männer der Weltpresse demonstrierten, daß die Internierungsaktion die Struktur der Provos weder zerschlagen noch sonst irgendwie beeinträchtigt habe.

Mit dem Fehlschlag der Internierung trat die dritte Phase der Provo-Strategie in Kraft: die »allumfassende Offensive« gegen das bestehende Regierungssystem. Die vermeintlich entscheidende Schlacht um ein vereinigtes Irland stand unter der Losung »Victory '72« (»Sieg '72«): Die ohnehin laxe Kontrolle der Provo-Aktionen vor Ort durch das Hauptquartier in Dublin entfiel fortan vollständig. In militärischer Hinsicht basierte die Taktik der Provos auf folgendem Muster: Ständige Straßenschlachten katholischer Jugendlicher sorgten für stetes Chaos und Verwirrung. Während sich die »Ordnungsmacht« also damit beschäftigte, die Steinewerfer im Zaum zu halten, konnten die Einheiten der *Provisional IRA* ungestört eigene Operationen vorbereiten. Grob läßt sich dabei zwischen Anschlägen auf Personen und Sachen unterscheiden. Heckenschützenkommandos, die meist aus drei *Volunteers* bestanden, töteten Soldaten, Polizisten und andere aktive Unterstützer des »britischen Besatzungssystems«. Militär- und Polizeianlagen sowie kommerzielle Einrichtungen dagegen jagten die Provos mit Sprengstoff in die Luft. Die Erfindung der Autobombe Anfang 1972, d. h. die Plazierung eines Sprengsatzes in einem geparkten Fahrzeug, erleichterte derartige Aktionen: Das Auto, so Provo-Chef MacStiofáin, sei »ein effizienter Container und ein effizientes Transportmittel. Es verursacht ... größeren Schaden und kann unter Einsatz weniger *Volunteers* an sein Ziel gebracht werden«. Der Nachteil: Autobomben sind wahllos – sie unterscheiden nicht zwischen »legitimen Zielen« und unschuldigen Zivilisten.

Insgesamt 1400 Schußwechsel, 800 Explosionen und 139 Tote registrierten die Behörden allein in den vier Monaten zwischen Einführung der Internierung ohne Anklage und dem Jahresende. Die Provos wollten die Regierung in London richtiggehend an den Verhandlungstisch zwingen; MacStiofaín brachte es auf eine einfache Formel: »Noch mehr Soldaten werden in Särgen nach England zurückkehren, wenn die [britische] Regierung in Irland nicht endlich das Richtige tut.«

1972

1972 war das gewalttätigste Jahr in der mittlerweile fast 30jährigen Geschichte des Nordirland-Konflikts. Das Ereignis, das in den Augen vieler Katholiken wohl am deutlichsten die Brutalität der britischen »Besatzung« symbolisiert, fällt bereits in den ersten Monat dieses Jahres: *Bloody Sunday*, der Blutsonntag vom 30. Januar 1972. Premierminister Faulkner hatte Mitte des Monats alle Paraden und Märsche für den Rest des Jahres verboten. Dennoch setzte sich am Nachmittag des 30. Januars ein Protestzug der Bürgerrechtsbewegung NICRA durch Londonderry in Bewegung. Einige tausend Menschen gingen auf die Straße, um gegen die Einführung der Internierung ohne Anklage zu demonstrieren. Darunter auch der Arzt Raymond McClean: Er beschrieb die Atmosphäre an diesem Tag in seinem Buch »The Road to Bloody Sunday« als gelöst, beinahe »karnevalsmäßig«. Auf Bitten der NICRA hätten die Provos, so McClean, den Veranstaltern sogar zugesagt, an diesem Nachmittag auf jegliche Aktion in Londonderry zu verzichten. Als die Armee den Marschierern, die aus der katholischen Bogside kamen, den Eintritt in das Stadtzentrum verwehrte, zog die Demonstration zum *Free Derry Corner*, einem Platz am Rande der Bogside, um dort den Protest mit einer Veranstaltung zu beenden. Einige Jugendliche allerdings harrten an der Barrikade aus und bewarfen die Soldaten mit Steinen. Britische Fallschirmjäger überschritten daraufhin die für Polizei und Armee seit 1969 als Tabuzone geltende Grenze zur Bogside, um die Unruhestifter zu verhaften. Innerhalb der folgenden 30 Minuten erschossen die Soldaten 13 Männer und verletzten weitere 13.

Um den *Bloody Sunday* ranken sich bis heute unzählige Verschwörungstheorien. Die Republikaner behaupten, das Blutbad sei von höchster Stelle in London abgesegnet gewesen, um den Katholiken in Londonderry eine »Lektion zu erteilen«. Raymond McClean vertritt gar die Auffassung, die britische Regierung habe das Ereignis geplant, um einen Zustrom neuer Rekruten für die *Provisional IRA* auszulösen und so Informanten der britischen Geheimdienste einfacher innerhalb der IRA plazieren zu können. Letztlich scheitern alle Erklärungsversuche dieser Art an dem Versuch, den Geschehnissen vom 30. Januar 1972 eine innere Logik zu verschaffen. Tatsächlich spricht einiges dafür, daß es keine Konspiration, keinen geheimen »Masterplan« gab, dem die Ereignisse folgten. Kein Zweifel, daß die britische Armee Schuld an der grauenhaften Tragödie trägt; den Befehl, ein Blutbad anzurichten, gab es jedoch nicht.

Bloody Sunday offenbarte in besonderer Weise, wie ungeeignet der Einsatz von Soldaten zur Kontrolle ziviler Konflikte ist. Das Training der Fallschirmjäger, einer Eliteeinheit der britischen Armee, basiert darauf, in gefährlichen Situationen nicht defensiv, sondern aggressiv zu reagieren. Möglicherweise ist dieses Verhalten der Schlüssel zur Antwort auf die Frage nach der verhängnisvollen Fehleinschätzung der Situation durch die britischen Soldaten am *Bloody Sunday*: Etwa 15 Minuten vor der entscheidenden Konfrontation registrierten die Soldaten einen Schuß, den ein Teilnehmer des Protestzuges, durch die Anonymität der Masse geschützt, abfeuerte. Der Kommandant der Fallschirmjäger kommentierte dieses Detail in einer BBC-Dokumentation: »Es bedeutete, daß sich auf der anderen Seite mindestens eine Waffe befand. Und wenn dort eine Waffe war, dann gab es wahrscheinlich noch mehr.« Die Soldaten also stürmten die Barrikaden an der Bogside unter der Annahme, daß dahinter Schützen der *Provisional IRA* lauerten. Bis heute behaupten die Fallschirmjäger, daß sie unter Beschuß geraten seien, bevor sie selbst zur Waffe griffen. Dem widersprechen die Berichte von Augenzeugen, die beeidet haben, daß es vor der Erschießung der 13 Männer durch die Armee zu keinem Feuergefecht gekommen sei. Die Erschossenen hätten keinerlei Waffen oder Bomben bei sich getragen. 25 Jahre später erklärte auch ein am *Bloody Sunday* eingesetzer Offizier: »Ich fühle ganz tief im Herzen, daß viele dieser Leute unschuldig waren. Ich fühle mich schuldig wegen der Folgen dieses Tages. Ich denke, die Sache wurde schlecht gehandhabt: von allen; von mir, den Offizieren der Einheit, den einzelnen Soldaten und unseren Vorgesetzten.«

Eine offizielle Entschuldigung der britischen Armee, der beteiligten Soldaten oder der Regierung in London gab es dennoch bis heute nicht. Im Gegenteil: In der gespannten Atmosphäre des Jahres 1972 versuchte man, eine vollständige Aufklärung des *Bloody Sunday* zu vermeiden. Ein Tribunal unter Vorsitz des britischen Generalstaatsanwalts Lord Widgery kam zu dem Ergebnis, daß die Soldaten acht der dreizehn Opfer »versehentlich« oder »leichtfertig« getötet hatten; im Prinzip aber schloß sich Widgery den Aussagen der Soldaten an. Die nachlässige Auswertung der gerichtsmedizinischen Befunde durch das Tribunal bestätigte viele Katholiken in ihrer Vermutung, daß seitens der britischen Regierung an einer tatsächlichen Aufklärung von *Bloody Sunday* kein Interesse bestand, daß die Katholiken vom britischen Staat ohnehin nichts zu erwarten hätten. Der katholische Bischof Daly erklärte 1992 in einem Interview: »Die Tatsache, daß Leute danach – auf der höchsten Ebene britischer Justiz – *Bloody Sunday* gerechtfertigt haben, ... ist meiner Meinung nach die eigentliche Obszönität.« Erst Premierminister Tony Blair kündigte zum 26. Jahrestag des *Bloody Sunday*, am 29. Januar 1998, eine neue, unabhängige Untersuchung der Geschehnisse an.

Die Bilder des *Bloody Sunday* versetzten ganz Irland in Aufruhr: Vier Tage später protestierten vor der britischen Botschaft in Dublin mehr als 100 000 Menschen; am Abend desselben

Tages attackierten einige Demonstranten die Vertretung und brannten das Gebäude vollständig nieder. In Nordirland, speziell aber in Londonderry, bewarben sich junge Männer massenhaft um Mitgliedschaft bei den Provos; *Bloody Sunday* hatte den größten Zulauf zur Folge, den die IRA jemals zu verzeichnen hatte.

Die Provos befanden sich nach *Bloody Sunday* in ausgezeichneter Verfassung – vielleicht, so IRA-Chef MacStiofáin, »in der besten seit 50 Jahren: die meisten Männer, die meiste Munition, die beste Ausstattung und eine sehr, sehr gute Moral«. Geld floß vor allem aus zwei Quellen: Das sogenannte Irish Northern Aid Committee (Noraid) sammelte in den USA bei wohlhabenden Amerikanern irischer Abstammung unter dem Vorwand, die Verwandten inhaftierter Republikaner zu unterstützen; daß die Provos von den Spenden auch Waffen kauften, war ein offenes Geheimnis. Hinzu kam Geld, das aus Banküberfällen und Erpressungen stammte sowie Schutzgeld. Die nordirische Polizei schätzt die durch derartige Delikte von (allen) paramilitärischen Gruppen erbeutete Summe allein im Jahr 1972 auf etwa 800 000 Pfund.

Die Konkurrenz der Provos im eigenen Lager, die *Official IRA*, profitierte ebenso von der Eskalation des Konflikts, wenn auch widerwillig. Obwohl die *Officials* den »blinden Militarismus« der Provos ablehnten, genehmigten auch sie Vergeltungsaktionen gegen die britische Armee. Als Reaktion auf *Bloody Sunday* plazierte eine Einheit der *Officials* eine Autobombe vor dem Offizierskasino der Fallschirmjäger in der Kaserne Aldershot in England. Die Explosion tötete sieben Menschen, darunter fünf weibliche Angestellte der Armeekantine und einen katholischen Priester. Auch die Erschießung des (katholischen) Soldaten William Best in Londonderry einige Wochen später endete mit dem Tod unbeteiligter Zivilisten. Tags darauf demonstrierten 500 Frauen aus der Bogside vor dem Hauptquartier der *Officials*. Die Führung der *Official IRA* zog Konsequenzen: Im Mai erklärte der Armeerat der Organisation einen unbefristeten Waffenstillstand: »Wir haben die Fehler vergangener Kampagnen, die allein auf militärischer Aktion beruhten, erkannt und wenden uns gegen derartige Kampagnen, die zum Scheitern verurteilt sind.«

Im loyalistischen (d. h. radikal-unionistischen) Lager gaben vor allem zwei Organisationen den Ton an: Die von Gusty Spence gegründete *Ulster Volunteer Force* (UVF; »Freiwilligen-Armee Ulsters«) machte bereits 1966 durch die wahllose Ermordung von Katholiken auf sich aufmerksam, wurde aber sehr bald verboten und blieb nach Gründung der *Ulster Defence Association* (UDA; »Vereinigung zur Verteidigung Ulsters«) im Jahr 1971 stets die kleinere Gruppe. Die UDA ging aus zahlreichen Verteidigungskomitees hervor, die die Bewohner protestantischer Arbeiterviertel nach Beginn der Provo-Kampagne ins Leben gerufen hatten. Die Mitgliederzahl der Organisation wuchs schnell auf einige Zehntausend; schon Ende 1971 konnte die UDA eine »Armee« von 3000 Mann auf die Beine stellen. Viele der UDA-*Volunteers* sahen sich zweifellos in der Tradition der kurz zuvor auf Druck Londons abgeschafften Polizei-Reservetruppe, den *B-Specials*. Die Strategie der UDA läßt sich mit den Worten des Soziologen Steve Bruce relativ einfach zusammenfassen: »Von Beginn an dachten einige Mitglieder, die beste Form der Verteidigung sei der Angriff: ... Die IRA ermordet Protestanten, also ermorden wir Republikaner. Wenn wir keine Republikaner finden, dann töten wir eben gewöhnliche Katholiken.« Die UDA operierte häufig unter dem »Decknamen« *Ulster Freedom Fighters* (UFF; »Freiheitskämpfer Ulsters«), weshalb die britische Regierung die UDA erst 1992 verbot.

Längst also beschränkte sich der Konflikt nicht mehr auf die simple Auseinandersetzung zwischen britischer Armee und IRA. Nach *Bloody Sunday*, so scheint es, kämpfte jeder gegen jeden: Die Provos gegen Briten, UDA und *Officials*; die Armee gegen Paramilitärs jeglicher Couleur; die Protestanten gegen *Officials* und Provos – kurz: Die Provinz versank im Chaos.

Bloody Sunday rechtfertigte es in den Augen der Provos, die Kampagne gegen britische »Fremdherrschaft« mit noch größerem Eifer zu betreiben. Anfang März 1972 zerbombten die Provos im Rahmen der sogenannten »kommerziellen Kampagne« das Restaurant *Abercorn* im Stadtzentrum Belfasts. Der Sprengsatz zündete an einem Samstag um halb fünf Uhr nachmittags, als sich im Restaurant Dutzende Frauen und Kinder aufhielten. Die Wucht der Explosion verletzte eine Frau, die mit ihrer Schwester auf der Suche nach einem Hochzeitskleid in dem Lokal eine kurze Pause einlegen wollte, so stark, daß ihr beide Beine amputiert werden mußten; zwei andere Frauen starben. Drei Wochen später verwüstete eine Autobombe der Provos den Bahnhof an der Great Victoria Street in Belfast. Auch bei diesem Anschlag trugen Dutzende Zivilisten irreparable Schäden davon. Häufig gaben die Provos, wie auch in den beiden geschilderten Fällen, unzureichende, falsche oder überhaupt keine Warnungen, so daß die Zerstörung von Handelszentren oder Geschäften nicht selten zur Tötung Unschuldiger führte. Mangelnde Disziplin und Sorgfalt der lokalen Provo-Einheiten resultierten größtenteils aus der Abwesenheit jeglicher Kontrolle durch das Hauptquartier in Dublin. Die Ermordung unschuldiger Zivilisten wurde allerdings von der Führung der Provos auch prinzipiell in Kauf genommen. Martin McGuinness, seit Mitte 1971 als Kommandant der Provo-Brigade in Londonderry im engsten Führungskreis der Organisation, konterte einen diesbezüglichen Vorwurf mit den Worten, die Tötung von Zivilisten sei »nicht im Sinne des republikanischen Kampfes«, wäre aber »in bestimmten Situationen unvermeidbar«.

Die Strategie der Regierung in London hatte lange Zeit darin bestanden, sich aus dem Geschehen in Nordirland weitgehend herauszuhalten: Aus Angst, selbst zur Konfliktpartei zu werden, erhoben die britischen Regierungen seit Mitte der 60er Jahre das Prinzip »Wegschauen« zur offiziellen Politik – vielleicht in der leisen Hoffnung, daß sich der Konflikt auf irgendeine Art und Weise früher oder später in Wohlgefallen auflöse. Die Situation aber eskalierte: Spätestens nach dem internationalen Aufschrei, der auf *Bloody Sunday* folgte, mußte Premierminister Edward Heath einschreiten. Die Provinzregierung in Stormont hatte sich, so eine interne Analyse der britischen Regierung, als unfähig und parteiisch erwiesen; die Einführung der Internierung ohne Anklage betrachtete Heath als großen Fehler; der Kompetenzwirrwarr zwischen Polizei (unter der Ägide Stormonts) und Armee (dem Kommando Londons gehorchend) behinderte die effektive Bekämpfung der Paramilitärs. Die Konsequenz: Heath forderte den nordirischen Ministerpräsidenten Faulkner auf, der Regierung in London alle Befugnisse für Recht und Ordnung abzutreten. Faulkner weigerte sich, so zu handeln und trat am darauffolgenden Tag zurück. Am 24. März 1972 schließlich setzte das Parlament in London die Zuständigkeit des Parlaments in Belfast außer Kraft. Nordirland stand, nach fünfzig Jahren regionaler Autonomie, fortan unter der unmittelbaren Regierungsgewalt Londons. Der von Heath berufene Nordirlandminister William Whitelaw erhielt nun alle Kompetenzen, über die zuvor die unionistische Regierung in Stormont verfügt hatte.

Die Provos faßten die Abschaffung Stormonts als großen Triumph auf: Immer wieder hatten die Republikaner das Ende der unionistischen Herrschaft in Nordirland gefordert. Daß die Provinz jetzt ein englischer Minister direkt aus London regierte, brachte die Provos dem Ziel eines vereinigten Irlands zwar nicht näher, belegte aber nach Meinung von Kommandant MacStiofáin die Wirksamkeit seiner militärischen Strategie: »Ich habe noch keinen getroffen, der der Auffassung war, daß Stormont aus einem anderen Grund als wegen des bewaffneten Kampfes der republikanischen Bewegung aufgelöst wurde.« Der Armeerat verabschiedete noch im März 1972 eine Resolution, die die *Volunteers* zum Weitermachen aufforderte: Nach dem »Etappensieg Stormont«, so schien es, könnte man die sechs Grafschaften in ein vereinigtes Irland »hineinbomben«.

Der Nordirlandminister Whitelaw betonte, daß »Gespräche mit Terroristen« für die britische Regierung nicht in Frage kämen. Als MacStiofáin und McGuinness auf einer Pressekonferenz am 13. Juni in Londonderry ankündigten, die Provos wären bereit, einen Waffenstillstand zu erklären und mit Whitelaw in Londonderry über Frieden zu verhandeln, lehnte Whitelaw das Angebot postwendend ab. Der moderate Katholik John Hume (Mitbegründer der katholischen Partei *Social Democratic and Labour Party*, SDLP) und der Bürgerrechtler Patrick Devlin sahen in dem Angebot der Provos dennoch eine Chance: Konspirativ stellten sie zwischen beiden Seiten Kontakt her. MacStiofáin teilte Whitelaw mit, daß die Provos an die Ausrufung eines Waffenstillstandes nur zwei Bedingungen knüpften: Zum einen sollte Whitelaw den Häftlingen der Organisation den Status politischer Gefangener einräumen. In der Praxis bedeutete das: freier Kontakt der Internierten untereinander, keine Häftlingskleidung, der Verzicht auf Zwangsarbeit und das Recht, den Tagesablauf autonom zu organisieren. Die zweite Forderung betraf die Zusammensetzung der Verhandlungsdelegation: Die Provos wollten zu den Gesprächen auch Gerry Adams mitnehmen, der zu diesem Zeitpunkt im Internierungslager einsaß. Zur Überraschung der Provos willigte Whitelaw ein: Obwohl London den Begriff »politische Gefangene« vermied, genossen Häftlinge der Paramilitärs von nun an einen »besonderen Status« (»special category«); Gerry Adams wurde freigelassen. Die Provos brauchten einige Tage, um die komplette Einstellung aller Aktionen zu organisieren: Am 26. Juni 1972 schließlich begann die vorläufige Feuerpause.

Am 7. Juli bestieg eine siebenköpfige Delegation der Provos ein Flugzeug der britischen Luftwaffe, das die Männer der IRA von Belfast zu den geheimen Gesprächen mit Whitelaw nach London flog. Kurz zuvor hatte MacStiofáin die Entführung zweier britischer Soldaten als Faustpfand angeordnet. Das Verhandlungsteam der Provos bestand u.a. aus MacStiofáin, McGuinness, Adams und dem Kommandanten der Provos in

Belfast, Seamus Twomey. Im Haus des Nordirland-Staatssekretärs Paul Channon im Stadtteil Chelsea traf die Abordnung der Provos am frühen Nachmittag auf die Delegation der britischen Regierung, bestehend aus Whitelaw, Channon und zwei hohen Beamten. Whitelaw schmeichelte MacStiofáin, als er dessen irischen Namen bei der Begrüßung korrekt aussprach, obwohl er wußte, daß MacStiofáin als Sohn eines englischen Vaters eigentlich als »John Stevenson« zur Welt gekommen war. Nach einer kurzen Ansprache durch Whitelaw begann MacStiofáin damit, eine Liste mit Forderungen der Provos vorzulesen. Danach sollte London erstens das »Recht des irischen Volkes anerkennen«, in territorialer Einheit (d.h. eine einzige Abstimmung in beiden Teilen der Insel) über seine Zukunft zu entscheiden. Zweitens sollte die britische Regierung ihre Absicht bekanntgeben, sich bis zum 1. Januar 1975 aus Irland zurückzuziehen sowie unverzüglich die britische Armee aus »sensiblen Bereichen« Nordirlands abzuziehen. Die dritte Forderung betraf eine sofortige Amnestie für alle Gefangenen der republikanischen Bewegung.

Whitelaw entgegnete, die britische Regierung habe sich gesetzlich dazu verpflichtet, den Status Nordirlands als Teil des Vereinigten Königreichs beizubehalten, solange dort eine gesellschaftliche Mehrheit dafür bestehe. MacStiofáin erwiderte, daß Westminster diese Garantie im *Ireland Act* von 1948 einfach streichen müsse. Die gleichzeitig naive wie auch starrsinnige Haltung der Provos rief bei den Briten wenig mehr als Kopfschütteln hervor; der Geheimdienstoffizier Frank Steele, ein Mitglied der britischen Delegation, erinnerte sich an das Gespräch in einem Fernseh-Interview: »MacStiofáin benahm sich wie Montgomery ..., der den deutschen Generalen erzählte, was sie zu tun und was sie zu lassen hätten, wenn sie Frieden wollten.«

Das Verhalten der Provos läßt sich – neben ihrer politischen Unerfahrenheit – vor allem mit der Angst erklären, von den Briten (wie Michael Collins 1920, als Lloyd George nur 26 der 32 Grafschaften Irlands in die Unabhängigkeit entließ) zu einem aus republikanischer Sicht »faulen Kompromiß« genötigt zu werden. Provos und britische Delegation trennten sich ohne greifbares Ergebnis. Auch bei einer weniger unbeugsamen Haltung der Provos wären die Verhandlungen wahrscheinlich an den einander fundamental widersprechenden Positionen beider Akteure früher oder später gescheitert. Die Republikaner der *Provisional IRA* kämpften für Unabhängigkeit; die Briten dagegen wollten demokratische Reformen, ohne am bestehenden konstitutionellen Status zu rütteln.

Obwohl sich Provos und Briten für ein zweites Treffen am 14. Juli verabredeten, endete die Waffenruhe bereits am 10. Juli 1972. Nach Ausbruch einer Straßenschlacht im katholischen West-Belfast entschied die Provo-Führung, den bewaffneten Kampf wiederaufzunehmen. Der Kontakt Whitelaws zu Vertretern der *Provisional IRA* gelangte einige Tage später an die Presse; der Öffentlichkeit, vor allem aber seinen empörten konservativen Parteifreunden, mußte der Minister versprechen, »niemals mehr mit Terroristen Gespräche zu führen«. Auch der irische Premier Lynch mokierte sich darüber, daß Whitelaw eigenmächtig mit den Provos über die Zukunft seines Landes verhandelt hatte.

MacStiofáin gab unterdessen die Losung »eskalieren, eskalieren, eskalieren« aus: Er wollte den Briten die Konsequenzen ihrer vermeintlichen »Unnachgiebigkeit« vor Augen führen. MacStiofáins *Volunteers* befolgten die Anordnung: In den 20 Tagen zwischen dem Zusammenbruch des Waffenstillstandes und Monatsende kam es zu 2800 Schußwechseln und 200 Explosionen, wobei 95 Menschen starben. Im Juli 1972 erreichte die Kampagne der Provos damit ihren militärischen Höhepunkt.

Rückschläge

Der 21. Juli erlangte besondere Aufmerksamkeit und markiert das Ende des republikanischen »Vormarsches«. In Anlehnung an den Blutsonntag der britischen Armee knapp ein halbes Jahr zuvor erhielt der Tag den Beinamen *Bloody Friday*, Blutfreitag. Am Abend zuvor informierte der Chef der Provos in Belfast, Seamus Twomey, die lokalen Einheiten, daß der Armeerat beschlossen habe, den Briten mit einer spektakulären Aktion den Preis ihrer Präsenz in Nordirland zu demonstrieren. Am darauffolgenden Vormittag »verminten« *Volunteers* aus allen Bataillonen Belfasts das Stadtzentrum mit Sprengsätzen, die meisten davon Autobomben. Kurze Zeit danach detonierten innerhalb von knapp einer Stunde insgesamt 22 Bomben. Neun Menschen starben, 300 Personen machte diese Aktion, so der Historiker Tim Pat Coogan, »ein Leben lang zu Krüppeln«.

Um von der Verantwortung der Provos abzulenken, behauptete MacStiofáin, die Polizei habe die telefonischen Warnungen der Organisation absichtlich ignoriert, um den Provos ein »Propaganda-Debakel« zu bereiten. MacStiofáins phantastischer Theorie aber wollten selbst treue Republikaner keinen Glauben schenken. Die von den Provo-*Volunteers* gegebenen Warnungen gingen vielmehr häufig nur eine halbe Stunde vor der Explosion bei der Polizei ein und deuteten den Standort der Bombe nur vage an – ganz abgesehen von der Tatsache, daß die Polizei auch bei präziseren Hinweisen von 22 fast gleichzeitig erfolgenden Bombenwarnungen schlicht überfordert gewesen wäre. Später rückte MacStiofáin von seiner Erklärung ab und versuchte statt dessen, die Zahl der zivilen Opfer herunterzurechnen: Vier der neun Getöteten, so MacStiofáin, seien Polizisten oder Soldaten gewesen und insofern »legitime Ziele« der Provos. Die Wahllosigkeit, mit der die Provos das Stadtzentrum Belfasts bombardierten, läßt die Rechtfertigung MacStiofáins im Rückblick hilflos erscheinen. Immerhin übernahmen die Provos einige Jahre später im offiziellen *Volunteer*-Handbuch der Organisation, dem sogenannten Grünen Buch, die Verantwortung für *Bloody Friday*; dort heißt es: »Entweder haben wir nicht in Betracht gezogen, daß uns der Feind bei den Bombenwarnungen ›austrickst‹ oder wir haben die Fähigkeit der Briten überschätzt, mit so vielen Aktionen fertigzuwerden. Egal, was der Fall ist: Wir haben den Fehler begangen, und dem Feind hat es genutzt.«

Am Blutsonntag wie am Blutfreitag war es eine unüberlegte Aktion, die unbeteiligte Zivilisten das Leben kostete; während *Bloody Sunday* die Legitimität britischer »Herrschaft« in Nordirland in Frage stellte, diskreditierte *Bloody Friday* nachhaltig die Rechtmäßigkeit des »Freiheitskampfs« der *Provisional IRA*. Vor allem moderate Katholiken distanzierten sich jetzt auch öffentlich von den Provos. Aus Angst vor Repressalien der Provos oder aus der Furcht, von Nachbarn als britischer Spion denunziert zu werden, hielten viele Katholiken in den katholischen »Ghettos« der Provinz bislang still; doch nach *Bloody Friday* entlud sich der Frust über die Kampagne der Provos nun auch dort verstärkt in Kundgebungen und Demonstrationen.

Nordirlandminister Whitelaw nutzte die allgemeine Empörung über *Bloody Friday* zu einem empfindlichen Schlag gegen die Infrastruktur der *Provisional IRA*. In den frühen Morgenstunden des 31. Juli ließ er in der größten Militäraktion der britischen Armee seit der Suez-Krise 1956 unzählige Panzer, Truppenfahrzeuge und Bulldozer vor dem katholischen Viertel Bogside in Londonderry auffahren. Die Armee zerstörte die von den Bewohnern errichteten Barrikaden und verschaffte sich damit Zutritt zu der für Soldaten wie Polizei als »No-go«-Gebiet geltenden Bogside. Die Existenz von *Free Derry*, das die Katholiken der Bogside nach den Unruhen im Sommer 1969 errichtet hatten, fand damit ein Ende. Die Provos leisteten keinen Widerstand. Sie wußten um die drückende Überlegenheit der britischen Armee an diesem Tag. *Operation Motorman*, so der offizielle Name der Aktion, beraubte die Provos eines wichtigen Rückzugsraums. Nicht selten hatten die Provos hier beispielsweise Pressekonferenzen abgehalten; Führungspersonal der IRA konnte sich im Freien Derry bedenkenlos bewegen. Die Existenz der »Modellgemeinde« bis ins Jahr 1972 hatte darüber hinaus unschätzbaren propagandistischen Wert: Die Provos zeigten der Weltpresse am Beispiel von *Free Derry*, wie eng verwoben die Untergrundorganisation mit der katholischen Bevölkerung sei, wie deutlich also die Kampagne der *Provisional IRA* den Willen der nordirischen Katholiken reflektiere.

Zum ersten Mal seit ihrer Gründung gerieten die Provos in die Defensive. Der Kampf der Sicherheitskräfte gegen die Provos war vor allem durch eine Person geprägt: den britischen Offizier Frank Kitson. Kitson galt als Experte auf dem Feld der Aufstandsbekämpfung und hatte zuvor an Einsätzen der britischen Armee in den ehemaligen Kolonien Malaysia, Zypern und Kenia mitgewirkt. Die klassische Militärtaktik, so die Analyse Kitsons, habe sich im Umgang mit einer Guerilla-Organisation vom Schlage der *Provisional IRA* als kontraproduktiv erwiesen; die bisherigen Aktionen hätten stets die Falschen getroffen und so die katholische Bevölkerung zum Verbündeten der Rebellen gemacht. Statt dessen, so Kitson, müßten die Sicherheitskräfte fortan versuchen, einen Keil zwischen Provos und Bevölkerung zu treiben. Während sich die Politik ernsthaft der Bedürfnisse der Katholiken annehmen solle, bestünde die Aufgabe der Sicherheitskräfte darin, den Prozeß der Entfremdung zwischen Bevölkerung und Provos mit allen Mitteln voranzutreiben: Statt physischer Konfrontation setzte Kitson verstärkt auf verdeckte Aktionen, um die Struktur der Provos zielgenau zerstören zu können. Einer der spektakulärsten Einfälle Kitsons war zweifellos die Gründung der *Four Square*-Wäscherei in der Provo-Hochburg West-Belfast. Über Monate sammelten Soldaten in Zivil hierdurch wertvolle Informationen. Die in der Wäscherei abgegebene Kleidung analysierten Experten der Armee auf Spuren von Sprengstoff; der mit allen technischen Raffinessen ausgestattete Lieferwagen der Wäscherei diente gewissermaßen als Patrouille-Fahrzeug, das Gespräche mit Kunden aufzeichnete und verdächtige Bewegungen registrierte.

Vor allem aber zahlte sich aus, daß nach der Abschaffung Stormonts im März die britische Armee und die nordirische Polizei an einem Strang zogen. Ende des Jahres verkündete die britische Armee stolz, daß sie seit Räumung der Bogside im Juli mehr als 200 Mitglieder der Provos verhaftet hatte. Auch die Polizei in der Republik Irland, die bisher alles andere als energisch gegen Stützpunkte und Rückzugsgebiete der *Provisional IRA* im eigenen Land vorging, bekämpfte die Provos nach *Bloody Friday* mit großer Entschlossenheit. Die irische Polizei hob fast die gesamte Führungsriege der *Provisional IRA* aus: *Sinn-Fein*-Präsident Ruairi Ó'Brádaigh, Vize Maire Drumm, Martin McGuinness und sein Stellvertreter Joe McCallion saßen gegen Ende des Jahres allesamt in irischen Gefängnissen ein. McGuinness, dessen Anklage auf Besitz von Sprengstoff und Mitgliedschaft in einer verbotenen Organisation lautete, erklärte vor Gericht: »Mehr als zwei Jahre war ich Offizier in der Brigade Derry der IRA. Wir haben gegen die Ermordung unserer Leute gekämpft ... Ich bin Mitglied von Oglaigh na hEireann [der IRA] und sehr, sehr stolz darauf ... Wir glaubten fest daran, unsere Pflicht als Iren zu tun.« Die Richter verhängten gegen McGuinness, wie auch gegen die meisten anderen in der Republik Irland gefaßten *Provisionals*, eine sechsmonatige Gefängnisstrafe.

Der größte Coup gelang der irischen Polizei am 19. November mit der Verhaftung von MacStiofáin in Dublin. Auch ihn verurteilte ein Gericht zu einer halbjährigen Haftstrafe. Noch während des Verfahrens trat MacStiofáin in einen Hunger- und Durststreik. Drei Tage später befand er sich im Delirium; nachdem er seinen beinahe komatischen Zustand von drei anderen IRA-Häftlingen bezeugen ließ, brach MacStiofáin seinen Durststreik ab und hielt noch fast zwei Monate lang einen Hungerstreik durch, bis der Armeerat ihm die Wiederaufnahme von Nahrung befahl. MacStiofáin, dessen Autorität auf seinem Ruf als »Härtester aller Harten« basierte, hatte in den Augen vieler Provos kläglich versagt; er kehrte nach seiner Entlassung niemals wieder auf seinen Posten als Oberkommandant der *Provisional IRA* zurück. Kurz nach MacStiofáins Verhaftung einigten sich die Mitglieder des Armeerats auf Joe Cahill als neuen »Chief-of-Staff«. IRA-Veteran Cahill (schon in den 50er Jahren *Volunteer*) blieb nur wenige Monate; er machte nach seiner Verhaftung 1973 Platz für Seamus Twomey.

Um an möglichst umfassende Informationen zu gelangen, richtete die britische Armee in Nordirland bereits mit Einführung der Internierung ohne Anklage sogenannte Verhörzentren ein, wo Soldaten der Abteilung Aufklärung und örtliche Polizisten der RUC die Verhafteten tagelang befragten. Dabei schreckten die Sicherheitskräfte auch vor körperlichen und psychischen Mißhandlungen nicht zurück: Zu den Standardmethoden gehörten Schlafentzug, eine Brot-und-Wasser-Diät, Lärmterror und auch physische Gewalt. Als bekannt wurde, welcher Methoden sich die Armee in den Verhörzentren bediente, stand die britische Regierung international am Pranger: Der Europäische Gerichtshof für Menschenrechte verurteilte Großbritannien später auf Initiative der Republik Irland wegen »inhumaner« und »erniedrigender« Behandlung Gefangener. London distanzierte sich zwar von der ausgeübten Verhörpraxis – auch in den darauffolgenden Jahren aber mußte sich die britische Regierung immer wieder wegen der Mißhandlung Verdächtiger rechtfertigen.

Anfang des Jahres 1973 saß der größte Teil der Provo-Führung hinter Gittern. Der Status als Gefangene »besonderer Kategorie«, den Whitelaw ihnen 1972 eingeräumt hatte, ermöglichte es den Provos, auch in Haft ein relativ selbstbestimmtes Leben zu führen. Die Gefängnisse erhielten den Beinamen »Universität des Terrorismus«, weil ein großer Teil der meist jungen *Volunteers* erst hier durch Unterricht und Diskussion mit älteren Gesinnungsgenossen eine fundierte politische Einstellung erhielt. Ein von den Häftlingen gewählter Kommandant organisierte körperliche Ertüchtigung, aber auch Vorlesungen in irischer Geschichte und gälischer Sprache. Gerry Adams, der nach erneuter Verhaftung ab 1973 vier Jahre lang im Long-Kesh-Gefängnis nahe Belfast einsaß, entwarf in diesen Jahren von seiner Gefängniszelle aus die militärische und politische Strategie der republikanischen Bewegung für die folgenden zwei Jahrzehnte.

So sehr einige Provos vom Aufenthalt im Gefängnis profitierten: Die erste Pflicht eines inhaftierten *Volunteers* bestand darin, auszubrechen und in Freiheit den bewaffneten Kampf für die irische Sache wiederaufzunehmen. Der Enthusiasmus für spektakuläre Befreiungsaktionen ging bis auf die »Fenians« im 19. Jahrhundert zurück, die den überwiegenden Teil ihrer revolutionären Energie darauf verwendet hatten, inhaftierte Kampfgefährten aus irischen Gefängnissen zu bomben. Das Graben von Tunneln gehörte zu den häufig praktizierten, aber wenig effektiven Ausbruchsmethoden, denn Infrarot-Hubschrauber der Armee beobachteten in aller Ruhe den Fortgang der Arbeiten, um dann kurz vor dem Durchbruch das Bauwerk zum Einsturz zu bringen. Andere, erfolgreiche Ausbruchsaktionen lieferten Stoff für republikanische Heldenmythen. Der *Volunteer* Francis Green zum Beispiel entkam Long Kesh im September 1973, nachdem er seinen Bruder, einen Priester, bei einem Besuch gefesselt und sich seine Kutte angezogen hatte; einen Monat später landete ein in einer dramatischen Aktion gekidnappter Hubschrauber auf dem Dach des Mountjoy-Gefängnisses in Dublin und nahm unter dem Jubel der restlichen Insassen drei gefangene Kommandanten der Provos an Bord.

Die rege Aktivität in den Gefängnissen konnte nicht darüber hinwegtäuschen, daß die Provos durch die Erfolge der Sicherheitskräfte deutlich geschwächt worden waren: Es war ihnen nicht gelungen, den militärischen Druck der Sommermonate 1972 in Nordirland aufrechtzuerhalten; die von MacStiofáin geplante »allumfassende Offensive« bröckelte. Auf einer Sitzung des Armeerats zu Beginn des Jahres 1973 entschied man deshalb, die vermeintlich letzte Trumpfkarte auszuspielen: die Ausweitung der Aktionen auf das britische Festland. Anschläge auf »ökonomische, militärische, politische und gerichtliche« Ziele in England sollten zweierlei bewirken: Die Provos wollten zum einen der britischen Regierung die Konsequenzen »des Krieges, der in ihrem Namen in Irland geführt wird«, unmittelbar vor Augen führen. Auf der anderen Seite sollten die Anschläge öffentlichen Druck bei der bisher eher gleichgültigen britischen Bevölkerung erzeugen, so daß sich die Regierung irgendwann genötigt sehen würde, einen Rückzug Großbritanniens aus Nordirland zu erwägen. Der Politikwissenschaftler Alex McKinley folgert demgemäß, daß die Provos eine »fundamentale Unterscheidung« zwischen Aktivitäten in Nordirland und auf dem Festland trafen. Während sie »den Krieg in Nordirland klassisch im Sinne von Clausewitz als Fortsetzung der Diplomatie mit anderen Mitteln auffaßten, [betrachteten sie] terroristische Operationen außerhalb des nordirischen Territoriums als schauerlichen Zweig der Öffentlichkeitsarbeit«.

Die erste Anschlagserie der Provos in England fand am 8. März statt; dem Tag, an dem die Behörden in Nordirland das sogenannte »Grenzreferendum« durchführten. Annähernd 60 Prozent aller Wahlberechtigten sprachen sich für einen Verbleib Nordirlands im Vereinigten Königreich aus. Das aufgrund der Mehrheitsverhältnisse in Nordirland voraussehbare Ergebnis diente der Beruhigung der protestantischen Bevölkerungsmehrheit. Die *Provisionals*, die die Existenz Nordirlands als illegitim betrachteten und das Referendum deshalb ablehnten, wollten am selben Tag durch Sprengsätze im Zentrum britischer Macht, im Regierungsviertel Londons, den Preis »britischer Besatzung in Irland« demonstrieren. Der Armeerat entschied, eine elfköpfige Gruppe nach London zu entsenden. Die Einheit unter der Führung der Schwestern Marion und Dolours Price parkte vier Autos mit etwa 80 Kilogramm Sprengstoff im Laufe des Vormittags an neuralgischen Punkten im Herzen Londons. Sprengsätze vor dem Londoner Polizeihauptquartier und dem Militärsender BFBS konnte die Polizei noch vor deren Detonation entschärfen. Zwei weitere Bomben, die das Strafgericht »Old Bailey« und das Rekrutierungsbüro der britischen Armee zum Ziel hatten, explodierten allerdings und verletzten etwa 180 Menschen; ein Mann starb später an den Folgen eines Herzinfarkts. Bis auf eine Person nahm die Polizei alle *Volunteers* auf ihrem Rückweg nach Dublin am Flughafen Heathrow fest. Die Bomben sorgten für erheblichen Wirbel in England und erfüllten insofern ihren Zweck, als daß sie das Grenzreferendum in den Schlagzeilen der britischen Presse zur Fußnote degradierten.

Dennoch betrachtete der Armeerat der IRA die Aktion als Fehlschlag; um das Verhaftungsrisiko zu minimieren, sollten künftig sogenannte *Sleeper*-Einheiten aufgebaut werden, die in England als scheinbar normale Bürger lebten und arbeiteten. Zwei Gruppen operierten in den darauffolgenden Jahren nach diesem Prinzip und verübten ab Mitte 1973 zahlreiche Anschläge auf Kraftwerke, Telefonzentralen und andere infrastrukturelle Einrichtungen. Die sogenannte *Balcombe Street Gang* spezialisierte sich auf Angriffe gegen das britische Establishment. Mit Sprengsätzen in Fünf-Sterne-Hotels und Restaurants im vornehmen Londoner West End sowie Anschlägen auf zahlreiche Politiker und Geschäftsleute wollten die Provos Panik innerhalb der »herrschenden Klasse« erzeugen.

Die nötige Konspiration und die räumliche Distanz zu Nordirland gaben den Einheiten in England die Freiheit, relativ selbständig über Ziele, Zeitpunkt und Durchführung ihrer Aktionen zu entscheiden. Der Mangel an Kontrolle durch den Armeerat, der die Außenwirkung bestimmter Aktivitäten besser einschätzen konnte als die Einheiten vor Ort, rächte sich im Herbst 1974, als *Volunteers* vier Pubs in Birmingham bombardierten, die angeblich häufig von Soldaten frequentiert wurden. Allein an diesem 21. November starben durch zwei Sprengkörper 22 Menschen. Eine Bombenwarnung gab es zwar; sie kam aber (wieder einmal) zu kurzfristig: nur einige Minuten vor der Explosion. Die Bilanz der Anschläge in Birmingham war so grauenhaft, daß sich die Provos erst Jahre später zu der Aktion bekannten.

Der britische Nordirlandminister Whitelaw arbeitete unterdessen an einem Konzept zur politischen Lösung des Konflikts, auf dessen Vorbereitung, Durchführung und Scheitern die in dieser Zeit vor allem mit ihrer eigenen Krise beschäftigte *Provisional IRA* nur geringen Einfluß nehmen konnte. Die britische Regierung wollte die Direktregierung der Provinz durch London beenden und die Verantwortung für die sechs Grafschaften wieder in die Hände der Nordiren legen – diesmal allerdings unter anderen Vorzeichen als während der fünfzigjährigen unionistischen Dominanz bis zur Abschaffung Stormonts im März 1972. Dem neu zu schaffenden Regionalparlament lag die Erkenntnis zugrunde, daß die in Nordirland im Widerstreit stehenden nationalen Identitäten – die Loyalität der Protestanten zu Großbritannien und die Verbundenheit der Katholiken mit Irland – die Wurzel des Problems seien und deswegen zu einem fairen Ausgleich verpflichtet werden müßten. Dem Prinzip des sogenannten *Power-Sharing* (Machtteilung) folgend, würden dementsprechend alle Parteien an der Regierung Nordirlands beteiligt, die Ministerposten nach einem strengen Quotensystem vergeben. In Form des »Council of Ireland« (Rat Irlands) gestand man den Katholiken außerdem eine institutionelle Verbindung mit der Republik Irland zu. In dieser Versammlung sollten Abgeordnete der Parlamente aus Dublin und Belfast Fragen gemeinsamen Interesses beraten und – nach Vereinbarung – auch für beide Seiten verbindlich beschließen können (ein ähnliches Gremium sah auch der *Government of Ireland Act* von 1920 vor; es scheiterte damals vor allem am Widerstand der nordirischen Unionisten). Vertreter der größten protestantischen Partei UUP, der katholischen SDLP und der kleinen überkonfessionellen Alliance-Partei sowie der Regierungen von London und Dublin unterschrieben den Vertrag zur Bildung der neuen Regionalregierung im November 1973 im englischen Sunningdale.

Zum 1. Januar 1974 nahm die neue Provinzregierung ihre Arbeit auf. Von Beginn an jedoch stand das Projekt unter keinem guten Stern: Viele Protestanten mißtrauten dem Einfluß Dublins, das sich zwar in Sunningdale erstmals zum Konsensprinzip (d. h. keine Herauslösung Nordirlands aus dem Vereinigten Königreich ohne Zustimmung der Nordiren) verpflichtete, sich aber standhaft weigerte, den in der irischen Verfassung enthaltenen Gebietsanspruch auf Nordirland zu streichen. Das Council of Ireland erschien vielen Unionisten vor diesem Hintergrund als Versammlung zur Durchsetzung der Vereinigung Irlands »durch die Hintertür«. Die unionistische Partei spaltete sich in eine Pro-Sunningdale-Fraktion unter der Führung des neuen Ministerpräsidenten Brian Faulkner und den *United Ulster Unionist Council* (Vereinigter Unionistischer Rat Ulsters, UUUC), ein Sammelbecken für alle Gegner des Abkommens. Bei der Unterhaus-Wahl im Februar eroberten UUUC-Kandidaten elf der zwölf in Nordirland zu vergebenden Sitze. Das ultimative Ende der Provinzregierung zeichnete sich im Mai ab, als ein Komitee unter Mitwirkung loyalistischer Gewerkschafter und Politiker vom Schlage des radikalen Protestantenführers Ian Paisley sowie der protestantischen Paramilitärs einen Generalstreik organisierten, der das öffentliche Leben der gesamten Provinz lahmlegte. Mitglieder der UDA errichteten Straßenkontrollen; unionistische Arbeiter fuhren in den Kraftwerken der Provinz die Energieversorgung auf ein Minimum herab. Im Prinzip kam dieser Streik einem Putschversuch gleich. Der britische Premier Wilson aber beließ die britische Armee in den Kasernen; wohlwissend, daß die Niederschlagung des Streiks in einem Blutbad geendet hätte. Die Provinz kehrte zur Direktregierung aus London zurück. Konservative Unionisten feierten das Ende des Sunningdale-Experiments als Triumph, belegte die Episode doch, daß niemand eine Lösung des Konflikts gegen ihren Willen erzwingen konnte. Im katholischen Lager gab es unterschiedliche Reaktionen.

Während sich die Republikaner in ihrer Auffassung bestätigt sahen, daß Nordirland auf demokratischem Wege nicht reformierbar sei, illustrierte das Scheitern Sunningdales nach Meinung moderater Nationalisten einmal mehr, daß nicht die gewaltsame Beseitigung britischer »Besatzung«, sondern die Aussöhnung zwischen Katholiken und Protestanten den einzig gangbaren Weg zu einem vereinigten Irland darstelle. Sunningdale hinterließ trotz seines Scheiterns bleibende Spuren. Alle Versuche, das Nordirland-Problem zu lösen, basierten seither auf der Kombination von »Power-Sharing« und einer institutionellen Verknüpfung Nordirlands mit der Republik Irland. Auch das Friedensabkommen von 1998 orientiert sich an diesem Modell.

Der Armeerat gab Anfang 1974 an die *Volunteers* der *Provisional IRA* die Losung »Victory '74« (Sieg '74) aus. 140 Morde im Laufe des Jahres sprechen eine deutliche Sprache; von einer Eskalation wie in den Jahren 1970 bis 1972 konnte dennoch keine Rede mehr sein. Die britische Armee hatte die Strukturen der *Provisionals* erfolgreich zerstört. Die Menschen in den katholischen »Ghettos« distanzierten sich von den Provos, vor allem dann, wenn Zivilisten einer Aktion zum Opfer fielen (wie zum Beispiel bei den Anschlägen in Birmingham). MacStiofáins Anfang 1970 formulierte Strategie einer »allumfassenden Offensive« war an ihre Grenzen gestoßen. Selbst der damalige Provo-Oberkommandant Seamus Twomey gab später in einem Interview mit einem Journalisten der britischen Zeitung *Observer* zu, daß die Provos nach einer Möglichkeit suchten, »die Bewegung auf neue Füße zu stellen ... Es war auch an der Zeit, den gewöhnlichen Menschen und den *Volunteers* eine Atempause einzuräumen«.

Eine Gruppe protestantischer Pastoren stellte im Spätherbst 1974 den Kontakt zwischen Provos und britischer Regierung her. Als Zeichen des guten Willens erklärten die Provos zum 22. Dezember eine ausgedehnte Waffenruhe für zehn Tage. Durch kooperativ klingende Andeutungen des neuen Nordirland-Ministers Merly Rees ermutigt, erneuerten die *Provisionals* den Waffenstillstand, bis ihn der Armeerat am 9. Februar 1975 für dauerhaft erklärte. Die britische Seite versprach den Provos, die Armee anzuweisen, alles zu unterlassen, was von der Bevölkerung als »Belästigung« interpretiert werden könne; sollte die Waffenruhe andauern, so würde London die Zahl der in Nordirland eingesetzten Soldaten allmählich auf »Friedensstärke« reduzieren; außerdem würde die Internierung ohne Anklage Schritt für Schritt beendet werden. Um Mißverständnisse zu vermeiden, richtete man in allen größeren Orten der Provinz sogenannte Vorfall-Zentren ein, wo Vertreter von *(Provisional) Sinn Fein* und Regierungsbeamte im Falle aufkeimender Spannungen sofort miteinander in Kontakt treten konnten. Diese Einrichtungen, schnell als *Sinn-Fein*-Büros bekannt, verschafften der republikanischen Partei erstmals eine sichtbare Präsenz.

Später behauptete *Sinn-Fein*-Präsident Ruairi Ó'Brádaigh, London habe in einem Brief an den Armeerat explizit von einer »Loslösung« Großbritanniens gesprochen, von einem »Abzug« des Königreichs aus Nordirland. Den besagten Brief allerdings konnte Ó'Brádaigh nicht vorlegen – möglich, daß britische Beamte in Verhandlungen mit den *Provisionals* aus taktischen Gründen vage von Rückzug redeten; die Strategie von Nordirlandminister Rees jedenfalls sah eine Abkehr vom Konsens-Prinzip nicht vor. Im Gegenteil: Nach dem Scheitern des Sunningdale-Abkommens im Mai 1974 versuchte Rees mit einer »Verfassunggebenden Versammlung« einen zweiten Anlauf, in der Provinz eine Form von Selbstverwaltung zu etablieren. Um einen weiteren Fehlschlag zu vermeiden, so dachte Rees, müsse man die Situation in Nordirland zunächst »normalisieren«, das Ausmaß der Gewalt auf niedrigem Niveau stabilisieren. Dieser Versuch scheiterte im Jahr 1975.

An die Waffenruhe des Jahres 1975 erinnern sich Republikaner heute als schwärzeste Stunde der IRA. Was der Armeerat anfangs als Denkpause willkommen hieß, endete in einer Situation, in der die Provos kurz vor der Aufgabe standen. Die Energie, die die Provos zuvor in den Kampf gegen die Sicherheitskräfte investiert hatten, floß nun in Fehden mit Rivalen aus dem eigenen Lager und den protestantischen Paramilitärs. Auch Erschießungen protestantischer Zivilisten standen gegen Ende des Jahres wie selbstverständlich auf der Tagesordnung der *Provisional IRA*. Es schien, als sei den Provos mit dem Waffenstillstand ihr politisches Projekt abhanden gekommen; Vergleiche mit der sizilianischen Mafia jedenfalls beschreiben die Provos des Jahres 1975 weitaus treffender als der Begriff »Nationale Befreiungsarmee«.

Trotz Waffenruhe stieg die Anzahl der im Nordirland-Konflikt-Getöteten von 216 im Jahr 1974 auf 247 im Jahr 1975 an. Dazu trug auch die Formation der *Irish National Liberation Army* (Irisch-Nationale Befreiungs-Armee, INLA) im Dezember 1974 bei, einer Splittergruppe der *Official IRA*, die zwar den marxistischen Theoriehintergrund mit den *Officials* teilte, auf den bewaffneten Kampf aber nicht verzichten wollte. Durch Überläufer aus den Reihen der *Provisionals* verstärkt, entwickelte sich eine blutige Konfrontation der INLA mit den *Officials*. Später beteiligten sich auch die Provos an der Auseinandersetzung. Nachdem die *Official IRA* den Chef eines von den Provos kontrollierten Taxiunternehmens erschossen hatte, organisierten Taxifahrer am 12. November 1975 aus Protest eine Blockade – erst danach erklärten die Provos die Fehde für beendet.

Die Ermordung unbeteiligter Zivilisten erreichte am 5. Januar 1976 ihren tragischen Höhepunkt. Als Rache für die Ermordung von fünf Katholiken am vorangegangenen Tag überfiel ein Provo-Kommando im Süden der Grafschaft Armagh einen Minibus mit zehn protestantischen Arbeitern auf der Heimfahrt. Ein *Volunteer* fragte, ob sich unter den Anwesenden Katholiken befänden. Die Insassen konnten nicht ahnen, ob es sich um eine Aktion protestantischer oder katholischer Paramilitärs handelte: Nur der Busfahrer bekannte sich als Katholik; er durfte unbeschadet aussteigen, während die Arbeiter allesamt erschossen wurden.

Obwohl die Provos auch die Kampagne auf dem britischen Festland fortsetzten, tolerierte Nordirlandminister Rees zunächst alle Verstöße gegen den Waffenstillstand. Die Selbst-Demontage der Organisation bot dem Politiker die Möglichkeit, die Provos als gewöhnliche Kriminelle darzustellen. Das Auslaufen der Internierung ohne Anklage verband Rees in der Folge mit der Abschaffung des besonderen Status für Gefangene der Paramilitärs, der einzig greifbaren Errungenschaft der Provos seit Ausbruch des Konflikts 1969. Als Rees im März 1976 offiziell bekanntgab, daß auch Häftlinge der Untergrundorganisationen künftig wie »normale« Verbrecher behandelt werden würden, brachen die Provos ihren Kontakt zur britischen Regierung ab; der Waffenstillstand war de facto schon seit Monaten nach und nach ausgelaufen.

Ein weiteres Kapitel in der Geschichte »heldenhafter Niederlagen« der republikanischen Bewegung schien bereits geschrieben: Es sah so aus, als müsse sich die Bewegung wieder einmal der britischen Übermacht ergeben, die Waffen vergraben und auf eine kommende Generation warten, die den Kampf wiederaufnähme.

Langer Krieg

Der Journalist Patrick Bishop vertritt die Auffassung, die Geschichte der IRA sei »eine Geschichte der Konsequenzen aus Waffenstillständen«. Die Waffenruhe des Jahres 1975 jedenfalls hatte tatsächlich tiefgreifende Folgen für Struktur und Ausrichtung der *Provisional IRA* (fortan: IRA). IRA-Vordenker Jim Gibney bezeichnete das Jahr 1976 als »Lernphase unter erheblichem Druck«; man könnte den vollständigen Umbau der Organisation, der in diesem Jahr erfolgte, allerdings zugespitzt auch eine Neugründung nennen, so radikal war der Bruch.

Als der britische Nordirlandminister Rees im März 1976 den »besonderen Status« für Gefangene der Paramilitärs abschaffte, durchschritt die Organisation den tiefsten Punkt seit ihrer Gründung im Dezember 1969: Die Behörden behandelten die Verurteilten der IRA wie »normale« Verbrecher; die aktiven *Volunteers* hatten sich in blutige Fehden und kriminelle Machenschaften verwickelt; die Zahl neuer Rekruten nahm beständig ab. Gerry Adams, nach seiner Verhaftung 1973 Gefangener in »Long Kesh« nahe Belfast, verfolgte den Niedergang der IRA von seiner Zelle aus. Zusammen mit den Kommandanten aus Londonderry und Belfast, Martin McGuinness und Ivor Bell, nutzte Adams die Chance, die sich aus der desolaten Situation der IRA ergab, um die für den Waffenstillstand verantwortliche Führung nach und nach zu entmachten und auf diese Weise selbst das Kommando zu übernehmen. Damit vollzog sich ein Generationswechsel: Die vornehmlich aus dem Süden der Insel stammenden Veteranen vom Schlage Ruairi

Ó'Brádaighs, deren Kampferfahrung noch aus der Grenzkampagne der 50er Jahre stammte, gaben die Staffette an die sogenannten »69er« weiter, die den Ausbruch der Unruhen 1969 als junge Leute hautnah miterlebt hatten und auf diesem Weg zur IRA gestoßen waren.

Als ersten Schritt nötigte die Gruppe um McGuinness im Herbst 1976 den Armeerat, das sogenannte *Northern Command* zu gründen, eine autonome Kommando-Struktur für den Norden der Insel. Obwohl das *Northern Command* weiterhin formal dem Armeerat in Dublin unterstand, machten sich die Einheiten im Norden von der Kontrolle durch Dublin weitgehend unabhängig. Ein Jahr später, als die Clique um Adams und McGuinness die Veteranen-Generation vollständig verdrängt hatte und McGuinness vom Kommandanten des Northern Command zum Chef des Armeerats aufgerückt war, wurde die Unterscheidung ohnehin obsolet.

Neuanfang

Mit Konstituierung des *Northern Command* fiel der Startschuß für einen kompletten Umbau der IRA. Anfang des Jahres 1977 verfaßte die Führungsgruppe des *Northern Command* einen sogenannten *Staff Report* (Personalbericht). In diesem bis zur Beschlagnahme durch die Polizei im selben Jahr geheimen Bericht legten die Verfasser die strukturellen Defizite der Organisation schonungslos offen: »Der drei oder sieben Tage dauernde Gewahrsam [nach einer Festnahme] zermürbt die *Volunteers*; es ist Schuld der IRA, den *Volunteers* nicht die psychologische Stärke anzutrainieren, mit der sie den Verhören standhalten könnten. Darüber hinaus ... belastet uns eine ineffiziente Infrastruktur, bestehend aus Brigaden, Bataillonen und Kompanien. Dieses alte System, mit dem die Briten und die Branch [Sondereinheit der RUC] vertraut sind, muß geändert werden. Wir empfehlen eine Neuorganisation und eine Neumotivation, den

Aufbau einer neuen Irisch-Republikanischen Armee. Wir legen Wert auf eine Rückkehr zu Geheimhaltung und strenger Disziplin. Männer der Armee [IRA] müssen die Kontrolle über alle Teile der Bewegung haben.«

Gerry Adams machte sich unterdessen vom Gefängnis aus Gedanken über die Ausrichtung der republikanischen Bewegung insgesamt. In seiner später erschienenen Autobiographie »Before the Dawn« faßt Adams seine Kritik an der bisherigen Strategie zusammen: »Mir wurde klar, daß das Hauptproblem darin bestand, daß der Kampf bis dahin auf den bewaffneten Kampf beschränkt war. Wenn dieser aufhörte, dann gab es keinen Kampf mehr.« Ab 1975 veröffentlichte er deshalb zwei Jahre lang jede Woche in der republikanischen Zeitung *Republican News / An Phoblacht* eine Kolumne unter dem Pseudonym »Brownie«. In den Artikeln problematisierte Adams Mal für Mal in unterschiedlichen Variationen ein einziges Thema: Die Politisierung des Kampfes sowie die Forderung nach einem »Langen Krieg«, der auf einer breiten Unterstützung durch die Bevölkerung basierte. Ein Krieg, der nicht auf militärische Eskalation setzte, sondern auf Zermürbung. Im Gegensatz zu MacStiofáins »allumfassender Offensive« distanzierte sich Adams von dem Ziel, den Konflikt militärisch gewinnen zu wollen; ihm ging es vielmehr darum, nicht besiegt zu werden, so daß jeder Versuch, das Problem in Nordirland politisch zu lösen, den republikanischen Standpunkt und damit die Option eines vereinigten Irlands einschließen mußte.

In der Praxis begann die Restrukturierung der IRA mit der Aufteilung Irlands in eine sogenannte *War Zone* (Kriegszone), die aus den sechs Grafschaften Nordirlands sowie den fünf angrenzenden Grafschaften in der Republik Irland bestand. Die Kriegszone stand unter dem Befehl des *Northern Command*. Die IRA-Aktionen blieben zwar nach wie vor auf Nordirland beschränkt; die angrenzenden Gebiete aber stellten wichtige Ausgangspunkte bzw. Rückzugsgebiete vor und nach solchen Aktionen dar. Die restlichen 21 Grafschaften in der Republik

Irland dienten vor allem als Waffenlager. Den Armeerat in Dublin hatte das *Northern Command* somit mehr oder weniger zum Quartiermeister der Organisation degradiert.

Der Umbau der lokalen Einheiten stand unter den Leitbegriffen Geheimhaltung und Spezialisierung. In der bisherigen Praxis teilte das Bataillon neue Rekruten der Kompanie ihres jeweiligen Bezirks zu. Die Kompanien eines Stadtteils trafen sich regelmäßig in einschlägig bekannten Pubs, und auch in der Nachbarschaft blieb nicht lange geheim, wenn ein junger Mann der IRA beigetreten war. Dieses System machte die IRA extrem verwundbar; im Extremfall konnte ein *Volunteer* dadurch ein ganzes Bataillon »auffliegen« lassen. Im Staff Report hieß es dazu: »Wir müssen uns auf einen langfristigen bewaffneten Kampf einrichten, der darauf basiert, daß wir unbekannte Männer und neue Rekruten in eine neue Struktur integrieren. Diese neue Struktur wird ein Zellensystem sein.« Jede Zelle sollte demnach aus vier Personen bestehen und von der Existenz und Zusammensetzung anderer Zellen keinerlei Kenntnis haben. Den Kontakt zur Brigade-Führung hielt der Zellenführer, so daß ein einfacher *Volunteer* im Falle einer Verhaftung höchstens drei andere *Volunteers* verraten konnte. Auch der Zellenführer sollte nur mit maximal zwei Personen der Brigadeleitung in Verbindung stehen (den Offizieren für Aufklärung und Einsätze).

Die einzelnen Zellen sollten nicht wie bisher geographischen Einheiten zugeteilt, sondern auf verschiedene Funktionen wie Aufklärung, Schützen, Hinrichtungen, Sprengstoff-Anschläge oder Raubüberfälle spezialisiert werden. Dies hätte unmittelbar zur Folge, daß die Zellen auch außerhalb ihrer Heimatterritorien zur Verwendung kämen. Dadurch, so der Staff Report, könne »die britische Aufklärung verwirrt ... und unser Operationsgebiet ausgeweitet« werden.

Ihrem Ruf als Guerilla-Armee trug die IRA durch Schaffung sogenannter Commando Units (Kommando-Einheiten) Rechnung. Drei dieser jeweils zehn Mann zählenden Gruppen agierten in den Grenzgebieten zur Republik Irland, den Grafschaften Fermanagh, Armagh und Down. Die *Volunteers* dieser Einheiten erhielten eine Art Überlebenstraining, so daß sich eine Commando Unit bis zu einer Woche ohne Kontakt zur Zivilisation in der Hügellandschaft im Süden Nordirlands verstecken konnte. Nachts verminten die *Volunteers* Zufahrtsstraßen zu Kasernen oder lockten Soldaten in sorgfältig geplante Hinterhalte. Die Aktionen der Commando Units verunsicherten das Militär so sehr, daß die Armee bis heute ihre Kaserne in Crossmaglen im Süden Armaghs ausschließlich per Helikopter versorgt; selbst Müll wird über den Luftweg abtransportiert (ironisch erklärte die IRA das betroffene Gebiet deshalb zur »Provisional Republic of Crossmaglen« – Provisorische Republik von Crossmaglen).

Die neue Militärstruktur bot neben größerer Effizienz und strengerer Konspiration einen weiteren Vorteil: Die IRA verschaffte sich größere Unabhängigkeit von der Sympathie der katholischen Bevölkerung. Eine sozialwissenschaftliche Studie kam Anfang der 80er Jahre zu dem Schluß, daß die IRA künftig auch bei nur drei Prozent Unterstützung durch die katholische Bevölkerung Nordirlands reibungslos funktionieren könne.

Adams' Strategie des »Langen Krieges« allerdings setzte parallel zum Umbau der militärischen Struktur bewußt auf die Verankerung des republikanischen Kampfes in der katholischen Bevölkerung. Die Entstehung einer radikalen republikanischen Massenbewegung sei die beste Garantie dafür, daß der Kampf auch dann weitergehe, wenn die militärische Komponente der Bewegung unter Druck stünde. Eine besondere Rolle kam in diesem Zusammenhang dem zivilen Flügel der republikanischen Bewegung zu, der Partei *Sinn Fein*, die bisher ein eher stiefmütterliches Dasein gefristet hatte. Im Staff Report definierten die Modernisierer um Adams die neue Rolle der Partei folgendermaßen: »*Sinn Fein* muß (unter Kontrolle der Armee) radikalisiert werden und mit sozialen und ökonomischen Themen agitieren, die die soziale Situation der Leute aufgreifen. *Sinn Fein* soll andere Organisationen unterwandern, um Unterstützung und Sympathie für die Bewegung zu gewinnen. *Sinn Fein* muß ... eine große Rolle in den Öffentlichkeits- und Propaganda-Abteilungen [der IRA] spielen. *Sinn Fein* erwirbt sich den Respekt der Leute, was wiederum zu größerer Unterstützung für die Zellen führt.«

Die Partei bliebe also weiterhin Juniorpartner der IRA, wenn auch mit einer zentralen Funktion. Die Verbindung von traditionellem Republikanismus und sozialer Aktion hatte zuletzt Cathal Goulding in den 60er Jahren gefordert. Der Unterschied zu damals bestand allerdings darin, daß Adams' Konzeption die politische Auseinandersetzung nicht als Ersatz für den bewaffneten Kampf betrachtete, sondern als zusätzliche Komponente. Die Teilnahme an Wahlen kam zu diesem Zeitpunkt noch nicht in Frage. Das Fehlen jeglicher politischer Strukturen sowie die Unbeliebtheit der IRA nach Ende der Waffenruhe hätten der Partei mit Sicherheit eine bittere Niederlage bereitet. Dennoch sollte damit begonnen werden, in allen katholischen Ballungsräumen der Provinz Büros und Beratungszentren der Partei zu eröffnen, die jeweils ein festangestellter Mitarbeiter zu betreuen hätte. Die Geschäftsstellen von *Sinn Fein* sollten nach Adams' Ansicht Anlaufpunkte werden, die Rat und Hilfe im Umgang mit den Behörden anboten, deren Personal aber auch Streitigkeiten schlichtete. In Anlehnung an das traditionelle Prinzip der Partei, auf die Wahrnehmung von bei Wahlen gewonnenen Mandaten zu verzichten, bezeichnete Adams das Engagement *Sinn Feins* in katholischen Wohngegenden als »Active Abstentionism« (Aktive Enthaltung): Nach und nach sollte die Bewegung in diesen Gebieten immer mehr Aufgaben der klassischen Administration an sich ziehen, darunter auch Justiz und Polizei, so daß allmählich die Hoheitsfunktion des Staates durch IRA und *Sinn Fein* ersetzt werden würde.

Der zahlenmäßige Rückgang der IRA-Aktionen in den darauffolgenden Jahren ist im Kontext der neuen Strategie also nicht zwangsläufig ein Beleg für den Erfolg der Sicherheitskräfte, sondern genauso ein Indikator für die Anpassung an die Erfordernisse des Langen Kriegs. Im Jahr 1978 tötete die IRA »nur« knapp über 50 Personen; die militärische Aktivität der IRA hatte damit das niedrigste Niveau seit 1971 erreicht. Die britische Regierung war durch die Lektüre des Staff Reports über die neue Strategie der IRA im Bilde. In einer Einschätzung für das britische Verteidigungsministerium folgerte der Offizier James Glover: »Die Führung der *Provisionals* hat sich einer langen Kampagne der Zermürbung verschrieben ... Die Kampagne der *Provisionals* wird andauern, solange die Briten in Nordirland bleiben. Es besteht keine Aussicht darauf, daß irgendeine politische Entwicklung die Position der *Provisionals* ernsthaft schwächen könnte. Sie werden auch in Zukunft in der Lage sein, genügend Leute zu werben, die über die Führungsqualitäten, die Ausbildung und die körperlichen Voraussetzungen verfügen, um ihren umfassenden Professionalismus weiter zu steigern.«

Ressourcen

Auf der Bedürfnisliste einer Untergrundorganisation, so der Terrorismus-Experte Bowyer Bell, nehmen die Faktoren Geld und Waffen stets den obersten Rang ein. Demgemäß investierte die IRA viel Energie in den Aufbau eines Netzwerks, das die finanzielle Versorgung und die Belieferung mit Kriegsmaterial gewährleisten sollte. Die Strategie des Langen Krieges entwickelte die Bereitstellung dauerhafter Strukturen zu diesem Zweck zu einer zentralen Aufgabe; Zermürbung und Hartnäckigkeit, die Leitbegriffe der neuen Doktrin, setzten mehr denn je den kontinuierlichen Zufluß materieller Ressourcen voraus.

Die traditionelle Verbindung zu amerikanischen Republikanern erwies sich als zuverlässigste Quelle für Waffen. Die Gruppe um den Exil-Iren George Harrison verschiffte bis in die 80er Jahre etwa einmal im Jahr eine Ladung mit Maschinengewehren und Munition. Die Waffen wurden häufig legal in Waffenläden oder auf Messen erworben. Ab Mitte der 70er Jahre allerdings stand Harrison auch in Kontakt mit kriminellen Banden, die im Auftrag der Republikaner Waffen aus Stützpunkten der amerikanischen Armee stahlen. Der Waffenring flog auf, als die amerikanische Bundespolizei FBI im Jahr 1981 unter Mithilfe eines korsischen Mafioso einen Handel mit Harrison vortäuschte.

Unterstützung kam auch aus Libyen: Staatschef Gaddhafi hatte für Revolutionsbewegungen in aller Welt stets ein offenes Ohr. Der vermeintlich anti-imperialistische Kampf der IRA garantierte den irischen Republikanern das Wohlwollen des libyschen Revolutionsführers. Nach Informationen des Militärjournalisten Sean Boyne erreichten bereits 1972 zwei kleinere Lieferungen Gaddhafis die IRA. Ein Jahr später scheiterte der Transport von fünf Tonnen tschechischer AK-47-Gewehre an den irischen Zollbehörden. Der protestantische Generalstreik im Mai 1974 machte den Republikanern einen Strich durch die Rechnung: Gaddhafi, mit den genauen Zusammenhängen des Konflikts in Nordirland nicht vertraut, fühlte sich durch den protestantischen Arbeiteraufstand an seinen eigenen Coup von 1969 erinnert. Ob Gaddhafi der UDA später tatsächlich unter die Arme griff, ist nach wie vor unklar. Der libysche Präsident jedenfalls verlor danach das Interesse an Nordirland; erst ab Mitte der 80er Jahre, auf dem Höhepunkt libysch-britischer Feindseligkeit, lieferte Gaddhafi wieder Kriegsmaterial an die IRA. Auch ein Kontakt zur Palästinensischen Befreiungs-Organisation (PLO) in den 70er Jahren blieb fruchtlos. Die Republikaner hatten sich von Arafats *Al-Fatah*-Gruppe die Ausstattung mit schwerem Kriegsgerät versprochen, das auch in Amerika nicht ohne weiteres erhältlich war. In Antwerpen konfiszierte der Zoll 1977 eine für die IRA bestimmte Ladung mit russischen Raketenwerfern, Granaten und etwa 100 Kilogramm Sprengstoff. Der Beschlagnahmung war ein Hinweis des israelischen Geheimdienstes vorausgegangen.

Die Unzuverlässigkeit des internationalen Netzwerks brachte die IRA-Führung schließlich dazu, die aus dem Ausland importierten Waffen durch Material aus eigener Produktion zu ergänzen. Besonders kreativ zeigte sich die Organisation bei der Entwicklung von Sprengsätzen. Eine Kombination aus Kunstdünger und Dieselöl erhielt die Bezeichnung »Anfo«; es verstärkt die Sprengkraft konventioneller Explosiva, so daß zusammen mit einer relativ kleinen Menge Nitrogelantine (der Basis aller Sprengstoffe) Bomben von erheblicher Zerstörungswirkung entstehen. Auch auf die Weiterentwicklung der Detonatoren verwendete man viel Zeit. Das »Engineering Department« (Konstruktions-Abteilung) baute aus den Digitaluhren technischer Geräte (z. B. Videorecordern) komplexe Zeitzünder, mit deren Hilfe Sprengsätze bereits Monate vor deren Explosion plaziert werden konnten. Auch die Konstruktion von ferngesteuerten Bomben machte in der zweiten Hälfte der 70er Jahre große Fortschritte. An der Beschaffung von chemischen oder atomaren Waffen jedoch hatte die IRA niemals Interesse. Die wahllose Zerstörung, die von solchem Kriegsmaterial ausgeht, widersprach der Zermürbungstaktik des Langen Kriegs; der Einsatz von Massenvernichtungswaffen als Druckmittel hätte die Organisation außerdem bei ihren Unterstützern nachhaltig diskreditiert.

Das für den Kauf von Waffen, für die Durchführung von Aktionen und – nicht zuletzt – für den Aufbau der politischen Struktur notwendige Geld floß aus mehreren Quellen. In Amerika sammelte der Verein NORAID Spenden unter den Nachfahren irischer Einwanderer. Mit über 100 Ortsgruppen, einer wöchentlichen Zeitung und mehreren tausend Mitgliedern gewährleistete NORAID einen kontinuierlichen Zustrom finanzieller Mittel, der zu den festen Größen in der IRA-Haushaltsplanung zählte. Die Journalistin Claire Sterling behauptet außerdem, daß Libyens Präsident Gaddhafi die IRA auch nach Abbruch seiner Waffenlieferungen bis zum Ende der 70er Jahre mit etwa fünf Millionen Pfund jährlich unterstützt habe.

Den größten Teil ihrer Einnahmen allerdings sicherte sich die IRA vor Ort. Freiwillige Zuwendungen irischer Republikaner im Norden und Süden der Insel schufen das Fundament, reichten jedoch bei weitem nicht aus, um den Finanzbedarf der Organisation zu decken. Eine Vielfalt krimineller Aktivitäten, darunter Sozial- und Steuerbetrug, Banküberfälle, Schutzgelderpressungen und Kidnapping zählten ebenso zu den Geldquellen der IRA. Daß die IRA nicht auch den Drogenhandel in der Provinz kontrollierte, hängt weniger mit moralischen Erwägungen zusammen, als vor allem mit der Tatsache, daß sich dieser bereits fest in den Händen der protestantischen Paramilitärs befand. Die Ausübung gewöhnlicher Kriminalität kostete die IRA viele Sympathien; die Auffassung, daß in den Reihen der Paramilitärs »mehr Gangster als Patrioten« tätig seien, war durchaus verbreitet. So entsprach es der neuen Doktrin, das Ausmaß der illegalen Aktionen zurückzufahren und sich, so weit wie nur möglich, andere Finanzquellen zu erschließen. Spätestens ab Mitte der 70er Jahre betrieb die IRA deshalb den Aufbau formell legaler Geschäfte, Diskotheken und Pubs in katholischen Wohngebieten. Dies bot den weiteren Vorteil, daß pensionierte *Volunteers* hier unproblematisch eine Anstellung fanden. In West-Belfast beispielsweise gehören die sogenannten Black Cabs – Sammeltaxis, die auf festgelegten Routen zu preiswerten Tarifen in das Stadtzentrum fahren – traditionell in das Geflecht republikanischer Schattenwirtschaft (weshalb katholische Taxifahrer für protestantische Paramilitärs ein »legitimes« Ziel darstellen).

Den wahrscheinlich authentischsten Einblick in Methoden und Ziele der IRA gibt das sogenannte Grüne Buch, das der Armeerat Ende der 70er Jahre als offizielles Handbuch für angehende *Volunteers* herausgab. Der Aufnahme in die Untergrundorganisation hatte stets eine Prüfung über den Inhalt des Leitfadens vorauszugehen. Obwohl das Grüne Buch alle Aspekte der Organisation behandelt, nimmt die Beschäftigung mit technischen Fragen, zum Beispiel der Umgang mit Waffen, nur geringen Raum ein; im Vordergrund steht vielmehr die geistige Auseinandersetzung mit den Zielen und der Einstellung zur Organisation sowie deren praktischen Konsequenzen. Nach den negativen Erfahrungen der Waffenruhe von 1975 ging es dem Armeerat also vor allem darum, die jungen Kämpfer auf die Prinzipien des Langen Krieges zu verpflichten, sie auf Risiken und Wirklichkeit eines Lebens als »Soldat der Irisch-Republikanischen Armee« vorzubereiten: »Allen potentiellen *Volunteers* muß klar sein, daß die Möglichkeit, festgenommen zu werden und eine lange Haftstrafe verbüßen zu müssen, eine sehr realistische Gefahr ist, ein Schatten, der jeden *Volunteer* begleitet. In der Vergangenheit haben sich viele der Armee [der IRA] aus romantischen Vorstellungen oder purer Abenteuerlust angeschlossen. Wenn sie dann festgenommen und verurteilt waren, änderte sich ihre Einstellung zur Armee. Sie stellten zu spät fest, daß sie kein wirkliches Interesse daran hatten, *Volunteer* zu sein.«

Die Warnung vor den Konsequenzen des bewaffneten Kampfs geht einher mit dessen Legitimation, der Vermittlung zentraler Punkte republikanischer Ideologie. Republikanismus, so das Grüne Buch, »ist der feste Glaube daran, daß politischer und militärischer Kampf moralisch zu rechtfertigen sind, daß Krieg moralisch zu rechtfertigen ist und daß die Armee der unmittelbare Vertreter des Daíl-Parlaments von 1918 ist. Als solcher ist sie die legale und legitime Regierung der Irischen Republik ... Die *Volunteers* ... sind die legale und legitime Armee der Irischen Republik, die durch übermächtige Truppen in den Untergrund gezwungen wurde«. In einem weiteren Absatz stellt der Leitfaden den Zusammenhang zwischen militärischem und politischem Kampf her: »Leute, die keine politischen Vorstellungen vertreten, haben keinen Platz in der Armee«; militärische Operationen müßten stets die Folge politischer Erwägungen sein: Der *Volunteer* solle sich »über seine politischen Motive im klaren sein, im vollen Bewußtsein, daß die Armee die Errichtung einer sozialistischen Republik beabsichtigt.«

Der theoretischen Auseinandersetzung folgt eine kurze Abhandlung irischer Geschichte, die die vergangenen 800 Jahre seit der Invasion der Normannen im 12. Jahrhundert als Epoche ökonomischer Ausbeutung deutet, aus der sich die Notwendigkeit des »anti-imperialistischen« Kampfes ergibt: »800 Jahre Unterdrückung ... führten dazu, daß irische Ersparnisse zu höheren Zinsen in England investiert wurden und viele hunderttausende Jungen und Mädchen aus diesem Land dazu gezwungen waren, nach England zu emigrieren, um nach genau der Arbeit zu suchen, die diese exportierten Ersparnisse geschaffen hatten.« Konkret entwickelt sich daraus die Forderung nach Verwirklichung einer Mischung von traditionell-nationalistischen und sozialistischen Zielen, eben so, wie Adams den künftigen Kurs der republikanischen Bewegung zuvor erdacht hatte: »Sozial und ökonomisch werden wir eine Politik umsetzen, die den sozialen Imperialismus von heute auslöscht, [zum Beispiel] durch die Rückgabe des Eigentums am Reichtum Irlands an das irische Volk in einem System von Kooperativen, belegschaftseigenen Betrieben und der Kontrolle von Industrie, Landwirtschaft und Fischerei. In kultureller Hinsicht hoffen wir auf die Wiederherstellung der gälischen Sprache ...«

Obwohl zwischen der Realität und der »heilen Welt« des Grünen Buchs häufig Welten lagen, offenbart sich an einigen Stellen der Opportunismus der *Provisionals* ganz deutlich; zum Beispiel dann, wenn es um taktische Grundsätze geht: »Die Taktik wird von den existierenden Bedingungen diktiert. Auch hier ist die Logik recht einfach. Ohne Unterstützung, *Volunteers*, Verstecke, Waffen, Geld usw. können wir keine Aktion starten, weniger noch eine ganze Kampagne. Im September 1969 diktierten uns die existierenden Bedingungen, daß Briten nicht erschossen werden durften; nach der Ausgangssperre in den Falls [Juli 1970] aber waren alle Briten für die Leute akzeptable Ziele. Die existierenden Bedingungen hatten sich geändert.«

Der praktische Teil des Leitfadens schärft den *Volunteer*-Aspiranten an oberster Stelle Vorsichtsmaßnahmen ein; der

Ruf nach strengerer Konspiration wird in greifbare Vorschriften gefaßt: »Das wichtigste ist Sicherheit. Das bedeutet: Rede nicht in der Öffentlichkeit. Erzähl weder deiner Familie noch deinen Freunden, Freundinnen oder Arbeitskollegen, daß du Mitglied der IRA bist. Mach keine Äußerungen über militärische Dinge, in anderen Worten: Sag nichts zu niemandem. Nimm nicht an öffentlichen Märschen, Demonstrationen oder Protesten teil. Laß dich nicht in der Begleitung bekannter Republikaner sehen, verkehre nicht in republikanischen Häusern. Deine erste Pflicht ist es, dem Feind und der Öffentlichkeit generell unbekannt zu bleiben.« Ein Absatz widmet sich auch dem Alkoholproblem: »*Volunteers* seien gewarnt, daß durch Alkohol verursachtes Geschwätz die größtmögliche Gefahr ist, die eine Organisation bedrohen kann; in einer militärischen Vereinigung ist es Selbstmord.«

Ein ganzes Kapitel des Grünen Buchs befaßt sich mit der Verhörpraxis von britischer Armee und RUC. Nordirlandminister Rees hatte während des Waffenstillstandes 1975 die Internierung ohne Anklage zwar beendet, die Sicherheitskräfte konnten Verdächtige aber unter dem *Emergency Provisions Act* für bis zu sieben Tage in ihren Verhörzentren festhalten. Nicht wenige *Volunteers* brachen unter dem Druck der ständigen Befragungen, der verbalen und auch physischen Demütigung zusammen und legten umfassende Geständnisse ab. Sie belasteten sich und andere *Volunteers*, verrieten interne Informationen oder ließen sich, verlockt durch die Aussicht auf Strafbefreiung, zu Informanten »umdrehen«. Im Grünen Buch heißt es dazu: »Dem *Volunteer* sollte klar sein, daß er nicht länger als sieben Tage festgehalten werden kann; [das bedeutet] entweder sieben Tage Gewahrsam (wenn er schweigt) oder Jahre in Haft (wenn er redet). Die meisten *Volunteers* reden aus einem Gefühl der Angst, weil sie fälschlicherweise glauben, daß Folter oder Mißhandlung dann aufhören. Es ist aber so, daß Vernehmungsbeamte einer simplen Regel folgen: ›Wenn ein Gefangener nicht aussagt, dann ist er möglicherweise unschuldig und das

Verhör Zeitverschwendung; wenn er ein bißchen was sagt, dann ist da meistens mehr und das Verhör notwendig‹ ... Deswegen: Bleib cool, gesetzt, ruhig und sag nichts«.

Um die *Volunteers* für ein eventuell bevorstehendes Verhör zu stählen, geben die Autoren des Grünen Buchs ihren Lesern eine Reihe kruder psychologischer Tips an die Hand: Ein Bestandteil der Demütigung durch die Sicherheitskräfte seien, so das Handbuch, »abfällige Bemerkungen über die Sexualorgane des *Volunteers* ... *Volunteers* sollten wissen, daß dieses Verhalten in der Psychologie Peniskomplex genannt wird. Dieser Komplex findet sich bei Homosexuellen. Auch wenn die Vernehmungsbeamten verheiratete Familienväter sein mögen, deutet dies auf unterdrückte homosexuelle Tendenzen hin ... Er [der *Volunteer*] sollte sie einfach als durch das Establishment geschützte Homosexuelle betrachten, als Leute, die aufgrund der ihnen innewohnenden homosexuellen Tendenzen sadistisch geworden sind«.

Das Grüne Buch enthält außerdem die Standesordnung der IRA; die Maßnahmen also, die die Organisation zur Bestrafung ihrer Mitglieder ergreift. Formal existieren, je nach Schwere des Vergehens, drei Strafen: Entlassung (z. B. bei Beginn eines Hungerstreiks ohne Erlaubnis des Hauptquartiers), unehrenhafte Entlassung (z. B. bei unautorisierten Äußerungen der Presse gegenüber) und Hinrichtung (bei Tätigkeit als Informant, Befehlsverweigerung, Verrat etc.). Informell beläßt es die IRA bei Fehlverhalten jedoch meist nicht bei einer Entlassung, sondern mißhandelt die *Volunteers* auch physisch. Einige Autoren berichten sogar von einem Verhörzentrum der IRA in einem Haus jenseits der nordirischen Grenze, in dem Vernehmungsteams der Organisation mit ähnlich fragwürdigen Methoden wie die Sicherheitskräfte Geständnisse »produzierten«.

Kriegsrecht

Bestrafungsaktionen der IRA blieben nicht auf die eigene Organisation beschränkt. In den katholischen Stadtvierteln von Londonderry und Belfast nahm die IRA Polizei-Funktionen wahr – nach eigener Aussage nur deswegen, weil sich die RUC um Recht und Ordnung in katholischen Vierteln nicht kümmern wolle. Die Begründung ist freilich nur ein Teil der Wahrheit, war es doch die IRA selbst, die die staatlichen Sicherheitskräfte aus den katholischen »Ghettos« vertrieben hatte. Die Usurpation staatlicher Funktionen entspricht vielmehr republikanischer Tradition. Auf ähnliche Weise drängte *Sinn Fein* ab 1918 die britische Herrschaft in Irland nach und nach zurück. Für die heutige IRA ist die Ausübung von Polizei-Funktionen in den katholischen Wohngebieten ein wichtiges Instrument, um die Unterstützung der Bevölkerung zu gewinnen oder ihr diese notfalls auch abzunötigen.

Die Tätigkeit der »IRA-Polizei« basiert sowohl auf Einschüchterung als auch auf sozialem Druck und ist insofern ein nur schwer zu greifendes Phänomen. Dem Einschreiten der IRA geht meist der Anruf eines Anwohners im *Sinn-Fein*-Büro voraus. Der nächste Schritt ist die Verwarnung durch einen Angestellten der »Zivilverwaltung« von *Sinn Fein*. Mitarbeiter der Partei haben nun die Aufgabe, das Verhalten des Übeltäters zu überwachen. Bewährt sich der unter Verdacht Stehende, so teilt ihm der »Zivilverwalter« mit, daß »die Gemeinschaft« (d.h. *Sinn Fein*) entschieden habe, ihn nicht weiter zu behelligen. Wird der Beschuldigte rückfällig, tritt die IRA in Aktion. Die Bestrafung für sogenanntes anti-soziales Verhalten richtet sich nach der Schwere des Vergehens. Die wahrscheinlich am häufigsten geahndete Straftat ist das Aufbrechen und die anschließende Fahrt in einem gestohlenen Auto (eine gängige Freizeitbeschäftigung nordirischer Jugendlicher aus sozial schwachen Wohnvierteln). Ändert ein Beschuldigter sein Verhalten nicht, dann überrascht ihn eines Tages ein Kommando der IRA, zerrt ihn in einen Wagen und fährt in ein abgelegenes Gebiet (in Belfast meist auf einen der Hügel, die die Stadt umgeben). Dort schießt ein *Volunteer* dem Delinquenten in eines oder beide Knie. Ist das Verbrechen besonders verwerflich (z. B. eine Vergewaltigung), dann feuert der IRA-Mann zusätzlich durch beide Ellbogen, die sogenannte »Kreuzigung«. Das Kommando läßt das Opfer danach liegen und ruft auf der Rückfahrt eine Ambulanz. Verläuft die Aktion problemlos, kann der auf diese Weise Bestrafte meist schon nach zwei Wochen aus dem Krankenhaus entlassen werden. Häufig aber treten Komplikationen auf, so daß die Ärzte zum Beispiel Unterschenkel oder -arme amputieren müssen. Seit Anfang der 70er Jahre hat die RUC fast 2000 solcher Bestrafungen registriert. In Belfast hat sich eigens eine Bürgerinitiative (»Familien gegen Einschüchterung und Terror«) gegründet, die sich um die Opfer republikanischer »Polizeiarbeit« kümmert und die Fälle für Wissenschaft und Öffentlichkeit dokumentiert.

Ganz abgesehen davon, daß die Methoden der IRA wenig mit modernem Strafvollzug gemein haben, bedient sich die Organisation genau der Praktiken, die die Republikaner häufig propagandaträchtig an den Sicherheitskräften kritisieren: Die Bestrafung ist unverhältnismäßig, basiert meist lediglich auf einem Verdacht; ein ordentliches Verfahren findet nicht statt. Nicht selten trifft die Strafe auch Unschuldige: Einem 79jährigen Rentner aus Belfast zum Beispiel durchschoß die IRA beide Knie, weil das eingesetzte Kommando die Adresse des Mannes mit der eines angeblichen Drogendealers verwechselt hatte. Das Argument, daß der katholischen Bevölkerung unter britischer Herrschaft keine Gerechtigkeit geschehen könne, verkehrt die IRA dadurch auf zynische Weise in sein Gegenteil. Die Statistik belegt, daß die IRA seit Ausbruch des Konflikts im Jahr 1969 mehr katholische Zivilisten getötet hat als RUC und britische Armee zusammengenommen, ein großer Teil davon im Rahmen solcher Bestrafungen.

Von der Bevölkerung wird das sogenannte Knieschießen dennoch weniger einmütig verurteilt, als vielleicht zu erwarten wäre. Der Rechtswissenschaftler Tom Hadden zitiert eine Studie, nach der weit über 80 Prozent der Bevölkerung in republikanisch kontrollierten Gebieten die Ahndung von Straftaten durch die IRA unterstützen. Soziologen vermuten, daß sich die Haltung der katholischen Bevölkerung mit einer obskuren Mischung aus Zustimmung und Einschüchterung erklären läßt, die für eng verwobene Gemeinschaften, wie es die katholischen Arbeiterviertel in Belfast oder Londonderry sind, typisch ist. Frank Burton, ein englischer Soziologe, der zum Zweck der Recherche selbst ein Jahr lang in den Falls gewohnt hat, schreibt, daß die Bedrohung von außen, also durch protestantische Paramilitärs sowie Polizei und Armee, die Solidarität nach innen stärke, so daß »die Gemeinschaft auch die vernichtenden Konsequenzen der Guerilla-Aktivität mitträgt«. Einige Fachleute nennen dieses Verhalten abwertend auch »Stammesmentalität«. So kommt es, daß Opfer und deren Angehörige die Schuld für die Bestrafung meist bei sich selbst suchen und mit den Tätern, zum Teil Tür an Tür, anscheinend ohne Bitterkeit zusammenleben. Der Zorn richtet sich vielmehr gegen Leute, die aus der Solidarität ausscheren und das von der IRA praktizierte System in Frage stellen; so kommentiert der Journalist Malachi O'Doherty in seinem Buch »The Trouble with Guns«: »Es ist nicht einfach, offen zu erklären, daß man die Bestrafungen ablehnt. Es ist keine Kleinigkeit, dem zu widersprechen ... Wer will, daß die RUC das Gebiet überwacht, der gibt damit implizit seine Zustimmung zur Verhaftung von Republikanern; der kommt gefährlich nahe an den Punkt, sich selbst als potentieller Informant zu bekennen. Denn: Was bedeutet die Unterstützung für die RUC schon, wenn man nicht bereit ist, ihnen auch zu helfen? Es ist besser, seinen Mund zu halten, wenn man unter Leuten ist, statt solche Gedanken zu verbreiten.«

Hungerstreik

Die Anpassung der IRA an die Doktrin des Langen Krieges brauchte mehr Zeit, als deren »Erfinder«, Gerry Adams und Martin McGuinness, hierfür eingeplant hatten. Einige Bataillone, vor allem in den ländlichen Grafschaften Tyrone, Fermanagh und Armagh, widersetzten sich der Restrukturierung, der Anpassung an das neue Zellensystem, standhaft. Auch die Politisierung des Kampfes, der Aufbau einer »radikalen Massenbewegung«, entwickelte sich bis 1980 nur zaghaft.

Für kurze Zeit schien es sogar so, als hätte die Bevölkerung mit der IRA gebrochen. Zum eindrucksvollsten Indiz katholischer Kriegsmüdigkeit wurden die *Peace People* (Leute für den Frieden). Zur Gründung dieser Bürgerinitiative führte ein in jener Zeit beinahe alltäglicher Vorfall in West-Belfast: Am Nachmittag des 10. August 1976 jagten britische Armeefahrzeuge den *IRA-Volunteer* Danny Lennon quer durch Andersonstown; Lennons Wagen schoß in eine Gruppe von Passanten und tötete drei Kinder; deren Mutter nahm sich später das Leben. Betty Williams, selbst eine katholische Mutter aus West-Belfast, erfuhr in den Abendnachrichten von dem Ereignis und beschloß noch am gleichen Tag, zusammen mit anderen Frauen gegen die Gewalt der Paramilitärs auf die Straße zu gehen. Am ersten Marsch der Gruppe – vier Tage später – nahmen 10 000 Frauen teil; eine Woche darauf demonstrierten mehr als 40 000 Menschen in Belfast und Dublin. Auch Protestanten schlossen sich der Bewegung an. Die IRA reagierte auf die *Peace People* mit blankem Haß: Die Republikaner schüchterten Aktivisten der Initiative ein, verurteilten Williams als »Heuchlerin«, bewarfen die Protestzüge der Frauen mit Steinen. Doch der Protest ging unvermindert weiter. Ihren größten Erfolg erreichten die *Peace People* 1977, als Williams der Friedensnobelpreis zuerkannt wurde.

Im Februar 1978 tötete die IRA bei einem Anschlag auf das »La Mon«-Restaurant nahe Belfast zwölf Zivilisten und löste damit zum wiederholten Male eine Welle der Bestürzung aus. Dennoch, die Hochzeit der *Peace People* war zu diesem Zeitpunkt bereits vorbei; nach und nach beschränkten sich Williams' Anhänger darauf, kleinere Kundgebungen, Friedenscamps oder Seminare zu organisieren.

In letzter Konsequenz scheiterten die *Peace People* an der kompromißlosen Natur des Nordirland-Konflikts: Als die Öffentlichkeit von der Initiative die Formulierung konkreter Antworten darauf einforderte, wie genau die Forderung nach Frieden zu verwirklichen sei, kam Williams in die Verlegenheit, Partei ergreifen zu müssen. »Bis die Menschen in Nordirland eine neue Regierungsform für sich gewählt haben werden«, so die *Peace People* in einem Statement, »... sind die RUC und andere Sicherheitskräfte die einzig legitimen Vertreter des Gesetzes.« In den Ohren der Bewohner katholischer »Ghettos« – mit brutalen Hausdurchsuchungen der Armee allzu vertraut – klang dies wie blanker Hohn. Das Entsetzen über die Ermordung Unschuldiger einte Protestanten wie Katholiken; das Verlangen nach Frieden, gewissermaßen der kleinste gemeinsame Nenner, reichte aber nicht aus, um die Stammessolidarität zu durchbrechen, das heißt, Mitglieder der eigenen Gemeinschaft der anderen Seite auszuliefern.

Die Paramilitärs beider Seiten litten nach wie vor unter den drastischen Maßnahmen der Sicherheitskräfte. Der neue Nordirlandminister Roy Mason kündigte an, den Terrorismus in Nordirland »wie eine Tube Zahnpasta ausquetschen« zu wollen. Mehr noch als der IRA machten die Sicherheitskräfte den loyalistischen Paramilitärs zu schaffen, deren Struktur offener und deshalb leichter zu zerstören war: 1978 registrierte die RUC nur insgesamt acht Morde durch UDA und UVF. Auch die Kampagne der IRA forderte in diesem Jahr nur vergleichsweise wenige Opfer. Im Gegensatz zur Abnahme loyalistischer Gewalt jedoch hängt der Rückgang der IRA-Aktivität zumindest teilweise mit der bewußten Entscheidung der Führung zusammen: Den Strategen des Langen Krieges ging es bekanntlich nicht mehr um militärische Eskalation, sondern vielmehr um symbolische Akte der Gewalt, darum, der Regierung in London zu demonstrieren, daß die Organisation jederzeit zur Eskalation imstande sei, auch mit einer deutlich reduzierten Zahl an aktiven *Volunteers* (zu diesem Zeitpunkt schätzungsweise 400 Personen).

Hierzu zählte beispielsweise auch die Ermordung Lord Mountbattens im August 1979. Mountbatten war in den letzten Jahren des Zweiten Weltkriegs Oberbefehlshaber der alliierten Truppen in Südostasien. Danach organisierte er als letzter Generalgouverneur den Übergang Indiens in die Unabhängigkeit. Mountbatten galt in Großbritannien als Kriegsheld und erfreute sich großer Beliebtheit. Seit Jahren verbrachte er seinen Urlaub an der Küste der irischen Grafschaft Sligo im Nordwesten der Insel. Eine *Commando Unit* der IRA sprengte eine Yacht, auf der sich Mountbatten und fünf Mitglieder seiner Familie befanden. Neben Mountbatten starben drei weitere Personen. Mountbatten hatte mit dem Nordirland-Konflikt nichts zu tun; als Mitglied des britischen Establishments aber eignete er sich optimal dazu, das militärische Potential der IRA öffentlichkeitswirksam unter Beweis zu stellen.

Zum eigentlichen Schauplatz des Konflikts entwickelten sich in der zweiten Hälfte der 70er Jahre die Gefängnisse. Da die IRA-Mitglieder seit 1976 als »normale« Kriminelle galten, mußten sie Gefängnisarbeit verrichten, Strafkleidung tragen und konnten nicht mehr, wie bisher, ihren Tagesablauf autonom organisieren. London hatte die Rücknahme des Sonderstatus für Gefangene paramilitärischer Gruppen von langer Hand geplant; die Regierung betrachtete die 1972 gewährte Konzession an die Paramilitärs im Rückblick als großen Fehler und betrieb fortan eine Politik der »Kriminalisierung und Normalisierung«: An Stelle der Gefangenencamps von Long Kesh errichtete man am selben Ort das Maze-Gefängnis – einen Komplex, der acht sogenannte H-Blöcke umfaßte (der Grundriß eines jeden Blocks ähnelte dem Buchstaben H). In jedem H-Block fanden 200 Gefangene in Zwei-Mann-Zellen Platz, insgesamt also maximal 1600 Gefangene; das Maze war damit eines der größten Gefängnisse West-Europas und nach Angaben des Nordirlandministeriums sowohl das modernste als auch das ausbruchsicherste.

Für die Häftlinge der IRA verband sich mit dem Sonderstatus weit mehr als die Gewährung einiger Privilegien. Ihnen bedeutete die Kriminellen gegenüber herausgehobene Position die offizielle Anerkennung als Freiheitskämpfer. So schrieb Bobby Sands, einer der Gefangenen: »Ich bin ein politischer Häftling, ein Opfer des immerwährenden Krieges zwischen dem geknebelten irischen Volk und einem fremden, unterdrükkerischen, ungewollten Regime, das sich weigert, aus unserem Land abzuziehen.«

Der erste Häftling, den die Abschaffung des besonderen Status betraf, hieß Ciaran Nugent; er bezog seine Zelle im Maze-Gefängnis im September 1976. Nugent weigerte sich, normale Sträflingskleidung zu tragen: Er bekleidete sich deshalb nur mit einem Bettuch oder einer Decke. Auch die ihm nachfolgenden Häftlinge schlossen sich begeistert dem Decken-Protest an. Fast 300 Gefangene waren zu Beginn des Jahres 1978 »auf Decke«; trotz dieser spektakulären Aktion verstrichen Monate, ohne daß die breite Öffentlichkeit vom Protest der Maze-Insassen Notiz nahm. Brendan Hughes, der leitende Offizier der IRA im Maze, erwog deshalb ernsthaft, die Aktion ersatzlos abzubrechen.

Aber es sollte ganz anders kommen. Die Häftlinge hatten sich seit Beginn des Decken-Streiks einen erbitterten Kleinkrieg mit den Wärtern geliefert, die die Gefangenen, besonders auf dem Weg zur Dusche, schikanierten, auch körperlich mißhandelten. Also beschloß Hughes, daß die Insassen ihre Zellen nicht mehr verlassen würden. Zunächst reinigten sich die Gefangenen unter Zuhilfenahme von Wassertrögen, die die Wärter in die Zellen schoben; immer häufiger aber stieß das Gefängnispersonal gefüllte Schüsseln um, so daß gebrauchtes Wasser und Urin zurück in die Zellen flossen. So entstand der »schmutzige Protest«: Ab März 1978 verweigerten die Gefangenen jegliche Körperhygiene; ihren Kot schmierten die Insassen an die Zellenwände. Die IRA-Männer verbrachten Monate in beinahe völliger Isolation, eingehüllt in eine Decke und umgeben von Ungeziefer sowie den eigenen Exkrementen. Die Heizungsleitungen, die die Zellen gewissermaßen miteinander verknüpften, dienten den Häftlingen als Sprechrohr, über das in Gälisch (für die Wärter unverständlich) miteinander kommuniziert wurde. Die Verbindung zur IRA-Führung außerhalb des Maze hielten die Insassen über sogenannte »Comms« aufrecht, zusammengerolltes Filterpapier, auf dem die Häftlinge Berichte oder Einschätzungen notierten. Der Austausch von »Comms« fand bei Besuchen Familienangehöriger statt, dem einzigen Anlaß, zu dem die Gefangenen die verschmähte Sträflingskleidung anzogen.

Der »schmutzige Protest« bescherte den Insassen erstmals die Aufmerksamkeit, auf die sie von Beginn an gehofft hatten. Im August besuchte der katholische Erzbischof von Armagh, Thomas O'Fiaich, das Gefängnis und erklärte später im Fernsehen: »Man würde es keinem Tier gestatten, unter solchen Bedingungen zu existieren ... Der Gestank und Dreck in manchen Zellen, mit Resten verrotteten Essens und menschlichen Kots an den Wänden, war kaum auszuhalten. In zweien konnte ich nicht sprechen, weil ich Angst davor hatte, mich übergeben zu müssen.«

Um deutlich zu machen, wofür sie kämpften, formulierten die Häftlinge »fünf Forderungen«: Danach stritten die IRA-Männer um das Recht, eigene Kleidung tragen zu dürfen, keine Strafarbeit verrichten zu müssen und sich frei mit anderen Gefangenen »assoziieren« zu können. Außerdem ging es um die Erlaubnis, einmal wöchentlich ein Paket, einen Brief und Besuch zu erhalten sowie um die Anrechnung des Protestes auf die Haftzeit. London freilich hatte nicht die geringste Absicht, dem Anliegen der Häftlinge nachzukommen. Um dem Ausbruch von Epidemien vorzubeugen, wies die Gefängnisleitung Zwangssäuberungen an. Gegen den Widerstand der Gefangenen spritzten die Wärter die Häftlinge ab und desinfizierten die Zellen.

Mitte 1980 ging der »schmutzige Protest« in sein drittes Jahr. Längst hatte die Aktion eine Eigendynamik entfaltet. Je länger der Protest andauerte, desto geringer die Chance auf einen Ausgleich; zuviel hatten die Gefangenen durchgemacht, als sich nach über zwei Jahren des Lebens im eigenen Schmutz mit einem Kompromiß zufriedenzugeben. Das Nachlassen der internationalen Aufmerksamkeit bewog die Häftlinge dazu, ihren Einsatz nochmals zu erhöhen. Auf der Tagesordnung stand im Oktober die traditionelle Ultima ratio republikanischer Gefangener: der Hungerstreik.

Der Opfertod nimmt im gälisch-republikanischen Denken einen hohen Stellenwert ein. In der Vergangenheit symbolisierten Hungerstreiks stets die Überlegenheit des republikanischen Kampfes im Angesicht der Niederlage. Die Bereitschaft, das eigene Leben der »irischen Sache« unterzuordnen, für die Freiheit des eigenen Volkes ein Martyrium zu durchleiden, begründet sozusagen die Ideologie des »heldenhaften Scheiterns«, das die Republikaner seit Generationen dazu bewog, dem Vorbild ihrer jeweiligen Vorgänger nachzueifern. Terence McSwiney, der 1920 im Gefängnis von Brixton nach 74 Tagen Hungerstreik starb, faßte den Mythos Hungerstreik in Worte: »Siegen werden nicht diejenigen, die am meisten zufügen, sondern die, die am meisten erleiden.«

Der metaphysische Aspekt allerdings wurde durchaus von praktischen Erwägungen begleitet: Eine derart dramatische Aktion, so dachten die Häftlinge, würde den öffentlichen Druck verstärken und die Regierung in London schließlich zum Einlenken bewegen. Die Führung der IRA begegnete der Absicht der Gefangenen jedoch zunächst mit Skepsis: Der Hungerstreik verdränge den »eigentlichen Kampf« aus den Schlagzeilen; ein Erfolg sei zudem alles andere als sicher. Dennoch stimmte man dem Vorhaben zähneknirschend zu: Der

Armeerat fürchtete eine Meuterei der wild entschlossenen Maze-Insassen, einen Bruch zwischen Gefangenen und Armee.

Am 27. Oktober 1980 verweigerten sieben Gefangene, darunter ein Häftling der Splittergruppe INLA, erstmalig die Nahrungsaufnahme. In Nordirland organisierten sich daraufhin Tausende von Katholiken in sogenannten H-Block-Komitees und protestierten gegen die inhumane Behandlung der Gefangenen und für die Gewährung der »fünf Forderungen«. Am 44. Tag des Streiks machte der neue Nordirlandminister Humphrey Atkins im Unterhaus klar, daß die Regierung unter Margaret Thatcher zu keinen Konzessionen bereit sei. Informell aber nahm ein hoher Beamter von Atkins Kontakt mit den Hungerstreikenden auf. Atkins versprach vage ein Entgegenkommen in der Frage der Häftlingsuniform; außerdem sei eine »weite Definition« von Strafarbeit möglich, die auch ein Studium oder eine Ausbildung umfassen könne. Die Situation spitzte sich zu, als einer der Streikenden, Sean McKenna aus der Grafschaft Armagh, völlig entkräftet ins Koma fiel. McKenna wurde am 18. Dezember auf die Intensivstation eines Militärkrankenhauses verlegt. Daraufhin entschieden die restlichen Hungerstreikenden, den Protest abzublasen. Ein zuvor überbrachtes Dokument des Nordirlandministeriums enthielt zwar wenig Konkretes, bot aber nach Ansicht der Streikenden eine Grundlage für weitere Verhandlungen.

In Wirklichkeit hatte der drohende Tod McKennas die Hungerstreikenden dem guten Willen der britischen Regierung ausgeliefert. Am 23. Januar 1981 sollten Angehörige den Häftlingen Zivilkleidung überbringen. Eine Abordnung, bestehend aus 60 Gefangenen, beendete den schmutzigen Protest, wusch und rasierte sich. Der Gefängnisleiter aber forderte von den Häftlingen als Vorleistung »uneingeschränkte Anpassung«. Im Klartext hieß das: Die Gefangenen sollten zuerst die Sträflingsuniform anziehen, bevor ihnen das Recht eingeräumt würde, eigene Kleidung zu tragen. Die Häftlinge weigerten sich und zertraten aus Wut die Einrichtung ihrer Zellen. Noch am selben

Tag fiel die Entscheidung, einen zweiten Hungerstreik zu organisieren, diesmal ohne vermeintlich »faule« Kompromisse.

Der zweite Streik begann am 1. März 1981. Um den dramatischen Effekt zu steigern, begannen nicht alle der insgesamt vier Häftlinge am gleichen Tag mit ihrem Hungerstreik, sondern einer nach dem anderen. Bobby Sands, der Hughes als Kommandant der IRA im Maze-Gefängnis abgelöst hatte, setzte sich selbst an die Spitze der Gruppe. Sands, Jahrgang 1954, war der IRA im Alter von 18 Jahren beigetreten und saß wegen eines Anschlags auf eine Möbelfabrik seit 1976 im Maze ein. Während des Streiks verfaßte er zahlreiche Gedichte und führte ein Tagebuch, das die republikanische Wochenzeitung unter dem Pseudonym »Marcella« (dem Namen seiner Schwester) veröffentlichte. Von einem englischen Journalisten am dritten Tag des Streiks gefragt, ob er glaube, daß er sterben müsse, antwortete Sands: »Ich gehe fest davon aus.«

Die Ernsthaftigkeit der Hungerstreikenden, die Entschlossenheit, das eigene Leben notfalls für die Zuerkennung des »besonderen Status« zu opfern, nötigte ihnen den Respekt der nordirischen Katholiken ab. Die öffentliche Gleichgültigkeit, die noch den ersten Hungerstreik begleitet hatte, schlug in Unterstützung und Bewunderung für die Männer im Maze um. Mairead Corrigan, eine Mitbegründerin der *Peace People*, versucht, das Phänomen zu erklären: »Es geht nicht darum, daß sie [die nordirischen Katholiken] der Anwendung von Gewalt zustimmen oder die *Provisional IRA* unterstützen. Aber diese Männer sind allesamt aus unserer Gemeinschaft. Wir wissen, wie sie dorthin [ins Gefängnis] gekommen sind. Und wir wollen nicht, daß sie in den Gefängnissen zu leiden haben.«

Daß sich die von Corrigan beschriebene »ethnische Solidarität« in Wählerstimmen ummünzen ließ, dokumentierte eine Nachwahl zum britischen Unterhaus am 9. April. Der Abgeordnete des Wahlkreises »Fermanagh/Süd-Tyrone« war im Monat zuvor einem Herzinfarkt erlegen. Einem Vorstandsmitglied von *Sinn Fein* kam die Idee, Bobby Sands als Kandidaten für den vakanten Sitz aufzustellen. Die restlichen Bewerber hatten ihre Kandidatur daraufhin (mehr oder minder) freiwillig zurückgezogen, so daß sich nur je ein Bewerber aus katholischem und protestantischem Lager gegenüberstanden. Unter dem Slogan »Sein Leben kann gerettet werden, wenn Sie für ihn stimmen« wählten mehr als 30 000 Katholiken Sands, den »Anti-H-Block«-Kandidaten. Der Wahlsieg bescherte der IRA den größten Triumph ihrer Existenz. Das Votum, so die Interpretation führender Republikaner, legitimiere den Hungerstreik und damit auch den bewaffneten Kampf der IRA.

An der Haltung der britischen Regierung änderte sich durch den Wahlerfolg von Sands nichts. Sands starb am 5. Mai 1981, dem 66. Tag seines Hungerstreiks. Premierministerin Thatcher kommentierte seinen Tod mit den Worten: »Er entschied, sich das Leben zu nehmen; eine Entscheidung, die seine Organisation nicht vielen ihrer Opfer zugestanden hat.« Nur wenige Katholiken in Nordirland teilten diese Einschätzung: Sie interpretierten das tragische Ende des »Volksvertreters« Bobby Sands vielmehr als Symbol für die Mißachtung der katholischen Minderheit in Nordirland generell. Die Nachricht von Sands' Tod löste in Belfast heftige Unruhen aus; zum Begräbnis auf dem Milltown-Friedhof in West-Belfast (zwei Tage später) erschienen mehr als 100 000 Menschen. Auch international erregte der Tod des Hungerstreikenden Aufsehen: In Mailand zum Beispiel demonstrierten mehr als 5000 Studenten gegen die britische Regierung, verbrannten den Union Jack und skandierten »Freiheit für Ulster«.

Zu den drei verbliebenen Hungerstreikenden gesellten sich weitere Gefangene. Neun Häftlinge kandidierten nach dem Vorbild Sands' im Juni bei den irischen Parlamentswahlen, zwei davon erfolgreich. Ein Ende des Streiks war nicht abzusehen, obwohl beide Seiten nach einem Weg suchten, die Situation zu entspannen. Das Dilemma: Sands' Mitstreiter standen, mehr denn je, in der Pflicht, die »fünf Forderungen« durchzusetzen, für die Sands sein Leben geopfert hatte. Jeder Kompromiß wäre unter diesen Umständen Verrat am Vermächtnis Sands' gewesen. Weitere neun Hungerstreikende mußten sterben, bis der Armeerat nach 217 Tagen, am 3. Oktober 1981, den Streik offiziell für beendet erklärte. Ein Priester hatte zuvor den Fortgang des Streiks erfolgreich untergraben, indem er die Eltern einiger Häftlinge dazu bewog, die Zwangsernährung ihrer Söhne anzuweisen. Im Dezember schließlich gewährte der neue Nordirlandminister James Prior den Gefangenen der Paramilitärs einen »besonderen Status«, der im Prinzip alle fünf der Forderungen umfaßte, für die wenige Monate zuvor insgesamt zehn Menschen mit ihrem Leben bezahlten; ein Entgegenkommen, das in ähnlicher Form bereits kurz nach dem Tod von Bobby Sands zur Disposition gestanden hatte.

Sprengsatz und Stimmzettel

London hatte die Machtprobe mit den Häftlingen der IRA formal gewonnen: Keine der »fünf Forderungen« war erfüllt worden, bevor der Hungerstreik beendet worden war. Im Rückblick aber überwog der Schaden, den die britische Regierung angerichtet hatte. Der ehemalige Botschafter der USA in Irland, William B. Shannon, schrieb dazu in der Zeitschrift *Foreign Affairs*: »Die Geschichte wird zeigen, daß Premierministerin Thatcher ... einen wichtigen strategischen Fehler gemacht hat. Der Hungerstreik war der größte politische Propaganda-Coup der IRA im zurückliegenden Jahrzehnt.« Und tatsächlich: Der Hungerstreik, vor allem aber die dramatische Wahl Bobby Sands' zum Unterhaus-Abgeordneten, verschaffte der IRA internationale Aufmerksamkeit, Anerkennung und Selbstbewußtsein. Bobby Sands gab der bislang weitgehend anonymen Bewegung ein Gesicht, das auf keiner der Wandmalereien in den katholischen Arbeitervierteln der Provinz fehlen durfte. »Nach dem Hungerstreik ...« so der Priester Des Wilson, dessen Gemeinde einen Teil der Falls umfaßte, »war es möglich, respektvoll über die IRA zu sprechen.«

Der Hungerstreik ermöglichte, was Adams Jahre zuvor konzipiert hatte, bisher aber stets an der Ablehnung der IRA durch die katholische Bevölkerung gescheitert war: die Politisierung des Kampfes, d.h. die Teilnahme an Wahlen, der Aufbau einer offenen Organisation, die politische Konfrontation mit der britischen Staatsmacht. Der Hungerstreik eröffnete die Chance, die spontan bekundete Sympathie der irischen Katholiken dauerhaft in eine breite Unterstützerbasis, eine radikale Protestbewegung umzuwandeln, um nicht vom militärischen Erfolg allein abhängig zu sein. Besonders die Teilnahme an Wahlen schien Adams ein vielversprechendes Instrument, hatte Bobby Sands doch bewiesen, daß Republikaner jetzt offensichtlich auch hier reüssieren konnten. Immer wieder hatte *Sinn Fein* auch in vergangenen Jahrzehnten vereinzelt Gefangene bei Unterhaus- oder Daíl-Wahlen kandidieren lassen; diese Taktik jedoch war von der IRA-Führung nie zuvor zu einer festen Strategie entwickelt worden.

In Nordirland, so das *Sinn-Fein*-Vorstandsmitglied Danny Morrison, habe die Teilnahme an Wahlen die Funktion, die »britische Propaganda zu untergraben, die lautet, daß Republikaner keine Unterstützung haben«. Weit mehr noch ließ sich in der Republik Irland durch die Beteiligung an Wahlen bewirken. Die Kandidatur von neun Gefangenen während des Hungerstreiks hatte die bisherige Regierungspartei *Fianna Faíl* so viele Stimmen gekostet, daß Premierminister Haughey die Mehrheit im Daíl verlor, abtreten und dem Oppositionskandidaten FitzGerald Platz machen mußte. Wenn auch weit von einer eigenen Mehrheit entfernt, so vermittelte der Überraschungserfolg der IRA den Eindruck, bei Wahlen in der Republik Irland fortan die Rolle des »Züngleins an der Waage« spielen und auf diese Weise die Politik Dublins kontrollieren zu können.

Adams' Plan jedoch traf nicht auf ungeteilte Zustimmung. Seine Gegner, allen voran der Präsident von *Sinn Fein*, Ó'Brádaigh, befürchteten, der »konstitutionelle Weg« lenke vom »eigentlichen«, dem bewaffneten Kampf ab. Außerdem habe die Geschichte gezeigt, daß Republikaner in der politischen Auseinandersetzung meist den Kürzeren gezogen hätten. Dem politischen Engagement haftete in den Augen traditioneller Republikaner der Beigeschmack des Korrupten an, der Kollaboration, der Beteiligung an einem Spiel, das nach den Regeln des Feindes funktionierte. Hierfür gab es warnende Beispiele: Lloyd George hatte Michael Collins im Dezember 1921 bei Verhandlungen in London dazu genötigt, der Unabhängigkeit Irlands im Commonwealth unter Aussparung der sechs Grafschaften Nordirlands zuzustimmen. Fünf Jahrzehnte später hatte die IRA unter Cathal Goulding den bewaffneten Kampf zugunsten der Politik angeblich so sehr vernachlässigt, daß die Organisation im Sommer 1969 den Angriffen der »loyalistischen Mobs« wehrlos gegenüberstand.

Zur ausschlaggebenden Kraftprobe zwischen Befürwortern der Politisierung, vertreten durch die Gruppe um Adams und Morrison, und den Gegnern der neuen Strategie kam es auf dem *Sinn-Fein*-Parteitag am 31. Oktober 1981, vier Wochen nach Ende des Hungerstreiks. Den Modernisierern ging es darum herauszustellen, daß der bewaffnete Kampf durch die Beteiligung am konstitutionellen Prozeß nicht beeinträchtigt würde. Morrison pries die neue Strategie in seiner Rede mit einer (inzwischen legendären) Metapher an und erntete dafür tosenden Applaus: »Wer glaubt, daß wir den Krieg über die Wahlurne gewinnen können? [rhetorische Pause] Aber wird irgend jemand hier Einspruch erheben, wenn wir, mit dem Stimmzettel in der einen und der Waffe in der anderen Hand, die Macht in Irland übernehmen?« Ó'Brádaigh trat entnervt zurück und machte ein Jahr später Platz für Gerry Adams. Die sogenannten »69er« um McGuinness und Adams hatten damit endgültig die Generation der IRA-Veteranen aus allen Schaltstellen der Bewegung verdrängt. Der Parteitag beschloß, daß *Sinn Fein* künftig zu allen Wahlen Kandidaten aufstellen solle. Für die Parlamente in Dublin, London und (im Falle wiederhergestellter Regionalautonomie) Belfast gelte aber nach wie vor die traditionelle Politik des Mandatsverzichts: Gewonnene Mandate würden nicht angetreten. Anders bei Kommunalwahlen: Da Gemeindeversammlungen im Gegensatz zum Parlament in Westminster oder dem Daíl kein Produkt der Spaltung Irlands seien, könnten *Sinn-Fein*-Bewerber ihre Mandate hier wahrnehmen.

An der Basis aber hielten sich Zweifel: Adams ließ deshalb keine Gelegenheit aus, die Doktrin von »Stimmzettel und Waffe« zu verteidigen und darzulegen, daß beides Hand in Hand gehen könne, ohne daß der bewaffnete Kampf durch den Kampf um Stimmen beeinträchtigt werde. Daß aber ein Widerspruch existierte, räumten selbst die glühendsten Verfechter der Strategie ein, so zum Beispiel Morrison im Gespräch mit dem Politikwissenschaftler O'Malley: »Es gibt da ein wirkliches Problem ... Es kann gut sein, daß einige Aktionen der IRA heute in der Wählerschaft als unpopulär gelten und deswegen auf kurze Frist als den Wahlaussichten abträglich erscheinen; langfristig aber, wenn der Sieg errungen ist, werden sie die IRA und *Sinn Fein* um so populärer machen.« Egal, ob Morrison von seinen eigenen Worten tatsächlich überzeugt war, oder ob sie schlicht der Rechtfertigung dienten: Die IRA paßte sich den Imperativen der neuen Doktrin schnell an. In den Wochen vor einer Wahl reduzierte die IRA künftig die Anzahl ihrer bewaffneten Aktionen deutlich – ein inoffizieller Waffenstillstand also, um potentielle Wähler nicht zu vergraulen. Ob bewußt oder unbewußt, tat die Organisation damit den ersten Schritt hin zur vollständigen Politisierung der Bewegung, zum allmählichen Abschied vom bewaffneten Kampf, der zu den ausgedehnten Waffenstillständen von 1994 und ab 1997 sowie dem Friedensprozeß führte.

Unmittelbar nach der Entscheidung für »Stimmzettel und Waffe« begann der Ausbau der Infrastruktur für die Partei *Sinn Fein*, die von der IRA bisher meist als »lästiges Beiwerk« verstanden worden war; *Sinn Fein* genoß den Ruf, neben dem Verkauf der Zeitung »Republican News« vor allem als Debattierclub für Veteranen »im Ruhestand« zu dienen. Die geringe

Wertschätzung *Sinn Feins* änderte sich mit Umsetzung der neuen Doktrin radikal, wenn auch *Sinn Fein* niemals zum gleichberechtigten Partner der IRA aufstieg. Überall in der Provinz kam der Aufbau der bereits Mitte der 70er Jahre im »Staff Report« geplanten Beratungszentren in Gang. Nicht selten bestand das Personal dort aus ehemaligen Häftlingen, die der Polizei durch ihren Aufenthalt im Gefängnis bekannt und deshalb nicht mehr als aktive *Volunteers* einsetzbar waren; John Hume von der katholischen Partei SDLP bezeichnete diese Parteiarbeiter einst als »Sozialarbeiter mit Knarren«. Neben der sinnvollen Verwendung »ausgebrannter« *Volunteers* bot der Aufstieg *Sinn Feins* Sympathisanten die Möglichkeit, ihren Teil zum republikanischen Kampf beizutragen, ohne gleich bewaffnet in den Untergrund abtauchen zu müssen. Positiv machte sich in diesem Zusammenhang vor allem der Zustrom junger Akademiker bemerkbar, die das einsilbige »Briten-raus«-Programm intellektuell unterfütterten.

Der Enthusiasmus beim Aufbau der Partei zahlte sich aus: Schon ein Jahr später, im Oktober 1982, errang die Partei bei den Wahlen zu einer Regionalversammlung (die Versammlung kam nie dazu, ihre Arbeit aufzunehmen) 10,1 Prozent der Stimmen. *Sinn Fein* »stahl« der moderaten SDLP damit etwa ein Drittel der katholischen Wählerschaft. Der Vormarsch *Sinn Feins* setzte sich im darauffolgenden Jahr fort, als die Partei im Juni 1983 bei den britischen Unterhaus-Wahlen 13,4 Prozent der Wählerstimmen auf sich vereinigen konnte (SDLP: 17,9 Prozent). Gerry Adams gewann den Wahlkreis West-Belfast und löste damit bei Nordirlandminister Prior nach eigener Aussage »schiere Verzweiflung« aus. Die IRA »ausquetschen« zu wollen – wie noch sein Vorgänger Mason – reichte nun nicht mehr aus: Adams hatte, mit Sprengsatz und Stimmzettel, erfolgreich ein »republikanisches Veto« etabliert – und besaß damit die Möglichkeit, jede denkbare Mehrheit für eine politische Lösung des Konfliktes effektiv zu blockieren.

Patt

Zu Beginn der 80er Jahre währte der gewalttätige Konflikt in Nordirland bereits zwei Jahrzehnte. Eine Generation wuchs heran, für die Soldaten auf der Straße, Bombenwarnungen und Taschenkontrollen beim Einkaufen nicht die Ausnahme, sondern der Normalzustand waren. Hatte sich an den Positionen der Akteure in Nordirland durch fast 15 Jahre blutigen Konflikt etwas geändert? Brachte der bewaffnete Kampf der IRA die Provinz einer Vereinigung mit der Republik Irland näher? Nein, ganz im Gegenteil: Die politischen Fronten hatten sich verhärtet. Kommentatoren beschrieben die Situation zunehmend als Null-Summen-Spiel, das bedeutet: Gewinnt die eine Seite etwas, dann verliert die andere und umgekehrt; für einen gerechten Ausgleich, einen Kompromiß, blieb kein Raum.

Nach republikanischer Einschätzung lag der Schlüssel zur Lösung des Problems noch immer in London. Die britische Regierung habe an der Präsenz in Irland ein ökonomisches, strategisches und politisches Interesse und verhindere deswegen mit allen Mitteln die freie Selbstbestimmung des irischen Volkes. Während Irland vor der Teilung im Jahr 1922 die Versorgung des britischen Festlandes mit Grundnahrungsmitteln sichergestellt habe, habe Nordirland nach der Spaltung die Rolle eines strategischen Brückenkopfes zu Amerika gespielt, der im Zweiten Weltkrieg den Einsatz amerikanischer Truppen im Kampf gegen Hitler gewährleistete. Im Kalten Krieg, so die politische Analyse *Sinn Feins*, habe die Anwesenheit Großbritanniens in

Nordirland dazu gedient, der Entstehung einer kommunistischen Vorhut auf der Insel vorzubeugen, die Entstehung einer »kuba-ähnlichen Situation« zu verhindern. London habe in allen Kolonien stets nach der Devise »Teile und herrsche« gehandelt. Als Irland als Ganzes nicht mehr zu halten gewesen sei, hätte man die Insel geteilt; in Nordirland wiederum habe die britische Regierung künstlich die privilegierte Klasse der Unionisten geschaffen, die unter Billigung Londons die Katholiken in den sechs Grafschaften systematisch diskriminiere. Die britische Regierung solle das Recht der »historischen und geographischen Einheit« Irland anerkennen, als Ganzes (also durch eine einzige Abstimmung in beiden Teilen der Insel) über seine nationale Selbstbestimmung zu entscheiden und ihre Absicht kundzutun, sich aus Irland zurückzuziehen. Ein solches Vorgehen hätte zur Folge, daß die Unionisten ihrer herausgehobenen Position in der »widernatürlichen und illegitimen Einheit Nordirland« beraubt würden und unmittelbar begreifen müßten, daß sie sich als gleichberechtigte Glieder in einen gesamtirischen Staat einzufügen hätten. Um London an diesen Punkt totaler Zermürbung zu bringen, sei ein bewaffneter Kampf unverzichtbar. Adams erklärte 1983 in seiner Antrittsrede als Präsident von *Sinn Fein*: »Der bewaffnete Kampf ist eine notwendige und moralisch korrekte Form des Widerstandes in den sechs Grafschaften gegen eine Regierung, deren Präsenz von der großen Mehrheit des irischen Volkes abgelehnt wird ... Es gibt Leute, die uns erzählen, daß die britische Regierung durch den bewaffneten Kampf nicht zu beeinflussen sei. Wie ich schon sagte: Die Geschichte Irlands und die Geschichte des kolonialen Engagements Großbritanniens lehren uns, daß die britische Regierung durch nichts anderes zu bewegen sein wird.«

Der unionistischen Interpretation zufolge ist hingegen nicht das Interesse der britischen Regierung an Nordirland das eigentliche Problem, sondern der Widerwille irischer Republikaner, die Tatsache zu akzeptieren, daß eine einzige irische Nation, die Norden wie Süden der Insel umfaßt, nicht existiert.

Das Bestehen Nordirlands ist nach Auffassung von Unionisten vielmehr Ausdruck der Tatsache, daß auf der Insel zwei Gruppen mit unterschiedlicher nationaler und religiöser Identität lebten. Irland sei, außer als Bestandteil des Vereinigten Königreichs, zu keinem Zeitpunkt in seiner Geschichte eine politische Einheit gewesen. Die Auffassung von der »historischen Einheit Irland« sei deshalb »purer Nonsens«. Die Teilung der Insel 1922 habe einen Bürgerkrieg zwischen den katholischen Iren und den protestantischen Briten im Nordosten im letzten Moment verhindert. Nordirland sei insofern eine legitime völkerrechtliche Einheit. Das Recht auf nationale Selbstbestimmung gelte aus diesem Grund im gleichen Maße für die Briten Nordirlands.

Gemäßigte Kräfte (beider Seiten) identifizierten die Fixierung auf London als den eigentlichen Denkfehler republikanischer Ideologie. Wer die Vereinigung Irlands wolle, so der Vorsitzende der katholisch-gemäßigten SDLP, John Hume, der müsse sich der Sorgen und Ängste der Unionisten annehmen, statt mit Anschlägen auf Pubs und Einkaufszentren die protestantische Bevölkerung gegen sich aufzubringen: Es gehe nicht um eine Vereinigung von Territorien, sondern um die Vereinigung von Menschen – eine Einsicht, die bei *Sinn Fein* erst nach und nach an Boden gewann. Eine sozialwissenschaftliche Studie belegt jedenfalls die Einschätzung Humes: Die Abneigung nordirischer Protestanten gegenüber der Idee eines vereinten Irlands wuchs im Laufe des Konflikts ebenso wie die Loyalität zum Königreich. Während sich 1968 nur ein Fünftel als Briten begriffen, ordneten sich 16 Jahre später fast 80 Prozent der nordirischen Protestanten in diese Kategorie ein. Von der Zustimmung zu einem vereinten Irland war die protestantische Mehrheit in Nordirland also weiter entfernt denn je.

Und London? Die britische Regierung spielte in den Jahren nach Abschaffung des nordirischen Provinzparlamentes 1972 keineswegs die Rolle eines Kolonialherren. Die prinzipielle

Haltung Londons zu Nordirland drückt sich im sogenannten Konsensprinzip aus, das heißt: Die britische Regierung hält an der Zugehörigkeit Nordirlands zum Vereinigten Königreich fest, solange es die Mehrheit der Menschen dort wünscht. Wäre das in Zukunft nicht mehr der Fall, dann werde London der Vereinigung Irlands nicht im Wege stehen, so die Position der Regierung. Um den gewaltsamen Konflikt zu beenden, setzte die britische Regierung auf eine Allianz der moderaten und friedlichen Kräfte, während die gewaltsamen Paramilitärs mit aller Härte ausgegrenzt und bekämpft wurden.

Der britischen Regierung ging es in erster Linie darum, den Schaden gering zu halten. Zum einen bedeutete das, die Folgen des Konflikts nach Möglichkeit auf Nordirland zu beschränken. Ab Mitte der 70er Jahre ersetzte London die Soldaten der britischen Armee, soweit es ging, durch örtliche Sicherheitskräfte. Die Zahl englischer Soldaten, die in Nordirland ihr Leben lassen mußten, würde dadurch ebenso reduziert werden wie der Druck der britischen Öffentlichkeit, Nordirland fallenzulassen. Zum anderen bemühte sich die britische Regierung ernsthaft darum, die demokratischen Defizite unionistischer Herrschaft zu beseitigen. Unter Londons Direktregierung ab 1972 wurden alle Reformen durchgesetzt, die die Bürgerrechtsbewegung in den 60er Jahren eingefordert hatte. Darüber hinaus versuchte London (z.B. durch Ernennung eines Ombudsmannes oder durch Schaffung einer »Agentur für faire Beschäftigung«), die Diskriminierung nordirischer Katholiken im Alltag zu bekämpfen und handelte sich durch solche Initiativen nicht selten den Zorn konservativer Unionisten ein. Zudem kam die Provinz in den Genuß hoher staatlicher Zuschüsse und Vergünstigungen, weil man hoffte, die Paramilitärs in strukturschwachen Arbeitervierteln auf diese Weise ihrer Unterstützerbasis berauben zu können: Selbst während Margaret Thatchers neoliberalem Kreuzzug in den 80er Jahren blieben die öffentlichen Ausgaben in Nordirland konstant und betrugen etwa das 1,5-fache des Pro-Kopf-Durchschnitts im Vereinigten Königreich.

Da Republikaner, Unionisten und britische Regierung die Natur des Konflikts auf völlig unterschiedliche Weise beurteilten, war eine einvernehmliche Lösung des Problems nahezu ausgeschlossen. Das »republikanische Veto«, d. h. der republikanische Kampf mit Stimmzettel und Sprengsatz, stellte den Status quo Nordirlands als Bestandteil des Vereinigten Königreichs in Frage. Das Konsensprinzip hingegen (von Republikanern auch als »unionistisches Veto« bezeichnet) blockierte die Änderung der Konstellation zugunsten Irlands. Die Strategie der IRA richtete sich darauf, den bewaffneten Kampf fortzusetzen, bis die britische Regierung die »Nase voll« haben und die sechs Grafschaften entgegen dem Wunsch der Mehrheit in Nordirland fallenlassen würde. Doch hiervon war die britische Regierung unter der »Eisernen Lady« Margaret Thatcher weit entfernt.

Unbesiegbar

Der Grundsatz »Aus Schaden wird man klug« galt allerdings auch für die konservative Regierung unter Thatcher: Die Premierministerin und ihre Nordirlandminister James Prior und Tom King (ab 1984) verstanden sich in Folge des Hungerstreiks sehr geschickt auf das strategische Doppelspiel: die IRA einerseits mit militärischen Mitteln hart zu bekämpfen und den Republikanern andererseits durch vorsichtige politische Initiativen das Wasser abzugraben. Die britische Regierung konnte der Militärstruktur der IRA einige empfindliche Schläge beibringen sowie den Siegeszug *Sinn Feins* stoppen; gegen Ende der 80er Jahre aber erkannte auch Thatcher, daß der Krieg nicht zu gewinnen sei, für keinen der Beteiligten.

Das neue Zellensystem und die Vorsichtsmaßnahmen, die die IRA ihren *Volunteers* mit Hilfe des »Grünen Buches« antrainierte, zeigten durchaus Wirkung. Gewöhnliche Polizeimethoden jedenfalls reichten nicht mehr aus, um der Organisation nachhaltig Schaden zuzufügen. Aus diesem Grund entschied man, die IRA von innen zu unterwandern, Informanten anzuwerben und einzuschleusen. Der Aufbau eines Netzwerks von V-Männern stellte die Sicherheitsdienste vor große Schwierigkeiten. Der Aufbau eigener Quellen, die Einführung britischer Agenten des in Nordirland tätigen Geheimdienstes MI6, gelang überhaupt nicht. Die Informanten brauchten »Street Cred« (Street Credibility, eine authentische Glaubwürdigkeit); sie mußten im Milieu der katholischen »Ghettos« aufgewachsen sein, Sprache, Verhaltensweise und auch Menschen dort kennen. So konzentrierten sich die Sicherheitskräfte auf die Anwerbung von *Volunteers*, die von der Polizei, meist wegen geringfügiger Delikte, verhaftet und anschließend zur Vernehmung sieben Tage in Gewahrsam gehalten wurden. Wenige *Volunteers* lockte das angebotene Geld, fast keiner bereute die Verwicklung in terroristische Straftaten. Die meisten erklärten sich zur Zusammenarbeit bereit, weil sie einer mehrjährigen Gefängnisstrafe entgehen wollten, einige auch aus Sorge, daß ihre Kinder dadurch den Vater verlören. Das Leben als Informant brachte große Belastungen mit sich, vor allem psychischer Art. Der Gewissenskonflikt, die eigenen Kameraden dem Feind ans Messer liefern zu müssen und die ständige Angst, bei einem Treffen mit Kontaktmännern der Polizei beobachtet, bei einem Telefongespräch belauscht oder auf andere Weise enttarnt und anschließend hingerichtet zu werden, setzte die Informanten einem unvorstellbaren Druck aus, der in einigen Fällen mit Selbstmord endete. Für die Sicherheitskräfte dagegen lohnte sich der Einsatz der Verbindungsleute. Die Unterwanderung der IRA in Londonderry zum Beispiel legte die Aktivitäten der Brigade für einige Zeit de facto lahm: Die RUC konnte dort den Quartiermeister verpflichten, der Waffen und Sprengstoff der Einheit verwaltete und deswegen über alle geplanten Aktionen Bescheid wußte.

Die IRA reagierte auf diesen (bisher gefährlichsten) Angriff auf ihre Militärstruktur sichtlich hysterisch. Die 1980 gegründete Sicherheitsabteilung (sozusagen eine IRA-interne Polizei) nahm Verdächtige fest und brachte sie zu einem Haus jenseits der nordirischen Grenze, wo IRA-Leute die Delinquenten teilweise wochenlang verhörten. Am Ende dieser Tortur stand meist ein Geständnis, dem die Exekution des vermeintlichen Informanten folgte. Die Leiche wurde dann in Plastikbeutel gepackt und auf einen Feldweg oder in einigen Fällen auch – als demonstrative Warnung – auf die Straße eines katholischen Stadtviertels geworfen.

Mit der Verhaftung des IRA-*Volunteers* Christopher Black am 21. November 1981 erreichte die Bedrohung der IRA durch Informanten eine neue Dimension. Die RUC nahm Black fest, als er im Anschluß an einen »Fototermin« für ausländische Journalisten nach Hause fuhr und die Polizei bei einer Kontrolle in seinem Kofferraum Teile eines IRA-Kampfanzugs entdeckte. In den ersten zwei Tagen des Gewahrsams befolgte Black strikt die Anweisung des Grünen Buches und sagte kein Wort. Am dritten Tag aber machte er den Ermittlern laut Vernehmungsprotokoll ein unzweideutiges Angebot: »Wenn ich Euch helfe, helft Ihr dann mir?« Black nannte die Namen von über 30 ihm bekannten *Volunteers* der Brigade in Belfast und versprach, gegen jeden einzelnen vor Gericht auszusagen. Als Gegenleistung erwartete Black die Zusicherung von Straffreiheit sowie den Aufbau einer neuen Existenz außerhalb Nordirlands. Dem Beispiel Blacks folgten zwei Dutzend weitere *Volunteers*, die als Kronzeugen für die Verhaftung von ingesamt mehr als 300 Personen verantwortlich waren. Die RUC kümmerte sich in aller Regel um den Kauf einer Wohnung in einem vom Kronzeugen frei gewählten Land, stellte ein angemessenes Startkapital zur Verfügung und übernahm in einigen Fällen auch die Kosten für eine Gesichtsoperation oder gar den Unterricht eines Sprecherziehers, der dem Kronzeugen den auffälligen nordirischen Akzent abgewöhnte. Nicht selten mußte auch für die engsten Verwandten des Informanten ein neues Zuhause gesucht werden, weil die IRA auf die Aussage eines Kronzeugen häufig mit Drohungen an seine Familie antwortete. Experten schätzen die Kosten für die Verfahren sowie die Nachbetreuung der Kronzeugen zwischen 1981 und 1986 auf mehr als zehn Millionen Pfund.

Einige *Volunteers* nutzten die Möglichkeit einer Aussage als Kronzeuge ganz bewußt, um ihrem belastenden Dasein als Informant ein Ende zu bereiten, so zum Beispiel Raymond Gilmour aus Londonderry, der sich auf Anweisung der Sicherheitskräfte erst bei der Splittergruppe INLA um eine Mitgliedschaft bewarb und – als die Polizei meinte, er sei dort besser plaziert – anschließend zu den Provos ging. Andere verrieten ihre Freunde von einst aus materiellem Interesse. Nur ein einziger ehemaliger *Volunteer*, der sich in Kontinentaleuropa einer evangelikalen Sekte angeschlossen hatte, kehrte aus Reue nach Nordirland zurück, um mit seiner Zeit als aktiver *Volunteer* abzuschließen.

Der IRA setzte die durch die Kronzeugen ausgelöste Verhaftungswelle erheblich zu. Die Informanten offenbarten, wie angreifbar die Struktur der Organisation trotz vermeintlich strenger Konspiration noch immer war. Gerry Adams erklärte damals in einem Interview, er rechne jeden Moment damit, festgenommen zu werden. Über die Zeitung *Republican News* bot die IRA Informanten an, sich der Brigadeleitung anzuvertrauen und dann mit Unterstützung der Organisation unbehelligt in der Republik Irland abzutauchen.

Der Spuk nahm ein Ende, als die Gerichte in der Berufungsinstanz die zwischen 1984 und 1986 verhafteten *Volunteers* gleich reihenweise freisprachen. Die Aussage eines Kronzeugen alleine, so die Richter, habe nicht genügend Beweiskraft, um Verdächtige rechtskräftig zu verurteilen. Adams deutete die Massenfreisprüche als Beleg dafür, daß in Nordirland keine Gerechtigkeit möglich sei. Andere interpretierten die Freilassung der Verdächtigen im Gegenteil als Sieg des Rechtsstaates. Lord Lowry, der oberste Richter in Nordirland, erklärte 1984 im Zusammenhang mit der Aussage Raymond Gilmours in der Zeitung *Irish Times*, er habe »keinen Zweifel«, daß die meisten der Festgenommenen »terroristischer Vergehen schuldig sind; der dafür notwendige Beweis aber kam nur von einem einzigen Zeugen – und den hielt ich für wenig glaubwürdig«.

Als ebenso problematisch stellte sich der Einsatz einer Elite-Einheit der britischen Armee, des *Special Air Service* (SAS), heraus. Die Männer des SAS beschränkten sich zunächst darauf, eine Spezialeinheit der RUC zu trainieren, die nach Hinweisen von Informanten der IRA auflauern und die *Volunteers* in Hinterhalte locken sollte. Die IRA würde gewissermaßen mit ihren eigenen Waffen geschlagen werden. 1982 erschossen Polizisten auf diese Weise sechs verdächtige Personen, darunter drei Provos, zwei Mitglieder der INLA und einen Zivilisten. Vor allem die gezielte Tötung eines Unschuldigen löste heftige Kritik aus. Die britische Regierung sah sich gezwungen, eine Untersuchungskommission zu berufen, die dem Vorwurf nachging, die Sicherheitskräfte würden zur Bekämpfung der IRA Todesschwadronen einsetzen.

Die Gerichte sprachen die beschuldigten Polizisten allerdings allesamt frei. Im Gegensatz zur Europäischen Menschenrechtskonvention, die den Gebrauch von Gewalt nur dann vorsieht, wenn diese »zwingend notwendig« ist, erlaubt das nordirische Strafgesetz von 1967 den Polizisten, auf bedrohliche Situationen »den Umständen entsprechend« zu reagieren. Die laxe Formulierung ersparte den Angeklagten die Verurteilung und rettete die britische Regierung vor der Verlegenheit, erklären zu müssen, ob die Erschießungen von höchster Stelle angeordnet worden waren.* Nach dem Vorfall im Jahr 1982 ließen die Sicherheitskräfte von der Erschießung vermeintlicher *Volunteers* jedoch nicht ab, sondern setzten statt der RUC fortan direkt die Soldaten des SAS ein. Tatsächlich waren die Profis

* In Spanien, wo sich die Regierung zur gleichen Zeit ähnlicher Methoden bei der Bekämpfung der baskischen Separatistenorganisation ETA bediente, erklärte das oberste Gericht des Landes 1998 nach einem langwierigen Verfahren den damaligen Innenminister des Landes für schuldig und verhängte eine zehnjährige Haftstrafe.

der britischen Eliteeinheit für weitgehend »saubere Tötungen« verantwortlich. Im Jahr 1988 beispielsweise erschoß der SAS drei unbewaffnete *Volunteers* in Gibraltar, die dort einen Anschlag auf die britische Armee planten. Vor Gericht rechtfertigten sich die Soldaten mit dem Hinweis, sie hätten »verdächtige Bewegungen« der IRA-Leute registriert.

Informanten, Kronzeugen, Erschießungskommandos: Die militärischen Schläge des Staates durchlöcherten die Struktur der IRA auf allen Ebenen. In einem Interview mit dem amerikanischen Fernsehen kommentierte Jim Gibney, ehemaliger IRA-*Volunteer* und Vorstandsmitglied von *Sinn Fein*, das Vorgehen Londons: »Es brachte eine Menge Leute weg von der Straße, rein in die Gefängnisse ... Es gab den Briten Zeit. Ich denke, ... darum ging es in vielen ihrer Strategien: Zeit zu gewinnen.« Die IRA stand den aggressiven Maßnahmen der Sicherheitskräfte zunächst hilflos gegenüber, mußte sich und der Öffentlichkeit beweisen, daß sie noch immer handlungsfähig war. Da eine maßlose Eskalation des Konflikts im Sinne republikanischer Strategie weder erwünscht noch technisch durchführbar gewesen wäre, konzentrierte sich die IRA auf Aktionen mit hohem Symbolwert und großer Öffentlichkeitswirkung, die zum einen der britischen Regierung ihre Verwundbarkeit vor Augen führen, zum anderen die Moral der eigenen Truppe steigern sollten.

In die Kategorie symbolträchtiger Aktionen gehört zweifellos der Massenausbruch aus dem Maze-Gefängnis am 25. September 1983. Die Idee, dem vermeintlich »ausbruchsichersten Gefängnis West-Europas« (so die britische Regierung) entkommen zu können, erscheint auf den ersten Blick wahnwitzig. Personenschranken, täglich wechselnde Paßwörter und Wachhunde sicherten die jeweils vier Flügel der insgesamt acht sogenannten H-Blöcke. Im Zentrum jedes H-Blocks kontrollierten Wärter über Videokameras jeden einzelnen Gang des Blocks und konnten, wenn nötig, per Knopfdruck Alarm auslösen.

Die gesamte Anlage war zudem von drei Schranken, einem zehn Meter hohen Zaun sowie einer Grenzmauer mit Wachtürmen umgeben. Die Entscheidung, den Versuch trotz vermeintlich unbesiegbarer Sicherheitsvorkehrungen dennoch zu wagen, fiel kurz nach Ende des Hungerstreiks. Die ersten Monate vergingen damit, alle für den Ausbruch vorgesehenen und aufgrund ihrer Fertigkeiten benötigten *Volunteers* unter Vorwänden in den siebten H-Block verlegen zu lassen. Im Zentrum des Plans standen einige Gefangene, die sich im Putzdienst allmählich das Vertrauen der Wärter erschlichen, um auch die sicherheitstechnisch heiklen Bereiche des Blocks säubern zu dürfen.

Am Tag des Ausbruchs, gegen 14.30 Uhr, überwältigten zwei Gefangene beim Putzen die Wärter im Kontrollzentrum. Auf ein vereinbartes Signal hin bezwangen weitere Häftlinge die restlichen Aufseher. Die Gefangenen zogen sich die Uniformen der Wärter an und versammelten sich am Ausgang des H-Blocks. Dort warteten die Häftlinge auf einen Lkw, der Tag für Tag um diese Uhrzeit das Abendessen für die Insassen des Blocks anlieferte. Die Ausbrecher kidnappten den Fahrer und drängten sich in den Laderaum des Lieferwagens, der durch zwei der drei Schranken (entgegen Dienstanweisung) anstandslos durchgewunken wurde. Am Hauptausgang jedoch hatten die Häftlinge weniger Glück. Der Wärter wollte die Papiere und den Innenraum des Lasters sehen. Obwohl die Gefangenen alle Wachen niederrangen, gelang es einem Vollzugsbeamten, den Alarmknopf zu drücken. Die Wärter weigerten sich indes standhaft, den Gefangenen zu verraten, wie das per Automatik zu bedienende Haupttor zu öffnen sei. Im letzten Moment entdeckte ein *Volunteer* den entscheidenden Knopf, der Eingang öffnete sich; insgesamt 38 Häftlinge flüchteten in die Freiheit. Innerhalb von weniger als zehn Minuten mobilisierten die Sicherheitskräfte alle in Nordirland verfügbaren Polizisten, Soldaten und Reservekräfte. Tausende von Autos und Häusern wurden in den folgenden Tagen durchsucht. 19 Ausbrecher gingen den Sicherheitskräften ins Netz; die andere

Hälfte der Häftlinge entkam mit viel Glück und verbrachte anschließend Monate im Keller eines sicheren Hauses.

An der Kampfstärke der IRA änderte der Ausbruch wenig. Der Nutzen des Husarenstücks lag vielmehr in seiner öffentlichen Wirkung. Der Ausbruch gab die britische Regierung der Lächerlichkeit preis und stärkte das Selbstvertrauen der *Volunteers*; es war möglich, so die Botschaft, den Kampf fortzusetzen, trotz widrigster Bedingungen und drückender Überlegenheit des Feindes.

Um zu beweisen, daß sie in der Lage war, nach wie vor »jederzeit, an jedem Ort« (so ein IRA-Statement) den britischen Staat in Frage zu stellen, verlagerte die IRA ihre Operationsbasis zu Beginn der 80er Jahre wieder verstärkt nach England. So entzog man sich dem Fahndungsdruck in Nordirland und konnte im selben Moment die Außenwirkung verdoppeln. Die Anschläge auf dem britischen Festland gehören zu den grausamsten Episoden des bewaffneten Kampfes, weil die IRA dort fast ausschließlich sogenannte »weiche« Ziele angriff, nämlich belebte Plätze, Kneipen oder Einkaufszentren. Die Ermordung von Zivilisten war also absehbar und wurde offensichtlich ohne Zögern in Kauf genommen. Im Juli 1982 töteten zwei Bomben im Londoner Hyde Park zwei berittene Polizisten, sechs Mitglieder eines Militärorchesters und drei Spaziergänger. Im Dezember 1983 jagte die IRA einen Flügel des Kaufhauses Harrods in London in die Luft; die Bilanz: sechs Tote, 90 Verletzte. Die Kampagne der IRA auf dem britischen Festland hatte damit seit Ausbruch des Konflikts bereits 81 Menschenleben gefordert.

Der wahrscheinlich verheerendste Schlag gegen die britische Regierung gelang der IRA am 12. Oktober 1984, als Premierministerin Thatcher beinahe durch eine Bombe der IRA getötet worden wäre. Daß die IRA der Regierungschefin nach dem Leben trachtete, war ein offenes Geheimnis. Seit dem Hungerstreik führte Thatcher die Liste der von Republikanern meistgehaßten Personen mit großem Vorsprung an. Ab 1982 beobachtete die IRA in England deshalb Margaret Thatchers Tagesablauf. Die Zustimmung des Armeerats erhielt schließlich der Plan, das Attentat während einer der jährlich stattfindenden Konferenzen von Thatchers konservativer Partei durchzuführen. Im September 1984 buchte sich der *Volunteer* Patrick Magee unter falschem Namen für ein Wochenende im Grandhotel im Seebad Brighton ein, wo im darauffolgenden Monat der Parteitag stattfinden würde. Daß die Parteiführer traditionell im Grandhotel übernachteten, wußte Magee, nicht aber, in welchem Zimmer. Deshalb wählte Magee eine der teuersten Suiten im obersten Stockwerk, so daß das Hotel wie ein Kartenhaus unter der Wucht der Explosion zusammenfallen und nicht nur Thatcher, sondern ihr gesamtes Kabinett treffen würde. Zusammen mit einem Sprengstoffexperten der IRA aus Belfast konstruierte er eine Zeitzünder-Bombe, die die beiden geschickt hinter einer Trennwand des Bades zum angrenzenden Raum versteckten. In der Nacht zum 12. Oktober, um 2.54 Uhr morgens, explodierte der Sprengsatz. Die Bombe tötete fünf Menschen, allesamt Parteifunktionäre oder deren Angehörige. Der Generalsekretär der Konservativen, Norman Tebbit, entkam dem Tod nur knapp. Er war stundenlang unter den Trümmern begraben, bevor die Feuerwehr ihn befreite. Thatcher und die Mitglieder ihres Kabinetts blieben unverletzt.

Es ist nur schwer vorstellbar, was für Konsequenzen ein Erfolg der IRA am 12. Oktober für die Situation in Nordirland, vielleicht für die politische Konstellation in ganz Europa, gehabt hätte. Obwohl Margaret Thatcher noch am Leben war, feierte die IRA den Anschlag als großen Triumph. Im Bekennerschreiben an die Presse hieß es: »Thatcher wird jetzt erkennen, daß Großbritannien kein anderes Land besetzen, nicht unsere Gefangenen foltern und unsere Leute auf ihren eigenen Straßen erschießen kann, ohne dafür bezahlen zu müssen. Heute hatten wir Pech, aber vergessen Sie nicht: Wir müssen nur ein einziges Mal Glück haben, Sie dagegen immer.«

Die Hoffnung der IRA, Thatchers Entschlossenheit in bezug auf Nordirland durch einen Anschlag auf ihre Person schwächen zu können, basiert nach Meinung des Journalisten Eamon Mallie »auf einem fundamental falschen Verständnis ihres Charakters«. Thatcher hatte 1979 bereits einen ihrer engsten Freunde und Mitarbeiter, den konservativen Abgeordneten Airey Neave, durch einen Anschlag der republikanischen Splittergruppe INLA verloren; ihre Einstellung zum Konflikt in Nordirland behielt sie bei. Mehr noch: Sie versprach auf einer Pressekonferenz nach dem Anschlag in Brighton, dem Terrorismus niemals nachgeben zu wollen.

Auch wenn die britische Regierung durch Anschläge dieser Art von ihrem Kurs in Nordirland nicht abzubringen war, so stellte die IRA doch ihre Fähigkeit unter Beweis, dem britischen Staat empfindliche Schläge zufügen zu könnnen, selbst dann, wenn die eigene Organisation in Nordirland unter erheblichem Druck stand. Ein Mitglied des Armeerats äußerte sich damals in einem Interview mit dem *Belfast Telegraph* folgendermaßen: »Wir sind unbesiegbar, ... [denn] wir besitzen die Kapazität, die Situation zu jedem beliebigen Zeitpunkt krisenhaft zuzuspitzen.« Kein Zweifel, daß die IRA spätestens ab Mitte der 80er Jahre über eine Struktur sowie über ausreichend Material verfügte, um die militärische Auseinandersetzung mit London noch Jahrzehnte fortzusetzen. Die Stärke der Organisation gründete vor allem auf vier Waffenlieferungen, die zwischen 1985 und 1987 an der irischen Küste eintrafen. Sie stammten aus Libyen. Die IRA hatte zu Beginn des Jahrzehnts wieder Kontakt zu Revolutionsführer Gaddhafi gesucht. Gaddhafi unterstützte zu dieser Zeit Terrorgruppen in der gesamten westlichen Welt. Die Feindseligkeiten zwischen Gaddhafi und dem Westen erreichten ihren Höhepunkt, als die amerikanische Luftwaffe (mit Unterstützung Großbritanniens) im April 1986 die libysche Hauptstadt Tripolis bombardierte. Im Kampf gegen den »gemeinsamen imperialistischen Feind« versprach Gaddhafi der IRA die kostenlose Lieferung von insgesamt 200 Tonnen modernster Waffen. Zwischen August 1985 und Oktober 1986 legten vier Schiffe mit insgesamt 130 Tonnen Kriegsmaterial an einem verlassenen Küstenabschnitt 50 Kilometer südlich von Dublin an. Die fünfte Schiffsladung wurde von der französischen Marine auf dem Weg nach Irland konfisziert. Als der Waffenhandel aufflog, befand sich das Gerät aus den ersten Lieferungen bereits in den unzähligen Depots der IRA, die über ganz Irland verstreut waren. Die IRA verfügte damit über das Arsenal einer kleinen Armee. Die Fracht aus Libyen enthielt 1200 Kalaschnikows, mehrere hundert Revolver, einige Dutzend russischer Maschinengewehre, Raketenwerfer, eine Million Schuß Munition sowie etwa drei bis fünf Tonnen des Sprengstoffs Semtex.

Semtex gilt unter Experten als extrem gefährlich; es ist leicht, geruchlos und formbar. Es übertrifft die Sprengwirkung gewöhnlicher Nitrogelatine um ein Vielfaches: Man schätzt, daß fünf Kilogramm Semtex die gleiche Zerstörungskraft besitzen wie 1000 Kilo des von der IRA bis dahin häufig verwendeten Dünger-Benzin-Gemischs. Der unionistische Abgeordnete Ken Maginnis will ausgerechnet haben, daß die IRA mit ihrem Vorrat an Semtex 30 Jahre lang jeden Tag eine Bombe zünden könne, die vom Umfang her dem Sprengsatz entspreche, mit dem eine rechtsgerichtete Gruppe im April 1995 in Oklahoma 168 Menschen tötete. Der Plastiksprengstoff bildete fortan das Herzstück militärischer Unbezwingbarkeit; der Ruf nach einer Entwaffnung der IRA zielte deshalb seither weniger auf Gewehre und Munition, als vielmehr auf die »Wunderwaffe« Semtex.

Politische Initiativen

Premierministerin Margaret Thatcher hatte durch ihr ungeschicktes Verhalten während des Hungerstreiks von 1981 den Aufstieg der Partei *Sinn Fein* mit heraufbeschworen. Die »Bombenleger« der IRA konnten sich jetzt Volksvertreter nennen, hatten ein öffentliches Mandat. Der Vormarsch *Sinn Feins* setzte sich bis Mitte der 80er Jahre kontinuierlich fort; die Partei machte der moderaten SDLP Konkurrenz, die bis dahin fast die gesamte katholische Wählerschaft an sich gebunden hatte. Die Schaffung einer breiten Koalition aller moderaten Kräfte – das Ziel britischer Politik in Nordirland – würde unmöglich werden, sollte *Sinn Fein* die SDLP als dominante Kraft im katholischen Lager verdrängen. Auch die irische Regierung hatte an *Sinn Feins* dauerhafter Präsenz im irischen Parteiengefüge wenig Interesse. Also schlossen Irlands Premier Garret FitzGerald und Margaret Thatcher 1985 das sogenannte Anglo-Irische Abkommen, das die Beziehungen zwischen beiden Staaten auf einen neue Grundlage stellte, die Regierungen in Dublin und London auf eine gemeinsame Linie verpflichtete und – in letzter Konsequenz – die SDLP stärkte.

Während Dublin anerkannte, daß die Mehrheit der Menschen in Nordirland keine Änderung des konstitutionellen Status quo, d. h. den Verbleib im Vereinigten Königreich wünschte, gestand London der irischen Regierung eine aktive Rolle in der Politik Nordirlands zu. Vertreter der irischen Regierung sollten im Rahmen einer Ständigen Konferenz über alle die Provinz betreffenden Vorgänge gehört werden; das Entscheidungsrecht verbliebe allerdings der britischen Regierung. Die Kompetenzen dieser Konferenz könnten bei Bedarf genauso nach und nach auf eine aus allen relevanten Kräften bestehenden Provinzregierung übertragen werden. Außerdem akzeptierte die britische Regierung offiziell die Rolle Dublins als Vertreter der Interessen der katholischen Minderheit in Nordirland. Beide Regierungen vereinbarten, in einer Vielzahl von Bereichen zusammenzuarbeiten, so in der Bekämpfung des Terrorismus, aber auch bei sozialen und kulturellen Angelegenheiten.

Für die Unionisten in den sechs Grafschaften Nordirlands war das Dokument ein erster Schritt auf dem Weg hin zu einem vereinten Irland und damit inakzeptabel. Die im Vertrag angeblich enthaltene Teilung staatlicher Souveränität zwischen Dublin und London entspreche, so ein unionistischer Wissenschaftler, »der Benachrichtigung, daß die Vereinigung Irlands zu einem bisher noch nicht festgelegten Datum stattfinden wird«. Unionisten aller Schattierungen organisierten eine leidenschaftliche Kampagne unter dem Motto »Ulster sagt nein«. Die loyalistischen Paramilitärs intensivierten ihre Kampagne, nachdem UDA und UVF ihre Aktivitäten in den Jahren zuvor beinahe vollständig eingestellt hatten. Margaret Thatcher entgegnete ihren unionistischen Kritikern, daß sich die unionistischen Parteien lediglich in einer Provinzregierung mit der SDLP zusammenschließen müßten, um die Kompetenzen der heftig kritisierten Ständigen Konferenz zurückzugewinnen.

Auch *Sinn Fein* lehnte den Vertrag ab, allerdings unter umgekehrten Vorzeichen: »Das Anglo-Irische Abkommen zementiert die Teilung Irlands«, äußerte beispielsweise Gerry Adams. Mehr noch als die Festschreibung des Status quo jedoch fürchtete die republikanische Führung die beabsichtigte Zusammenarbeit beider Regierungen in der Sicherheitspolitik. Dies würde bedeuten, daß die Republik Irland fortan für in Nordirland gesuchte *Volunteers* kein Rückzugsgebiet mehr sein könnte. Zudem brachte die Initiative Unordnung in das scheinbar klare Weltbild irischer Republikaner; die Bildung einer anglo-irischen Achse sowie die Beteiligung Dublins an der Herrschaft über Nordirland widersprach der simplen Auffassung, der republikanische Kampf diene der Beseitigung »britisch-kolonialer Herrschaft«.

Trotz der Gegnerschaft der Republikaner begrüßten die Katholiken in Nordirland das Abkommen mit großer Mehrheit. Die Zufriedenheit mit dem Verhandlungsergebnis schlug sich unmittelbar in steigender Zustimmung für die SDLP nieder, die sich im Januar 1986 bei einer Nachwahl für das britische Parlament in der republikanischen Hochburg Süd-Armagh gegen den Kandidaten *Sinn Feins* durchsetzte. Bei der Unterhauswahl im Juni 1987 verteidigte Adams zwar sein Mandat in West-Belfast, der Anteil *Sinn Feins* jedoch sank im Vergleich zur Wahl vier Jahre zuvor um zwei Prozentpunkte auf 11,4 Prozent. *Sinn Fein*, so das übereinstimmende Urteil aller Kommentatoren, hatte sich als politische Kraft etabliert, der Vormarsch der

Partei in Nordirland – und damit die politische Strategie der Bewegung – aber war an ihre Grenzen gestoßen.

In der Republik Irland mußte *Sinn Fein* die zwei während des Hungerstreiks 1981 gewonnenen Mandate für den Daíl, das irische Parlament, ein Jahr später wieder abgeben. Die Führung der Partei, allen voran Adams und McGuinness, machten für das schlechte Abschneiden *Sinn Feins* in der Republik Irland die Verzichtsklausel verantwortlich, die es Mitgliedern der Partei verbot, Mandate in Parlamenten anzutreten, die aus der Teilung Irlands hervorgegangen waren. Das letzte legitime Parlament Irlands wäre demnach der sogenannte Zweite Daíl von 1921, weil dieser Versammlung eine einzige Abstimmung in ganz Irland zugrundelag. Nach Ansicht traditioneller Republikaner stellt der Verzicht auf Mandate in den Parlamenten von London, Dublin und Belfast ein »heiliges« Prinzip dar, dessen Bruch den irischen Republikanismus insgesamt diskreditiere.

Für den Erfolg der politischen Strategie *Sinn Feins* in der Republik Irland stellte die Verzichtsklausel jedoch eher ein Hindernis dar. Im Gegensatz zu Nordirland, wo die katholische Minderheit von ihren Abgeordneten ohnehin nicht viel erwartete und es deswegen keinen Unterschied machte, ob der Abgeordnete die Sitzungen des britischen Unterhauses besuchte oder nicht, forderte die Bevölkerung in der Republik Irland von ihren politischen Vertretern konkrete Arbeit für ihren Wahlkreis. Gerade für die Wähler im äußersten Süden Irlands, z.B. in den durch Tourismus wohlhabend gewordenen Grafschaften Cork, Kerry oder Waterford, spielte sich der Konflikt im »wilden« Nordosten der Insel fast ausschließlich auf den Titelseiten der Zeitungen ab. Dort bestand kein Anreiz, mit der Stimme für *Sinn Fein* ein Zeichen gegen die »britische Herrschaft« in Nordirland zu setzen. Martin McGuinness erzählte in einem Interview, daß den Wahlhelfern von *Sinn Fein* im Süden der Insel nicht selten die Frage gestellt würde, was der Kandidat denn für sie tun könne, wenn er seinen Sitz im Daíl nicht wahrnähme.

Wollte *Sinn Fein* also die Politik in der Republik Irland im eigenen Sinne beeinflussen, die erhoffte Rolle des »Züngleins an der Waage« spielen, dann mußte die Verzichtsklausel fallen. Würde es der Partei nur endlich gelingen, die Altlast zu beseitigen, dann wäre es nach Meinung McGuinness' möglich, bis zu fünf Sitze im Daíl zu erringen, genug, um bei der damaligen Kräftekonstellation eine Regierung mitzubilden oder ihre Konstituierung zu verhindern. Die Verlockung parlamentarischer Macht war groß; so groß, daß die Gruppe um Adams und McGuinness ab Mitte der 80er Jahre alles daran setzte, die Bewegung davon zu überzeugen, von der Verzichtsklausel für das Parlament in Dublin Abschied zu nehmen.

Für die Anhänger der Klausel symbolisierte der Plan den ersten Schritt hin zur vollständigen Korrumpierung der Bewegung durch die parlamentarische Politik und in letzter Konsequenz damit die Trennung vom bewaffneten Kampf. Ruairi Ó'Brádaigh, traditioneller Gegenspieler von Adams und ehemaliger Präsident *Sinn Feins*, schrieb damals: »Wenn wir ein Ende der Verzichtsklausel akzeptieren, dann wird das Gleichgewicht zugunsten rein politischer Kampagnen verändert, die in den Parlamenten des Establishments enden. Das Parlament ist ein Ersatz für den nationalen Befreiungskampf. Es dient dazu, die revolutionäre Glut zu dämpfen, sie zu zügeln.« Im Prinzip lag Ó'Brádaigh mit seiner Einschätzung nicht ganz falsch. Ob sich Adams und McGuinness allerdings bereits zu diesem Zeitpunkt darüber klar waren, daß das Fallenlassen der Verzichtsklausel mittelfristig die Abkehr vom bewaffneten Kampf beschleunigen würde oder ob sie weiter an das gleichberechtigte Miteinander von Stimmzettel und Sprengsatz glaubten, sei einmal dahingestellt. David McKittrick von der britischen Zeitung *Independent* trifft jedenfalls den Kern, wenn er formuliert, daß »der politische Prozeß wohl mehr Einfluß auf *Sinn Fein* haben würde, als *Sinn Fein* auf den politischen Prozeß«.

Das Vorhaben schien der Führung der Bewegung so bedeutend, daß die Exekutive der IRA im Oktober 1986 zum ersten Mal seit fast 17 Jahren eine Armeeversammlung einberief. Die Modernisierer um Adams wollten um jeden Preis eine Spaltung (wie 1969) verhindern. McGuinness, der als ausgewiesener Militarist unter den Delegierten hohes Ansehen genoß, versicherte, daß der bewaffnete Kampf wie bisher fortgeführt werden würde. Um seine Aussage zu unterstreichen, konnte McGuinness auf das moderne Kriegsmaterial verweisen, das aus Libyen eingetroffen war. Die Versammlung akzeptierte die Abschaffung der Verzichtsklausel mit der nötigen Zweidrittel-Mehrheit. Einige Tage später wiederholte sich das Zeremoniell auf dem *Sinn-Fein*-Parteitag, weil auch hier die Verzichtsklausel aus der Satzung gestrichen werden mußte. In einer bewegenden Rede erklärte McGuinness: »Unser Standpunkt ist klar und wird sich nie, nie, niemals ändern: Der Krieg gegen die britische Herrschaft muß fortgesetzt werden, bis wir Freiheit erreicht haben. Die britische Regierung fürchtet diese Bewegung, ... weil – ob nun in Leinster House [dem Daíl] oder nicht – weil wir die gefährlichste und entschlossenste revolutionäre Kraft in Irland seit 65 Jahren sind.« *Sinn Fein* bestätigte, wie üblich, das Votum der IRA, wenn auch nur mit einer Mehrheit von 17 Stimmen.

Ó'Brádaighs Anhänger verließen nach Bekanntgabe des Abstimmungsergebnisses den Saal und gründeten in einem Hotel im Norden Dublins eine eigene Partei, *Republican Sinn Fein*. Die Bewegung hatte sich damit erneut gespalten. Im Unterschied zu 1969 blieb die Abspaltung jedoch stets eine kleine Splittergruppe von Traditionalisten. Adams warnte Ó'Brádaigh, daß die Gründung eines bewaffneten Arms durch *Republican Sinn Fein*, quasi in Konkurrenz zur IRA, nicht geduldet werden würde. Unter strengster Geheimhaltung rief die neue Partei dennoch kurz nach dem *Sinn-Fein*-Parteitag einen sogenannten *Continuity Army Council* (Folge-Armeerat) ins Leben, der sich zu den Prinzipien von *Republican Sinn Fein* bekannte, also auch zu der Verzichtsklausel. Die Armeeorganisation blieb lange Zeit passiv und trat erst ab 1996 als »Continuity-IRA« (Folge-IRA) verstärkt in Erscheinung. Wie 1996 publik wurde, erkannte der letzte Überlebende des Zweiten Daíls, Thomas Maguire, die neue Bewegung 1987 offiziell als »Regierung der Irischen Republik« im Sinne der Unabhängigkeitserklärung von 1916 an. Nach klassisch-republikanischer Lesart war die Bewegung unter Führung Adams' demnach eine illegale Gruppe. In der Praxis allerdings interessierte das nur wenige. Das Dogma von der Kontinuität des republikanischen Kampfes von Pearse über den Zweiten Daíl hin zur IRA, über Jahrzehnte praktisch Glaubensbekenntnis jedes Republikaners, zählte in den Augen der meisten IRA-Anhänger plötzlich nicht mehr: »Anzunehmen, die IRA sei aufgrund der Entscheidung über die Verzichtsklausel nicht mehr legitim, ist lächerlich«, erklärte ein Statement der IRA vom November 1986: »Unsere Legitimität entspringt dem organisierten Widerstand gegen britische Herrschaft in Irland ... seit 800 Jahren.«

Wendemarke

Die Bemühungen Adams' um eine Politisierung des Kampfes hatten zunächst keine Auswirkung auf die Aktivität des militärischen Arms der Bewegung, der IRA. Im Gegenteil; ab 1985 stieg die Anzahl republikanischer Gewaltakte wieder stetig an, und die Zahl der Opfer erreichte mit über 70 im Jahr 1987 das höchste Niveau seit Beginn des Jahrzehnts. Adams, so schien es, mußte beweisen, daß er es ernst meinte mit der Doktrin vom gleichberechtigten Miteinander von Politik und bewaffnetem Kampf. Am 25. April 1987 ermordete eine Einheit der IRA den zweithöchsten Richter der Provinz, Lord Gibson, und seine Ehefrau. Gibson hatte drei Jahre zuvor einige Polizisten freigesprochen, die an der Erschießung von drei *Volunteers* beteiligt gewesen waren. In einem Interview hatte Richter Gibson den Mut und die Entschlossenheit der Polizisten gelobt, die

IRA-Männer vor »das letzte Gericht« gebracht zu haben. Die Freude über den Tod des verhaßten Richters wurde seitens der IRA von der Genugtuung begleitet, zum wiederholten Male bewiesen zu haben, daß die Organisation jederzeit auch stark abgeschirmte Ziele zu treffen in der Lage war. Die Zufriedenheit dauerte allerdings nicht lange an. Nur zwei Wochen später fügte ein Kommando der britischen Spezialeinheit SAS der IRA den größten Einzelverlust ihrer Geschichte zu: Beim Versuch, eine Polizeistation in die Luft zu jagen, erschoß der SAS in der Grafschaft Tyrone eine komplette *Commando Unit*, bestehend aus acht *Volunteers*. Warum die RUC nicht den Versuch unternahm, die *Volunteers* zu verhaften, konnte der nordirische Polizeipräsident in einem Interview mit der BBC nicht überzeugend erklären; vieles spricht dafür, daß eine solche Absicht niemals bestand.

Der bewaffnete Kampf wurde zum blutigen Ritual: Schlag provozierte Gegenschlag und umgekehrt. Die IRA hatte den Menschen in Nordirland, der britischen Regierung, der Weltöffentlichkeit demonstriert, daß sie nicht zu besiegen war. Was aber nutzte es, wenn sich der Feind davon nicht beeindrucken ließ?

Diese Überlegung allein hätte wohl nicht ausgereicht, um ein Umdenken der republikanischen Führung einzuleiten. Zu oft hatte es in den vergangenen 17 Jahren ähnliche Situationen gegeben, und immer wieder lautete die Antwort »Weitermachen, bis die Briten die Nase voll haben«. Doch zur Ernüchterung an der militärischen Front kam eine Reihe von Enttäuschungen an der Wahlurne. Bei den Wahlen zum Daíl im Februar des Jahres erzielte *Sinn Fein*, trotz Streichung der Verzichtsklausel, nur 1,7 Prozent der Stimmen und damit nicht einen einzigen Sitz. Die Unterhauswahlen in Nordirland vier Monate später bescherten der Partei einen Verlust von zwei Prozent; der Abstand zur SDLP vergrößerte sich auf 10 Prozent. Von einer »breiten anti-imperialistischen Front«, einer Führungsrolle *Sinn Feins* im katholischen Lager, konnte keine Rede mehr sein. Allmählich begann die Führungsgruppe um Adams zu begreifen, daß der bewaffnete Kampf in seiner jetzigen Form der Ausweitung der politischen Strategie eher schadete, als ihr zu nutzen. Es offenbarte sich der sehr reale Widerspruch zwischen Stimmzettel und Sprengsatz, den Danny Morrison 1981 noch in blumigen Worten aufzulösen versucht hatte.

Im Mai 1987 veröffentlichte *Sinn Fein* ein Grundsatzdokument. Es trug den Titel »A Scenario for Peace« (Ein Szenario für den Frieden) und wiederholte größtenteils die traditionelle republikanische Sichtweise des Konflikts in Nordirland: »Großbritannien muß die Initiative ergreifen und die Absicht bekanntgeben, sich [aus Nordirland] zurückzuziehen. Das ist der erste Schritt auf dem Weg hin zum Frieden. Die Republikaner werden darauf schnell und positiv antworten.« Wichtiger als die in dem Thesenpapier erhobenen Forderungen war allerdings die Tatsache, daß *Sinn Fein* zum ersten Mal seit Jahren den eigenen Standpunkt öffentlich zur Diskussion stellte. Insofern war das Papier als Gesprächsangebot zu deuten, als Aufforderung, mit der Partei in Dialog zu treten und über eine Lösung für Nordirland zu diskutieren.

Zum Katalysator einer Dynamik, die schließlich in den Friedensprozeß mündete, wurde ein grausames Verbrechen. Am Morgen des 8. November 1987, dem traditionellen Gedenktag für die Gefallenen beider Weltkriege, versammelten sich in Enniskillen, der größten Stadt in der Grafschaft Fermanagh, etwa 200 Menschen, um im Zentrum der Stadt Kränze niederzulegen. Während der Feier zündete, ohne Vorwarnung, eine 15-Kilo-Bombe der IRA. Der Sprengsatz tötete elf Zivilisten, allesamt Protestanten, darunter drei Rentnerpaare. Die IRA bekannte sich zu dem Anschlag, behauptete jedoch, die Bombe sei von einem Infrarot-Signal der Armee ausgelöst worden; die eigentliche Explosion wäre erst für einen Zeitpunkt nach Auflösung der Menschenmenge vorgesehen gewesen. Diese gewundene Entschuldigung aber wurde damals von niemandem akzeptiert, zumal später bekannt wurde, daß nicht ein Fern-, sondern ein Zeitzünder die Explosion verursachte.

Der Anschlag löste einen Aufschrei des Entsetzens aus, der die gesamte Insel erfaßte. Am Tag der Beerdigung der Opfer kam ganz Irland, Nord wie Süd, praktisch zum Stillstand. Während einer Schweigeminute erlahmte der Verkehr in den Städten. Selbst in der sonst hektischen Fußgängerzone Dublins kehrte Ruhe ein; das irische Fernsehen zeigte eine Friedenstaube. In Dublin trugen sich mehr als 50 000 Menschen in ein Kondolenzbuch ein, das die Bürgermeisterin unter Tränen ihrem Amtskollegen in Enniskillen überreichte. Kurzum: Die IRA stand mit dem Rücken an der Wand.

Der Anschlag von Enniskillen offenbarte auf einen Schlag das Dilemma der Strategie von »Stimmzettel und Sprengsatz«: Zivile Opfer waren eine zwangsläufige, wenn auch nicht erwünschte, Konsequenz des bewaffneten Kampfs. Die Öffentlichkeit aber (und somit die potentiellen Wähler *Sinn Feins*) war immer weniger gewillt, das zu akzeptieren – am wenigsten im viele Kilometer von der »Kriegszone« entfernten Süden Irlands. Die Rückkehr zum bewaffneten Kampf alleine aber, so die Lehre aus der Patt-Situation zwischen britischer Armee und IRA, würde die Bewegung dem Ziel eines vereinigten Irlands nicht einen Schritt näher bringen.

John Hume, Vorsitzender der SDLP, verstand die Zwangslage, in der sich Gerry Adams und mit ihm die gesamte republikanische Bewegung befand. Obwohl Adams in den Wochen nach dem Anschlag als »Unperson« galt, traf sich Hume am 11. Januar 1988 mit dem Präsidenten *Sinn Feins* zu einem ersten Meinungsaustausch. Adams, so Hume, habe in diesem Gespräch geäußert, daß Enniskillen »den bewaffneten Kampf in Frage« stelle. Es gebe »keine militärische Lösung« für den Konflikt: »Militärische Lösungen ... hätten nur weitere Tragödien zur Folge.«

Frieden

Der Abschied vom bewaffneten Kampf, der Weg hin zu einer politischen Lösung des Konfliktes in Nordirland, sollte ein langer, diffuser, auch blutiger Prozeß sein. Die Ereignisse des Jahres 1987, vor allem die verheerende Wirkung des Anschlags in Enniskillen, demonstrierten der Führungsgruppe um Adams, daß die Bewegung andere Optionen erwägen müsse als bisher.

Die republikanische Bewegung befand sich in einer Krise, die sich gegen Ende der 80er Jahre eher noch verschärfte. In Nordirland durchschritt *Sinn Fein* im Juni 1989 einen absoluten Tiefpunkt. Bei der Wahl zum Europäischen Parlament vergrößerte sich der Abstand zur SDLP auf mehr als 15 Prozent; *Sinn Fein* landete abgeschlagen bei einem Stimmanteil von 9,2 Prozent. Im selben Monat erzielte *Sinn Fein* in der Republik Irland bei Neuwahlen zum Daíl gerade mal 1,2 Prozent der Stimmen, das schlechteste Ergebnis, seit die Partei in den 26 Grafschaften zu Wahlen antrat. Auch die Hoffnung, daß ein Regierungswechsel in der Republik Irland die Situation zugunsten der Republikaner ändern könnte, zerschlug sich. Der neue Premierminister Charles Haughey genoß zwar den Ruf eines versteckten Sympathisanten (1970 mußte er wegen der Verstrickung in eine Affaire um Waffenlieferungen für die IRA von seinem Amt als Finanzminister zurücktreten); trotzdem hielt auch er am Anglo-Irischen Abkommen von 1985 und damit am gemeinsamen Vorgehen beider Staaten in bezug auf Nordirland fest. Hinzu kam die globale Entwicklung. Der Zusammenbruch des Ostblocks, das Ende des Kalten Krieges, betraf Nordirland zwar nicht direkt, der globale Wandel im Herbst 1989 verstärkte allerdings die Unzufriedenheit mit der Stagnation in Nordirland. Überall, selbst in Südafrika und dem Nahen Osten, kam Bewegung in vermeintlich festgefahrene Auseinandersetzungen; nur in Nordirland, so schien es, standen die Uhren still.

Der amerikanische Wissenschaftler William Zartman, der ethnische Konflikte in Afrika erforscht hat, spricht in diesem Zusammenhang von einem »schmerzenden Patt«, das einen Konflikt »reif« für eine Lösung mache. Tatsächlich setzte innerhalb der IRA eine Phase neuer Offenheit ein, gewissermaßen Glasnost auf irisch-republikanische Art. Auf dem Parteitag von *Sinn Fein* im Januar 1989 kritisierte Adams in aller Öffentlichkeit die IRA – ein noch wenige Jahre zuvor unvorstellbarer Vorgang. Die Organisation, so Adams, treffe mit ihren Aktionen zu viele Unschuldige und diskreditiere damit die republikanische Strategie insgesamt. In einem Thesenpapier gesteht Mitchel McLaughlin (damals Vorstandsmitglied von *Sinn Fein*) ein, daß die Partei an ihrem Ziel, eine »breite anti-imperialistische Front« zu bilden, klar gescheitert sei. Von einem Umdenken konnte zwar noch keine Rede sein, vom Nachdenken über traditionelle Positionen aber sehr wohl, einem Nachdenken über die Natur des Konflikts, die Rolle Londons und die Haltung zu den Unionisten in Nordirland.

Der bewaffnete Kampf als solcher stand zu diesem Zeitpunkt (noch) nicht zur Disposition. Die Organisation verlagerte ihre Aktionen mehr und mehr auf das britische Festland sowie auf britische Stützpunkte in ganz Europa (darunter auch solche der britischen Rheinarmee in Norddeutschland). Gemäß dem traditionellen Dogma, daß London ein strategisches Interesse an Nordirland habe, zielten die Operationen der IRA vor allem auf das britische Establishment, genau auf die Personengruppe also, die (nach republikanischer Sicht der Dinge) Nutzen und Kosten des Engagements in Nordirland miteinander abwog. Im Juli 1990 zum Beispiel tötete eine Autobombe den ehemaligen Staatssekretär und engen Vertrauten Thatchers, Ian Gow.

Im selben Monat legte ein Kommando der Organisation die Londoner Börse in Schutt und Asche.

Auch in Nordirland selbst spürte man wenig von der kritischen Bestandsaufnahme, der sich die republikanische Spitze unterzog. Die IRA erklärte ab Mitte der 80er Jahre alle Firmen und Personen, die mit Armee, Polizei oder Staat zusammenarbeiteten, zu legitimen Zielen. Auf einen Schlag wurde so aus dem Handwerker, der die Dachrinne eines Polizeireviers reparierte, ein gefährlicher Kollaborateur, dessen Tötung aus Sicht der IRA als Teil des Kampfes gegen die britische Besatzungsmacht zu rechtfertigen war. Die meisten Protestanten freilich betrachteten die neue Definition legitimer Ziele durch die IRA als pure Heuchelei, als Vorwand, protestantische Zivilisten zu ermorden. In den überwiegend katholischen Grafschaften Tyrone und Fermanagh handelte sich die IRA mit der systematischen Erschießung protestantischer »Kollaborateure« und Reservesoldaten gar den Verdacht ein, eine Kampagne ethnischer Säuberung zu betreiben.

Im Oktober 1990 machte die Organisation mit dem Einsatz sogenannter menschlicher Bomben weltweit Schlagzeilen. Mitten in der Nacht kidnappten Einheiten der IRA zeitgleich zwei Mechaniker, die für die Polizei arbeiteten, den Angestellten einer Armeekantine sowie deren Familien. Während Frauen und Kinder als Geiseln festgehalten wurden, zwang der Anführer der jeweiligen Zelle die Männer dazu, eine Autobombe in die Nähe von Kontrollpunkten der Polizei zu fahren. Andernfalls würden Frauen und Kinder hingerichtet. In zwei Fällen konnten sich die Männer wenige Sekunden vor der Explosion aus dem Auto retten; Patrick Gillepsie aus Londonderry aber kam durch die Bombe ums Leben. Außer ihm starben insgesamt sechs weitere Menschen. Das amerikanische Magazin *Time* bezeichnete die menschliche Bombe damals als »neueste und am meisten zu verachtende Waffe« der IRA.

Umdenken

Oberflächlich betrachtet änderte sich zu Beginn des neuen Jahrzehnts nur wenig. Einige Journalisten meinten sogar, aus dem Verhalten der IRA einen neuerwachten Fundamentalismus, eine Rückkehr zur Eskalation ablesen zu können. Tatsächlich war die Abwendung der IRA vom bewaffneten Kampf, die Entwicklung *Sinn Feins* hin zu einer »normalen« politischen Partei, im Jahr 1990 keineswegs vorprogrammiert. Der Anstoß zur völligen Abkehr von traditionellen Positionen kam letztlich von außen, vom SDLP-Vorsitzenden John Hume, aus Dublin und London.

Margaret Thatcher war im November 1990 Opfer einer parteiinternen Intrige geworden. Zu ihrem Nachfolger wählte das Unterhaus John Major, einen Pragmatiker, der in bezug auf Nordirland zwar als unbeschriebenes Blatt, im Gegensatz zu Thatcher allerdings ebenso als unbefangen galt. Major räumte seinem Nordirlandminister Peter Brooke die Freiheit ein, den Ballast der Thatcher-Ära abzuwerfen und neue Wege zu beschreiten. Brooke, dessen Familie zum Teil aus Irland stammt, arbeitete sich mit großem Eifer in die komplizierten Zusammenhänge des Konflikts ein. In einem Interview bekannte er später, er sei ein aufmerksamer Leser der *Sinn-Fein*-Zeitung *Republican News*. Wohl auch deshalb erkannte Brooke die vorsichtigen Signale der republikanischen Führung, die auf eine Überprüfung der bisherigen Strategie hindeuteten. Brooke wollte mit der Spitze der Bewegung in Kontakt treten, ohne dabei jedoch den eisernen Grundsatz der britischen Regierung zu opfern, daß direkte Gespräche zwischen IRA und britischer Regierung erst nach einem endgültigen Gewaltverzicht möglich seien. Brooke reaktivierte deshalb einen konspirativen Kontakt zu Martin McGuinness. Auf diesem Wege tauschten britische Regierung und IRA-Führung einige Jahre lang Standpunkte aus. Nach Ansicht Brookes war dies eine »vertrauensbildende Maßnahme«.

Im November 1990 ließ Brooke der IRA vorab den Text einer Ansprache zukommen, die der Nordirlandminister wenige Tage später bei einer Konferenz von Lebensmittel-Importeuren in London hielt. Diese Rede, so läßt sich im Rückblick mit Sicherheit sagen, beeinflußte die Richtung des Denkprozesses innerhalb der IRA ganz entscheidend. Die wichtigste Passage des Vortrags lautete: »Die britische Regierung hat kein egoistisches oder strategisches oder ökonomisches Interesse an Nordirland. Unsere Rolle besteht darin zu helfen, zu ermöglichen und zu ermutigen. Der Zweck britischer Präsenz ... ist, die demokratische Debatte und eine freie demokratische Entscheidung zu gewährleisten. Die Teilung [Irlands] ist ein Ausdruck der Wirklichkeit, nicht eine Bestätigung eines nationalen Interesses.«

Brooke griff mit seinen Worten die republikanische Doktrin, daß Großbritannien aus Eigeninteresse an der Teilung Irlands festhalte, direkt auf; zum ersten Mal erklärte ein britischer Nordirlandminister in glaubwürdiger Weise, daß London der Vereinigung Irlands nicht im Wege stehen werde, daß das Eintreten hierfür legitim sei. Gleichzeitig lenkte Brooke mit seiner Rede das Augenmerk der Republikaner auf die unionistische Bevölkerungsmehrheit in Nordirland, die von der Bewegung stets als »fünfte Kolonne« Londons betrachtet und ansonsten ignoriert worden war.

Parallel zu Brookes Bemühungen öffnete John Hume Anfang 1991 einen zweiten Kanal zur IRA. Unter strenger Geheimhaltung nahm der SDLP-Vorsitzende nach der Rede Brookes das Gespräch mit Adams auf; er begriff das große Interesse, das die Ansprache in republikanischen Kreisen gefunden hatte, als einmalige Chance, das Nachdenken über die Ausrichtung der Bewegung in eine bestimmte Bahn zu lenken, weg von der Fixierung auf London, hin zur Notwendigkeit einer friedlichen Übereinkunft zwischen Nationalisten und Unionisten in Nordirland. Hume hatte schon seit langer Zeit die Rolle Londons als die eines »ehrlichen Maklers« zwischen den Interessen der zwei Bevölkerungsgruppen in Nordirland definiert. Hume (Jahrgang 1937) kam, ähnlich wie Adams oder McGuinness, aus einer nordirischen Arbeiterfamilie. In Londonderry geboren und aufgewachsen, besuchte er nach Abschluß der Schule zunächst ein Priesterkolleg, wurde schließlich aber Lehrer. Als die Situation in Nordirland gegen Ende der 60er Jahre eskalierte, ging auch Hume an der Seite der katholischen Bürgerrechtler auf die Straße. Von Beginn an setzte Hume auf Dialog statt Konfrontation. Ein vereintes Irland, so sein politisches Credo, könne nur durch eine Einigung von Protestanten und Katholiken untereinander, niemals aber durch Zwang erreicht werden. In der 1970 gegründeten SDLP fungierte Hume zunächst als stellvertretender Parteichef, ab 1979 als Vorsitzender.

Die republikanische Sichtweise des Konflikts änderte sich nicht über Nacht. Doch der zeitgleiche Kontakt mit London und dem konstitutionellen Nationalisten Hume paarte sich mit der Bereitschaft, traditionelle Denkschemata einer Prüfung zu unterziehen und resultierte in einer Reihe bemerkenswerter Stellungnahmen, die Adams selbst später unter dem Terminus »neuer Realismus« zusammenfaßte. Brendan O'Brien, ein irischer Journalist, der über Jahre intensiven Kontakt zur Führung der IRA unterhielt, kommt zu folgender Einschätzung: Im Laufe des Jahres 1991 »wuchs ein Konsens an der Spitze [der IRA], daß Großbritannien nicht länger in Nordirland war, um eigene Interessen zu verfolgen, und überdies, daß Großbritannien nach einem Ausweg suchte«.

Schon wenige Tage nach seiner Ansprache konnte Brooke in den *Republican News* eine erste Einschätzung seiner Rede nachlesen: *Sinn Fein* erklärte in der Zeitschrift, daß London seine Kraft darauf verwenden solle, die Unionisten von der Vereinigung Irlands zu überzeugen, wenn es denn wahr sei, daß die Präsenz Großbritanniens nicht aus Eigennutz aufrechterhalten werde. Im Klartext: Wenn auch nur mittelbar, so zog die Partei eine neutrale Position Londons immerhin in Betracht. Außerdem erkannten die Ausführungen in *Republican News* indirekt auch die Zustimmung der Unionisten in Nordirland als Schlüssel zur Vereinigung beider Teile der Insel an.

Nur ein Jahr später bedurfte es keiner angestrengten Deutungsversuche mehr, um Anzeichen für die Orientierung an einer einvernehmlichen Lösung des Konflikts zu entdecken. Anfang 1992 veröffentlichte *Sinn Fein* ein Grundsatzdokument mit dem Titel »Towards a Lasting Peace« (Auf dem Weg zu einem dauerhaften Frieden), quasi einen Zwischenbericht über die interne Debatte an der Spitze der Bewegung. Der Kontrast zu den in »A Scenario for Peace« fünf Jahre zuvor vertretenen Auffassungen hätte kaum deutlicher sein können. Im neuen Papier hieß es: »Wir erkennen an, daß Frieden in Irland einer Lösung des langanhaltenden Konflikts zwischen irischem Nationalismus und irischem Unionismus bedarf. Wir sähen diesen, häufig blutigen, Konflikt gerne ersetzt durch einen Prozeß der nationalen Versöhnung, des konstruktiven Dialogs und der Diskussion. Die Unionisten haben demokratische Rechte, die in einem unabhängigen Irland nicht nur aufrechterhalten werden können, sondern müssen ... Diese demokratischen Rechte jedoch dürfen sich nicht zu einem Veto über die nationalen Rechte des irischen Volkes als Ganzem ausdehnen.«

Die traditionelle Position zur Einheit der irischen Nation blieb also bestehen, diesmal aber eingebettet in die Wahrnehmung unionistischer Sorgen und Ängste. Zum ersten Mal verzichtete *Sinn Fein* außerdem auf die Forderung nach einer einseitigen Rückzugserklärung Londons als Bedingung für ein Ende des bewaffneten Kampfs. Jim Gibney, ein Vordenker aus dem Vorstand *Sinn Fein*s, erklärte wenig später, daß »wir wissen und akzeptieren, daß der Abzug Großbritanniens einer ausgedehnten Periode des Friedens folgen und das Ergebnis von Verhandlungen sein wird«. Die Republikaner, so die unmißverständliche Botschaft, waren bereit, auf dem Weg zu einem vereinigten Irland einen Kompromiß zu schließen.

Die Waffen streckte die IRA deshalb freilich nicht. Auch wenn sich die Gruppe um Adams ideologisch bereits vom Gedanken verabschiedet hatte, ein vereintes Irland »herbeizubomben«, so wollte man dennoch mit dem größten Pfund der Bewegung, dem Waffenarsenal der IRA, in taktischer Weise wuchern. Adams verriet dem Autor Brian Rowan vieldeutig, er sei der Auffassung, die britische Regierung werde »sich soweit bewegen, wie wir sie treiben«.

Hinzu kam noch etwas anderes: Das Umdenken in bezug auf die Natur des Konflikts beschränkte sich bis dahin fast ausschließlich auf den Führungskreis der Bewegung. Adams' Gruppe plagten Zweifel, ob die Botschaft bereits bis zur Basis durchgesickert sei. Im schlimmsten Fall, so fürchteten die Modernisierer, würde Adams die Bereitschaft, einen Kompromiß gutzuheißen, als Verrat ausgelegt. Einer Bewegung, deren Mythos nicht auf Siegen, sondern auf »heldenhaften Niederlagen« beruht, so die Überlegung, fiele es schwer, einem »faulen« Kompromiß zuzustimmen, wenn Generationen von *Volunteers* zuvor mit ihrem Leben für die Durchsetzung des absoluten Ideals bezahlt hatten. Wie ein Schatten begleitete Adams das Beispiel von Michael Collins, der 1921 in Verhandlungen mit dem britischen Premierminister die Teilung der Insel besiegelt hatte, so die Bewegung gespalten hatte und schließlich von einstigen Kampfgefährten erschossen worden war.

Deklaration

So sehr die politisch Verantwortlichen in Dublin, Belfast und London die andauernde Gewalt mißbilligten, politisch ging es darum, der Bewegung eine goldene Brücke an den Verhandlungstisch zu bauen. Konkret: Die Republikaner müßten den bewaffneten Kampf für beendet erklären können, ohne daß ein solcher Schritt als Kapitulation gedeutet werden könne.

John Hume hatte die entscheidende Idee. Sein Plan sah vor, mit Adams ein Dokument abzustimmen, das anschließend von den Regierungschefs in London und Dublin als Grundsatzerklärung zu Nordirland öffentlich verabschiedet werden würde. Eine solche Deklaration, so die Vorstellung Humes, könnte die IRA letztlich dazu bewegen, die Waffen niederzulegen, und es ihr ermöglichen, ohne Gesichtsverlust in offizielle Verhandlungen über ein Friedensabkommen einzutreten.

Zwischen den Positionen der britischen Regierung und der Gerry Adams' lagen allerdings nach wie vor Welten. Eine Grundsatzerklärung, so die Überzeugung aller Beteiligten, müßte eine für beide Seiten akzeptable Interpretation des Konflikts enthalten. Doch an diesem Punkt schieden sich die Geister. Einerseits beharrte London auf dem Konsensprinzip, also der Einwilligung der (unionistischen) Bevölkerungsmehrheit in Nordirland als Voraussetzung für ein vereintes Irland. Dagegen aber stand die republikanische Auffassung von der historischen und geographischen Einheit Irlands als Grundlage für die Selbstbestimmung der »irischen Nation«, die durch keine Minderheit (d. h. die nordirischen Unionisten) blockiert werden dürfe.

Der umtriebige SDLP-Vorsitzende pendelte (streng konspirativ) als Mittelsmann zwischen Dublin und Belfast, um immer neue, korrigierte Versionen eines Deklarationsentwurfs mit Adams und dem irischen Premier Albert Reynolds abzustimmen. Reynolds, ein hemdsärmeliger politischer Seiteneinsteiger, der mit Spielautomaten und Diskotheken ein Vermögen gemacht hatte, begeisterte sich schnell für das ehrgeizige Projekt.

Im Juni 1992 ließ *Sinn Fein* dem irischen Premier ein »Abschlußdokument« zustellen, das die Zustimmung des IRA-Armeerats gefunden hatte. Der Text hob die Notwendigkeit von Versöhnung und Kooperation beider Traditionen auf der Insel hervor. Die eigentliche Sensation jedoch bestand darin, daß die republikanische Bewegung, gleichsam in einem Bruch mit ihrer Geschichte, Ideologie und Denkweise, dem Vetorecht nordirischer Unionisten im Prinzip zustimmte. In Abschnitt fünf hieß es: »Der Taoiseach [der irische Ministerpräsident] ... akzeptiert, daß das demokratische Selbstbestimmungsrecht des irischen Volkes als Ganzes durch Übereinkunft und Zustimmung der Menschen in Nordirland erreicht und ausgeübt werden muß ...« *Sinn Fein* hob damit, zumindest rhetorisch, den Widerspruch zwischen beiden Prinzipien auf. Aus dem verhaßten »unionistischen Veto« wurde eine für Republikaner akzeptable Konzession der irischen Nation an die Minderheit im Norden. Im Gegenzug, so der Entwurf, müsse sich die britische Regierung dazu verpflichten, »all ihren Einfluß und ihre Energie darauf zu verwenden, die Zustimmung der Mehrheit in Nordirland [zu einem vereinten Irland] ... zu gewinnen«.

Reynolds erkannte das Potential des Entwurfs von *Sinn Fein*. Ein britischer Premierminister aber, so wußte der Regierungschef, konnte dieses »grüne«, d.h. nationalistisch gefärbte Dokument in der von *Sinn Fein* vorgelegten Form nicht akzeptieren, weniger noch die Unionisten in Nordirland. Der irische Premier beauftragte deshalb einen hohen Beamten, direkte, streng vertrauliche Gespräche mit Adams aufzunehmen, um weiter an dem Entwurf zu feilen. Reynolds ging mit der konspirativen Initiative ein großes politisches Risiko ein; die Verhandlungen mit Adams brachten aber kaum Fortschritte. Der *Sinn-Fein*-Präsident wollte Reynolds und Major in der Deklaration auf einen konkreten Zeitraum festlegen, innerhalb dessen der Überzeugungsprozeß der Unionisten abgeschlossen sein, die Vereinigung Irlands vollzogen werden müsse. Reynolds dagegen lehnte solches als unrealistisch ab, sprach vage von »mindestens einer Generation« oder gar 40 Jahren. Zu allem Übel stürzte Reynolds' Regierung im Oktober 1992. Eine neue Koalition brachte Reynolds nach langem Gezerre ins Amt zurück. Das Hin und Her verzögerte aber jeden Fortschritt im Gespräch mit Adams um Monate.

Trotzdem, aus der Zusammenarbeit zwischen Adams und Hume sowie zwischen Adams und Reynolds erwuchs nach und nach echtes Vertrauen, sozusagen eine Art Partnerschaft aller irisch-nationalistischen Kräfte. Die so entstandene Abstimmung zwischen SDLP, Republikanern und irischer Regierung wurde zur wichtigen Voraussetzung für den allmählich beginnenden Friedensprozeß: Die Kooperation durchbrach die jahrzehntelange Ausgrenzung *Sinn Feins* und damit die Isolation der republikanischen Bewegung insgesamt. Adams konnte sich jetzt darauf verlassen, daß Hume und die Regierung in Dublin kein Abkommen mit London schließen würden, ohne sich vorher mit *Sinn Fein* abgesprochen zu haben. Die Angst, von London umgangen oder »ausgetrickst« zu werden, hatten Hume und Reynolds also gebannt, auch wenn die Diskussionspartner bis dato keine Einigung in der Sache erzielt hatten.

Mit der IRA über eine Resolution zu verhandeln, ohne daß ein Gewaltverzicht direkt zur Diskussion stand, kam zu Beginn des Jahres 1993 einem politischen Himmelfahrtskommando gleich. Die breite Öffentlichkeit, in Großbritannien wie in Irland, stand der IRA so feindselig gegenüber wie selten zuvor. Im März zündete ein IRA-Sprengsatz im Mülleimer eines Einkaufszentrums in Warrington, nahe Liverpool. Der Anschlag tötete zwei Kinder. Wenig später, am 24. April, richtete eine 1000-Kilo-Bombe im Finanzzentrum Londons einen Sachschaden in Höhe von umgerechnet drei Milliarden Mark an – mehr als die seit 1969 in Nordirland von allen Paramilitärs verursachte Schadenssumme zusammengenommen.

Reynolds forcierte die Initiative »Jetzt erst recht«. Im Juni übergab der irische Premier einem eigens nach Dublin gereisten Staatssekretär Majors eine modifizierte Version der geplanten Deklaration. Reynolds' Anliegen stieß bei Major zunächst auf taube Ohren. Die Mehrheit von Majors konservativer Partei war bei den Unterhauswahlen Mitte 1992 bis auf wenige Abgeordnete geschrumpft. Um die Ratifizierung des Maastricht-Vertrags im Juli 1993 sicherzustellen, benötigte der britische Premier daher dringend die Unterstützung der nordirischen Unionisten im britischen Parlament. Viele Kommentatoren vertraten damals die Auffassung, daß Major seine Unabhängigkeit in bezug auf Nordirland diesem politischen Kuhhandel geopfert habe.

Major erklärte nach einem weiteren Anschlag der IRA, der das Leben von neun Zivilisten forderte, daß ihm übel werde, wenn er an ein Gespräch mit Adams auch nur denke. Wenige Tage später enthüllte die Zeitung *Observer* den geheimen Kanal der britischen Regierung zu McGuinness. Die für Major zunächst peinliche Situation erwies sich im Rückblick als echter Befreiungsschlag. Die Unionisten im Unterhaus wollten dem neuen Nordirland-Minister, Sir Patrick Mayhew, das Mißtrauen aussprechen lassen, weil er den Kontakt mit McGuinness nicht abgebrochen hatte. Das Unterhaus aber unterstützte mit überwältigender Mehrheit den amtierenden Minister. Der britische Premier schöpfte aus dem Votum neues Selbstbewußtsein – die Verhandlungen über die Deklaration gingen weiter.

Bei einem Treffen der beiden Regierungschefs Ende November gab Major dem Drängen Reynolds nach. Die Politiker einigten sich auf einen Text, der den Titel »Gemeinsame Deklaration für den Frieden« trug und am 15. Dezember 1992 vor dem Amtssitz des britischen Premierministers der Öffentlichkeit vorgestellt wurde. So entstand die *Downing-Street-Deklaration*, eine Erklärung, die auf dem Weg zur Unterzeichnung des Friedensabkommens vom April 1998 einen Meilenstein markierte.

Nur wenigen Beobachtern erschloß sich die Bedeutung dieses Dokuments auf Anhieb. Im wichtigsten Teil der Deklaration erklärt der britische Premierminister: »Die britische Regierung ist damit einverstanden, daß es ausschließlich an den Menschen der Insel Irland ist, in jeweiliger Übereinstimmung der zwei Teile ihr Selbstbestimmungsrecht auf der Basis von Konsens auszuüben, frei und gleichzeitig in Nord und Süd gegeben, [um] ein vereintes Irland herbeizuführen, wenn dies ihrem Willen entspricht.« Im Prinzip schloß sich der britische Premier damit der Analyse *Sinn Feins* an. Die Deklaration leitete das Konsensprinzip aus dem Selbstbestimmungsrecht der »territorialen Einheit« Irland ab, nicht umgekehrt. Auf ein Zeitlimit zum Vollzug irischer Selbstbestimmung legte das Dokument die Regierungschefs allerdings nicht fest; und auch von der Forderung an London, die Unionisten aktiv von einem vereinten Irland zu überzeugen, blieb nur die Formulierung übrig, daß beide Regierungen die notwendigen Schritte unternehmen würden, wenn »in Zukunft die Mehrheit der Menschen in Nordirland [von einem vereinten Irland] überzeugt sein würde«.

Waffenstillstand

Für die republikanische Basis, die vom komplizierten Entstehungsprozeß des Dokuments keine Ahnung hatte, war die Deklaration eine herbe Enttäuschung. Das Papier enthielt keinen konkreten Hinweis auf ein Ende »britischer Besatzung« in den sechs Grafschaften. Nach Meinung vieler Aktivisten gab es keinen Grund, die Waffen niederzulegen. Es dauerte weitere acht Monate, bis die Modernisierer um Adams, Gibney und McGuinness ihre Anhänger davon überzeugt hatten, daß der von Major und Reynolds angestoßene Prozeß die einzige Chance auf wirklichen Fortschritt bot. Kein Zweifel, daß Adams die Unzufriedenheit der Basis dazu nutzte, den Regierungschefs in London und Dublin weitere Zugeständnisse zu entlocken. Das eigentliche Problem aber bestand darin, daß ein unverzügliches Umschwenken auf eine rein politische Strategie – das Ende des bewaffneten Kampfs – die sichere Spaltung der Bewegung und damit den Rückfall in den Fundamentalismus der 70er Jahre zur Folge gehabt hätte.

Während Adams mit der Gründung sogenannter Friedenskommissionen den internen Diskussionsprozeß vorantrieb, ergriffen Politiker außerhalb der Bewegung jede Möglichkeit, um den »Tauben« innerhalb der Bewegung den Rücken zu stärken. Eine wichtige Rolle spielte dabei die Lobby der irischen Minderheit in Amerika. Anfang des Jahrzehnts hatte sich in New York eine neue Gruppe irisch-amerikanischer Geschäftsleute und Politiker formiert, die sich zum Ziel setzte, die amerikanische Regierung zu einer aktiveren Rolle im Nordirland-Konflikt zu bewegen. Präsident Bill Clinton, der seine Wahl im November 1992 nicht zuletzt den Stimmen der circa 40 Millionen Nachkommen irischer Einwanderer verdankte, schenkte der Gruppe ein offenes Ohr. Im Februar 1994 entschied Clinton gegen den heftigen Widerstand der britischen Regierung, Adams ein Visum für einen zweitägigen Besuch in den USA zu gewähren. Die große Aufmerksamkeit, die Adams bei seinem kurzen Besuch in den Vereinigten Staaten gewidmet wurde, beeindruckte zweifellos auch die (noch) skeptischen Republikaner in Nordirland. Einen Monat später drängte Clinton die IRA in seiner traditionellen Ansprache zum irischen Nationalfeiertag, »Frieden zu wagen«, d.h. die Waffen niederzulegen. Auch London und Dublin bemühten sich, positive Signale auszusenden. Die Botschaft lautete: Alles ist möglich, wenn die IRA nur endlich einen dauerhaften Waffenstillstand erklärt.

Obwohl sich die Stimmung nach und nach zugunsten eines Waffenstillstands wandelte, herrschte an der Spitze der republikanischen Bewegung noch große Unsicherheit. Adams bezog deshalb ausdrücklich bekennende Hardliner sowie Vertreter der republikanischen Häftlinge im Maze-Gefängnis in die Entscheidung mit ein. Als Anfang Juli noch immer kein Entschluß gefallen war, schrieb Reynolds einen Brief an den Armeerat der IRA, in dem er mit deftigen Worten seiner Frustration über das Zögern der Organisation Luft machte. Der irische Premier drohte angeblich sogar damit, die Friedensinitiative fallenzulassen, würde die IRA nicht bis Anfang September einen unbegrenzten Waffenstillstand ausrufen.

Das Schreiben zeigte Wirkung. Am 31. August gab die Organisation das Ende aller bewaffneten Aktionen bekannt:

»Angesichts des Potentials der derzeitigen Situation, um den demokratischen Prozeß voranzutreiben und um unsere Verpflichtung zu seinem Erfolg zu unterstreichen, hat die Führung der IRA entschieden, ab 31. August, Mitternacht, alle militärischen Operationen komplett einzustellen ... Wir stellen fest, daß die *Downing-Street-Deklaration* keine Lösung ist; sie wurde von ihren Verfassern auch nicht als solche dargestellt. Eine Lösung kann nur durch inklusive Verhandlungen [d. h. mit *Sinn Fein*] gefunden werden.« Nordirland atmete auf. Die Zeitungen titelten enthusiastisch mit Schlagzeilen wie »Nach 25 Jahren: Der Krieg ist vorbei« *(Belfast Telegraph)*. In allen Teilen der Provinz wurde das Ereignis ausgelassen gefeiert.

Ein Papier, das im Sommer 1994 innerhalb der republikanischen Führung zirkulierte, beschreibt die Beweggründe für die Entscheidung, die Waffen niederzulegen: »Unsere Ziele haben sich nicht geändert: Eine vereinigte demokratische sozialistische Republik aus 32 Grafschaften ... Die Führung ist der Auffassung, daß es ausreichend Anzeichen dafür gibt, daß der Kampf jetzt beträchtlich durch Schaffung eines substantiell politischen Moments vorangebracht werden kann ... Clinton ist möglicherweise der erste US-Präsident seit Jahrzehnten, der entscheidend von einer [mächtigen irisch-amerikanischen] Lobby beeinflußt wird ... Zum ersten Mal seit 25 Jahren rudern alle wichtigen irisch-nationalistischen Parteien in etwa dieselbe Richtung. Es ist unwahrscheinlich, daß diese Umstände in voraussehbarer Zukunft wieder zutreffen werden.«

Die Epoche des Langen Krieges, die Hoffnung, London durch eine Strategie der Zermürbung dazu bringen zu können, Nordirland den Rücken zu kehren, war damit klar beendet. Doch was sollte an seine Stelle treten?

Verlorene Jahre

Die Durchsetzung eines Waffenstillstandes in einer Untergrundorganisation ist keine leichte Aufgabe. Auch wenn paramilitärische Einheiten gerne den Eindruck einer quasi-legitimen Armee erwecken möchten, so basiert die Motivation von Paramilitärs nicht auf dem monatlich ausbezahlten Sold, sondern vor allem auf einem gemeinsamen Ideal. Sozialwissenschaftliche Studien belegen außerdem, daß in beinahe jeder Untergrundorganisation ein sogenanntes Hooligan-Element vertreten ist, es also junge Männer gibt, die einen Vorwand suchen, um ihre Frustrationen abzureagieren. Es ist deshalb naiv, davon auszugehen, daß ein Befehl, alle militärischen Aktionen einzustellen, konsequent, widerspruchslos und diszipliniert von der gesamten Organisation befolgt werden würde. Natürlich kannte die Führung der IRA dieses Problem. Die Gruppe um Adams und McGuinness hatte nicht zuletzt deshalb die Führung der IRA an sich gerissen, weil der Waffenstillstand von 1975 in blutigen Fehden mit Rivalen aus dem eigenen Lager sowie der wahllosen Ermordung von Protestanten geendet und damit die Glaubwürdigkeit der Bewegung insgesamt in Frage gestellt hatte. Dieser Fehler sollte sich diesmal nicht wiederholen.

Noch vor Beginn des Waffenstillstandes organisierte das Hauptquartier der IRA in jedem Bataillon der Organisation eine Gruppe »schlagkräftiger« Hardliner, die mit der Aufgabe betraut wurden, die Einhaltung der Waffenruhe zu überwachen. In der Praxis hatte die interne Polizeitruppe die Aufgabe, bei Treffen von Skeptikern anwesend zu sein und mit Konsequenzen zu drohen, sollte es nicht bei verbaler Kritik an der Waffenruhe bleiben. Kam es dennoch zum Versuch, die Order des Armeerats zu brechen, dann wurde die Gruppe handgreiflich und verprügelte die Abtrünningen mit Eisenstangen oder durchschoß ihre Gliedmaßen.

Die Führung erkannte, daß es der Moral langfristig schaden

würde, wollte sie die Organisation einzig durch Einschüchterung auf Kurs halten. Aus diesem Grund verstärkte man mit dem Ausrufen des Waffenstillstands die Rolle der sogenannten Ziviladministration *Sinn Feins*. *Volunteers*, die zuvor an Überfällen auf Polizeireviere beteiligt waren, nahmen nun, stärker als zuvor, die Rolle der Polizei in katholischen »Ghettos« wahr. Das Knieschießen jugendlicher Autodiebe in West-Belfast wurde somit zum Ventil für das Gewaltpotential des Hooligan-Elements innerhalb der IRA.

Zur kompletten Einstellung aller gewalttätigen Aktivitäten kam es also auch während des Waffenstillstandes nicht. Unionistische Politiker behaupten sogar, daß eine Waffenruhe der IRA niemals existiert habe. Die Einheiten der Organisation hätten statt dessen ihre Aktionen unter anderem Namen fortgeführt. Tatsächlich gibt es Hinweise darauf, daß *Volunteers* der IRA in Anschläge der kleinen Splittergruppe INLA verwickelt waren, die sich dem Waffenstillstand der IRA nicht angeschlossen hatte. Plötzlich trat außerdem eine Gruppe in Erscheinung, die sich *Direct Action Against Drugs* (Direkte Aktion gegen Drogen, DAAD) nannte und gegen den von loyalistischen Paramilitärs organisierten Drogenhandel vorging. Die RUC vertritt die Ansicht, daß es sich bei DAAD um einen bloßen Tarnnamen der IRA handelt.

Stillstand

Die Waffenruhe der IRA kam für die britische Regierung ebenso überraschend wie für die Menschen in Nordirland. Keiner wollte anfangs glauben, daß die IRA den bewaffneten Kampf tatsächlich für einen Friedensprozeß mit ungewissem Ausgang zur Disposition stellen würde. Die Journalistin Suzanne Breen kommentierte die Waffenruhe der IRA in der Zeitschrift *Fortnight* überrascht: »Wenn *Sinn Fein* nicht einen geheimen Handel mit der britischen Regierung abgemacht hat ..., dann hat die IRA ihre Kampagne beendet, ohne ihr Ziel erreicht zu haben. Sie hätte außerdem den konstitutionellen Nationalismus als Weg nach vorn akzeptiert.«

Am 13. Oktober 1994 zogen die loyalistischen Paramilitärs von UDA und UVF mit der IRA gleich und verkündeten die sofortige Einstellung aller militärischen Aktionen. In ihrer Stellungnahme allerdings gaben die Loyalisten ihrem Mißtrauen gegenüber der IRA Ausdruck: »Die Dauer unseres Waffenstillstandes hängt vollkommen vom Ende nationalistischer bzw. republikanischer Gewalt ab; die alleinige Verantwortung für eine Rückkehr zum Krieg liegt bei ihnen.« Auch die britische Regierung zögerte. Major bemängelte das Fehlen des Wortes »permanent« in der Erklärung der IRA. Erst Ende Oktober, nachdem bereits zwei Monate der Waffenruhe verstrichen waren, rang sich der britische Premier zur »Arbeitshypothese« durch, daß von einer dauerhaften Einstellung des bewaffneten Kampfes auszugehen sei. Ende des Jahres trafen sich Vertreter von *Sinn Fein* und der britischen Regierung daraufhin zu ersten Sondierungsgesprächen. Der Weg an den Verhandlungstisch kam also in Gang, wenn auch schwerfälliger als von vielen Republikanern erwartet.

Zweifel blieben, vor allem bei Nordirlands Unionisten. So entstand eine Forderung, die bis heute die Nagelprobe einer friedlichen Einigung ist: die Entwaffnung der Paramilitärs. David Trimble, ab Mitte 1995 Vorsitzender der größten protestantischen Partei UUP, vertrat die Auffassung, daß die IRA zunächst ihre Waffen unbrauchbar machen müsse, bevor ihrem politischen Flügel *(Sinn Fein)* ein Platz am Verhandlungstisch eingeräumt werden dürfe. Verhandlungen über ein Friedensabkommen, so Trimble, müßten »auf gleicher Augenhöhe« stattfinden, nicht mit der versteckten Drohung einer Rückkehr zum Terror. Die Abrüstung des militärischen Arsenals sei »eine Art Lackmus-Test«, ob es die IRA mit einem Ende des bewaffneten Kampfes wirklich ernst meine. Die Republikaner freilich dachten nicht im geringsten daran, ihre »Verhandlungsmacht«, die prall gefüllte Waffenkammer der IRA, dem Feind auszuhändigen.

Führende Republikaner haben im Laufe der seit mittlerweile drei Jahren schwelenden Diskussion zahlreiche Gründe angeführt, weshalb die IRA »nicht eine Patrone« abgeben wird, bevor nicht eine dauerhafte Lösung für den Konflikt gefunden ist. »Vorweggenommene Abrüstung«, so *Sinn-Fein*-Vorstandsmitglied Francie Molloy, sei gleichbedeutend mit »vorweggenommener Kapitulation« und würde eine Spaltung der Bewegung geradezu provozieren. In der Geschichte des irischen Republikanismus gebe es keine »Tradition« der Abrüstung. Waffen seien nach dem Ende einer Kampagne stets versteckt, nie aber der anderen Seite übergeben worden. Auch in Südafrika oder dem Nahen Osten habe eine solche Vorbedingung für die Teilnahme an Friedensverhandlungen nicht existiert.

Ein zentrales Argument der Republikaner war jedoch formaler Art. *Sinn Fein* vertrete als eigenständige politische Partei eine beträchtliche Zahl von Menschen in Nordirland, habe ein öffentliches Mandat und könne deshalb nicht ohne weiteres von Verhandlungen ausgeschlossen werden. Im übrigen gebe es zwar Kontakte *Sinn Fein*s zur IRA, die Partei aber könne nur begrenzten Einfluß auf den Kurs der Paramilitärs ausüben. So erklärte Molloy: »Wir [*Sinn Fein*] haben die Waffen nicht. Wir haben keine Kontrolle über sie und können sie auch nicht abgeben.« Die Unterscheidung zwischen dem politischen Arm der Bewegung einerseits und dem militärischen andererseits sorgte auf unionistischer Seite für ungläubiges Staunen. Zu den wenigen Gewißheiten im Nordirland-Konflikt hatte stets gezählt, daß *Sinn Fein* von IRA-Aktivisten dominiert wird und auch sonst »unter Kontrolle der Armee« (so der »Staff Report« der IRA von 1977) steht. Nur unter dieser Prämisse war der 1990 begonnene Dialog britischer und irischer Regierungsvertreter mit (*Sinn-Fein*-Präsident) Adams als sinnvoll erachtet worden.

Der Streit um die Frage, ob und wann die IRA ihre Waffen abzugeben hätte, geriet zum Hemmschuh für jeden weiteren

Fortschritt. Nordirlandminister Mayhew wiederholte im März 1995 die Position der britischen Regierung: »Die IRA existiert noch immer, verfügt noch immer über ihr Arsenal, rekrutiert und trainiert, wirbt um Spenden und führt noch immer Strafaktionen aus.« Deswegen, so Mayhew, führe kein Weg daran vorbei, daß die IRA vor dem Beginn von Friedensgesprächen zumindest einige Waffen als Zeichen guten Willens verschrotte und während der Verhandlungen den Abrüstungsprozeß fortsetze.

An der republikanischen Basis artikulierte sich indes – mehr als ein halbes Jahr nach Ausrufung des Waffenstillstands – erster Unmut über den politischen Kurs der Bewegung. Seit der Einstellung aller militärischen Aktionen habe man nichts erreicht. *Sinn Fein* sei von einer Teilnahme an All-Parteiengesprächen weiter entfernt als jemals zuvor. Adams kommentierte den politischen Stillstand in einem Interview mit dem Journalisten David McKittrick erbost: Man solle nicht glauben, die IRA »sei plötzlich verschwunden«. Auch Gerald Kelly, ein ehemaliger *Volunteer*, der im Laufe der Jahre zum bedeutenden Strategen innerhalb *Sinn Fein*s avancierte, verband seine Enttäuschung über den Leerlauf auf politischer Ebene mit der unterschwelligen Drohung einer Rückkehr zur Gewalt: »Die IRA ist über Nacht keinesfalls eine Gruppe wiedergeborener Pazifisten geworden.« Im September schließlich veröffentlichte die IRA selbst eine Stellungnahme. Darin hieß es: »Das ganze Abrüstungs-Thema ist eine bewußte Ablenkung und Hinhaltetaktik der britischen Regierung, die wider Treu und Glauben handelt. John Majors Regierung weiß genug über anglo-irische Geschichte, um zu verstehen, daß es keine Möglichkeit der Entwaffnung gibt, außer als Teil eines ausgehandelten Abkommens.«

Die Hauptakteure – britische Regierung, Unionisten und Republikaner – hatten den Friedensprozeß in eine Sackgasse manövriert. Es schien, als ticke längst eine unsichtbare Uhr, als sei ein Ende der Waffenruhe unabwendbar, nur eine Frage der Zeit. Sir Hugh Annesley, damals Chef der RUC, vermutet in einem Interview mit der BBC, die Entscheidung der IRA, den Waffenstillstand zu brechen, sei »in der zweiten Hälfte des Jahres 1995« gefallen.

Daß die Waffenruhe dennoch das Jahresende überdauerte, hängt zweifellos mit der Intervention des amerikanischen Präsidenten zusammen. Clinton handelte, wie schon beim Zustandekommen der Waffenruhe, als Signalgeber, der nicht offen intervenierte, die Entwicklung aber aufmerksam verfolgte und in kritischen Situationen bereitstand, um dem Friedensprozeß neuen Schwung zu verleihen und die Position der »Tauben« in beiden Lagern zu festigen. Ende November 1995 stattete Clinton der Unruheprovinz einen Besuch ab. Auf dem Rathausplatz in Belfast wurde der amerikanische Präsident von einer johlenden Menge als Friedensstifter gefeiert. Anschließend spazierte Clinton durch die katholischen Falls und traf dort »zufällig« auf Adams. Die beiden Männer machten Small talk und schüttelten einander freundlich die Hände. Diese vermeintlich belanglose Geste war von großer Symbolkraft. Während der britische Premierminister noch immer jede Begegnung mit Adams aus Rücksicht auf die Unionisten mied, bekundete der mächtigste Mann der Welt offen seine Anerkennung für den Anführer einer Untergrundbewegung und gab den Republikanern damit zu verstehen, daß Washington die politische Strategie Adams' nach wie vor unterstützte.

Mit Clintons Besuch im Nacken starteten Major und der neue irische Regierungschef Bruton im November eine neue politische Initiative, um den seit Monaten gärenden Konflikt um das Waffenarsenal der IRA zu beheben. Sie kündigten die Einsetzung einer unabhängigen internationalen Kommission an, die Vorschläge zur Abrüstung der Waffen erarbeiten sollte. Der Ausschuß unter Vorsitz des ehemaligen amerikanischen Senators George Mitchell hörte in den folgenden acht Wochen Vertreter der Parteien, Regierungen und religiöse Würdenträger. Im Abschlußbericht Ende Januar 1996 heißt es: »Es gibt eine eindeutige Verpflichtung derjenigen, die im Besitz von Waffen sind, konstruktiv daran mitzuwirken, eine vollständige und nachprüfbare Entwaffnung als Teil von All-Parteienverhandlungen zu erreichen; diese Verpflichtung jedoch schließt nicht die Entwaffnung vor Beginn solcher Verhandlungen ein ... Wir sind zu dem Schluß gekommen, daß paramilitärische Organisationen vor dem Start von All-Parteienverhandlungen nicht abrüsten werden.« Außerdem stellte der »Mitchell-Report« Grundsätze auf, an die sich alle Verhandlungsteilnehmer halten müßten, darunter den Einsatz »demokratischer und ausschließlich friedlicher Mittel« zur Lösung politischer Probleme, die vollständige Entwaffnung der Paramilitärs sowie das Ende von Strafaktionen. Adams begrüßte den Bericht. Obwohl die Einhaltung der von Mitchell genannten Prinzipien der IRA ganz sicher große Schwierigkeiten bereiten würde, hatte Mitchell nicht – wie Whitelaw einige Monate zuvor – die Entwaffnung der Paramilitärs als Vorbedingung für den Beginn von Verhandlungen gefordert.

Major allerdings entschied, Mitchells Schlußfolgerung zu ignorieren – der britische Premier kündigte statt dessen die Wahl einer Nordirland-Versammlung an, die den Fortgang von All-Parteiengesprächen begleiten sollte, eine Möglichkeit, die Mitchell am Rande – im 56. Abschnitt seines Papiers – erwähnt hatte. Für Adams, wie auch für Hume und Bruton, war dieser Vorschlag inakzeptabel; sie reagierten enttäuscht und wütend. Die Wahl einer Regionalversammlung würde den Beginn von All-Parteiengesprächen in der ohnehin prekären Situation um mindestens zwei weitere Monate verschieben. Hume beschuldigte Major daraufhin im Unterhaus, daß seine Aufmerksamkeit »wohl vor allem den neun Stimmen der UUP [im britischen Parlament] und nicht dem Friedensprozeß« gelte. Und tatsächlich: Majors Mehrheit im Unterhaus hatte sich durch verlorene Nachwahlen und Parteiübertritte nach und nach auf eine einzige Stimme reduziert.

Die Antwort der IRA auf die politische Stagnation war unmißverständlich: Am 9. Februar 1996 explodierte ein Sprengsatz im Londoner Stadtteil Docklands, der zwei Menschen tötete und ca. 250 Millionen Mark Sachschaden verursachte. Gleichzeitig veröffentlichte die IRA eine Stellungnahme: »Die Führung von Oglaigh na hÉireann [der IRA] gibt bekannt, daß die vollständige Einstellung aller militärischen Aktionen ... endet. Immer wieder während der vergangenen 18 Monate wurden egoistische und sektionale Interessen im Londoner Parlament über die Rechte des irischen Volks gestellt ... Die Lösung des Konflikts in unserem Land verlangt nach Gerechtigkeit. Sie verlangt nach einem inklusiven [d. h. *Sinn Fein* einschließenden] verhandelten Abkommen.«

Taktischer Kampf

Die IRA hatte nach 526 Tagen des Waffenstillstands den bewaffneten Kampf wieder aufgenommen. Doch obwohl die Bilder der Zerstörung einander glichen, bedeutete das Ende der Waffenruhe nicht auch eine Rückkehr zum Langen Krieg, weniger noch zur Strategie einer ungezügelten Eskalation. Auch wenn der erste Anlauf auf dem Weg zu einer friedlichen Übereinkunft eindeutig fehlgeschlagen war, so hatte dies am prinzipiellen Umdenken der Republikaner nichts geändert. Auf der Tagesordnung stand nicht mehr die Erzwingung eines vereinten Irlands, sondern die Beteiligung an einem »inklusiven Abkommen«. Das heißt: Während der bewaffnete Kampf früher eine Einigung zwischen den konstitutionellen Parteien verhindern sollte, erfüllten dieselben Methoden jetzt die Aufgabe, *Sinn Fein* den Weg zum Verhandlungstisch zu bahnen. Die neue Strategie trug laut eines internen Dokuments die Bezeichnung »Tactical Use of Armed Struggle« (Taktischer Einsatz des bewaffneten Kampfs, TUAS). Der Bombe, die den Waffenstillstand beendete, fiel im Rahmen von TUAS der Rang einer »taktischen Intervention« zu. Der Sinn bestand in diesem konkreten Fall darin, den Fortgang politischer Ereignisse zu beschleunigen und gleichzeitig die Reihen innerhalb der IRA zu schließen.

Im Prinzip bestätigte sich mit TUAS der Verdacht, daß die republikanische Bewegung Gewalt (bzw. die Androhung von Gewalt) als Mittel zur Erreichung politischer Ziele einsetzen würde, solange sie über die Ressourcen dafür verfügte. Die zentrale Frage also lautete: Wollten die Republikaner tatsächlich Frieden oder würde die Ankündigung eines zweiten Waffenstillstandes nicht mehr als ein weiteres taktisches Manöver sein?

Die lange angekündigten All-Parteiengespräche begannen am 10. Juni 1996 ohne eine Waffenruhe der IRA und damit auch ohne *Sinn Fein*. Fünf Tage später, während der Fußball-Europameisterschaft in England, zündete in der Fußgängerzone von Manchester der größte Sprengsatz, den die IRA jemals auf dem britischen Festland zur Detonation gebracht hatte. Die Bombe bestand aus knapp 1500 Kilo eines Dünger-Diesel-Mix', der die gesamte Ladefläche eines Lastwagens einnahm. Die Explosion verwüstete das Stadtzentrum auf einer Fläche von 1,5 Quadratkilometern. Gegen Abend zählten die Rettungskräfte 200 Vewundete, viele darunter mit bleibenden Verletzungen.

Die neuerliche Kampagne der IRA, soviel wurde schon nach wenigen Wochen klar, konzentrierte sich auf England. Der eigentliche Adressat der Sprengsätze hieß John Major. Es schien, als versuche die IRA, durch Attentate auf dem britischen Festland genau das Maß an politischer Aufmerksamkeit von John Major zu erhalten, das die britische Regierung den Unionisten entgegenbrachte, da diese ihr die Mehrheit im Parlament sicherten.

In Nordirland bahnte sich indes – nur vier Wochen nach der Bombe von Manchester – ein Drama an, das die Provinz an den Rand der Unregierbarkeit brachte. Im Zentrum der Kontroverse standen die Paraden der protestantischen Orden, vor allem aber der Marsch des Oranier-Ordens durch eine hauptsächlich von Katholiken bewohnte Straße in Drumcree, einem Stadtteil von Portadown in der Grafschaft Armagh.

Seit mehr als zwei Jahrhunderten nehmen die Paraden protestantischer wie katholischer Orden im öffentlichen Leben Nordirlands einen festen Platz ein. In den vergangenen Jahren zählte die RUC jeweils über 3000 Paraden, 90 Prozent davon Märsche protestantischer Orden. Die Paraden sind meist im Umfeld historischer Gedenktage angesiedelt. Der für Protestanten wichtigste Tag ist der 12. Juli. Dann jährt sich der Sieg des protestantischen Königs Wilhelm von Oranien über den katholischen Herrscher James II. im Jahr 1690. Die Katholiken verstehen den Sieg Williams als Manifestation protestantischer Vormacht in Irland. Die Protestanten hingegen interpretieren das Ereignis als Rettung vor Vertreibung und Auslöschung durch die katholischen Truppen James II. Im Jahr 1795, mehr als ein Jahrhundert später, entstand der protestantische Oranier-Orden, der 1796 zum ersten Mal den Jahrestag am 12. Juli mit einer Parade beging. Die Oranier sind mit schätzungsweise 80 000 Mitgliedern der zahlenmäßig stärkste und wohl auch einflußreichste Orden in Nordirland. In einem Schwur verpflichtet sich jeder Oranier dazu, die »protestantische Religion zu lieben, aufrechtzuerhalten und zu verteidigen ...« sowie »den fatalen Irrtümern und Doktrinen der römischen Kirche unermüdlich entgegenzutreten«. Während die Paraden der Oranier jahrzehntelang weitgehend friedlich verliefen, kam es Mitte der 90er Jahre zu ersten Zusammenstößen; meist dann, wenn die traditionelle Route einer Parade durch ein katholisches Wohngebiet verlief. Die katholischen Anwohner betrachten die Paraden als Symbol der Unterdrückung, als Zeichen der Geringschätzung der katholischen Minderheit, zumal die Orchester des Ordens während ihrer Züge nicht selten militant anti-katholische Lieder spielen. Der Forderung, die Märsche auf andere Strecken umzuleiten, entgegneten die Oranier mit dem Slogan: »Wo Oranier nicht laufen können, dort können Protestanten nicht leben.« Ein Oranier aus der Grafschaft Tyrone faßt seinen Standpunkt so zusammen: »Die Paraden sind ein Zeichen dafür, daß wir uns nicht in die Knie zwingen lassen – trotz der Morde, der Kugeln, die durch unsere Briefkästen geschmissen werden, der Einschüchterung, der die Protestanten während der letzten 30 Jahre [durch die IRA] ausgesetzt waren.«

Die Marschroute in Drumcree führt von einer protestantischen Kirche durch die von Katholiken bewohnte Garvaghy Road in das Stadtzentrum von Portadown. 1994 war es erstmals zu Zusammenstößen zwischen katholischen Anwohnern und marschierenden Oraniern gekommen. Im darauffolgenden Jahr entschied die RUC aus Gründen der »öffentlichen Ordnung«, den Zugang zur Garvaghy Road für die Oranier zu sperren. Als der Orden sich dazu verpflichtet hatte, auf das Spielen traditioneller Lieder und auf anstößige Bemerkungen zu verzichten, ließ man die Oranier passieren. 1996 war keiner der Beteiligten mehr zu einem Kompromiß bereit. Am Abend des 7. Juli hatten sich mehr als 4000 Oranier an der Polizeiabsperrung versammelt. Im Laufe der folgenden zwei Tage wuchs die Zahl der Demonstranten in Drumcree auf 10 000 an. Die Provinz versank in Chaos und Gewalt: Überall in Nordirland brannten Autos. Loyalisten hatten Straßensperren errichtet, schnitten ganze Dörfer von der Außenwelt ab. Vier katholische Familien wurden aus ihren Häusern vertrieben. Fast 20 000 Sicherheitskräfte bemühten sich, die Gewalt einzudämmen sowie den Zugang zu Häfen und Flugplätzen der Provinz offenzuhalten. Für die Nacht vom 11. auf den 12. Juli rechnete die Polizei mit 60 000 Demonstranten in Drumcree, die mit Bulldozern die Absperrung der Polizei durchbrechen wollten. Schließlich fiel die Entscheidung, etwas mehr als tausend Oranier durch die Garvaghy Road marschieren zu lassen.

Der Vize-Präsident der SDLP, Seamus Mallon, sprach im Unterhaus wenige Tage später von einer Kapitulation der britischen Regierung vor den »Schlägern mit Schärpen, die wieder einmal ihren Willen dem ganzen Norden Irlands aufgezwungen« hätten. Ein protestantischer Priester bezeichnete den Juli 1996 als »Nordirlands Tschernobyl«: Die Hoffnung auf eine allmähliche Versöhnung von Protestanten und Katholiken, auf wachsendes Vertrauen der Katholiken in die Unvoreingenommenheit staatlicher Institutionen, hatte Drumcree innerhalb weniger Tage zunichte gemacht. Dem Marsch durch die Garvaghy Road am 11. Juli folgten vier Tage heftiger Straßenkämpfe zwischen katholischen Jugendlichen und den Sicherheitskräften.

Für Adams bewies das Verhalten der RUC, daß Katholiken in Nordirland weder Gleichberechtigung noch Demokratie oder Gerechtigkeit zu erwarten hätten. Wenige Tage später allerdings erfuhren die Menschen in Nordirland aus dem Fernsehen, daß die Konfrontation in Drumcree ausgezeichnet ins Kalkül der Republikaner paßte, daß die Auseinandersetzung in Drumcree Bestandteil der neuen Strategie war. Auf einer Sitzung *Sinn Feins*, die ohne Adams' Wissen von einem irischen Kamerateam dokumentiert wurde, äußerte der Parteivorsitzende gegenüber seinen Vorstandskollegen: »Ihr glaubt ja wohl nicht, daß diese Situation zufällig entstanden ist! Es hat vier Jahre harter Arbeit bedurft, um das Thema in unserem Sinne aufzubauen.« Der Politikwissenschaftler Henry Patterson deutet die Ausschreitungen folglich als integralen Bestandteil von TUAS: »Teil der Strategie, um Militante zu beschäftigen, während die Action und das ›Drama‹ des bewaffneten Kampfs fehlten, war eine Rückkehr zur ›Straßenpolitik‹ im Stil der 60er Jahre ..., eine Strategie des ›Zurückforderns‹ öffentlicher Gebäude und Raums für Nationalisten.«

Ganz nebenbei lieferte der Konflikt den Republikanern ein zusätzliches Argument gegen die Entwaffnung der IRA: Würde die IRA ihr Arsenal auflösen, dann wären die Katholiken Nordirlands der RUC und dem »loyalistischen Mob« hilflos ausgeliefert.

Den vorläufig letzten Versuch, dem festgefahrenen Friedensprozeß zu neuem Leben zu verhelfen, unternahm John Hume im Herbst 1996. Wieder hatte er sich mit Adams getroffen, wieder arbeiteten die beiden Politiker ein Dokument aus, das dem britischen Premier präsentiert werden sollte. Wenn Major den Republikanern die sofortige Teilnahme an den All-Parteiengesprächen garantieren würde, so das Angebot, dann würde die IRA noch am selben Tag eine neue Waffenruhe erklären. Außerdem würde Adams die Bewegung öffentlich auf Einhaltung der von Mitchell niedergelegten Grundsätze verpflichten, darunter das Prinzip fortschreitender Entwaffnung nach dem Beginn von All-Parteienverhandlungen.

Doch Major reagierte kühl. Als der britische Regierungschef Anfang Oktober vom neuerlichen Dialog Adams' mit Hume in Kenntnis gesetzt wurde, hatte die IRA gerade zwei Bomben im Hauptquartier der britischen Armee in Nordirland in Lisburn (vor den Toren Belfasts) gezündet. Einen der zwei Sprengsätze hatte das Kommando direkt vor einer Krankenstation plaziert. Die RUC bezeichnete die Aktion deshalb später als potentiellen Massenmord. Wie durch ein Wunder gab es zunächst »nur« Verletzte. Vier Tage später allerdings erlag ein Soldat, James Bradwell, seinen Verwundungen. Vor laufenden Kameras richtete Major, emotional aufgewühlt, das Wort direkt an Adams: »Seit einigen Monaten nun führen *Sinn-Fein*-Größen das Wort Frieden im Mund. Wachoffizier James Bradwell war 43, hatte Frau und Kinder. Er ging zur Armee, bereit, sein Leben für die Verteidigung der britischen Nation zu verlieren. Statt dessen aber wurde er kaltblütig innerhalb des Vereinten Königreichs ermordet. Ich habe ihn dort hingeschickt, Mr. Adams, also ersparen sie mir irgendwelche Krokodilstränen. Erzählen Sie mir nicht, das hätte nichts mit Ihnen zu tun. Ich glaube ihnen nicht, Mr. Adams, ich glaube Ihnen nicht.« Als direkte Antwort auf den Vorschlag von Adams erklärte Major, einer neuen Waffenruhe hätte zunächst eine gewisse Zeitspanne zu folgen, in der die Republikaner beweisen müßten, daß es ihnen mit der Beschränkung auf demokratische Mittel zur Durchsetzung ihrer politischen Ziele ernst sei.

Informell gab Major zu erkennen, daß mit substantiellen Fortschritten nicht vor der britischen Unterhauswahl zu rechnen sei. Im Dezember verlor Major bei zwei Nachwahlen zwei weitere Stimmen im Parlament und damit auch formal die Mehrheit seiner konservativen Partei; die britische Zeitung *Guardian* schrieb, er sei den Unionisten im Unterhaus jetzt auf »Gedeih und Verderb« ausgeliefert. In der Hoffnung auf einen plötzlichen Umschwung der öffentlichen Meinung zu seinen Gunsten wartete Major bis zum Frühjahr 1997, um den Termin für Unterhauswahlen anzusetzen.

Entscheidung

Die letzte Phase auf dem Weg zu einer friedlichen Übereinkunft begann am 1. Mai 1997. An diesem Tag gewann Tony Blairs Labour-Partei mit großer Mehrheit die Wahlen zum britischen Parlament. Hierdurch wurde die Regierungszeit Majors beendet und somit verloren auch die Unionisten ihre Schlüsselstellung im britischen Parlament. Das überzeugende Resultat verschaffte der neuen Regierung unter Blair ein Maß an Handlungsfreiheit, das Major aufgrund der schwindenden Mehrheit seiner Partei niemals genossen hatte. Der erste offizielle Besuch außerhalb Londons führte Blair nach Belfast, wo der neue Premier erklärte, daß die Lösung des Nordirland-Konflikts für ihn allerhöchste Priorität habe. Zur neuen Nordirlandministerin berief Blair die Abgeordnete Marjorie »Mo« Mowlam, die durch ihren offenen und energischen Stil, auch durch ihre volkstümliche Art, die Herzen der Nordiren schnell eroberte.

Blairs Sicht des Problems wich von Majors Vorstellungen nicht grundlegend ab. Dennoch existierte ein fundamentaler Unterschied. Während Major (bedingt durch seine innenpolitische Abhängigkeit) dazu neigte, den Friedenswillen der Republikaner grundsätzlich in Zweifel zu ziehen, lag Blairs Konzept die

Annahme zugrunde, daß sich die Republikaner über den zukünftigen Kurs ihrer Bewegung noch nicht im klaren seien. Würde es gelingen, *Sinn Fein* in den politischen Prozeß zu integrieren, so die Vermutung Blairs, dann könnte dies auch die Entscheidung der Bewegung für eine rein politische Strategie positiv beeinflussen. Deshalb müsse den Republikanern der Weg an den Verhandlungstisch geebnet werden, auch wenn keine absolute Gewißheit bestehe, daß die Republikaner den Vertrauensvorschuß nicht mißbrauchten.

Blair gab den Republikanern all diejenigen Garantien, die die Bewegung von Major bisher vergeblich eingefordert hatte. Anfang Juli erreichte ein mehrseitiger Brief des Nordirland-Ministeriums Martin McGuinness. Darin sicherte die britische Regierung den Republikanern schwarz auf weiß zu, daß weder London noch Dublin auf der Entwaffnung der IRA als Vorbedingung für die Teilnahme von *Sinn Fein* an All-Parteiengesprächen bestehen würden. Statt dessen könne die »freiwillige und gegenseitige Entwaffnung nur im Kontext fortschreitender inklusiver und umfassender Verhandlungen erreicht werden«. Außerdem skizzierte London einen festen Zeitrahmen für Beginn und Abschluß der Verhandlungen. Die Republikaner konnten also davon ausgehen, daß *Sinn Fein* nach Erklärung eines weiteren Waffenstillstandes ohne Verzögerung zu den Gesprächen zugelassen werden würde (im Gegensatz zur Waffenruhe von 1994). Das Schreiben schließt mit der Forderung nach einem »echten und unzweideutigen Waffenstillstand« der IRA: »Das allein erlaubt es *Sinn Fein*, an den politischen Verhandlungen teilzunehmen, wenn sie im September beginnen.«

Die britische Regierung hatte damit den ersten Schritt gewagt. Schon zehn Tage später antwortete Adams mit einer öffentlichen Stellungnahme, in der er die IRA zu einer neuen Waffenruhe aufforderte. Tags darauf, am 20. Juli 1997, war es soweit. In der knappen Erklärung des Armeerats hieß es: »Wir wollen einen dauerhaften Frieden und sind deswegen bereit, zur Suche nach einem demokratischen Friedensabkommen durch echte und inklusive Verhandlungen beizutragen ... Die Führung von *Oglaigh na hEireann* [der IRA] gibt eine komplette Einstellung aller militärischen Aktionen vom 20. Juli 1997 an bekannt. Wir haben die unzweideutige Wiederherstellung der Waffenruhe vom August 1994 angeordnet.«

Je näher der erste offizielle Auftritt *Sinn Fein*s bei den Friedensgesprächen rückte, desto heftiger wurde über die Absichten der Republikaner spekuliert. 28 Jahre lang hatte die Bewegung mit »Sprengsatz und Stimmzettel« ein vereintes Irland herbeibomben wollen. Jetzt war *Sinn Fein* an einem Prozeß beteiligt, dessen Ausgang für die Vertreter der reinen republikanischen Lehre zwangsläufig zur Enttäuschung werden mußte, da am Ende ganz sicher ein Kompromiß stehen würde.

Zwischen den Zeilen ließ Adams durchblicken, daß die Spitze der Bewegung durchaus realistische Vorstellungen davon hatte, was in Verhandlungen mit den anderen Parteien zu erreichen sei. Der *Sinn-Fein*-Präsident schrieb in *Republican News*: »Während dieser Gespräche wird *Sinn Fein* auf maximale konstitutionelle Veränderungen drängen, eine Neuverhandlung der Union [mit Großbritannien], um diese Insel politisch, ökonomisch und demokratisch zu transformieren.« Wenn alle irisch-nationalistischen Kräfte (d.h. *Sinn Fein*, die SDLP, Dublin und im weitesten Sinne auch die irische Lobby in Amerika) an einem Strang zögen, so Adams, dann könne es gelingen, ein Abkommen auszuhandeln, das – zum Beispiel durch unabhängige gesamtirische Behörden – die Tür zu einem vereinten Irland öffne. Hinter vorgehaltener Hand räumten Vertreter *Sinn Fein*s außerdem ein, daß die Republikaner dem Konsensprinzip und damit dem zunächst unbeschränkten Verbleib Nordirlands im Vereinigten Königreich zustimmen könnten, wenn das Abkommen die Rechte der nationalistischen Minderheit garantieren, sie an der Regierung der Provinz beteiligen und eine Dynamik hin zu einem vereinten Irland sicherstellen würde.

Die pragmatische Linie der Spitze der republikanischen Bewegung provozierte den Vorwurf von Traditionalisten, die Führung habe es lediglich auf Stimme und Posten in einem »neuen Stormont« abgesehen, statt für »ein neues Irland, frei von britischer Herrschaft« zu kämpfen. Adams und McGuinness also mußten beweisen, daß eine Übereinkunft provisorischen Charakter habe, daß ein Abkommen unvermeidlich zu einem vereinten Irland führen werde – nur dann wäre in den Augen der republikanischen Hardliner der »Pakt mit dem Teufel« kein Verrat, nur dann hätte der Kampf gelohnt, wären Generationen von *Volunteers* nicht umsonst für die republikanische Idee gestorben.

Leerlauf

Am 15. September 1997 startete die erste Runde der Gespräche unter Beteiligung von *Sinn Fein*. Die stärkste Partei im unionistischen Lager, die UUP, sagte ihre Mitwirkung erst im letzten Augenblick zu – die Teilnahme seiner Partei, so Trimble, diene vor allem dazu, den »Faschismus *Sinn Feins* bloßzustellen«.

All-Parteiengespräche waren es – streng genommen – nicht. Die kleinere Partei im protestantischen Lager, die radikale DUP, hatte nach Zulassung von *Sinn Fein* ihre Teilnahme an der Konferenz abgesagt. Dennoch hatten sich im Verhandlungszentrum im Osten Belfasts (in der Nähe von Schloß Stormont, dem ehemaligen Sitz der Provinzregierung) die wichtigsten Kräfte beider Lager, die politischen Vertreter republikanischer und loyalistischer Paramilitärs und die Regierungen Großbritanniens und der Republik Irland eingefunden. Verhandelt wurde (wie bereits 1995 von Major und Bruton vorgeschlagen) dreispurig: über die Beziehungen innerhalb Nordirlands, über jene zwischen Nordirland und Dublin (Nord – Süd) sowie über das Verhältnis zwischen dem Vereinigten Königreich und der Republik Irland (Ost – West). Nur wenn in jedem der drei Teilbereiche eine Einigung erzielt würde, trete ein Abkommen in Kraft. Der Zeitplan sah vor, die Gespräche bis zum Frühjahr des darauffolgenden Jahres abzuschließen, so daß im Mai eine Volksabstimmung stattfinden könnte. Anschließend sollte die Übereinkunft außerdem den Parlamenten in Dublin und London vorgelegt werden.

Daß es tatsächlich gelang, Republikaner und Unionisten an einen Tisch zu bringen, wurde, zu Recht, als großer Erfolg gefeiert. Relativ schnell jedoch offenbarte sich, wie schwierig es würde, beide Seiten zu einer Übereinkunft zu bewegen. Statt über Inhalte zu diskutieren, stritt man bis Jahresende 1997 über die Tagesordnung. Rasch machte der sarkastische Ausdruck »Talks about Talks« (Gespräche über Gespräche) die Runde. Als sich die Teilnehmer am 17. Dezember zur letzten Sitzung vor der Weihnachtspause trafen, mußte Senator Mitchell, der der Konferenz vorsaß, der wartenden Presse mitteilen, daß die Parteien keine Einigung über die Liste der im neuen Jahr zu verhandelnden Themen hatten erzielen können. Die britische Regierung blickte voller Sorge auf den mangelnden Fortschritt der Gespräche. Je länger die Parteien auf der Stelle traten, desto größer würde der Einfluß der Skeptiker auf beiden Seiten werden. Im republikanischen Lager hätte dies zwangsläufig eine Spaltung oder ein Ende der Waffenruhe zur Folge. Blairs Politik zielte deshalb darauf ab, kontinuierlich positive Signale an die republikanische Basis zu senden, d. h. die »Dynamik hin zu einer friedlichen Einigung« (so Nordirlandministerin Mowlam) aufrechtzuerhalten – auch und gerade wenn der Friedensprozeß am Verhandlungstisch stagnierte. Zu den »vertrauensbildenden Maßnahmen« Londons zählte die Verlegung von in England inhaftierten *Volunteers* nach Nordirland, die Ankündigung einer neuen Untersuchung des »Blutsonntags« von 1972 und die Einladung Adams' in den Amtssitz des britischen Premiers in Downing Street.

Doch Blairs »Bonbons« konnten nicht darüber hinwegtäuschen, daß ein erheblicher Anteil der Republikaner ihre Zweifel am politischen Kurs der Bewegung im zögernden Fortschritt der Friedensgespräche bestätigt sahen. Der Unmut artikulierte sich zuerst im Süden der Grafschaft Armagh, wo die IRA traditionell gleichermaßen stark verwurzelt und fundamentalistisch ist. Die Zeitung *Daily Telegraph* berichtet, daß sich ab Anfang November etwa 35 Mitglieder des örtlichen Bataillons in mehreren Schüben aus der IRA zurückgezogen hätten. Vermutlich spalteten sich auch in der Grafschaft Down sowie in der irischen Grenzstadt Dundalk zu diesem Zeitpunkt einige Dutzend *Volunteers* von der Bewegung ab. Ende November reiste Francie Molloy, Vorstandsmitglied von *Sinn Fein*, nach Süd-Armagh, um die Situation unter Kontrolle zu bringen. Auf einer Veranstaltung mit 150 Aktivisten der Bewegung erklärte er beschwichtigend: »Verhandlungen sind nur eine weitere Phase in unserem Kampf. Die Verhandlungen mögen zusammenbrechen, sie mögen erfolglos sein. Wenn das passiert, dann kehren wir einfach zu dem zurück, was wir am besten können.«

Eine Abspaltung erfolgte dennoch. Unter Führung von Bernadette Sands-McKevitt, der Witwe des durch Hungerstreik zu Tode gekommenen Bobby Sands, entstand Anfang Dezember das »32-Grafschaften-Souveränitäts-Komitee«. Sands-McKevitt begründete »erhebliche Bedenken« gegenüber dem Friedensprozeß mit »Bobbys Opfer, aufgrund dessen wir uns den Zielen verpflichtet fühlen, für die er gestorben ist«. Im Klartext: Ein Kompromiß mit London wäre ein Verrat am Martyrium von Bobby Sands, der in den katholischen »Ghettos« der Provinz nach wie vor fast mythisch verehrt wurde. Obwohl Sands-McKevitt bestritt, daß ein militärischer Arm des Komitees im Aufbau sei, kristallisierte sich nach und nach ein Kommando unter Führung des ehemaligen Quartiermeisters der IRA heraus. Die Gruppe nannte sich *Real IRA* (Wahre IRA).*

---

* Die *Real IRA* war in der Folge für einen Sprengstoffanschlag im Zentrum der Kleinstadt Omagh (Grafschaft Tyrone) verantwortlich, bei dem im August 1998 insgesamt 28 Zivilisten zu Tode kamen. Zwei Wochen darauf erklärte die *Real IRA* einen unbefristeten Waffenstillstand.

Ab Weihnachten 1997 verlagerte sich der Konflikt zurück auf die Straßen der Provinz. Am 27. Dezember erschoß ein Kommando der republikanischen Splittergruppe INLA im Maze-Gefängnis den Anführer einer loyalistischen Abspaltung, Billy Wright. Hierauf antwortete Wrights Gruppe mit der Ermordung katholischer Taxifahrer in Belfast. In den ersten Wochen des neuen Jahres titelten die örtlichen Zeitungen fast jeden Tag mit einem Mord, einem versuchten Mord oder einer Schießerei. Bis Anfang Februar 1998 forderte die blutige Vendetta republikanischer und loyalistischer Splittergruppen bereits zwölf Opfer. David Trimble äußerte den Verdacht, daß hinter den Anschlägen auch Paramilitärs stehen könnten, die offiziell eine Waffenruhe ausgerufen hatten, deren politische Vertreter also am Verhandlungstisch saßen. Nach eingehenden Untersuchungen bestätigte die RUC, daß die loyalistische UDA an mindestens zwei Morden beteiligt gewesen war. Einige Wochen später identifizierte die Polizei außerdem die IRA als Urheber von zwei weiteren Erschießungen.

Republikaner und Loyalisten hatten also gegen die Verpflichtung zum Einsatz »demokratischer und ausschließlich friedvoller Mittel« verstoßen, die Senator Mitchell zur Grundlage der Friedensverhandlungen erhoben hatte. Einige Kommentatoren sprachen gar von einem »Kollaps der Friedensgespräche«. Im Prinzip hätten sowohl *Sinn Fein* als auch der politische Arm der UDA, die Ulster Demokratic Party, für immer von den Verhandlungen ausgeschlossen werden müssen. Doch weder Mitchell noch die Regierungen in London und Dublin hatten ein Interesse am abrupten Scheitern der Verhandlungen. Selbst John Major schaltete sich in die Diskussion ein; er sprach davon, daß beide Parteien »das moralische Recht zur Teilnahme an den Gesprächen verwirkt haben. Pragmatisch aber muß ihnen eine goldene Brücke gebaut werden«. Nach wochenlangem Hin und Her entschied Mowlam, einem zeitlich beschränkten Ausschluß der UDP zuzustimmen. Mitte Februar fiel die Entscheidung, auch *Sinn Fein* für einen Zeitraum von zwei Wochen auszusperren.

Einigung

Die Paramilitärs konnten somit nach einer Unterbrechung wieder an den Verhandlungstisch zurückkehren. Als die Friedenskonferenz am 23. März die Verhandlungen unter Einschluß von *Sinn Fein* und UDP wieder aufnahm, waren jedoch bereits sechs Monate verstrichen, ohne daß die Parteien in irgendeinem wichtigen Konfliktfeld Einigung erzielt hatten. Senator Mitchell wagte deshalb einen ehrgeizigen Vorstoß: Er setzte öffentlich eine Frist bis zum 9. April (Gründonnerstag), an dem die Verhandlungsteilnehmer spätestens ein gemeinsames Dokument präsentieren müßten. In den bis dahin verbleibenden zwei Wochen, so Mitchell, müßten die Parteien Tag und Nacht verhandeln.

Im Gegensatz zu früheren Abkommen bestand diesmal bei allen Teilnehmern die ernsthafte Absicht, eine dauerhafte Übereinkunft zu erzielen. Je näher das Osterwochenende rückte, desto stärker wuchs außerdem der Druck von außerhalb: von einer kriegsmüden nordirischen Bevölkerung; vom amerikanischen Präsidenten, der alle Parteiführer im März zu Vier-Augen-Gesprächen im Weißen Haus empfangen hatte; von den Medien aus aller Welt, die rechtzeitig zum Ablauf der Verhandlungsfrist vor dem Verhandlungszentrum »eine Art Olympisches Dorf im Miniaturformat« (Mowlam) aufgebaut hatten.

Über Strukturen und Inhalt eines Abkommens bestand im Groben bereits ein unausgesprochener Konsens. Ähnlich wie im Sunningdale-Abkommen von 1973 stand im Zentrum der Übereinkunft ein regionales Parlament, das bei wichtigen Entscheidungen nur mit einer qualifizierten Mehrheit aus Nationalisten und Unionisten beschließen konnte, sowie eine Provinzregierung, deren Posten zwischen Nationalisten und Unionisten proportional aufgeteilt würden. Weitere Komponenten eines möglichen Abkommens: die Streichung des Gebietsanspruchs auf Nordirland aus der Verfassung der Republik

Irland sowie eine Form institutionalisierter Zusammenarbeit zwischen Nordirland und der Republik Irland.

Natürlich steckte der Teufel im Detail. Zum echten Stolperstein entwickelten sich die geplanten Nord-Süd-Behörden zwischen Nordirland und der Republik Irland. Während die SDLP und *Sinn Fein* gesamtirische Institutionen mit umfangreichen exekutiven Befugnissen befürworteten, weil aus ihnen nach und nach die Dynamik für ein vereintes Irland erwachsen könne, lehnten die Unionisten diese Behörden aus eben jenem Grund ab. Am frühen Morgen des 7. April legte Senator Mitchell einen Vertragsentwurf vor, der 41 unterschiedliche Sachgebiete auflistete, auf denen Dublin und Belfast in Zukunft kooperieren könnten, sowie acht Kompetenzbereiche, für die die Nord-Süd-Behörden eigenständig verantwortlich sein würden. Trimble lehnte diesen Vorschlag kategorisch ab. Noch am Vormittag telefonierte er mehrmals mit Premierminister Tony Blair und drohte mit dem Abbruch der Verhandlungen. Blair flog am Nachmittag nach Belfast, um die Gespräche zu retten. Der britische Premier vermittelte einen Kompromiß zwischen SDLP und Unionisten, der besagte, daß die Regierungen in Dublin und Belfast nach Abschluß eines Abkommens eigenständig sechs Gebiete der Zusammenarbeit identifizieren würden. Die zu diesem Zweck errichteten Behörden seien nicht eigenständig, sondern den Parlamenten verantwortlich. Im sogenannten Gemeinsamen Rat der Regierungen in Dublin und Belfast hätte jeder der drei stimmberechtigten Teilnehmer, darunter auch ein Unionist, das Vetorecht.

Obwohl die Parteien mit der Einigung über künftige Nord-Süd-Behörden ein wichtiges Hindernis aus dem Weg geräumt hatten, war das Ziel noch bei weitem nicht erreicht. In den bis zum Ablauf der Frist verbleibenden 48 Stunden beschäftigten sich die Verhandlungsteilnehmer fast ausschließlich mit zwei zentralen Punkten: der Frage der Entwaffnung sowie der Freilassung inhaftierter Paramilitärs.

Im nordirischen Maze-Gefängnis, im Hochsicherheitsgefängnis Portlaoise südwestlich von Dublin sowie in England saßen danach einige hundert IRA-*Volunteers* bzw. deren Unterstützer hinter Gittern. Die Zahl der inhaftierten überstieg damit deutlich die Zahl der aktiven *Volunteers* (der Militärjournalist Sean Boyne schätzt die IRA zur Zeit auf etwa 250 aktive Mitglieder). Schon immer vertraten die Republikaner die Auffassung, die Häftlinge der IRA seien politische Gefangene; McGuinness brachte es einst auf eine simple Formel: »Hätte es keinen politischen Konflikt gegeben, dann wären die meisten der heute Inhaftierten wohl nicht straffällig geworden.« Demgemäß, so die Logik der Paramilitärs, habe die Beilegung des Konflikts mit der Freilassung der Häftlinge einherzugehen. Darin waren sich Loyalisten und Republikaner, trotz aller politischen Unterschiede, stets einig.

Die Gefangenenfrage genoß innerhalb der republikanischen Delegation höchste Priorität – denn an der Unterstützung der Gefangenen würde sich entscheiden, ob ein Abkommen für die Bewegung insgesamt akzeptabel sei. Der Autor Malachi O'Doherty faßt die Problematik im *Belfast Telegraph* folgendermaßen zusammen: »Allein die Existenz von Gefangenen liefert den Grund dafür, eine paramilitärische Organisation aufrechtzuerhalten ... Ein politischer Kurs muß verfolgt werden, der den Bemühungen der Gefangenen Respekt zollt. Die Möglichkeit vorzeitiger Entlassungen aller politischen Gefangenen ... gibt der IRA die Möglichkeit, reinen Tisch zu machen ... Jeder, der gegen das Abkommen argumentiert, wird den Familien [der Gefangenen] erklären müssen, warum die Häftlinge im Gefängnis bleiben sollen.« Anders ausgedrückt: Wenn die aus republikanischer Sicht Hauptleidtragenden des bewaffneten Kampfs – die Gefangenen und deren Familien – bereit sind, ein Abkommen mit all seinen Unzulänglichkeiten zu akzeptieren, dann verwirkt das republikanische Fußvolk sein (moralisches) Recht, einen Kompromiß in Frage zu stellen.

Natürlich bereitete das Thema den anderen Parteien am Verhandlungstisch große Bauchschmerzen. Auch Tony Blair gestand, daß ihm die Aussicht darauf, daß sich mehrfache Mörder fortan frei auf den Straßen Belfasts bewegen könnten, ganz und gar nicht behage. Doch Blair begriff, daß die Gefangenenfrage letztlich der Preis war, der für ein Abkommen unter Beteiligung der Paramilitärs bezahlt werden mußte. Am späten Abend des 9. April sagten Tony Blair und Bertie Ahern, der Bruton als irischer Premier abgelöst hatte, den Vertretern der Paramilitärs zu, daß alle Gefangenen der am Verhandlungstisch vertretenen Paramilitärs (IRA, UDA und UVF) innerhalb von zwei Jahren auf Bewährung freigelassen würden, solange die Waffenruhe ihrer Organisationen halte. Auch Trimble schluckte diese bittere Pille.

Der Gründonnerstag endete, ohne daß die Parteien ein Abkommen erzielt hatten. Die von Senator Mitchell gesetzte Frist war somit abgelaufen. Am frühen Morgen des Karfreitags legte Mitchell einen abschließenden Entwurf vor, den die Delegationen im Anschluß noch einmal intern diskutierten. In der Abordnung der UUP regte sich Unmut. Der Abschnitt über die Grundsätze der Regierungsarbeit im künftigen Provinzparlament legte zwar fest, daß sich die Minister in ihrer Arbeit auf »demokratische, friedliche Mittel« beschränken müßten; die Entfernung eines Regierungsmitglieds beim Verstoß gegen dieses Prinzip solle jedoch nicht automatisch erfolgen, sondern die Zustimmung sowohl des unionistischen als auch des nationalistischen Blocks innerhalb des Parlaments erfordern. Außerdem sah der Entwurf zwar die Entwaffnung der Paramilitärs innerhalb von zwei Jahren vor, sagte aber nichts darüber, wann dieser Prozeß zu beginnen habe. Die IRA konnte mit der Abgabe ihrer Waffen somit maximal zwei weitere Jahre warten. Die Entwaffnung der Paramilitärs, so der UUP-Abgeordnete Donaldson, würde damit zum wiederholten Male auf unbestimmte Zeit verschoben werden, »wenn sie überhaupt jemals stattfindet«. Donaldson zog die Konsequenz und verließ wenige Stunden vor Abschluß des Vertrags das Verhandlungszentrum. Glaubt man David Trimble, dann stand der gesamte Friedensprozeß noch eine Stunde vor der feierlichen Unterzeichnung des Abkommens in Frage. Trimble drängte auf eine Unterredung mit Blair. Der britische Premier blockte den Wunsch nach Nachbesserungen ab: »Wenn wir an einer Stelle nachverhandeln, dann verlangt die andere Seite, daß wir dasselbe an anderer Stelle tun.«

Blair gab Trimble allerdings einen persönlichen Brief, den der UUP-Vorsitzende daraufhin seinen Parteifreunden präsentierte. Darin hieß es: »Lieber David, ... Mit diesem Brief will ich Dich wissen lassen, daß wir Änderungen unterstützen werden ..., sollten sich die Vorkehrungen [zur Entfernung von Ministern aus der Regierung] als ineffektiv erweisen ... Außerdem bestätige ich, daß unserer Ansicht nach ... der Prozeß der Entwaffnung auf der Stelle beginnen sollte.« Wenige Minuten später klingelte das Telefon im Sitzungssaal. Am anderen Ende der Leitung war Bill Clinton; er versprach Trimble, daß die amerikanische Regierung auf Einhaltung des Vertrages »nach Treu und Glauben« drängen werde. Clinton sagte dem nervösen Trimble mit ruhiger Stimme die Worte: »Es geht in Ordnung.« Die Garantie Blairs, die Unterstützung Clintons und die Angst davor, später als Buhmann für ein Scheitern herhalten zu müssen, bewog die zweifelnden Unionisten in letzter Minute, dem Abkommen in seiner jetzigen Form zuzustimmen.

Am Spätnachmittag konnten die wartenden Journalisten beobachten, wie sich im großen Sitzungssaal des Verhandlungszentrums die Mitglieder der Delegationen in die Arme fielen. »Heute haben wir uns von einer großen Last der Geschichte befreit«, sagte Tony Blair wenig später auf einer Pressekonferenz. Gerry Adams fügte hinzu: »Zwischen Unionisten und Nationalisten besteht natürlich noch immer unglaublich viel Mißtrauen. Das muß jetzt auf der Basis von Gleichberechtigung überwunden werden.« Der Enthusiasmus über die Einigung war groß: Die BBC berichtete in Sondersendungen, der *Belfast Telegraph* betitelte eine Sonderausgabe mit »Wir haben's geschafft!« Selbst die britische Königin ließ in einer ihrer seltenen Stellungnahmen zu politischen Angelegenheiten verlauten, daß sie über das Ergebnis der Verhandlungen »hoch erfreut« sei.

Was hatte das Abkommen konkret zum Inhalt? Die Parteien vereinbarten, wie erwartet, die Errichtung eines Provinzparlaments mit 108 Sitzen, das eine Exekutive wählt, in der alle relevanten Parteien gleichermaßen vertreten sind. Die meisten Entscheidungen des Parlaments erfordern einen »parallelen Konsens«, d. h. die Mehrheit in beiden Lagern. Die Regierungen in Belfast und Dublin bilden hiernach in sechs zu vereinbarenden Sachgebieten gesamtirische Nord-Süd-Behörden, die den beiden Parlamenten nachgeordnet sind. Im Gegenzug streicht die Republik Irland den Gebietsanspruch auf Nordirland aus ihrer Verfassung. Außerdem vereinbarten London und Dublin einen »Rat der Inseln«, in dem Vertreter der Provinzparlamente in Schottland, Wales und Nordirland sowie der britischen und irischen Regierung Sitz und Stimme haben. Das Gremium soll »gemeinsame Belange zum gegenseitigen Vorteil« beraten. Die britische Regierung wird in Nordirland eine Gleichberechtigungs-Kommission ins Leben rufen, die mittels weitreichender Befugnisse das faire Miteinander von Protestanten und Katholiken gewährleisten soll. Symbole unionistischer Dominanz im öffentlichen Dienst werden entfernt. Vor allem aber sieht das Abkommen eine Neustrukturierung der RUC vor. Schließlich regelt der Vertrag die vorzeitige Freilassung der Gefangenen der Paramilitärs sowie die Entwaffnung der Untergrundorganisationen innerhalb von zwei Jahren. Parallel hierzu soll die britische Armee nach und nach zurückgezogen sowie die Sicherheitsmaßnahmen der Polizei auf Friedensniveau reduziert werden.

In der komplizierten Frage des Selbstbestimmungsrechts, d. h. des konstitutionellen Status Nordirlands, hält sich das

Abkommen weitgehend an die in der *Downing-Street*-Deklaration von 1993 verwendeten Formulierungen. Der Vertrag erkennt an, daß »die Menschen der Insel Irland alleine« das Recht haben, eine Vereinigung herbeizuführen. Gleichzeitig stellen die Parteien jedoch fest, daß die »Mehrheit der Menschen in Nordirland [derzeit wünscht,] die Union aufrechtzuerhalten, und daß Nordirlands Status als Teil des Vereinigten Königreichs diesen Wunsch reflektiert und auf ihm beruht; und daß es falsch wäre, eine Änderung des Status von Nordirland herbeizuführen, außer mit der Einwilligung der Mehrheit der Menschen [in Nordirland]«.

Danach

Die meisten Kommentatoren betonten, daß der Inhalt des Abkommens in keiner Weise spektakulär sei, daß eine Vereinbarung nach diesem Muster wohl seit Beginn der 70er Jahre zwischen UUP und SDLP, den größten Parteien der Provinz, möglich gewesen wäre. Die republikanische Führung sprach im Anschluß an die Unterzeichnung des Abkommens zwar stets von einer im Vertrag enthaltenen Dynamik hin zu einem vereinten Irland. Davon aber konnte – nüchtern betrachtet – keine Rede sein. Der Politikwissenschaftler Paul Bew schreibt in einem Aufsatz: »Dieses Abkommen bedeutet schlicht und einfach Machtteilung plus eine irische Dimension; Nordirland wird demnach Teil des Vereinigten Königreichs bleiben, solange es eine Mehrheit will. Alles andere ist Übertreibung. Es ist Zeit, zum ›Planet Wirklichkeit‹ zurückzukehren.«

Nicht Nordirland hatte sich verändert, sondern die Republikaner, die in einem quälenden und blutigen Prozeß nach Jahrzehnten der Gewalt Schritt für Schritt zu einer realistischen Position gefunden hatten. Zum ersten Mal akzeptierte *Sinn Fein* ausdrücklich und vorbehaltlos das Konsensprinzip und damit die Rechtmäßigkeit der britischen Präsenz in Nordirland. Mitchell McLaughlin, der Generalsekretär von *Sinn Fein*, gestand in einem Interview mit der Zeitschrift *Parliamentary Brief* ausdrücklich ein, daß »das Abkommen zu einem gewissen Grad den britischen Staat in Irland« legitimiere. Anthony McIntyre, ein ehemaliger *Volunteer*, heute Universitätsdozent, formuliert es noch drastischer: »Das politische Ziel der IRA war, einen britischen Rückzug zu erreichen. Das ist fehlgeschlagen.«

Innerhalb der republikanischen Bewegung stieß das Abkommen, zur Überraschung vieler Beobachter, auf fast ungeteilte Zustimmung. Obwohl einige Funktionäre *Sinn Fein*s unmittelbar nach Abschluß des Vertrags darüber klagten, daß die Führung der Streichung des Gebietsanspruchs aus der irischen Verfassung zugestimmt habe, votierten eine Woche später mehr als 90 Prozent der Delegierten auf einem Sonderparteitag von *Sinn Fein* für den Vertrag (die Zustimmung des Armeerats hatte sich Adams bereits vor der feierlichen Unterzeichnung am Karfreitag eingeholt). Das überzeugende Ja der republikanischen Basis hing zweifellos mit der großen Begeisterung der katholischen Bevölkerung für die Vereinbarung zusammen: In Umfragen gaben mehr als 95 Prozent der nordirischen Katholiken an, das Abkommen bei der Volksabstimmung am 22. Mai unterstützen zu wollen – eine zögernde Haltung *Sinn Fein*s hätte die Wahlchancen der Partei ganz erheblich beeinträchtigt.

Die nordirischen Protestanten beurteilten den Vertrag weitaus kritischer. Nur 30 Prozent der protestantischen Bevölkerung erklärten spontan, daß sie dem Abkommen am 22. Mai zustimmen wollten. Der radikale Protestantenführer Ian Paisley witterte die Chance, das Abkommen mitsamt Trimble »auf den Müll der Geschichte zu befördern« und sich selbst als neuen Anführer des Unionismus zu etablieren. Geschickt spielte Paisley dabei mit den Ängsten der Protestanten: »Wollen Sie in Zukunft wirklich von Terroristen regiert werden?« fragten Anzeigen von Paisleys Partei in der protestantischen Zeitung *Newsletter*. Trimble, der die Angriffe Paisleys zunächst nur hilflos parierte, setzte Anfang Mai zu einer massiven Gegenoffensive an – mit Unterstützung von Premier Tony Blair, Präsident Bill Clinton, der Rockgruppe U2 und unzähligen Geschäftsleuten, die Investitionen in Nordirland ankündigten, sollte der Friede halten.

Am Wahltag schließlich stimmten mehr als 71 Prozent der Wähler in Nordirland mit Ja; nach einer Umfrage der *Sunday Times* betrug die Zustimmung im katholischen Lager 96 Prozent, unter Nordirlands Protestanten immerhin 55 Prozent. Parallel hierzu bestätigten die Bewohner der Republik Irland am selben Tag mit einer Mehrheit von 94 Prozent die Streichung des Gebietsanspruchs aus ihrer Verfassung. Das Abkommen erreichte somit in Nordirland insgesamt, innerhalb beider Bevölkerungsgruppen und (mittelbar) auch in der Republik Irland eine deutliche Mehrheit. Das Abstimmungsergebnis festigte die Position David Trimbles und bestätigte den Friedenskurs von Gerry Adams.

Der *Sinn-Fein*-Präsident war nun in der Lage, seinen parteiinternen Kritikern das Ergebnis der ersten gesamt-irischen Abstimmung seit 1921 entgegenzuhalten. Das Abkommen, von einer überwältigenden Mehrheit in beiden Teilen der Insel akzeptiert, entzog dem bewaffneten Kampf damit auch seine ideologische Rechtfertigung. Eine große Erblast der republikanischen Geschichte war somit getilgt. Vier Wochen später kassierte *Sinn Fein* den Friedensbonus: Bei der Wahl zum Provinzparlament erzielte die Partei mehr als 16 Prozent der Stimmen – die höchste Zustimmung für *Sinn Fein* seit mehr als zwei Jahrzehnten.

Langer Weg zum Frieden

Seit Abschluß des Friedensabkommens sind fast anderthalb Jahre vergangen. Eine nordirische Provinzregierung gibt es (noch) nicht. Der Enthusiasmus vom Karfreitag 1998 ist längst verflogen. Unionisten und Nationalisten streiten über die Abrüstung der paramilitärischen Waffenarsenale – wie eh und je. In Dublin hat eine Gruppe wohlhabender Geschäftsleute den Paramilitärs – Loyalisten wie Republikanern – einen Millionenbetrag dafür geboten, mit der Verschrottung ihrer Waffen zu beginnen. Doch keiner wagt den ersten Schritt. Der Generalsekretär von *Sinn Fein*, Mitchel McLaughlin, sagt: »Selbst eine symbolische Geste der Abrüstung würde die Führung [der IRA] destabilisieren und unvorhersehbare Konsequenzen haben.« Kein Zweifel, der Weg zum Frieden ist noch weit.

Und doch ist die Auseinandersetzung in Nordirland heute von einer anderen Qualität als in den zurückliegenden Jahrzehnten: Sie ist politisch – der Waffenstillstand der Paramilitärs hält. Auch wenn die Republikaner mit versteckten Drohungen ihre Verhandlungsposition zu stärken suchen, so gilt nach wie vor Adams Statement vom September 1998: »Gewalt muß für uns alle jetzt eine Sache der Vergangenheit sein – aus und für immer vorbei.« Eine Rückkehr zur Eskalation früherer Jahre, ein Wiederaufflammen der Gewalt, würde *Sinn Fein* alle Sympathien der kriegsmüden katholischen Bevölkerung kosten. Und so meinen selbst kritische Betrachter, Nordirland sei »aus dem Gröbsten heraus«.

Ein langer, blutiger, auch verworrener Weg, den die IRA zurückgelegt hat. Rückblickend stellt sich die Frage: Gibt es einen roten Faden, der die Entwicklung der Bewegung verständlich macht? Was verkörpert die IRA – eine Volksbefreiungsbewegung im Stile des *African National Congress* (ANC), eine nationalistisch gefärbte RAF, oder sind die militanten Iren doch ein Produkt der einzigartigen Geschichte ihres Landes?

Gerry Mandela?

Wann immer Gerry Adams über den Friedensprozeß spricht, müssen seine Zuhörer auf einen Vergleich nicht lange warten: Die republikanische Bewegung ist nach seiner Ansicht das nordirische Pendant zum ANC. Die Katholiken wären demnach die Schwarzen des Vereinigten Königreichs und er selbst der Nelson Mandela Nordirlands. Es ist kein Geheimnis, daß Adams der Vergleich mit dem Freiheitskämpfer und Nobelpreisträger aus Südafrika schmeichelt – manche Journalisten mutmaßen sogar, die Aussicht darauf, später einmal in einem Atemzug mit Mandela genannt zu werden, stelle für den Präsidenten *Sinn Feins* eine besondere Motivation dar.

Die IRA also der bewaffnete Anwalt eines geknechteten Volks, eine nationale Befreiungsarmee? Der grundsätzliche Unterschied zwischen Nordirland und Südafrika erklärt sich – abgesehen von dem zweifellos ganz unterschiedlichen Grad der Unterdrückung bei den Schwarzen Südafrikas und den Katholiken Nordirlands – durch die Arithmetik. Während der ANC stets mit Fug und Recht behaupten konnte, für die Interessen der Bevölkerungsmehrheit zu sprechen, so repräsentierte die IRA doch immer nur eine Minderheit. Für *Sinn Fein* votierte bei Wahlen in Nordirland niemals mehr als ein Drittel der Katholiken, um die 15 Prozent der Provinz-Bevölkerung insgesamt; in der Republik Irland hatte der bewaffnete Kampf noch weit weniger Anhänger. Zu keinem Zeitpunkt der Unruhen hatten die Republikaner also das Mandat der Menschen, in deren Namen sie vorgeblich kämpften. Eine Befreiungsarmee ist die IRA deshalb sicher nicht. Unionistische Politiker »verdrehen« bei Gelegenheit sogar den Vergleich des *Sinn-Fein*-Präsidenten, sprechen von »republikanischer Apartheid«, dem Terror einer Minderheit, die der Mehrheit ihren Willen mit Gewalt aufzwingen wolle.

Und doch hatte die Strategie anderer »Befreiungsbewegungen« ganz erheblichen Einfluß auf die Ausrichtung der IRA – nicht etwa weil Nordirland tatsächlich mit ehemaligen Kolonialstaaten wie zum Beispiel Rhodesien oder Kenia vergleichbar gewesen wäre, sondern weil die republikanische Führungsschicht fest an diese Vergleichbarkeit glaubte. Adams beschäftigte sich Mitte der 70er Jahre im Gefängnis mit dem Studium kolonialer Verhältnisse weltweit. Nordirland, so die Überzeugung der republikanischen Führungsschicht, sei die letzte Kolonie des britischen Empires.

Das Kolonial-Paradigma eignet sich hervorragend zum Verständnis der republikanischen Strategie; zur Erklärung des Konflikts insgesamt taugt es jedoch kaum. So erachteten die Republikaner den bewaffneten Kampf auch deshalb als unverzichtbar, weil – so Adams Mitte der 80er Jahre – »die Geschichte des kolonialen Engagements Großbritanniens lehrt ..., daß die britische Regierung durch nichts anderes zu bewegen sein wird«. Aus dieser Überzeugung resultierte der Kardinalfehler der republikanischen Bewegung: die Fixierung auf London und, damit verbunden, das Ignorieren der protestantischen Bevölkerungsmehrheit. Eine eigenständige kulturelle Identität gestand *Sinn Fein* den Unionisten lange Zeit nicht zu – in den Augen der Republikaner kam ihnen die Rolle von Siedler-Kolonnen zu, deren Loyalität zu Großbritannien durch materielle Privilegien erkauft war.

Erst Anfang dieses Jahrzehnts änderte sich die republikanische Sicht des Konflikts grundsätzlich. Führende Republikaner beobachteten mit großer Aufmerksamkeit die Entwicklungen in Südafrika oder im Nahen Osten. Daß Arafat von Aussöhnung mit den Israelis sprach, daß Mandela trotz gewonnener Wahl seine ehemaligen Widersacher an der Regierung beteiligte, brachte die Republikaner dazu, traditionelle Positionen auf den Prüfstand zu stellen. Plötzlich war in Dokumenten *Sinn Feins* von Versöhnung die Rede, von einer Lösung des Konflikts zwischen »irischem Nationalismus und irischem Unionismus«. Ohne also direkt in das Geschehen einzugreifen, trugen die PLO und der ANC dazu bei, die Republikaner auf Friedenskurs zu bringen; der Politologe Adrian Guelke behauptet sogar, ohne das »Vorbild« der Befreiungsbewegungen in Palästina und Südafrika wäre das Friedensabkommen von Karfreitag gar nicht möglich gewesen.

Sozialistische Revolutionäre?

Das diffuse Verhältnis der irischen Republikaner zum Sozialismus verdeutlicht eine vielzitierte Anekdote des Historikers Tim Pat Coogan. Danach habe Stalin Mitte der 20er Jahre eine IRA-Delegation empfangen, die um Unterstützung für eine neue Kampagne bitten wollte. Auf seine Eingangsfrage: »Na, wie viele Bischöfe habt ihr schon gehängt?«, schüttelten die IRA-Delegierten verwundert ihre Köpfe: »Keinen einzigen«, lautete die Antwort. Stalin daraufhin: »Dann meint ihr es wohl gar nicht ernst!«

Von welcher Bedeutung also war der Sozialismus für die Entwicklung der Bewegung? Gibt es möglicherweise sogar Parallelen mit der RAF der 70er Jahre in Deutschland? Wenn irische Republikaner von Klassenkampf und Kapitalismus sprachen, dann meinten sie damit meist England. Die drei Begriffe Kapitalismus, Imperialismus und Großbritannien lassen sich in vielen Erklärungen der IRA geradezu beliebig miteinander austauschen – und so liegt die Vermutung nahe, daß der Sozialismus der irischen Republikaner vor allem nationalistisch motiviert war. Zu konservativ, zu katholisch waren die Protagonisten der republikanischen Bewegung geprägt, um offen einer kommunistischen Volksrepublik das Wort zu reden. Nationalismus und Sozialismus vermischen sich im Weltbild der IRA zum romantisch-verklärten Ideal einer irisch-keltischen Stammesgesellschaft. So heißt es im *Volunteer*-Handbuch der IRA: »[Die republikanische Bewegung] ist gegen ökonomische politische Machtblöcke in Ost und West ... Sie steht in Solidarität zu ihren keltischen Brüdern, zu anderen unterdrückten Völkern und mit den neutralen Völkern der Dritten Welt.«

Den puritanischen Eifer, die Traditions- und Geschichtslosigkeit kontinental-sozialistischer Untergrundbewegungen lehnte die IRA stets ab – ihrem Verständnis zufolge hatte der Kampf gegen den Imperialismus ja gerade den Zweck, irische Kultur, Sprache, Tradition und Staatlichkeit zu konservieren, statt diese Wurzeln zu kappen und sie durch einen – wie auch immer gearteten – neuen Menschen zu ersetzen.

Im Spannungsfeld zwischen Nationalismus und Sozialismus obsiegte stets die nationale Komponente. Die Spaltung der Bewegung 1969/70 läßt sich durchaus in diesen Konflikt einordnen. Nach 1970 war die Bewegung einige Jahre gänzlich ohne politische Ausrichtung – »Freiheit zuerst« war das Credo der IRA. Erst mit Gerry Adams an der Spitze der Republikaner fanden sozialistische Vorstellungen wieder Eingang in die offizielle Doktrin. Die Linken innerhalb der republikanischen Bewegung mußten sich jedoch auch jetzt der Notwendigkeit unterordnen, die rechts-nationalistische »Flanke« zu bedienen. Ging es um die Unterstützung der Solidaritätskomitees in Westeuropa, dann zitierte der *Sinn-Fein*-Präsident gerne aus den Schriften Che Guevaras; waren allerdings amerikanische Exil-Iren zu Besuch in Belfast, dann wurden eilig die Veröffentlichungen kommunistischer Freiheitskämpfer aus dem Buchladen *Sinn Feins* an der Falls Road entfernt. Von Sozialismus nämlich ist in Publikationen oder Stellungnahmen der IRA-Unterstützerorganisationen in den USA keine Rede: »Ein vereintes Irland – gälisch und frei« lautet der Slogan von NORAID.

Natürlich weist die Entstehung der Unruhen in Nordirland Parallelen mit der Entstehung anderer Protestbewegungen in Westeuropa und Amerika auf. Die Bürgerrechtsbewegung in Nordirland nahm sich die Kampagne der Schwarzen im Süden der USA zum Vorbild; auch Adams gibt an, daß ihn die Auflehnung der Schwarzen inspiriert habe. Insofern hat die Situation in Nordirland mit Phänomenen in anderen Staaten immerhin den Ausgangspunkt gemein; die weitere Entwicklung aber unterscheidet sich in fundamentaler Weise: Je stärker republikanische Elemente die Bürgerrechtsbewegung durchdrangen, desto mehr rückten die Forderungen der *Northern Ireland Civil Rights Association* NICRA in den Hintergrund. Die republikanischen Protagonisten benutzten die – besonders auch internationale – Sympathie für die Anliegen der Bürgerrechtler dafür, ihre eigene, viel ältere Agenda in den Vordergrund zu stellen. Die Reform Nordirlands sei unmöglich, hieß es plötzlich: Erst wenn Nordirland aufhöre zu existieren, sei Gleichberechtigung vorstellbar. Der Forderungskatalog der Bürgerrechtler wurde somit zum Vehikel für die nationalen Bestrebungen der Republikaner. Der Wissenschaftler Frank Ryan kommentiert in diesem Zusammenhang lakonisch, die NICRA sei ein echter Glücksfall für die Republikaner gewesen; das Aufkommen der Bürgerrechtsbewegung hätte den irischen Republikanismus vor seinem langsamen, aber sicheren Tod bewahrt.

Traditionalisten

Was also bleibt? Die Geschichte der Republikaner, so könnte man formulieren, erklärt sich aus der republikanischen Geschichte selbst – der Geschichte einer Bewegung, die immer nur auf das Scheitern der vorangegangenen Generation antwortete, deren Isolation symptomatisch wurde für einen Konflikt, in dem das Vermächtnis der Toten mehr zu zählen schien als das der Lebenden.

Die Geschichte des irischen Republikanismus ist über weite Strecken die Geschichte des irischen Unabhängigkeitskampfs. Sie reicht vom »ersten Republikaner« Wolfe Tone Ende des 18. Jahrhunderts über die Intellektuellen von *Young Ireland* und die *Fenians* bis hin zum Osteraufstand von 1916, dem Dreh- und Angelpunkt republikanischer Geschichtsschreibung. Mit Gründung des irischen Staats fünf Jahre später endete der Gleichklang irischer und republikanischer Geschichte allerdings abrupt. Während die meisten Iren den Kompromiß von 1921 – die Unabhängigkeit von nur 26 statt 32 Grafschaften – akzeptierten, definierten die Republikaner damals ihre Rolle als »Hüter des heiligen Grals«, als einzig wahre Kämpfer für das Ideal einer einigen und freien irischen Republik, für das Pearse und seine Mitstreiter 1916 ihr Leben opferten.

Daß sich die Welt in der Zwischenzeit geändert hatte, interessierte kaum; daß die Unterstützung für den republikanischen Kampf schwand, war für die Republikaner ohne Belang. Die IRA hatte eine historische Mission zu erfüllen – es ging darum, die Flamme republikanischer Auflehnung von einer Generation an die nächste weiterzureichen. Alle Versuche jedoch, einen Umsturz herbeizuführen, verlängerten letztlich nur die Liste der im Namen des republikanischen Mythos Gefallenen. Der Überzeugung, daß der Kampf für eine irische Nation im Sinne des Osteraufstandes von 1916 die patriotische Pflicht eines jeden Republikaners sei, tat dies allerdings keinen Abbruch. Irgendwann würde das Blutopfer belohnt werden. Ende der 60er Jahre schien der Moment gekommen, auf den alle Republikaner seit dem »Verrat« von 1921 gewartet hatten. Doch bereits 1975 sah es so aus, als hätte eine weitere Generation von Republikanern für eine »unsichtbare Republik« mit dem Leben bezahlt.

Im Unterschied zu vorangegangenen Kampagnen vergruben die *Volunteers* ihre Waffen diesmal jedoch nicht. Statt dessen übergab die alte Führung den Stab nahtlos – wenn auch widerwillig – an eine neue Generation von Republikanern, allen voran Gerry Adams und Martin McGuinness. Adams erkannte, daß die Republikaner ihre politische Basis verbreitern müßten, um effektiv zu sein; das aber bedeutete den Anfang vom Ende der traditionellen Doktrin, das Ende der – so Adams – »Tradition der physischen Gewalt in Irland«.

Um die Unterstützung der katholischen Bevölkerung zu gewinnen, mußte sich die Bewegung öffnen, den eisernen Vorhang zwischen sich und dem Rest der Welt niederreißen. Die Republikaner mußten lernen, daß sich außerhalb republikanischer Zirkel niemand dafür interessierte, daß die Bewegung in direkter Nachfolge des Zweiten Daíls stand und daß nur noch sie selbst daran glaubten, sie würden die einzig legitime Regierung Irlands repräsentieren.

Die Erkenntnis, daß die republikanische Bewegung jahrzehntelang vor allem sich selbst vertreten hatte, nicht aber – wie beinahe gebetsmühlenartig wiederholt – die irische Nation, ahnten Adams u. a. bereits in den 80er Jahren. Auch hatte Adams lange vor dem tragischen Anschlag in Enniskillen von 1987 begriffen, daß unter diesen Vorzeichen der bewaffnete Kampf nicht mehr zu rechtfertigen war. Die Voraussetzung für ein endgültiges Ablassen vom bewaffneten Kampf war jedoch (paradoxerweise), ihn fortzuführen. Nur so gelang es Adams, das Schicksal seiner kommunistischen Vorgänger von der *Official IRA* abzuwenden: die Abspaltung eines fundamentalistischen Flügels und damit die Rückkehr zur alten Spirale von Kampf und Niederlage.

Schritt für Schritt ordneten die Republikaner den bewaffneten Kampf ihrer politischen Strategie unter, reduzierten ihn schließlich auf die Rolle eines taktischen Mittels, das in Verhandlungen auf zynische Weise half, dem eigenen Standpunkt Nachdruck zu verleihen. Vieles spricht dafür, daß die republikanische Bewegung auf ihrem langen Weg in den »Parlamenten des Establishments« (so Adams' traditionalistischer Gegenspieler Ó'Brádaigh) angekommen, daß der bewaffnete Kampf auf diesem Weg auf der Strecke geblieben ist. Gerry Adams stellt damit in gewisser Weise den Totengräber des irischen Republikanismus traditioneller Prägung dar – einer statischen, auf sich selbst fixierten Ideologie, die vor allem auf den Tod der eigenen Patrioten reagierte, niemals aber auf die gesellschaftliche Wirklichkeit.

Sinn Fein spricht heute von der »Republican Community«, der republikanischen Gemeinschaft, die die Partei in Stormont und anderswo repräsentiert. Daß die Republikaner nicht mehr das große Wort von der »irischen Nation« im Munde führen, zeigt mehr als alles andere, daß die Bewegung begriffen hat, für wen sie tatsächlich spricht: für ein Drittel der katholischen Bevölkerung Nordirlands.

Zukunft

Die Wandlung der republikanischen Bewegung hin zu einer konstitutionellen Kraft, die für die Anerkennung der irischen Identität in Nordirland streitet, die Regierungsverantwortung trägt, die Diskriminierung anprangert und sich zur Vision eines vereinten Irlands bekennt, deren Waffen aber für immer ruhen – diese Wandlung ist noch immer nicht abgeschlossen. Militärische, nicht politische Stärke war stets das herausragende Merkmal der Bewegung – und genau deswegen fällt es vielen Aktivisten schwer, sich mit einem Ende des bewaffneten Kampfs abzufinden: Der gewaltsame Kampf für ein vereintes Irland verschaffte den Republikanern ein Maß an Aufmerksamkeit und Bedeutung, das weder durch ihre numerische Stärke noch durch politische Potenz gedeckt war. Die Verschrottung ihrer Waffen würde ein Ende der gewaltsamen Option besiegeln.

Die Republikaner verwahren sich gegen eine Entwaffnung der IRA – einerseits, weil das Arsenal der IRA noch immer ein

Faustpfand darstellt, mit dem politischer Druck erzeugt werden kann; andererseits, weil die republikanische Führung fürchtet, skeptische Traditionalisten könnten sich von der Bewegung abspalten.

Wie auch immer: Für die Waffen aller Paramilitärs in Nordirland – Republikaner wie Loyalisten – muß bald eine Lösung gefunden werden. Jeder Fortschritt im Friedensprozeß hängt von dieser Lösung ab. Den Republikanern also steht die eigentliche Nagelprobe noch bevor. Sie müssen beweisen, ob sie es tatsächlich ernst meinen damit, daß Gewalt, wie Gerry Adams sagt, »für uns alle jetzt eine Sache der Geschichte« ist – ein für allemal.

Anhang

Chronologie

350 v. Chr.	Der Stamm der Kelten fällt in Irland ein.
432	Der heilige Patrick missioniert Irland.
1170	Die Normannen landen in Irland.
1608–1610	Besiedlung der Grafschaften im Nordosten Irlands durch Protestanten aus England und Schottland (die sogenannte »Plantation«).
1649	Oliver Cromwell schlägt eine Rebellion der Katholiken gegen die Protestanten nieder.
1690	Schlacht am Fluß Boyne: Wilhelm von Oranien unterwirft die katholische Bevölkerung und begründet die protestantische Vorherrschaft.
1798	Die republikanische Rebellion der *United Irishmen* (unter Führung von Wolfe Tone) gegen die britische Oberherrschaft scheitert.
1829	Das letzte der sogenannten Strafgesetze gegen Katholiken wird aufgehoben.
1845–1848	Infolge einer großen Hungersnot (»Great Famine«) reduziert sich die irische Bevölkerung um zwei Millionen Menschen.
1867	Die Rebellion der republikanischen *Fenians* schlägt fehl.
1905	Arthur Griffith gründet die Partei *Sinn Fein*.
1916	Der republikanische Osteraufstand mit Ausrufung der Irischen Republik in Dublin scheitert.
1918	*Sinn Fein* erringt bei Wahlen zum britischen Unterhaus 73 von 105 Wahlkreisen in Irland, verfehlt aber die absolute Mehrheit. *Sinn-Fein*-Abgeordnete formieren sich zum Ersten Dail, dem ersten unabhängigen irischen Parlament.
1919–1921	Anglo-Irischer Unabhängigkeitskrieg
1920	Der *Government of Ireland Act* schafft zwei Territorien zur Ausübung irischer Regionalautonomie und gibt damit die Teilung Irlands vor.
1921	Bei Wahlen zum Zweiten Dail erringt *Sinn Fein* (ohne Gegenkandidaten) 124 der 128 Wahlkreise im südlichen *Home-Rule*-Territorium. Ein Friedensabkommen

	schafft den *Irischen Freistaat*: 26 Grafschaften Irlands werden vom Vereinigten Königreich abgetrennt.
1922–1923	Bürgerkrieg im Irischen Freistaat
1938	Übertragung der Befugnisse des Zweiten Daíl auf die Armee-Exekutive der IRA
1939–1940	Eine IRA-Kampagne in England endet erfolglos.
1948	Der Irische Freistaat erklärt sich zur Republik; das britische Unterhaus bekräftigt die Zugehörigkeit Nordirlands zum Vereinigten Königreich.
1956–1962	Die sogenannte Grenzkampagne der IRA in Nordirland scheitert.
1967	Die nordirische Bürgerrechtsbewegung NICRA formiert sich.
1969	Unruhen im Sommer können erst durch den Einsatz der britischen Armee beendet werden.
	Spaltung der IRA; Gründung der fundamentalistischen *Provisional IRA*.
1970	Beginn der Kampagne der *Provisional IRA*.
1971	Einführung der Internierung ohne Anklage; daraufhin startet die *Provisional IRA* eine Phase der »ungezügelten Eskalation«.
1972	Am *Bloody Sunday* erschießt eine Einheit der britischen Armee in Londonderry 13 Demonstranten.
	Das Provinzparlament in Stormont wird abgeschafft.
	Die Führung der *Provisional IRA* trifft sich in London mit Vertretern der britischen Regierung zu Geheimgesprächen.
1973	Beginn der Kampagne der *Provisional IRA* in England
1974	Ein protestantischer Generalstreik bewegt die britische Regierung zur Auflösung eines neugeschaffenen Provinzparlaments.
1975	Waffenruhe der *Provisional IRA* (fortan: IRA)
1976	Gerry Adams und Martin McGuinness übernehmen die Kontrolle der Bewegung. Die neue Strategie des Langen Kriegs sieht die militärische Zermürbung sowie die Politisierung der Bewegung vor.
1981	Ein Hungerstreik von IRA-Häftlingen im Maze-Gefängnis kulminiert im Tod von zehn Gefangenen.
	Die Partei *Sinn Fein* wird reaktiviert.
1985	Anglo-Irisches Abkommen zwischen der Republik Irland und Großbritannien
1985–1986	Lieferung mehrerer Tonnen des libyschen Plastiksprengstoffs Semtex an die IRA.

1986 *Sinn Fein* erlaubt seinen Kandidaten, gewonnene Mandate für das irische Parlament wahrzunehmen.

1987 Ein Sprengsatz der IRA tötet in Enniskillen (Grafschaft Fermanagh) elf Zivilisten.

1988 SDLP-Vorsitzender Hume und *Sinn-Fein*-Präsident Adams treffen sich zu ersten Gesprächen.

1990 Der britische Nordirlandminister Brooke erklärt, Großbritannien habe kein strategisches Interesse an Nordirland.

1992 Das Grundsatzpapier »Towards a Lasting Peace« (Für einen dauerhaften Frieden) dokumentiert das Umdenken innerhalb der republikanischen Bewegung, die neue Ausrichtung an einer einvernehmlichen Lösung des Konflikts.

1993 Gemeinsame Erklärung Großbritanniens und der Republik Irland (Downing-Street-Deklaration)

1994 Die IRA erklärt eine Waffenruhe, die bis 1996 (18 Monate lang) hält.

1997 Die IRA erneuert einen Waffenstillstand.
Mehr-Parteien-Gespräche unter Beteiligung *Sinn Feins* beginnen in Belfast.

1998 Die Teilnehmer der Mehr-Parteien-Gespräche einigen sich am Karfreitag auf ein Friedensabkommen. Die Unterzeichner, darunter *Sinn-Fein*-Präsident Adams, verpflichten sich zum Gebrauch »demokratischer und ausschließlich friedlicher Mittel«.
Sinn Fein erzielt bei Wahlen zum Provinzparlament das bisher beste Ergebnis seit Reaktivierung der Partei 1981.

Glossar

Active Service Unit (ASU): Bezeichnung der kleinsten aktiven Einheit der IRA (auch Zelle), meist bestehend aus vier Volunteers.

Alliance Party: Liberale und einzige überkonfessionelle Partei Nordirlands.

Ard Fheis: Bezeichnung der jährlichen Parteikonferenz von Sinn Fein.

Army Convention: Armee-Versammlung. Delegiertenversammlung der IRA. Wählt die Armee-Exekutive.

Army Council: Armeerat. Aus sieben Mitgliedern bestehendes Machtzentrum der IRA. Tagt ständig.

Army Executive: Armee-Exekutive. Im Kontext republikanischer Ideologie die offizielle Regierung Irlands. Zwölf Mitglieder. Wählt Armeerat. Tagt zweimal jährlich.

B-Specials (Ulster Special Constabulary): In den 20er Jahren gebildete protestantische Polizeitruppe in Nordirland; wurde 1970 aufgelöst.

Cairde Sinn Fein (Freunde Sinn Feins): Internationales Unterstützernetzwerk der Partei Sinn Fein.

Chief of Staff: Oberkommandant der IRA. Vorsitzender des Armeerats.

Continuity IRA (CIRA): Radikale republikanische Splittergruppe, die sich 1986 von der IRA abgespalten hat.

Daíl: Name des irischen Parlaments. Der Erste Daíl setzte sich aus 73 Mitgliedern Sinn Feins zusammen, die bei den Unterhauswahlen 1918 einen Wahlkreis erringen konnten.

Democratic Unionist Party (DUP): Radikale protestantische Partei unter Vorsitz des Pastors Ian Paisley. Verficht den Loyalismus.

Direct Action Against Drugs (DAAD): Tarnname der IRA.

Fenian: Umgangssprachlicher Ausdruck für Republikaner. Die Fenians waren ursprünglich eine Gruppe republikanischer Rebellen in den 60er Jahren des 19. Jahrhunderts.

Fianna Faíl: Wichtigste Partei in der Republik Irland. Entstand unter Führung Eamon de Valeras aus einer Abspaltung Sinn Feins im Jahr 1926.

Garda: Polizei in der Republik Irland.

H-Block: Aufgrund seines Grundrisses so bezeichneter Gefängnistrakt des Maze-Gefängnisses nahe Belfast.

Irish Citizens' Army (ICA): Arbeitermiliz, die 1915 in den Irish Volunteers aufging.

Irish Volunteers: Katholische Miliz, die die Einführung irischer Regionalautonomie verteidigen sollte. Beteiligte sich zu Teilen am Osteraufstand von 1916.

Irish National Liberation Army (INLA): Pseudo-marxistische Splittergruppe, die sich 1974 von der Official IRA abgetrennt hat. Blieb den Provos zahlenmäßig weit unterlegen.

Irish Northern Aid Committee (NORAID): Amerikanisch-republikanische Unterstützerorganisation. Betreibt Lobbyismus und sammelt Spenden für die Republikaner.

Irish Republican Army (IRA): Wichtigste republikanische Untergrundorganisation; militärischer Flügel der republikanischen Bewegung. 1969 Spaltung in Official und Provisional IRA.

Irish Republican Brotherhood: Radikaler republikanischer Geheimbund, der an den Umsturzversuchen 1867 und 1916 beteiligt war.

Loyalist: Radikaler, zumeist protestantischer Gegner der Idee eines vereinigten Irlands. Die »Loyalität« bezieht sich auf die bedingungslose Treue zur englischen Krone.

Loyalist Volunteer Force (LVF): Radikale protestantische Splittergruppe, die sich 1996 von der Ulster Volunteer Force abgespalten hat.

Nationalist: Zumeist katholischer Anhänger der Idee eines vereinten Irlands.

Nordirland: Bezeichnung für die sechs Grafschaften im Nordosten der Insel Irland, die im Gegensatz zu den 26 restlichen Grafschaften nach der Teilung der Insel 1921 beim Vereinigten Königreich verblieben sind. Die Protestanten bezeichnen Nordirland auch als Ulster.

Northern Ireland Civil Rights Association (NICRA): Nordirische Bürgerrechtsbewegung; stritt für die Gleichberechtigung von Katholiken; organisierte ab 1967 Protestmärsche und Demonstrationen.

Official IRA (OIRA): Nach Spaltung der IRA 1969 verbliebene Gruppierung sozialistischer Paramilitärs; erklärte bereits 1972 einen unbefristeten Waffenstillstand.

Oglaigh na hEireann: Gälische Bezeichnung für die IRA.

Orange Order: Oranier-Orden. 1795 von Protestanten gegründeter Bund, der unionistisches Denken mit religiösen Elementen verbindet.

Paramilitärs: Quasi-militärisch organisierte illegale Untergrundorganisationen, wie z.B. die IRA oder die UVF.

Provisional IRA (PIRA, Provos): Fundamentalistische Gruppe, die aus der Spaltung der IRA 1969 hervorgegangen ist. Heute meist nur als IRA bezeichnet, da die dominante Untergrundorganisation im republikanischen Lager.

Real IRA (RIRA): Radikale republikanische Splittergruppe, die sich 1997 von der IRA abgespalten hat; erklärte 1998 einen unbefristeten Waffenstillstand.

Republican News: Offizieller Titel »An Phoblacht / Republican News«. Wöchentlich erscheinende Zeitschrift; Sprachrohr der republikanischen Bewegung.

Republican Sinn Fein: Politischer Flügel der Continuity IRA.

Republik Irland: Heute offizielle Bezeichnung der 26 Grafschaften, die 1922 vom Vereinigten Königreich abfielen; bis 1937 »Irischer Freistaat«, 1937 bis 1948 »Éire« (keltisch: Irland).

Republikaner: Radikaler, zumeist katholischer Anhänger der Idee einer vereinten irischen Republik. Ein Republikaner billigt in aller Regel gewaltsame Aktionen der IRA.

Republikanische Bewegung: Überbegriff für den politischen (Sinn Fein) und den militärischen (IRA) Flügel des Republikanismus.

Royal Irish Constabulary (RIC): Irische Polizei bis zur Gründung des Irischen Freistaats 1922.

Royal Ulster Constabulary (RUC): Polizei Nordirlands.

Special Air Service (SAS): Anti-Terror-Spezialeinheit der britischen Armee, die während der 80er Jahre in Nordirland eingesetzt wurde.

Social Democratic and Labour Party (SDLP): Wichtigste Partei im katholischen Lager. Verficht den Nationalismus.

Sinn Fein: Wichtigste republikanische Partei. Politischer Flügel der republikanischen Bewegung.

Stormont: Sitz des nordirischen Parlaments bis zu dessen Abschaffung 1972.

Taoiseach: Keltischer Name und offizielle Bezeichnung des irischen Ministerpräsidenten.

Ulster: Historisch eine der vier Provinzen Irlands. Heute ein von Protestanten verwendeter Begriff für Nordirland.

Ulster Defence Association (UDA): Mitgliederstärkste loyalistische Untergrundorganisation.

Ulster Democratic Party (UDP): Politischer Flügel der UDA.

Ulster Freedom Fighters (UFF): Tarnname der UDA.

Ulster Unionist Party (UUP): Wichtigste Partei im protestantischen Lager. Vertritt den Unionismus.

Unionist: Zumeist protestantischer Verfechter der Union Nordirlands mit Großbritannien.

Ulster Volunteer Force (UVF): Loyalistische Untergrundorganisation. Ursprünglich Name einer 1912 gegründeten protestantischen Miliz zum Widerstand gegen die irische Regionalautonomie (Home Rule).

United Irishmen: Erste republikanische Vereinigung. 1791 von Wolfe Tone gegründet.

Volunteer: Bezeichnung für einen Rekruten der IRA.

Westminster: Name und Sitz des britischen Parlaments in London.

Zelle: Kleinste aktive Einheit der IRA (auch Active Service Unit), meist bestehend aus vier Volunteers.

Personen

Gerry Adams
(*1949 Belfast) entstammt einer republikanischen Arbeiterfamilie aus West-Belfast. Schon als Jugendlicher Engagement in der republikanischen Bewegung. Nach kurzer Tätigkeit als Barkeeper tritt Adams 1968/69 der IRA (ab 1969: Provisional IRA) bei. Von Beginn an gehört Adams zum Führungskreis der Provos in Belfast; ihm untersteht das Bataillon in Ballymurphy (West-Belfast). 1971/72 verbringt Adams im Internierungscamp, wird aber freigelassen, um an Geheimverhandlungen mit der britischen Regierung teilzunehmen. 1973 bis 77 erneut inhaftiert; im Maze-Gefängnis entwirft Adams die Strategie des Langen Kriegs, schlägt eine »Verbreiterung« des Kampfs vor, die Politisierung der Bewegung. Ab 1977 vermutlich einige Jahre im Army Council der IRA, seit 1983 Präsident von Sinn Fein. 1983–92 und seit 1997 Abgeordneter des britischen Unterhauses für West-Belfast (bleibt dem Parlament allerdings fern). Verfasser einiger Bücher, darunter seiner Autobiographie »Before the Dawn«. Heute unbestrittene Leitfigur der irisch-republikanischen Bewegung.

Michael Collins
(*1890 Cork, † 1922) gab 1915 seine Anstellung als Postbeamter in London auf, um an den Vorbereitungen für den Osteraufstand 1916 teilzunehmen. Collins ist während des Osteraufstands einfacher Volunteer, wird festgenommen und acht Monate später begnadigt. Anführer der radikalen IRB im Unabhängigkeitskrieg, Mitglied des Ersten Daíl und Finanzminister in der provisorischen Regierung. Als Chef der republikanischen Delegation handelt er den Anglo-Irischen Vertrag von 1921 und damit die Unabhängigkeit von 26 Grafschaften aus. Im Bürgerkrieg zwischen Vertragsgegnern und -befürwortern (1922–23) führt er die Befürworter, die »Pro-Treaty«-Seite, an. Michael Collins wird in der Grafschaft Cork aus einem Hinterhalt erschossen.

James Connolly
(*1868 Edinburgh, † 1916) Sohn irischer Eltern, organisierte Arbei-

terproteste in Dublin. Um die Arbeiter vor Übergriffen der Polizei zu schützen, gründete er 1913 die Irish Citizens' Army. Connolly verband republikanische Ideen mit sozialistischen Einflüssen (»Die Sache der Arbeiterklasse ist die Sache Irlands, die Sache Irlands ist die Sache der Arbeiterklasse«), und wurde 1915 Mitglied der IRB. 1916 ging die ICA in den Irish Volunteers auf. Während des Osteraufstands 1916 war Connolly Offizier der Rebellen im General Post Office. Als Unterzeichner der Proklamation der Republik wurde James Connolly hingerichtet.

Cathal Goulding
(*1923 Dublin, †1998) entstammt einem traditionell republikanischen Elternhaus, verläßt die Schule im Alter von 14, arbeitet als Anstreicher, bald Mitglied der IRA. Schon während des 2. Weltkriegs in der Republik Irland interniert, sitzt Goulding in den 50er Jahren wegen Überfällen auf britische Armeestützpunkte in England im Gefängnis. Zurück in Irland wird Goulding zum Marxisten. Als Oberkommandant (ab 1962) bricht Goulding mit der republikanischen Tradition, versucht, die IRA zu politisieren, auf sozialistischen Kurs zu bringen. Mit Ausbruch der Unruhen in Nordirland spalten sich die Traditionalisten ab. Gouldings Flügel (ab 1969: Official IRA) sagt dem bewaffneten Kampf nach und nach ab. Ab 1977 Präsident von »Sinn Fein – The Worker's Party« (ab 1982 »Worker's Party«).

Arthur Griffith
(*1871 Dublin, † 1922) Journalist, gründete 1905 die Partei Sinn Fein. Er setzte sich für eine Rückbesinnung auf keltische Werte ein und gilt als Protagonist des »kulturellen Erwachens« von Irland. Die Politik des Mandatsverzichts geht ebenso auf ihn zurück wie die Gründung des Daíls. Griffith galt als moderater Anhänger der Idee einer Doppelmonarchie nach österreichisch-ungarischem Vorbild. Justiz- und Außenminister der Regierung des Ersten Daíl, Mitglied der Verhandlungsdelegation beim Anglo-Irischen Vertrag von 1921, Präsident des Dail bis 1922.

Sean MacStiofáin
(*1928 London) Sohn einer irischen Mutter und eines englischen Vaters; eigentlich John Stevenson. Verließ die Schule im Alter von 16, wurde Maurer und arbeitete später für die britische Luftwaffe. Verkehrte in London mit Exil-Iren, lernte gälisch und kam hierdurch in Kontakt mit der republikanischen Bewegung. Beteiligte sich an Überfällen auf britische Armee-Einrichtungen in den 50er Jahren, saß hierfür in Haft. Unter Goulding in den 60er Jahren Mitglied des Armee-

rats. Als Anführer der Traditionalisten organisiert MacStiofáin die Spaltung der Bewegung 1969, wird selbst zum Oberkommandanten der Provisional IRA gewählt. Verantwortlich für die Eskalation der frühen 70er Jahre. Bricht 1973 einen Hunger- und Durststreik im Dubliner Gefängnis vorzeitig ab, tritt anschließend auch als Oberkommandant zurück. Lebt seitdem zurückgezogen.

Martin McGuinness
(*1950 Londonderry) entstammt einer Arbeiterfamilie aus dem katholischen Stadtviertel Bogside in Londonderry. Metzgerlehrling, wurde durch Straßenschlachten katholischer Jugendlicher mit der Polizei politisiert und tritt 1970 der Provisional IRA bei. Steigt rasch zum Kommandanten der Brigade in Londonderry auf, gehört schon zwei Jahre später zum innersten Führungskreis der IRA. 1973 sechs Monate lang in der Republik Irland inhaftiert. Nach Ende des Waffenstillstands von 1975 wird McGuinness zum Chef des neugeschaffenen »Northern Command«, später vermutlich auch für einige Jahre Oberkommandant der IRA. Gilt als »Pate der IRA«, der trotz seiner militaristischen Reputation dem politischen Kurs von Adams folgt. Sinn Fein-Chefunterhändler in den Verhandlungen zum Friedensabkommen von 1998, seit 1997 Unterhaus-Abgeordneter für Mid-Ulster (bleibt dem Parlament allerdings fern). Neben Adams heute wichtigster Stratege der Bewegung.

Ruairi Ó'Brádaigh
(*1929 Longford) Sohn wohlhabender Eltern, Lehramtsstudium in Dublin, wurde bereits zu Beginn der 50er Jahre Mitglied der IRA, dann Mitglied des Army Council. 1957 Abgeordneter des Daíl (bleibt dem Parlament allerdings fern); während der Grenzkampagne (bis 1962) Oberkommandant der IRA. Wird bei Spaltung der Bewegung Präsident von Provisional *Sinn Fein* (1970–1983). Sein Konzept für ein föderalistisches vereintes Irland »Éire Nua« galt als politische Doktrin der Bewegung. Verhandelt mit der britischen Regierung während des Waffenstillstandes von 1975, wird anschließend nach und nach von Gerry Adams verdrängt. 1986 verläßt O'Brádaigh im Streit um die Mandatsverzichtsklausel die Bewegung und gründet Republican Sinn Fein, ist seitdem Präsident dieser fundamentalistischen Splittergruppe.

Patrick Pearse
(*1879 Dublin, †1916) Lehrer, gründete 1908 die erste rein gälische Schule in Irland, die Scoil Eanna. 1913 wurde Pearse Gründungsmitglied der Irish Volunteers, außerdem Mitglied der IRB. Oberkom-

mandant während des Osteraufstands von 1916, Präsident der Provisorischen Republik und erster Unterzeichner der Gründungsproklamation. Pearse verherrlichte in Gedichten die irische Nation; er galt als fanatischer Romantiker, überzeugt davon, daß die Gleichgültigkeit der Bevölkerung nur durch den Opfertod der republikanischen Elite zu überwinden sei. Pearse wurde als Anführer des Osteraufstandes von 1916 hingerichtet.

Bobby Sands
(*1954 Belfast, † 1981) Sohn eines Postangestellten, kam 1973 zur Provisional IRA. Nach drei Jahren Internierung (1973–76) war Sands kurzzeitig Anführer einer IRA-Einheit, wurde aber noch 1976 verhaftet. Während des ersten Hungerstreiks, mit dem die Häftlinge der Paramilitärs für einen Status als politische Gefangene kämpfen, ist er Kommandant der IRA im Maze-Gefängnis. Den zweiten Hungerstreik beginnt Sands selbst am 1. März 1981. Sinn Fein stellt ihn währenddessen zu einer Nachwahl für das britische Unterhaus auf; am 9. April wird Sands Abgeordneter für den Wahlkreis Fermanagh/Süd-Tyrone. Nach 66 Tagen ohne Nahrung stirbt Sands am 5. Mai. Seinem Sarg folgen mehr als 100 000 Menschen. In republikanischen Kreisen wird Sands noch heute als Märtyrer verehrt; sein Wahlsieg gilt als Katalysator der Politisierungsstrategie von Sinn Fein.

Theobald Wolfe Tone
(*1763 Dublin, † 1798) presbyterianischer Anwalt und begeisterter Anhänger der Ideale der französischen Revolution. Tone gründete 1791 die Society of United Irishmen, zunächst ein Debattierclub. In Frankreich beschaffte er Unterstützung, um in Irland eine republikanische Revolution zu initiieren. Zwei Versuche (1796 und 1798), in Irland mit französischen Truppen zu landen, scheiterten. Im Nordwesten der Insel wurde Tone 1798 festgenommen und des Hochverrats für schuldig befunden. Bevor das Todesurteil vollstreckt werden konnte, schnitt sich Tone die Kehle durch. Tone gilt als Begründer der republikanischen Idee einer einigen irischen Republik unabhängig von Großbritannien.

Eamon de Valera
(*1882 New York, † 1975) Sohn einer Exil-Irin und eines spanischen Vaters, kehrte mit seinen Eltern 1885 nach Irland zurück, lehrte Mathematik. Einziger überlebender Kommandant des Osteraufstands von 1916. Erster Abgeordneter von Sinn Fein, Präsident der Partei (1917–1926). Während des Bürgerkriegs auf seiten der Vertragsgegner; sagte 1926 dem bewaffneten Kampf ab, gründete die Partei

Fianna Faíl, deren Vorsitzender er bis 1959 war. Beendete als irischer Ministerpräsident (1932–48, 1951–54, 1957–59) jegliche konstitutionelle Verbindung zu Großbritannien, verbot allerdings auch die IRA. Architekt der Neutralität Irlands im 2. Weltkrieg. Autor der irischen Verfassung von 1937. Präsident der Republik Irland (1959-73). Gilt als bedeutendster Staatsmann Irlands im 20. Jahrhundert. Begründer des konstitutionellen Republikanismus.

Literatur

Alle englischsprachigen Bücher sind über die *British Bookshops* (z.B. in Berlin, Hamburg oder München) lieferbar. Online-Bestellungen dauern in der Regel ein bis zwei Wochen (z.B. beim Buchladen der Queen's-Universität in Belfast: www.baq.co.uk; oder bei *Eason* in Dublin: www.eason.ie).

IRA

Bishop, Patrick; Mallie, Eamonn: The Provisional IRA, London 1987.
Bell, Bowyer J.: IRA. Tactics & Targets, Dublin 1997.
Bell, Bowyer J.: The Secret Army – the IRA, Dublin 1989.
Coogan, Tim P.: The IRA, London 1987.
Dillon, Martin: 25 Years of Terror. The IRA's War Against the British, London 1994.
O'Brien, Brendan: A Pocket History of the IRA, Dublin 1997.
O'Doherty, Malachi: The Trouble with Guns. Republican Strategy and the Provisional IRA, Belfast 1998.
O'Malley, Padraig: The Uncivil Wars, Boston 1983 *(Kapitel 7: The Irish Republican Army: A Question of Certainty)*.
Patterson, Henry: The Politics of Illusion. A Political History of the IRA, London 1997.
Taylor, Peter: Provos. The IRA and Sinn Fein, London 1997.
Toolis, Kevin: Rebel Hearts. Journeys within the IRA's Soul, London 1995.

Nordirland

Adams, Gerry: Before the Dawn. An Autobiography, London 1997.
Barton, Brian: A Pocket History of Ulster, Dublin 1996.
Beresford, David: Ten Men Dead. The Story of the 1981 Irish Hunger Strike, London 1987.

Bew, Paul u.a.: Northern Ireland 1921–1996. Political Forces and Social Classes, London 1996.
Bruce, Steven: The Edge of the Union. The Ulster Loyalist Political Vision, Oxford 1994.
Connolly, Michael: Politics and Policy Making in Northern Ireland, Hertfordshire 1990.
Darby, John u.a. (Hg.): Political Violence. Ireland in a Comparative Perspective, Belfast 1990.
Dunn, Seamus (Hg.): Facets of the Conflict in Northern Ireland, London 1995.
Guelke, Adrian (Hg.): New Perspectives on the Northern Ireland Conflict, Aldershot 1994.
Jarman, Neill: Material Conflicts: Parades and Visual Displays in Northern Ireland, Oxford 1997.
Mallie, Eamonn; McKittrick, David: The Fight for Peace. The Inside Story of the Irish Peace Process, London 1997.
McClean, Raymond: The Road to Bloody Sunday, Londonderry 1983.
McClunge Lee, Alfred: Terrorism in Northern Ireland, New York 1983.
McGarry, John; O'Leary, Brendan: Explaining Northern Ireland, Oxford 1995.
McGarry, John; O'Leary, Brendan: The Politics of Antagonism. Understanding Northern Ireland, London 1996.
Roche, Patrick; Barton, Brian (Hg.): The Northern Ireland Question: Myth and Reality, Aldershot 1991.
Rowan, Bryan: Behind the Lines – The Story of the IRA and Loyalist Ceasefires, Belfast 1995.
Whyte, John: Interpreting Northern Ireland, Oxford 1990.
Wichert, Sabine: Northern Ireland since 1945, New York 1991.

Irland

Ardagh, John: Ireland and the Irish, London 1995.
Beckett, James C.: Geschichte Irlands, Stuttgart 1997.
Boyce, George: Ireland 1828–1923. From Ascendancy to Democracy, Oxford 1992.
Gray, Tony: Ireland. This Century, London 1994.
Chubb, Basil: The Government and Politics of Ireland, Harlow 1992.
Kee, Robert: The Green Flag: Volume One. The Most Distressful Country, London 1972.

Keogh, Dermot: Twentieth-Century Ireland. Nation and State, Dublin 1994.
Lee, John J.: Ireland 1912–1985. Politics and Society, Cambridge 1989.
McMahon, Sean: A Short History of Ireland, Dublin 1996.

Internet

Ein ausführliches Link-Verzeichnis der Gruppen und Parteien in Nordirland ist das *Irish Internet Hub*: larkspirit.com/general/irishhub.html

Ausgezeichnete Hintergrundinformationen zu allen Aspekten des Nordirland-Konflikts bietet das Dokumentationsprojekt *Conflict Archive on the Internet* (CAIN) der *Ulster University*: cain.ulst.ac.uk/index.html

Der Web-Dienst *News Sources for the North of Ireland* archiviert täglich eine große Anzahl von Artikeln zu Nordirland aus der irischen, britischen und amerikanischen Presse: www.nuzhound.com

Einen freien Archivzugang bieten die *Irish Times* (Dublin) und die *Irish News* (Belfast): www.irish-times.com, www.irishnews.com. Das Archiv des *Belfast Telegraph* ist kostenpflichtig: www.belfasttelegraph.co.uk.

Karte Nordirlands mit Grafschaften

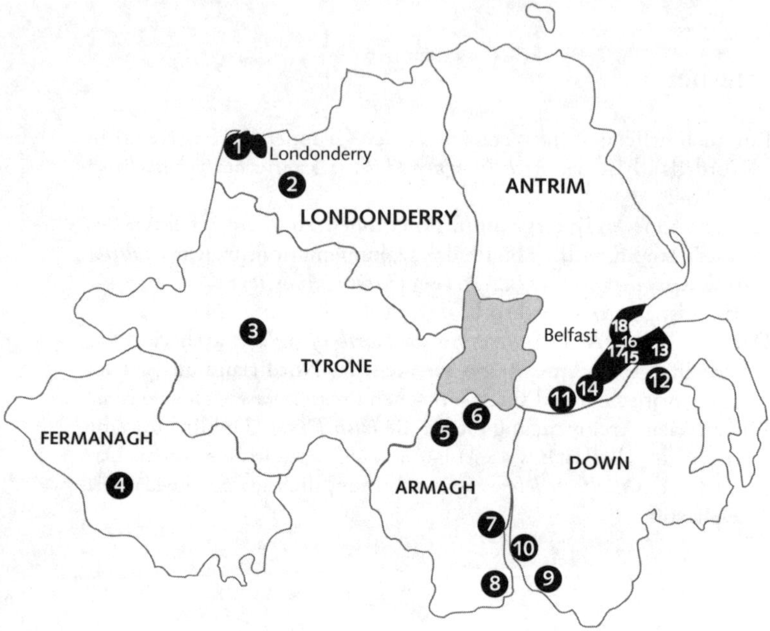

Anschläge in Nordirland

Seit 1969 sind mehr als 2100 Menschen von *Volunteers* der IRA oder von republikanischen Splitterorganisationen getötet worden – das sind fast 60 Prozent aller Opfer des Nordirland-Konflikts. Irische Republikaner sind außerdem für mehrere tausend Schießereien, Anschläge und Überfälle verantwortlich. Eine Auflistung all dieser Vorfälle würde ein weiteres Buch füllen.

Deshalb sind auf dieser Karte neben Ereignissen, die den Fortgang des Konflikts entscheidend beeinflußt haben, nur solche Anschläge der IRA verzeichnet, die wegen ihrer Schwere oder ihrer strategischen Bedeutung die Entwicklung der IRA bestimmt haben. Unberücksichtigt bleiben Anschläge in England.

1 Januar 1972: *Bloody Sunday* – die britische Armee erschießt 13 Zivilisten im katholischen Bogside-Viertel.

2 Juli 1972: IRA-Autobomben töten neun Zivilisten in der Ortschaft Claudy.

3 August 1998: Eine Autobombe der Splittergruppe *Real IRA* tötet Zivilisten im Zentrum der Kleinstadt Omagh.

4 November 1987: Ein IRA-Sprengsatz tötet zehn Zivilisten und einen Polizisten während einer Gedenkveranstaltung in Enniskillen.

5 Mai 1987: Der SAS tötet acht Volunteers und einen Zivilisten während eines IRA-Angriffs auf ein Polizeirevier in Loughgall.

6 Drumcree (Stadtteil von Portadown): Seit Juli 1995 Konflikt um die jährliche Parade des Oranier-Ordens durch ein katholisches Wohngebiet.

7 Januar 1976: IRA-Volunteers erschießen zehn protestantische Arbeiter bei Bessbrook.

8 April 1987: Die IRA tötet Lord Gibson, den zweithöchsten Richter Nordirlands.

9 August 1979: Die IRA tötet 18 britische Soldaten bei Warrenpoint.

10 Februar 1985: Die IRA tötet neun Polizisten in Newry.

11 Frühjahr 1981: Ein republikanischer Hungerstreik im Maze-Gefängnis kostet zehn Volunteers das Leben.

12 Januar 1978: Eine IRA-Bombe tötet zwölf Zivilisten im La-Mon-Restaurant.

13 Stormont (Ost-Belfast): Sitz der nordirischen Provinzregierung bis 1972, All-Parteien-Friedensgespräche ab 1996.

14 Oktober 1996: Die IRA plaziert eine Bombe vor einer Krankenstation des Militärstützpunkts, ein Soldat stirbt.

15 März 1972: Ein IRA-Sprengsatz im Abercorn-Restaurant (Stadtzentrum) tötet zwei Zivilisten.

16 Juli 1972: *Bloody Friday* – 22 IRA-Sprengsätze innerhalb einer Stunde töten neun Menschen.

17 Oktober 1993: Eine IRA-Bombe tötet neun Protestanten und einen IRA-Volunteer bei einem Anschlag im protestantischen Stadtteil Shankill.

18 Februar 1971: Die IRA tötet in Nord-Belfast mit Gunner Curtis den ersten Soldaten der britischen Armee.

Die religiöse Balance in Nordirland

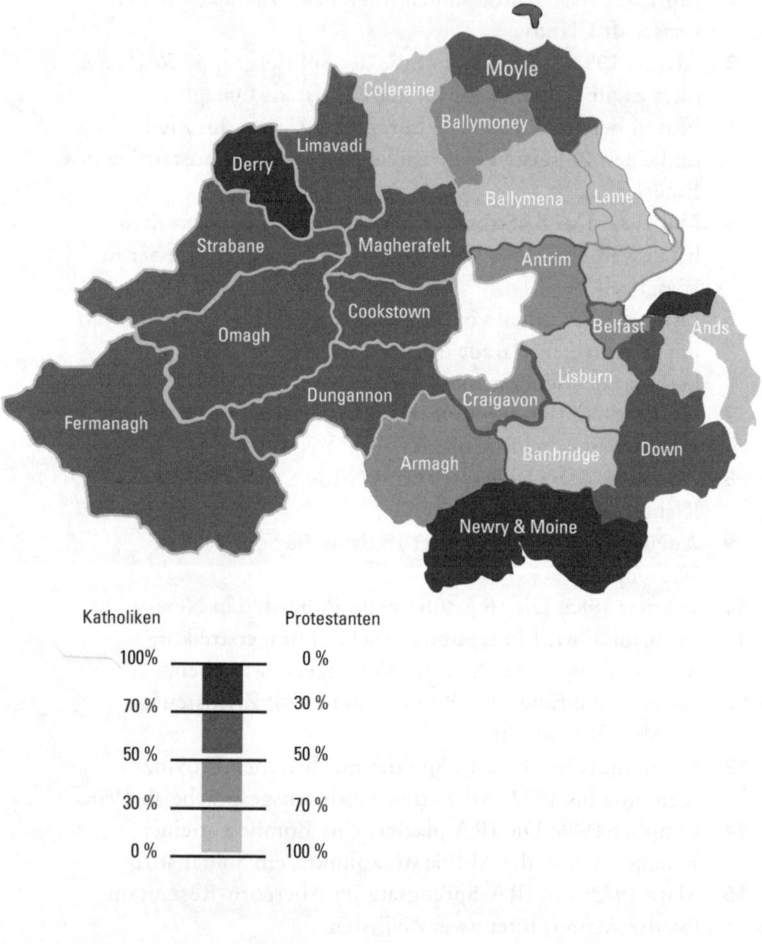

DIE REPUBLIKANISCHE BEWEGUNG

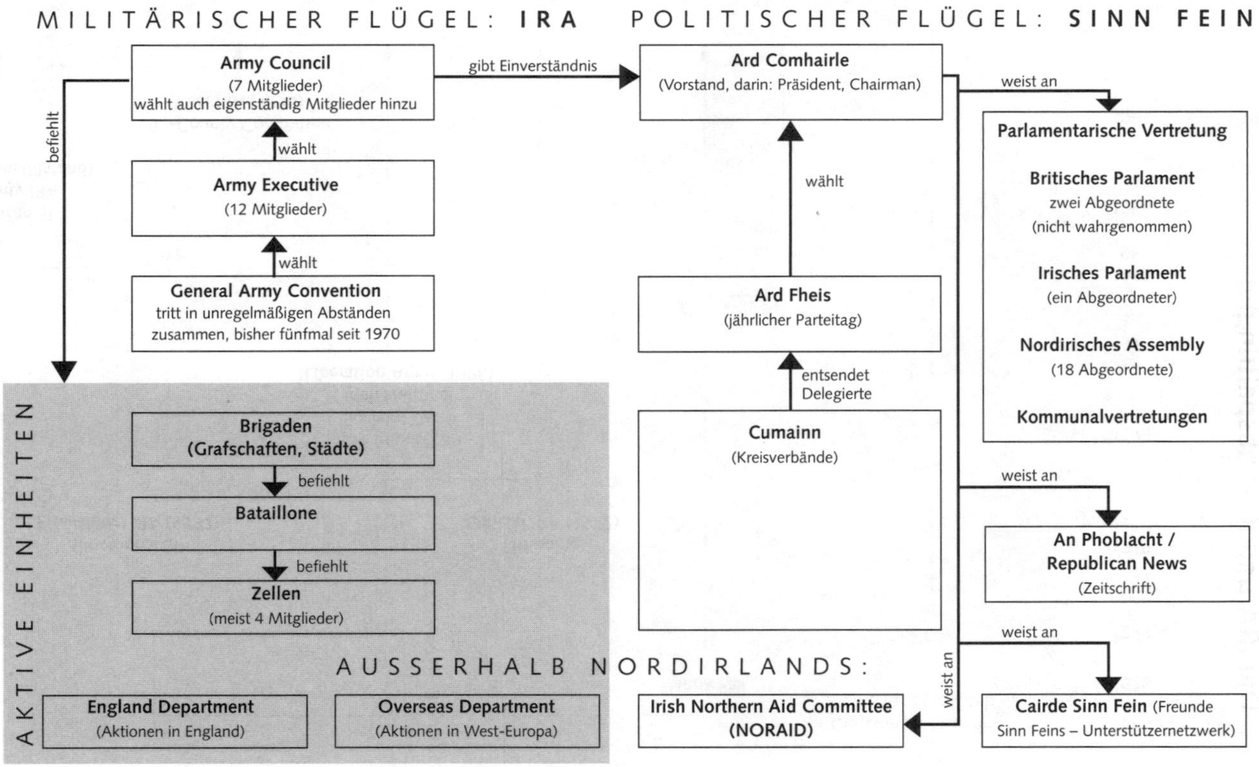

Die IRA und ihre Abspaltungen

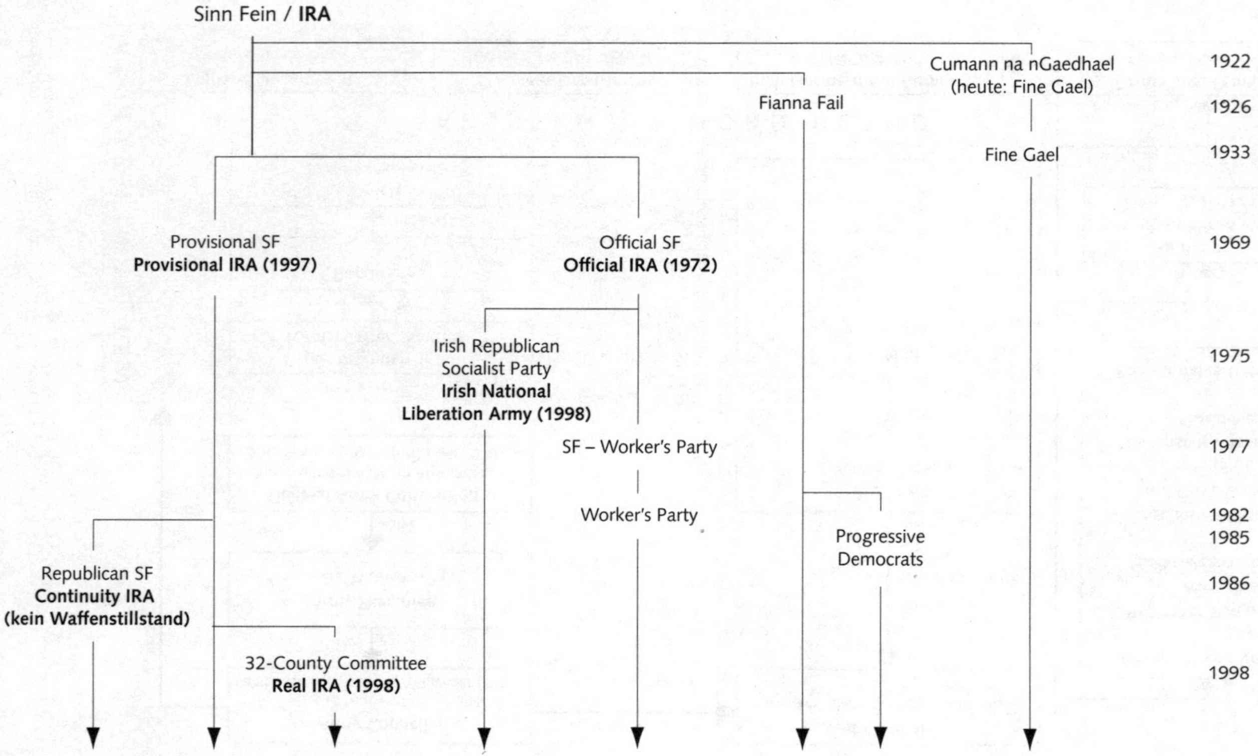

Militante Gruppen sind jeweils fett gedruckt.
In Klammern dahinter befindet sich das Jahr, in dem die jeweilige Gruppe zuletzt einen unbefristeten Waffenstillstand ausgerufen hat.

Inhalt

Geleitwort des Bürgermeisters 7
Vorwort des Autors 8

Marbach am Neckar

Chronik 11
Aus der Stadtgeschichte 17
Rundgang durch die historische Altstadt
Alexanderkirche und Torhaus 24
Um den Cottaplatz 33
An Schillers Geburtshaus vorbei zur Unteren Holdergasse 41
Durch die Mittlere und Obere Holdergasse zur Ölmühle Jäger 51
Auf den Felsen, Ludwigsburger Straße und untere Strohgasse 62
Von der südlichen Stadtmauer zum Oberen Torturm 69
Burgplatz und ehemaliger Schlossbereich 79
Marktstraße, Rathaus, Stadtkirche und Tobias-Mayer-Museum 86
Ziele außerhalb der Altstadt
Die Schillerhöhe und ihre Einrichtungen 99
Das ehemalige Mühlenviertel und die Kraftwerke 104
Über die Ziegelhütte zum Bahnhof 114
Der Stadtteil Hörnle 118
Marbach-Rundwanderungen
Wanderung 1 120
Wanderung 2 123
Wanderung 3 125
Weiteres Wissenswerte 126

Der Stadtteil Rielingshausen

Chronik 127
Aus der Geschichte 131
Rundgang durch Rielingshausen 133

Der Stadtteil Siegelhausen

Chronik 148
Geschichte und Besichtigung 151

Literatur 156
Register 159

Marbach. Stadtgrundriss mit Umgebung
und Ansicht von Westen.
Kolorierte Federzeichnung
[von Johann Friedrich Haug, 1796].

Geleitwort

Verehrter Gast,

ich heiße Sie in der Schillerstadt Marbach am Neckar herzlich willkommen. Mit diesem Stadtführer möchten wir Ihnen helfen, sich bei uns leichter zurechtzufinden.

Marbach bietet Ihnen eine Fülle von Sehenswertem. Die historische Altstadt mit Schillers Geburtshaus, dem Torturm und vielen anderen schönen Fachwerkhäusern, die wundervolle Alexanderkirche und nicht zuletzt natürlich das großartig im Park über dem Neckar gelegene Schiller-Nationalmuseum mit dem Deutschen Literaturarchiv.

Dieses kleine Buch macht Ihnen Vorschläge, wie Sie die Stadt in verschiedenen Richtungen kennen lernen können. Zu allen wichtigen Gebäuden und Einrichtungen erhalten Sie Hinweise, die Sie mit der Geschichte und Bedeutung vertraut machen. Es enthält soviel Wissenswertes, dass es Ihnen auch als eine kleine Stadtgeschichte dienen kann. Ganz sicher ist es eine schöne Erinnerung an Ihren Besuch bei uns.

Genießen Sie Ihren Aufenthalt, und lassen Sie sich auch von unserer Gastronomie verwöhnen. Erzählen Sie es weiter, wenn es Ihnen bei uns gefallen hat, und lassen Sie es uns auch wissen, wenn Sie Verbesserungsvorschläge haben. Ihre Wünsche sind uns wichtig.

Vielen Dank für Ihren Besuch und Ihr Interesse an unserer Stadt.

Herbert Pötzsch
Bürgermeister

Vorwort zur 1. Auflage

Marbach am Neckar darf sich rühmen, eine der ältesten Touristenstädte in der Region zu sein, denn bereits seit der Mitte des 19. Jahrhunderts strömen jedes Jahr zahlreiche Besucher in die kleine Stadt am Neckar. Während das Interesse zunächst den Schillerstätten und der Alexanderkirche galt, kamen in den darauf folgenden Jahrzehnten, wie sich auf Ansichtskarten verfolgen lässt, andere Attraktionen hinzu. Dazu gehörten um 1900 hauptsächlich das neue Laufwasserkraftwerk der Stadt Stuttgart sowie der Obere Torturm. Mehr und mehr rückte so auch die historische Altstadt in den Mittelpunkt, die als eine der ganz wenigen Städte in Baden-Württemberg ein nahezu geschlossenes Ensemble von Bauten aus der ersten Hälfte des 18. Jahrhunderts aufweisen kann. Besonders seit der zweiten Hälfte der 1970er-Jahre setzte sich der damalige Bürgermeister und heutige Ehrenbürger Heinz-Georg Keppler mit Erfolg für die schrittweise Sanierung der hübschen Fachwerkhäuser ein und erreichte, dass die Altstadt 1983 als Gesamtanlage unter Denkmalschutz gestellt wurde. Bürgermeister Herbert Pötzsch, sein Nachfolger seit 1997, setzt diese Arbeit mit dem gleichen Engagement fort, sodass inzwischen auch die Alexanderkirche, einer der schönsten spätgotischen Sakralräume Süddeutschlands, und seit kurzem auch der Obere Torturm in neuem Glanz erstrahlen.

1979 trug Hans Besch, langjähriger Rektor der heutigen Marbacher Tobias-Mayer-Hauptschule und überzeugter Heimatforscher, der zunehmenden Beliebtheit der Altstadt Rechnung, als er sein damals 87 Seiten umfassendes Büchlein „Sehenswerte Schillerstadt Marbach am Neckar. Ein kleiner Stadtführer" veröffentlichte. Das Heft, das 1987 in zweiter erweiterter Auflage mit 96 Seiten Umfang erschien, wurde tausendfach verkauft und ist seit Jahren vergriffen. Hans Besch, Marbacher seit 1945 und Träger zahlreicher Auszeichnungen, starb 1990 im Alter von 80 Jahren. Der Autor hatte das Glück, ihn bei einer seiner letzten Marbacher Stadtführungen im Jahr 1989 zu erleben. Seine Arbeit führt bis heute, neben anderen Stadtführern, mit viel Engagement Frau Elke R. Evert fort, der ich meine Grundkenntnisse zu Marbacher Stadtführungen verdanke. Besonders seit den 1990er-Jahren stieg die Nachfrage nach Gruppenführungen rapide an, sodass die Stadt Marbach zur Zeit rund ein halbes Dutzend Stadtführer beschäftigt, denen die vorliegende Veröffentlichung auch als Ansporn und Weiterbildung dienen soll.

Vieles an unserem Kenntnisstand zur Marbacher Geschichte, aber auch im Gebäudebestand hat sich seitdem geändert, sodass eine Neuauflage des alten Büchleins nur in stark überarbeiteter Form hätte erscheinen können. Da der Autor aber verstorben ist, fasste man den Entschluss zur Herausgabe eines neuen Stadtführers, der zudem die

Die Alexanderkirche, Holzstich von G. Loesti um 1890

Stadtteile Hörnle, Rielingshausen und Siegelhausen mitberücksichtigen sollte. Viele neue Aspekte ergaben sich durch die Neubearbeitung des ersten Bandes zur Stadtgeschichte, der 2002 erscheinen soll und dessen bereits fertiggestellte Manuskripte freundlicherweise vom Schillerverein vorab zur Verfügung gestellt wurden. Auf diesem sowie auf der 1992/93 von Frau Christiane Lohkamp mit großem Arbeitsaufwand erstellten Liste der Marbacher Kulturdenkmale basiert der weitaus größte Teil der Informationen des vorliegenden Stadtführers.

Älteste bekannte Fotografie des Stadtbildes um 1860

Dank schulde ich Frau Brigitte Blanz, Stuttgart-Botnang, und meiner Kollegin Petra Binder, die fleißig Korrektur gelesen haben, sowie meiner Frau Julia Martina Blanz für Beratung bei der Gestaltung. Manche Anregung verdanke ich meinen Kolleginnen Frau Petra Binder, Frau Melanie Hermann und Frau Anette Horn sowie Herrn Hauptamtsleiter Thomas Storkenmaier und Herrn Dr. Hermann Schick, Marbach. Nützliche Hinweise zu den Wanderungen lieferte Herr Gerhard Achilles, Marbach, dem mein Dank ebenso gilt, wie den Herren Klaus Golderer und Werner Sigrist von der Druckerei Offizin Chr. Scheufele, Stuttgart, für die kompetente Betreuung bei der Gesamtherstellung und Herrn Michael Weber, Stuttgart, der mit viel persönlichem Engagement die weitaus meisten Fotografien angefertigt hat. Das Register erstellte dankenswerterweise Frau Petra Binder.

Möge dieser Stadtführer den Besuchern der Schillerstadt eine nützliche Handreichung sein und zum Wiederkommen anregen. Ich widme dieses Buch meiner Frau Julia Martina Blanz, die mich sowohl bei der Bearbeitung des neuen Bandes zur Stadtgeschichte, als auch bei der Erstellung der vorliegenden Publikation in den letzten Jahren oft entbehren musste.

Marbach am Neckar, im September 2001 — Albrecht Gühring
Stadtarchivar

Vorwort zur 2. Auflage

Nachdem die erste Auflage des Stadtführers nach nicht ganz drei Jahren vergriffen ist, liegt nun die zweite, verbesserte und ergänzte Auflage vor. Anregungen gaben dazu Hartmut Braun, Manfred Fritz, Prof. Armin Hüttermann, Cathrin Koch, Dr. Hermann Schick, Thomas Storkenmaier und Helmut Traub, denen ich dafür herzlichen Dank schulde. Möge auch der zweiten Auflage Erfolg beschieden sein.

Marbach am Neckar, im September 2004 — Albrecht Gühring
Stadtarchivar

Marbach am Neckar

Chronik

Um 85
Vordringen der Römer vom Rhein her gegen den Neckar und Bau des Kastells Benningen zur Grenzsicherung.

155 – um 260
Römische Besetzung der Gebiete östlich des Neckars.

259
Einbruch der Alemannen in das römisch besetzte Gebiet des heutigen Baden-Württemberg.

496
Sieg des Frankenkönigs Chlodwig über die Alemannen; der Lemberg wird Grenzpunkt zwischen Alemannien und Franken.

Ca. 8./9. Jh.
Gründung der fränkischen Siedlung Marbach unterhalb der heutigen Alexanderkirche.

972
Urkundliche Erstnennung von „Marcbach" in einer Schenkungsurkunde des Diakons Wolwald zugunsten des Bistums Speyer.

1009
Kaiser Heinrich II. bestätigt dem Bischof von Speyer das Marktrecht in Marbach und verleiht ihm das Recht, dort Münzen zu schlagen.

Ab ca. 1190
Nach verschiedenen Herrschaftswechseln werden vom heutigen Burgplatz aus ein Herrensitz und eine planmäßige Siedlung ange-

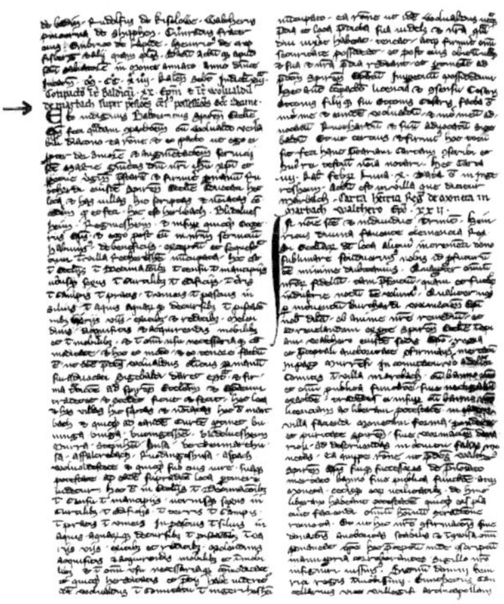

Marbachs Ersterwähnung im Jahr 972 (Generallandesarchiv Karlsruhe)

Das älteste bekannte Stadtsiegel aus dem Jahr 1301 (Hauptstaatsarchiv Stuttgart)

Marbach 1643. Kupferstich von Matthäus Merian.

legt, die bis spätestens 1282 Stadt wird.

1302
Marbach ist vollständig im Besitz der Grafen von Württemberg.

1311
Zerstörung von Burg und Stadt durch Konrad von Weinsberg im Reichskrieg gegen Graf Eberhard I. von Württemberg.

1450 – um 1490
Die romanische Basilika St. Alexander aus dem ausgehenden 12. Jahrhundert wird im spätgotischen Stil neu gebaut.

1463 – 1504
Nach verlorenem Krieg ist Marbach von 1463 bis 1504 pfälzisches Lehen der Württemberger, die während dieser Zeit das Kornhaus zum Rathaus und die Marbacher Burg zum Jagdschloss umbauen.

1525
Im Verlauf des Bauernkriegs kommen Mitte April in Marbach die Abgeordneten aus sechs Städten des Landes zusammen, um die Ausbreitung des Aufruhrs zu verhindern. Die Regierung sammelt 1200 geworbene Soldaten in Marbach.

1534
Mit dem Herzogtum Württemberg wird auch in Marbach die Reformation eingeführt; bis spätestens 1600 gehen die Pfarrkirchenrechte von der Alexanderkirche auf die Stadtkirche über.

1546
Ende des Jahres wird Marbach im Schmalkaldischen Krieg geplündert.

1634 – 1648
Marbach erleidet im Dreißigjährigen Krieg (1618 – 1648) schwere Schäden.

1693
Am Abend des 27. Juli zünden französische Truppen die Stadt an, die nahezu vollständig verbrennt.

1723
Der Mathematiker und Astronom Tobias Mayer wird am 17. Februar in Marbach geboren.

1759
Friedrich Schiller wird am 10. November in Marbach als Sohn eines Offiziers und einer Marbacher Bürgerstochter geboren.

1760 – 1763
An Stelle des 1693 abgebrannten Rathauses wird ein neues Magistratsgebäude errichtet.

Bis 1812
Als Folge der Neuordnung des deutschen Südwestens unter Napoleon erreicht das Oberamt Marbach durch die Angliederung der Ämter Beilstein und Bottwar seine größte Gebietsausdehnung.

Ab 1819
Ottilie Rooschüz, später verheiratete Wildermuth, verbringt als Tochter des Oberamtsrichters Gottlob Rooschüz ihre Kindheit und Jugendzeit in Marbach.

1828
Die Gemeinde Siegelhausen gibt ihre Selbstständigkeit auf und schließt sich der Oberamtsstadt Marbach an.

1835
Gründung des Marbacher Schillervereins zur Pflege und Förderung der Schillertradition.

1845
Die erste Marbacher Zeitung „Der Postillon" erscheint.

1857/59
Der 1835 gegründete Marbacher Schillerverein erwirbt Schillers Geburtshaus und richtet es als Gedenkstätte ein.

1876
Einweihung des Schillerdenkmals auf der Schillerhöhe am 9. Mai.

1879
Marbach wird Station der Eisenbahnstrecke Bietigheim–Backnang.

1895
Gründung des Schwäbischen Schillervereins aus dem Marbacher Schillerverein.

1900
Das Wasserkraftwerk der Stadt Stuttgart in Marbach wird als Meisterleistung der damaligen Technik in Betrieb genommen.

1903
Einweihung des Schillermuseums an Schillers Geburtstag unter Anwesenheit des württembergischen Königspaares.

1938
Der Oberamtsbezirk Marbach wird aufgelöst und aufgeteilt; die Stadt Marbach sowie der größte Teil des Amtes fallen an den Kreis Ludwigsburg.

1945
Marbach hat den Zweiten Weltkrieg ohne größere Schäden überstanden; lediglich der Eisenbahnviadukt wurde gesprengt.

1952
Einweihung des 1938 begonnenen und nun voll ausgebauten Dampfkraftwerks der Energieversorgung Schwaben AG.

Übergroße Ansichtskarte um 1900 mit einretuschiertem Zug und Schiller-Nationalmuseum

1955
Das Schiller-Nationalmuseum wird zu einem Literaturarchiv erweitert.

1957
Der Grundstein für den Neubaustadtteil Hörnle wird gelegt. Die Stadthalle auf der Schillerhöhe wird eingeweiht.

1959
Schillers 200. Geburtstag wird mit der ersten Schillerpreisverleihung gefeiert.

1965
Königin Elisabeth II. von England besucht Marbach.

1966
Marbach hat am 20. Juli 10 000 Einwohner.

1972
Rielingshausen wird Stadtteil von Marbach. Am 31. Dezember hat die Stadt 12 375 Einwohner.

1973
Einweihung des Neubaus des Deutschen Literaturarchivs und Fertigstellung des Bildungszentrums.

1974
Der ölbefeuerte Kombiblock Marbach III der Energieversorgung Schwaben AG wird fertiggestellt.

1978
Umgestaltung der oberen Marktstraße und der Wildermuthstraße bis zur Kronenkreuzung als Fußgängerzone.

1980
Marbach erhält S-Bahn-Anschluss.

1983
Die Altstadt von Marbach wird als Gesamtanlage unter Denkmalschutz gestellt.

1986
Im Gebäude Marktstraße 32 wird ein mittelalterlicher Goldschatz entdeckt.

1988
Abschluss der Städtepartnerschaft mit der französischen Stadt L'Isle Adam.

1990
Mit der amerikanischen Stadt Washington im Bundesstaat Missouri wird eine Städtepartnerschaft abgeschlossen.
Das Stadtarchiv wird hauptamtlich besetzt.

1995
Der Erweiterungsbau des Deutschen Literaturarchivs und das Kollegienhaus als Gästehaus für die Benutzer werden fertiggestellt.
Das grundlegend renovierte Schiller-Geburtshaus wird mit neugestalteter Ausstellung eingeweiht.

1996
Einweihung eines Stegs über den Eichgraben, der den Stadtteil Hörnle an die Kernstadt anbindet.

1997
Die neue Feuerwache an der Poppenweiler Straße wird eingeweiht.

1998
Das neue Jugendhaus wird eingeweiht.
Das Marbacher Kraftwerk der EVS bzw. EnBW wird stillgelegt, jedoch erhält Marbach den Zuschlag der Fa. Würth, Künzelsau, die auf dem Gelände eine Anlage zur serienmäßigen Herstellung von Dünnschicht-Fotovoltaikzellen erstellen will. Der Grundstein zum Energie- und Technologiepark Marbach auf dem Kraftwerksgelände ist gelegt.

1999
Der Marbacher Gemeinderat beauftragt die Marktforschungsgesellschaft DMG mit der Erstellung eines Leitbildes für ein künftiges Stadtmarketingkonzept.
Der erste verkaufsoffene Themensonntag, den der Bund der Selbstständigen veranstaltet, hat großen Erfolg.
Die Alexanderkirche wird nach jahrelangen Renovierungsarbeiten wiedereröffnet.
Marbach beteiligt sich erfolgreich am Wettbewerb der Region Stuttgart für Kompetenz- und Innovationszentren.
Die Stadtverwaltung richtet eine Homepage im Internet ein.

2000
Vorstellung des Leitbildes der Marktforschungsgesellschaft DMG.
Ein Architektenwettbewerb für den Bau eines Literaturmuseums der Moderne auf der Schillerhöhe wird ausgeschrieben.
Die Bebauung des Gebietes „Kirchenweinberg-Nord" wird beschlossen.
Einweihung des Stadtinfoladens als zentrale Anlaufstelle neben dem Rathaus.

2001
Der Obere Torturm wird nach umfangreicher Restaurierung wieder eingeweiht.
Das gemeinsame Touristikkonzept der Bottwartalgemeinden mit Marbach wird vorgestellt.
Die Erschließungsarbeiten im Energie- und Technologiepark beginnen.
Das Schiller-Nationalmuseum öffnet nach 14-monatiger Renovierung wieder seine Pforten.

2002
Die stadtgeschichtliche Ausstellung im Oberen Torturm wird eingeweiht.
Vorstellung des neuen Buches »Geschichte der Stadt Marbach am Neckar Bd.1 (bis 1871)«.
Das renovierte Torhaus der Alexanderkirche wird eingeweiht.
Die Erschließungsarbeiten im Neubaugebiet Kirchenweinberg-Nord beginnen.

2003
Der Marbacher Veranstaltungsraum »Schlosskeller« wird renoviert.
Das 100-jährige Bestehen des Schiller-Nationalmuseums wird gefeiert.
An Schillers Geburtstag (10. 11.) vollzieht Bundespräsident Rau den ersten Spatenstich für das Literaturmuseum der Moderne auf der Schillerhöhe.
Marbach schließt sich mit sechs weiteren Gemeinden zur Tourismus-Gemeinschaft Marbach-Bottwartal zusammen.

2004
Marbach feiert das 125-jährige Bestehen seines Bahnanschlusses an die Murrtalbahn.
Die Innenrenovierung der Alexanderkirche wird nach mehrjährigen Arbeiten abgeschlossen.
Der »Längengrad« aus Messing vor dem Tobias-Mayer-Haus wird eingeweiht.
Prof. Dr. Ulrich Raulff wird zum neuen Direktor der Institute auf der Schillerhöhe gewählt.

Der frisch renovierte Torturm im Jahr 1884

Aus der Stadtgeschichte

Vermutlich im 8. oder 9. Jahrhundert wurde die fränkische Siedlung Marbach an der Kreuzung zweier Straßen, wohl als Fronhof, gegründet. Die ehemalige Römerstraße aus Richtung Schwäbisch Hall, die später als Salzstraße bezeichnet wurde und deren Verlauf fast identisch mit der heutigen Kirchenweinbergstraße ist, zog bis zum Bau der 1879 eröffneten Bahnlinie unmittelbar nördlich an der Alexanderkirche vorbei und führte dann in heute nicht mehr eindeutig nachvollziehbarem Lauf zum Römerkastell bei Benningen hinunter. Unmittelbar nach dem westlichen Abschluss der Kirchenummauerung kreuzte diese Straße einen Fernhandelsweg, der aus Richtung Poppenweiler kommend nach Norden Richtung Murr und Steinheim führte. Dieser Weg ist im Bereich der heutigen Altstadt sicherlich weitgehend identisch mit der Niklastorstraße und verlief wohl schon vor Anlage der Stadt an dieser Stelle. Die erste Marbacher Ansiedlung lag also unterhalb des Vorgängerbaus der heutigen Alexanderkirche.

Die erste urkundliche Nennung Marbachs finden wir 972 in einer Schenkungsurkunde des Diakons Wolwald zu Gunsten des Bistums

Das erste Nennung von Marbacher Stadtbürgern im Jahr 1282 (Hauptstaatsarchiv Stuttgart)

Marbach von Norden, wenige Jahre vor dem Stadtbrand. Kolorierte Federzeichnung von Andreas Kieser, 1686 (Hauptstaatsarchiv Stuttgart).

Speyer. Kaiser Heinrich II. bestätigte 1009 Bischof Walter von Speyer das Marktrecht in Marbach und verlieh ihm das Recht, dort Münzen zu schlagen. Marbach ist damit einer der frühesten Markt- und Münzorte im Gebiet des heutigen Baden-Württemberg.

Nach verschiedenen Herrschaftswechseln war Marbach im 12. Jahrhundert im Besitz der Markgrafen von Baden, die gegen Ende des Jahrhunderts damit begannen, vom Gebiet des heutigen Burgplatzes aus eine Siedlung zu erstellen, die aber bald an die Herzöge von Teck kam. Der Ausbau wurde mit der Absicht einer Stadtgründung planmäßig vorangetrieben und noch heute lässt sich am Grundriss der Altstadt der mittelalterliche Plan ablesen. Im 13. Jahrhundert, jedenfalls vor 1282, wurde Marbach zur Stadt und kam 1302 in den Besitz der Grafen von Württemberg. Wenige Jahre später erlitt die junge Stadt im Reichskrieg 1311 schwere Zerstörungen.

Die spätgotische Alexanderkirche entstand seit 1450 aus einer romanischen Basilika vom Ende des 12. Jahrhunderts. Nach dem verlorenen Pfälzerkrieg war Marbach von 1463 bis 1504 unter pfälzischer Oberhoheit. Erhebliche Kriegsschäden hinterließen Ende 1546 der Schmalkaldische Krieg und zwischen 1634 und 1648 der Dreißigjährige Krieg (1618–1648). Den schwersten Schicksalsschlag erlitt Marbach aber in der Nacht von 27. auf 28. Juli 1693, als französische Truppen im Rahmen des pfälzischen Erbfolgekriegs die Stadt anzündeten und nahezu vollständig verbrannten. Der Wiederaufbau wurde durch die Gründung von Stadt und Schloss Ludwigsburg zu Beginn des 18. Jahrhunderts erheblich erschwert.

Die zu Beginn des 19. Jahrhunderts stattfindende Neuordnung des deutschen Südwestens unter Napoleon brachte dem seit dem Mittelalter bestehenden Marbacher Amtsbezirk bis 1812 durch die Angliederung der Ämter Beilstein und Großbottwar seine größte Gebietsausdehnung. Der fast acht Kilometer südöstlich gelegene Weiler Siegelhausen schloss sich 1828 freiwillig der Oberamtsstadt an. 1938 wurde der Oberamtsbezirk Marbach aufgelöst und aufgeteilt, indem die Stadt Marbach sowie der größte Teil des Amtes an den Kreis Ludwigsburg fielen.

Seit 1879 hatte Marbach Eisenbahnanschluss; 1900 wurde das Wasserkraftwerk der Stadt Stuttgart am Marbacher Neckar in Betrieb genommen, das durch die in den dreißiger Jahren begonnene Neckarkanalisierung vom Wasser abgeschnitten wurde.

Den Zweiten Weltkrieg überstand die Stadt ohne größere Schäden; empfindlich traf allerdings die Sprengung des Eisenbahnviadukts. In

Karte des Oberamts Marbach um 1881. Kolorierte Lithografie von G. Wilhelm Bauser.

den fünfziger Jahren wurde das 1938 begonnene Dampfkraftwerk der Energie-Versorgung Schwaben AG eingeweiht, die Neckarschifffahrt bis Marbach eröffnet und die Stadthalle sowie die Trabantensiedlung Hörnle gebaut. Ein Höhepunkt war der Besuch der englischen Königin Elisabeth II. im Jahr 1965. Seit 1972 ist Rielingshausen Stadtteil von Marbach. Das Dorf beging 1976 die 1200-Jahr-Feier seiner Erstnennung. Ein markantes Datum der neueren Stadtgeschichte ist die Eröffnung der S-Bahnlinie 4 nach Marbach im Jahr 1980.

Die berühmteste Marbacher Persönlichkeit ist neben dem Mathematiker, Astronomen und Kartografen Tobias Mayer (1723–1762) und dem Juristen Karl Georg von Wächter (1797–1880) der 1759 hier geborene Dichter und Schriftsteller Friedrich Schiller. Sein Geburtshaus Niklastorstraße 31 wurde 1812 identifiziert und damit der Grundstein der Schillerverehrung in Marbach gelegt. Der 1835 gegründete „Verein für Schillers Denkmal", der spätere Marbacher Schillerverein, sah seine Aufgabe zunächst darin, ein Marbacher Schillerdenkmal zu errichten. Die Stadt überließ ihm zu diesem Zwecke noch im Gründungsjahr das sog. Schelmengrüble, die heutige Schillerhöhe. Das Denkmal entstand jedoch erst 1876. Inzwischen war das Schiller-Geburtshaus anlässlich der Feierlichkeiten zum 100. Geburtstag des Dichters 1859 der Öffentlichkeit zugänglich gemacht worden.

Mit dem Ziel, ein Museum und ein Archiv für Friedrich Schiller und die Dichter Schwabens zu errichten, entstand 1895 aus dem Marbacher Schillerverein der Schwäbische Schillerverein. Der Marbacher Schillerverein existiert bis heute als lokaler Verein. Ein erster Meilenstein war 1903 die Eröffnung des Schiller-Nationalmuseums. 1955 gründete die Deutsche Schillergesellschaft e.V., die aus dem Schwäbischen Schillerverein hervorging, das Deutsche Literaturarchiv. Diese Sammlungs- und Forschungsstätte wurde inzwischen zum weltweit bekannten Zentrum für neuere deutsche Literatur. Seit Anfang der siebziger Jahre ist es in einem modernen Gebäude neben dem Schiller-Nationalmuseum untergebracht. 1995 wurden der Erweiterungsbau und das Collegienhaus als Gästehaus für die Benutzer fertiggestellt. Zugleich wurde die Ausstellung des renovierten und umgebauten Schiller-Geburtshauses neu gestaltet.

Marbach hat noch heute, begründet durch die frühere Bedeutung als Oberamtsstadt, eine stark ausgeprägte Umlandsfunktion als Unterzentrum. Nach dem Zweiten Weltkrieg wurden mit vielen neuen Einrichtungen und einer kontinuierlichen Strukturverbesserung die Voraussetzungen für einen modernen Zentralort geschaffen. Im Schulbereich verfügt Marbach über alle Schularten einschließlich einer Förderschule. Die Musikschule Marbach-Bottwartal e. V. sowie zahlreiche Sportstätten, ein Hallenbad, die Stadtbücherei und das Stadtarchiv runden das kulturelle und sportliche Angebot ab. In den Neubaugebieten Marbach-Süd I bis IV sind in den letzten Jahren zahlreiche Wohneinheiten neu

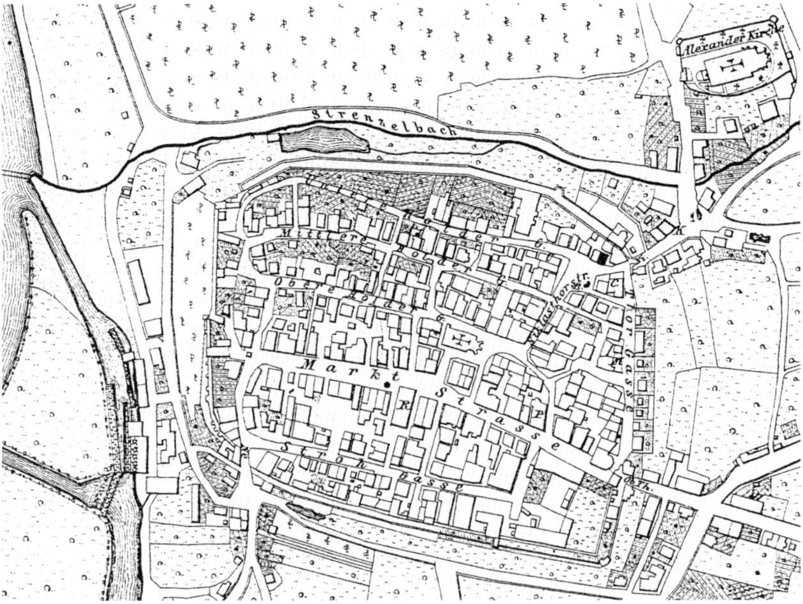

Marbach im Jahr 1868 (aus Alois Egger: Schiller in Marbach, Wien 1868)

geschaffen worden, sodass Marbach heute rund 14 900 Einwohner hat. Obwohl auf dem Gelände des alten Kohlekraftwerks am Neckar die Firma Würth Solar, Künzelsau, die erste deutsche Serienfertigung für Fotovoltaikzellen einrichten will und damit verbunden ein Gewerbepark entstehen soll, ist Marbach nach wie vor durch sein kulturelles und museales Angebot geprägt. Nicht nur Schillers Geburtshaus, sondern auch die nahezu vollkommen erhaltene historische Altstadt sowie das Museum im Geburtshaus von Tobias Mayer, das Technische Kulturdenkmal Ölmühle Jäger und natürlich das Schiller-Nationalmuseum tragen hierzu ihren Teil bei.

Folgende Seite:
Die Gesamtstadt von Süden am 18. Juni 2000. Im Vordergrund der Stadtteil Hörnle und im Hintergrund rechts der Stadtteil Rielingshausen. (Riemann Aero-Photo).

Rundgang durch die historische Altstadt

Alexanderkirche und Torhaus

Der Rundgang durch die historische Altstadt von Marbach, die seit 1983 als Gesamtanlage unter Denkmalschutz steht, beginnt an der **Alexanderkirche** ①. Sie ist täglich vom 1. März bis zum 31. Oktober von 8 bis 18 Uhr geöffnet. Führungen werden ganzjährig nach Vereinbarung angeboten (Tel. 0 71 44/102-0 und 1 39 22 bzw. Fax 0 71 44/10 2-3 00).

Zur Alexanderkirche gelangt man entweder von Norden her über den Friedhof (Parkplatz, alternativ Parkplatz des Krankenhauses) oder durch das Torhaus, den ehemaligen Zugang zur Wehrkirche. Die zum Teil noch heute sichtbare Wehranlage der Alexanderkirche war in Notzeiten ein Zufluchtsort für Mensch und Tier. Zwei Türme und die Nordmauer mussten ab 1876 dem Bahnbau weichen. Vielleicht stand an der Stelle der heutigen Kirche schon im Hochmittelalter ein Sakralbau, der wohl um die Wende vom 12. zum 13. Jahrhundert abgebrochen und durch eine großdimensionierte dreischiffige Säulenbasilika ersetzt wurde. Ein unverkennbarer Einfluss des Bistums Speyer zeigt sich im Alexanderpatrozinium der Kirche. Es ist das einzige Patrozinium dieses Heiligen in Württemberg. Entsprechend häufig wurde im Mittelalter und in der frühen Neuzeit Marbacher Kindern der Name Alexander gegeben. Eines der berühmtesten Beispiele ist der Arzt Alexander Seitz, der während der Bauzeit der jetzigen Kirche geboren wurde.

In der baufreudigen Zeit der Spätgotik fassten die Grafen von Württemberg Mitte des 15. Jahrhunderts den Entschluss, die romanische Basilika St. Alexander in Marbach dem Stil der Zeit entsprechend umzubauen und zu vergrößern. Ein Inschriftstein an der

Literaturtipp:

Albrecht Gühring: Die Alexanderkirche in Marbach am Neckar. In: Ludwigsburger Geschichtsblätter Bd. 50 (1996).
Hans Dinkelacker: Alexanderkirche Marbach am Neckar, Regensburg 2001.

Alexander Seitz

Der Arzt Dr. Alexander Seitz wurde um 1470, also zur Bauzeit der Alexanderkirche, in Marbach geboren und erhielt den Namen des Kirchenpatrons. Er studierte von 1488 bis 1495 in Tübingen und Italien, bevor er sich als Mediziner in Marbach niederließ. Seitz machte sich bald einen Namen als Fachschriftsteller, so 1509 mit einer Abhandlung über die Syphilis. Der geachtete Arzt kam beim Bauernaufstand des „Armen Konrad" 1514 mit der Regierung in Konflikt, da er einer der Drahtzieher der 41 Beschwerdepunkte war, die 14 Städte beim Herzog einreichten. Seitz musste ins Ausland fliehen, führte in der Folge ein unstetes Leben und starb um 1545.

Westseite des Turms unterhalb des ersten Fensters nennt nachträglich die Daten 1450 für den Baubeginn des Chors, 1463 für den des Langhauses und schließlich 1481 als Baubeginn des Turms. Ein Inschriftstein an der Südostecke des Langhauses mit der Jahreszahl 1453 scheint sich auf den ersten Blick nicht in diese Chronologie einzufügen. Zunächst war wohl lediglich an die Vergrößerung der romanischen Basilika gedacht. Da jederzeit die Feier des Gottesdienstes möglich sein sollte, wurde mit der Ummantelung des Chors und der Bau der Sakristei 1450 durch den bekannten gräflichen Baumeister Aberlin Jörg begonnen. Daraufhin begann er gemäß dem Inschriftstein 1453 mit der Ummantelung der Wände der Seitenschiffe des Vorgängerbaus, die um die

Die spätgotische Alexanderkirche (Karl Bärlin, Kirchberg/Murr)

Blick durch das Langhaus zum Chor der Alexanderkirche

Tiefe der Seitenkapellen verbreitert wurden. Während der Chor unumstritten als Frühwerk Jörgs gilt, wird ihm neuerdings auch ein wesentlicher Anteil am Bau des Langhauses zugeschrieben. Die neue Kirche sollte demnach, wie später die Markgröninger Kirche, in ihrer romanischen Basilikaform mit abgesenkten Seitenschiffdächern, aber ausgeweitet und neu eingewölbt im gotischen Stil gebaut werden.

Der Beginn der „Kirchen", also des Langhauses, im Jahr 1463 deutet auf eine Bauplanänderung hin. Dafür spricht der Krieg Ulrichs gegen Kurfürst Friedrich von der Pfalz, den Württemberg 1462 verlor. Anstelle von Stuttgart, wie ursprünglich gefordert, wurden Stadt und Amt Marbach als wiedereinlösbares Lehen an die Pfalz verpfändet. Lange Zeit war man daher der Ansicht, die Kirche sei von pfälzischen Baumeistern fertiggestellt worden. Da aber Kurpfalz nur die

Oberherrschaft über Marbach hatte und dieses als Lehen 1463 wieder an die Württemberger kam, war ein pfälzischer Einfluss vor Ort wohl kaum spürbar. Vielmehr könnte es sein, dass die Grafen von Württemberg durch den nachträglich angebrachten Inschriftstein erneut darauf hinweisen wollten, dass sie trotz des verlorenen Krieges noch intensiver und mit vielleicht anderer Planung am Bau der „Kirchen" arbeiteten. Offenbar verloren sie aber nach der Wiedervereinigung ihres Landes 1482 das Interesse an Marbach, denn der seit 1481 begonnene Turm wurde nur noch schlicht gebaut und war schon 1485 fertiggestellt. Dies dokumentiert der aus der Bauzeit erhaltene Glockenstuhl und Teile des Turmdachs mit Hölzern, die im Winter 1484/85 gefällt wurden. Ab 1766 wurde der Dachstuhl des Langhauses neu gedeckt, ebenso 1790 derjenige des Chors, der um ca. drei Meter abgetragen wurde, damit Langhaus und Chordach auf eine Höhe kamen.

An der Südwand des Langhauses ist in etwa drei Metern Höhe links des Portals ein römischer Inschriftstein auf dem Kopf stehend als Hinweis auf das vom Christenglauben gestürzte Heidentum eingemauert. Auf ihm steht (ergänzt nach Jörg Scheuerbrandt):

IMPERATOR CAESAR TITUS AELIUS
ANTONINUS AUGUSTUS PIUS PONTIFEX MAXIMUS
TRIBUNICIA POTESTAS COS IIII PP COH XXIIII
VOLUNTARIORUM CIVIUM ROMANORUM
(....) NE LEG AUG PR PR

Die Übersetzung lautet: „IMPERATOR CAESAR TITUS AELIUS ANTONINUS AUGUSTUS, oberster Priester, im Besitz der Amtsgewalt des Volkstribunen, zum vierten Male Konsul, Vater des Vaterlandes (ließ) durch die 24. Kohorte freiwilliger römischer Bürger und den Statthalter ....o das Lager bauen". Dieser Inschriftenblock ist wahrscheinlich das Fragment der Bauinschrift des Kastells Benningen aus dem Jahr 145 n. Chr., wo er über der Durchfahrt von einem der vier Tore angebracht war. Genannt wird Bauherr Kaiser Antoninus Pius. Aus dem 4. Konsulat ergibt sich die Jahreszahl 145 n. Chr. Damals wurden die hölzernen Limesanlagen durch Steinbauten ausgebaut. Im Odenwald sind mehrere Bauinschriften von militärischen Anlagen aus dem gleichen Jahr bekannt. Die ausführende Truppe war erst in Heidelberg-Neuenheim und dann seit ca. 100 n. Chr. in Benningen stationiert. Etwa 155 n. Chr. wurden die Soldaten im Zuge der Limesvorverlegung nach Murrhardt verlegt.

Beim weiteren Gang um die Kirche fällt am Übergang des Langhauses zum Chor eine große Nische mit Resten einer Ausmalung und ornamentalen spätgotischen Sockelverzierungen sowie den Resten eines Steinmetzzeichens auf. Es handelt sich um den Standort einer früher hier zu sehenden Ölbergdarstellung, wohl aus der Erbauungszeit der Kirche. Zur Finanzierung einer Chorfensterreparatur im Jahr 1923 wurden bedauerlicherweise die Holzfiguren dieser Ölbergdarstellung sowie ein spätgotischer Schrank verkauft. Der Schrank konnte auf Initiative von Hartmut Braun 2004 aus Ulm wieder nach Marbach gebracht werden. Im Jahr 2001 erhielt das Stadtarchiv Marbach eine Fotografie, auf der zwei dieser Figuren zu erkennen sind. An der Chorwand befinden sich noch einige Epitaphien, ebenso auf dem romantischen Friedhof. Bemerkenswert ist eine Grabplatte an der Nordwand, die ein Gedicht und ein Wappen aufweist. Das Wappen zeigt zwei Hände, die an einem Rind zerren. Dieses sog. redende Wappen gehört zu Präzeptor (Lateinschulmeister) Alexander Zerweck, der von 1565 bis zu seinem Tode 1572 in Marbach amtierte.

Durch den Turmeingang oder den nebenliegenden Eingang im Nordschiff betreten wir die Kirche. Im Gewölbe des Turmdurch-

gangs ist das Marbacher Stadtwappen zu sehen. 1534 wurde unter Herzog Ulrich in Württemberg, also auch in Marbach, die Reformation eingeführt. Die ehemals reich ausgeschmückte Alexanderkirche hatte darunter schwer zu leiden. Sie wurde in der Folgezeit fast ihres gesamten Bildschmucks und ihrer Altäre beraubt. Aus vorreformatorischer Zeit sind beispielsweise noch das Chorgestühl und die Weihekreuze an den Wänden erhalten.

Begeben wir uns zuerst in den Chor, der 1450 von Aberlin Jörg begonnen wurde. Die schönen Schlusssteine zeigen von Ost nach West das Wappen des Baumeisters Aberlin Jörg, Maria mit dem Jesuskind, Kirchenpatron Alexander, eine Märtyrerin mit Palme und Ährenstrauß (wohl die heilige Barbara), das Wappen der Grafschaft Württemberg und die älteste farbige Darstellung des Marbacher Stadtwappens, zugleich auch die erste Abbildung mit Trauben an der den Turm umrankenden Pflanze. Im sog. Pfälzerkrieg waren 1460 in der Schlacht bei Wüstenhausen die württembergischen Ritter Kaspar Speth und Konrad von Heinriet gefallen. Ein Fresko an der nördlichen Chorwand der Alexanderkirche zeigte die beiden Ritter, die vor

„Kriegerdenkmal" von 1460

Das Wappen im Chor der Alexanderkirche.

Das Marbacher Stadtwappen

Die älteste Darstellung des Marbacher Stadtwappens ist auf einem Siegel aus dem Jahr 1301 zu sehen (s. Abb. S. 11). Es zeigt bereits den Turm, der von einer Pflanze umrankt wird sowie die Rauten der Herzöge von Teck, die damals Stadtherren waren. Nachdem die Grafen von ▷

▷ Württemberg seit 1302 im Besitz von Marbach waren, wurde dieses Siegel verändert, indem man die Rauten mit den württembergischen Hirschstangen übersiegelte. Dieses Wappen hat sich bis heute gehalten, wenn auch in unterschiedlichen Darstellungsformen. Die erste Wappenabbildung, die ohne Siegel bekannt ist, befindet sich im Chor der Alexanderkirche und ist die älteste farbige Darstellung. Zudem ist die Pflanze, jetzt mit Weintrauben, erstmals als Weinrebe anzusprechen. Das heute gültige Stadtwappen wird wie folgt beschrieben:
In Gold (Gelb) gespalten, vorne drei liegende schwarze Hirschstangen übereinander, hinten ein viereckiger silberner (weißer) Zinnenturm mit rotem Pyramidendach, umrankt von einer grünen Weinrebe mit grünen Blättern und zwei blauen Trauben.

Epitaph Märklin

einer Madonna knieten. Nach der Reformation wurde die Mutter Gottes 1565 mit einer Kruzifixdarstellung übermalt. Bei genauer Betrachtung sind aber Reste der blauen Madonnenfigur zu erkennen. Neben dem Fresko befindet sich eine Inschrifttafel mit erklärendem Text. Oberhalb des Textes ist noch heute ein Haken mit geschwungenem Schriftband zu sehen, an dem bis mindestens ins 18. Jahrhundert ein „Kappenzipfel", also wohl ein von den Pfälzern erbeutetes Feldzeichen, hing, der dem Feind als Siegestrophäe abgenommen wurde. Sehr schön ist auch die spätgotische Sakristeitüre an der Nordseite des Chors. In der Sediliennische an der Südwand fand man noch als Rest einer Ausmalung zwei Engel, die einen Vorhang hielten. Zu sehen ist auch das schöne hölzerne Epitaph für den Marbacher Bürger und Wirt Paulus Märklin und seine Frau aus dem Jahr 1599.

Im Langhaus mit dem Rücken zum Altar stehend sehen wir oben von Ost nach West als Schlusssteine einen offenen Kirchenhimmel, Maria mit dem Jesuskind, die heilige Anna selbdritt, der Auferstandene und den Schäferheiligen Wolfgang. Rechts sind als Konsolsteine Andreas mit dem Kreuz, Jakob mit der Muschel, Christus mit der Weltkugel über der Kanzel und Johannes mit dem Kelch dargestellt. Links erblicken wir Petrus mit dem Schlüssel, Paulus mit dem Schwert, Matthäus mit dem Beil und einen Apostel mit einem Buch, wohl Markus. Von der ehemals reichen Ausmalung aus der Erbauungszeit finden sich fast nur noch Fragmente. In den nördlichen Seitenschiffen ist an der Ostwand das einzige größere Fresko erhalten. Es stellt den heiligen Christophorus dar. In der übernächsten Seitenkapelle der Nordwand sind ebenfalls an der Ostseite Fragmente eines Freskos, wohl der heiligen Barbara, zu sehen. Als Schlusssteine sind hier Urban mit dreifacher Krone, Kreuzstab und Traube, der Schutzpatron der Weingärtner, sowie drei Könige als Greis, Mann und Jüngling als Heilige Drei Könige mit Füllhorn, Kästchen und Dose dargestellt. Im nördlichen Seitenschiff sind links als Konsolsteine die vier Erzengel Michael, Raphael, Gabriel und Uriel zu sehen, während rechts nur die dritte Figur als Mose mit den Gesetzestafeln eindeutig identifiziert werden kann.

Unter der Orgelempore, übrigens auch auf der Empore, sind Dämonenmasken zu sehen. Man nimmt an, dass sie böse Einflüsse aus der Kirche fernhalten sollten.

Beim Gang durch das südliche Seitenschiff gehen wir auf das Holzepitaph für den Marbacher Untervogt Michael Ruthart von 1587 zu. Von dort aus sind als Schlusssteine die Heiligen Sebastian mit einem Bündel Pfeile im Arm, Veit im Kessel, Katharina mit Krone, Schwert und Rad, Barbara mit Palme, Krone und Turm, der Kelch und Hostie birgt, sowie Leonhard mit der Kette dargestellt. Links, also im Süden, sind fünf Engel und rechts ein Bischof, ein Prophet, Elias und ein weiterer Prophet zu sehen.

Epitaph Ruthart

Die schöne Kanzel entstand wohl gegen Ende des Kirchenbaus um 1480/90. Auf ihrem Korb sind als Relieffiguren Gregor der Große, Augustinus, Hieronymus, Ambrosius und in ihrer Mitte ein an seiner Tiara (dreifache Krone) erkenntlicher Papst dargestellt. Der Kreuzstab in seiner rechten und das Buch in seiner linken Hand weisen ihn als den Heiligen Alexander, den Kirchenpatron aus. Er war nach der römischen Bischofsliste der fünfte Nachfolger Petri und soll nach Berechnungen des dritten und vierten Jahrhunderts von 107 bis 116 zehn Jahre Papst gewesen sein. Reliquien dieses Heiligen machten die Alexanderkirche im Mittelalter zur viel besuchten Wallfahrtskirche, besonders an seinem Namenstag, dem 3. Mai. Am Fuß der Kanzel sind Adam und Eva nach dem Sündenfall zu sehen. Allerdings handelt es sich um Nachbildungen aus neuerer Zeit. Die Schlange kriecht im Baum der Erkenntnis, aus dem Adam und Eva „wachsen". Feine Steinmetzarbeiten sind sowohl Schlange, als auch das „Spalierobst". Ein Weinstock rankt sich den Aufgang der Kanzel entlang. Aus ihm wachsen die Kirchenväter als Verkünder des Glaubens. Diese Erkenntnisse gewann Pfarrer i. R. Hans Dinkelacker, Verfasser eines Kirchenführers und einer Abhandlung über die Kanzel. Er schreibt: „Die Gesamtaussage der Kanzel ist eindeutig: Durch die Sünde der Menschen ist das Verderben in die Welt gekommen. Dagegen setzt Gott durch die Sendung seines Sohnes Jesus Christus, der der wahre Weinstock ist, sein erlösendes Rettungswerk in Kraft. Dieses erreicht uns durch seine Zeugen, die Gottes Wort, das Evangelium, verkündigen."

Die Kirche wurde in den Koalitionskriegen und napoleonischen Kriegen um 1800 als Magazin und Pferdestall missbraucht. Inschriften von 1797 in einer Seitenkapelle des Südschiffs und von 1808 am Wendeltreppenturm im Chor zeugen davon. Nach einer Pfeilerinschrift im östlichen Mittelschiff fand 1812 die wohl dringend notwendige Renovierung statt. Die Schillerglocke auf dem Turm der Alexanderkirche wurde 1859 zu Schillers 100. Geburtstag der Stadt Marbach von den deutschstämmigen Bewohnern Moskaus geschenkt. Die Schillerglocke wird nur an zwei Tagen im Jahr, nämlich an Schillers Geburtstag (10. November) und Todestag (9. Mai), jeweils um 7 und 11 Uhr, geläutet. 1910 fertigte die Gießerei Heinrich Kurtz zwei weitere Glocken für den Alexanderkirchenturm. Diese zwei Glocken der Alexanderkirche mussten im Ersten Weltkrieg zu Rüstungszwecken abgeliefert werden. Die Schillerglocke blieb als Denkmal erhalten. Nach mehr als 300 Jahren erhielt die Alexanderkirche 1997 wieder ein volles Geläut. Im August 1997 wurden bei der Glockengießerei Bachert in Bad Friedrichshall-Kochendorf fünf privat finanzierte neue Glocken im Wert von rund 250 000 DM gegos-

Alexanderkirche mit Wehrturm und Tormauer nach einer Skizze von Rudolf Zumsteeg vor 1879

sen und bald darauf in den Glockenstuhl gehängt. Maßgeblich hat sich bei dieser Aktion, ebenso wie bei der gesamten Innen- und Außenrenovierung der Alexanderkirche, die im Jahr 2005 ihren Abschluss findet, der äußerst rege Verein zur Erhaltung der Alexanderkirche (www.alexanderkirche-marbach.de) beteiligt.

Im **Torhaus** der Alexanderkirche, dem früheren Totengräberhaus, das einen wesentlichen Teil der Befestigungsanlage bildete, stecken Fundamente der Wehranlage des 15. Jahrhunderts oder früher. Nach einer Zeichnung von Andreas Kieser aus dem Jahr 1686 befand sich an diesem Gebäude ein westlicher Toranbau über den Weg nach Steinheim. Das alte Torhaus wurde 1744 wegen Baufälligkeit bis auf die steinernen Grundmauern abgebrochen und auf den alten Fundamenten neu errichtet. Es wurde im Jahr 2001 saniert und beherbergt nun Aufenthaltsräume und Toiletten für die Alexanderkirchenbesucher sowie eine Wohnung. In seinem Durchgang sind Epitaphien zu sehen, die bis zu Beginn der 1990er-Jahre an der Südwand der Kirche hingen und dort erheblich Schaden nahmen. Sie datieren vom 15. bis zum 19. Jahrhundert und lagen früher zum Teil im Boden der Kirche.

Die Museumsmeile

Eine Anregung des Autors war vor einigen Jahren die Kombination einiger Museen und Denkmale zur Marbacher Museumsmeile (MMM). Dazu beginnt man bei den musealen Grabplatten und Epitaphien im **Torhaus** der Alexanderkirche, besichtigt das **Schiller-Geburtshaus** und geht dann die Untere Holdergasse entlang bis zum **Haspelturm**. Von dort führt die Obere Holdergasse zum Technischen Kulturdenkmal **Ölmühle Jäger**, von wo man parallel zur Marktstraße zum **Tobias-Mayer-Museum** gelangt. Die Torgasse hinauf geht es zur **Ausstellung im Oberen Torturm**. Die Museumsmeile führt bei Bedarf weiter zur Schillerhöhe ins **Schiller-Nationalmuseum** und zum **Literaturmuseum der Moderne**.

Um den Cottaplatz

Verlässt man den Wehrbezirk der Alexanderkirche, so gelangt man zur Straße Am alten Markt. Tatsächlich ist das Flurstück Am alten Markt ein ganzes Stück nordöstlich der Alexanderkirche gelegen, aber die Bezeichnung

Das Armenhaus in den 1970er-Jahren (Franz Neumann)

der Straße mag im Hinblick auf die frühmittelalterliche Lage der Marktsiedlung Marbach an dieser Stelle durchaus ihre Berechtigung haben. Zur Linken ist etwas nach hinten versetzt das Gebäude Am alten Markt 6 zu sehen. Es ist das ehemalige **Armenhaus** ② und zugleich eines der ältesten erhaltenen Marbacher Gebäude. Das Haus wurde dendrochronologisch, also anhand der Wachstumsringe des Bauholzes, untersucht. Dabei konnte das Fälldatum 1610/11 und somit das Baujahr 1611 ermittelt werden. Da die Stadt Marbach durch den Stadtbrand von 1693 nahezu vollständig zerstört wurde, ist die Entdeckung dieses rund 80 Jahre vorher entstandenen Hauses ein wichtiger Mosaikstein in der Marbacher Stadtgeschichte und zudem eines der wenigen sichtbaren Zeugnisse aus der Zeit vor 1693. Die älteste Bezeichnung für dieses Gebäude ist „Selhaus", womit ein Haus für Arme und Kranke oder das Verwaltungsgebäude einer herrschaftlichen Siedlung gemeint ist. Hier trifft wohl letzteres zu und wir haben im Kern eines der wichtigsten und ältesten Gebäude aus der Marbacher Gründungszeit vor uns. Später wurde es über viele Jahrhunderte als Armenhaus der Stadt genutzt.

Der Marbacher Präzeptor David Wendel Spindler hielt unmittelbar nach der Brandkatastrophe 1693 zunächst in Erdmannhausen die Lateinschule, zog aber schon 1694 in dieses nicht verbrannte Armenhaus. Bei ihm wohnte in diesem Haus der spätere evangelische Theologe und bedeutende Vertreter des schwäbischen Pietismus Johann Albrecht Bengel, dessen Pflegevater seit Mitte Juli 1693 Spindler, bis zu dessen Versetzung nach Schorndorf im April 1696 war. Mit der Ausscheidung des Kirchenvermögens im Jahr 1891 fiel das stets steuerfreie Armenhaus der Hospitalpflege an die Ortsarmenpflege Marbach, eine Einrichtung der städtischen Verwaltung. Seit 1991 ist es in Privatbesitz.

Nun sind wir fast an der Bottwartalstraße angelangt, die hier von dem leider inzwi-

Blick in die Straße Am alten Markt

schen größtenteils überbauten **Strenzelbach**, unterflossen wird. Die nachgehend beschriebenen Gebäude an diesem Bach liegen nicht nur im Bereich der Ursiedlung Marbach, sondern gehörten auch später zu einer vom Wasser abhängigen Gewerbeansiedlung am Strenzelbach außerhalb der befestigten Stadt bei der Alexanderkirche. Die Gerber waren in der frühen Neuzeit eines der wichtigsten Marbacher Gewerbe. Beim Blick die Bottwartalstraße hinunter sehen wir links den Parkplatz **Gerberplatz**, der seit kurzem an dieses Gewerbe erinnert. Hier fließt der längst verdolte Strenzelbach, an dem auf Höhe des Parkplatzes die erste Marbacher Mühle stand, Richtung Neckar hinunter.

Das **Gerberhaus** Am alten Markt 4 wurde erst 1829, wohl anstelle eines Vorgängergebäudes, errichtet und zeigt in der Hausmarke über der Eingangstür die Geräte des Gerbers. Daneben steht das Haus Am alten Markt 2, ebenfalls ein **Gerberhaus** ③. Es ist

Hinter dem 1578 erbauten Gerberhaus Am alten Markt 2 ist die Gerberscheune noch mit Altane zu sehen.

das bisher älteste vollständig erhaltene Marbacher Gebäude mit Ausnahme der Alexanderkirche. Nach dem Ergebnis einer dendrochronologischen Untersuchung wurde es im Jahr 1578 erbaut und beherbergte nach dem Stadtbrand verschiedene Handwerker wie Säckler (Hersteller von Lederwaren), Hafner, Weber, Maurer und natürlich Rotgerber. Im 19. Jahrhundert befand sich im Erdgeschoss eine Leimsiederei und ein Viehstall. Das im Grundriss symmetrisch gegliederte Obergeschoss enthielt zwei heizbare Wohnstuben, zwei Küchen und zwei angebaute Aborte. Hier wird der von jeher geteilte Besitz, der in Württemberg durch die Realerbteilung so oft anzutreffen ist, deutlich.

Im September 2000 fiel eines der letzten Relikte aus der viele Jahrhunderte alten Marbacher Gerbertradition der Spitzhacke zum Opfer. Bei der **Gerberscheune** Cottaplatz 7a wurde die Altane, also ein Anbau zum Trocknen der Gerberhäute abgerissen. Dieser Anbau war jedoch nur rund 100 Jahre alt. Die zweistöckige Scheune wurde zwar 1860 erbaut und beim Straßenbau 1888/89 nicht verändert, erhielt jedoch erst zwischen 1900 und 1905 den angebauten offenen Trockenschuppen mit vier Trockenräumen „auf Freipfosten in drei Stöcken mit Brustgeländer". Auf unzähligen Postkarten wurde er seit rund 100 Jahren mit der Alexanderkirche als romantisches Ensemble Am alten Markt verewigt. Die zugehörige **Fabrikantenvilla** Cottaplatz 7 erbte 1851 Gottlieb Stängle von Rotgerber Johann Friedrich Graß. Sie wurde 1888/89 zur Anlage des Cottaplatzes und der neuen breiten Schillerstraße zum 1879 eingeweihten Bahnhof abgebrochen. Das jetzige Gebäude entstand 1890 einige Meter weiter nordöstlich als typisches Fabrikantenstadthaus und wurde schon ein Jahr später erweitert.

Ebenfalls über Jahrhunderte ein Gerberhaus mit Färberei war das Eckhaus Bottwartalstraße 2, das nach dem Stadtbrand von 1693 Gottfried Seyffert als Behausung vor dem Wicklinstor besaß. 1719 kam das Anwesen als Erbgut an Rotgerber Georg Friedrich Metzger und wurde Teil der vom Wasser abhängigen Gewerbesiedlung am Strenzelbach. 1890 kam das Anwesen in den Besitz des Metzgers und Wirts Andreas Hoss, der es zum Gasthaus **„Zum Ochsen"** mit Metzgerei umbaute. Vor wenigen Jahren wurde der alte Gasthausbetrieb wieder aufgenommen und bietet deftige schwäbische Küche in ordentlichen Portionen. Wenden wir den Blick über die Straße, so sehen wir oberhalb eine kleine Grünanlage, in deren Mitte sich die 1927 erbaute **„Übergabestation mit Druckregler und Gasmesser"** für die Gasfernversorgung Marbachs befindet. Die Architektur vereint Elemente der traditionsverbundenen sog. Stuttgarter Schule mit expressionistischen Gestaltungsmerkmalen, so die Eckquaderung, das umlaufende Gesims mit Betonung des Giebeldreiecks sowie die abgeschrägten Ecken an Tür- und Fensteröffnungen und das auf die Spitze gestellte quadratische Fenster im Giebel.

Etwas irreführend ist der Schriftzug am Laden Bottwartalstraße 1 des ebenfalls auf der anderen Straßenseite liegenden Hauses

Cottaplatz 1, denn dort gibt es keine Grabmale mehr, sondern handgefertigte Töpferwaren. Der Brunnen an der Straßenseite erinnert daran, dass sich hier schon im Mittelalter das **Marbacher Mineralbad**, eine der beiden Badstuben der Stadt, befand. Im Gegensatz zur gewöhnlichen Badstube vor dem Neckartor wurde dieses Bad mit Mineralwasser betrieben, das selbst die württembergischen Herzöge mehrfach nutzten. Leider reicht der Mineralgehalt nach den heutigen Richtlinien nicht ganz zu einem „Bad Marbach". Trotzdem schwören alte Marbacher auf dieses Wasser, das sie regelmäßig verwenden. Angeblich soll der Ursprung dieser Quelle zum Teil auch das Heilbad (Ludwigsburg-)Hoheneck speisen. Im Erdgeschoss, heute mehr Kellergeschoss, also dem Baderaum, waren nach Süden zur heutigen Bottwartalstraße hin zwei doppelte eiserne Türen, die zu dem vor dem Haus stehenden Badbrunnen führten. Noch heute sind Reste des alten Baderaums, der ungefähr 7 1/2 Meter breit und 15 1/2 Meter lang war, in Form von polygonalen Säulenresten vorhanden, aber leider nicht zu besichtigen.

Exkurs: über die Ziegelhütte zum Bahnhof (s. S. 114)

Nach Überqueren der Bottwartalstraße, am besten über die Fußgängerampel, kann

Verwinkelt wurde die äußere und innere Stadtmauer beim Küllinsturm überbaut.

Kurtzer und einfältiger
Bericht/
Was das Bad-Wasser/bey der Fürstlich Würtembergischen Ampt-Stadt Marppach vor Minera-lien/ꝛc. bey sich führe/und welches Gestalt es in mancherley Kranckheiten deß menschlichen Leibs/inner- und äusserlich heilsam und dienlich.
Auff sonderbares Begehren gestellet
Von
JOHANNE CHRISTOPHORO Eisenmengern/dem Jüngern/Med. D. vor der Zeit zehen Jahr daselbsten zu Marppach bestellten Physicum, jetzo Practicum Extra-ordinarium in deß Heil. Röm. Reichs Stadt Heilbronn
Stuttgart/
Gedruckt bey Johann Weyrich Rößlin/ Fürstl. Würtembergischen bestelltem Buchdrucker.
ANNO M. DC. LXV.

Das Marbacher Mineralbad

Unter privater Regie entwickelte sich das Bad, das wohl nach einem früheren Bader Starrenwadel hieß, zu einem florierenden Betrieb, der von allen Bevölkerungsschichten gern genutzt wurde. Nach Zerstörung im Dreißigjährigen Krieg und Wiederaufbau erschien 1665 sogar eine gedruckte Werbeschrift mit den Vorzügen dieses Wassers, doch nach dem Tode des Baders Daniel Stadtmann um 1690 fand sich kein Bader mehr, der das Bad übernehmen wollte. So verkaufte Stadtmanns Witwe Anna Maria im Juli 1692 das Haus samt Badstube an den Marbacher Leinfärber Wilhelm Hettich. Die Stadt behielt sich die Reservierung der Badstube für einen künftigen Bader vor. Hettich wiederum veräußerte das Anwesen 1705 an den Rotgerber Johann Georg Hammleylen, der mit herzoglicher Erlaubnis eine Gerberwerkstatt in der Badstube einrichten durfte. Bis nach 1900 war das Haus im Besitz von Rotgerbern.

Das Gasthaus „Goldener Löwe"

man vor dem Gasthaus „Goldener Löwe" rechts in den Innenhof einen Abstecher machen. Dort bietet sich einem der Blick auf den **Küllinsturm**, ein inzwischen im Gebäude Niklastorstraße 35 verbauter Rondellturm der spätmittelalterlichen äußeren Stadtmauer. Reste des nächsten Rondellturms sind weiter unten an der Südostecke des Parkplatzes Gerberplatz zu sehen.

Von historischer Bedeutung ist das sich anschließende Gebäude Niklastorstraße 39, das Gasthaus „**Goldener Löwe**" ④, denn hier wurde 1732 die Mutter Friedrich Schillers, Elisabetha Dorothea Kodweiß, geboren. Das Vorgängergebäude überstand den Stadtbrand und gehörte um 1695 Johann Bernhard Mehrer. Direkt nördlich schloss sich der Stadtgraben vor der äußeren Mauer an. Das Gebäude wurde, da außerhalb liegend, beim Stadtbrand verschont. 1726 kaufte Schillers Großvater, der Bäcker Georg Friedrich Kodweiß das Anwesen von Strumpf-

(Porträt aus dem Schiller-Nationalmuseum).

Johann Kaspar Schiller

Johann Kaspar Schiller wurde 1723 in Bittenfeld als Sohn des Bäckers und Schultheißen Johannes Schiller geboren. Er machte eine Ausbildung zum Chirurgen, also einem nicht studierten, sondern der Handwerkertradition verbundenen Wundarzt, und war von 1745 bis 1748 Feldscher eines Reiterregiments in den spanischen Niederlanden. Nach der Heirat mit der Marbacher Löwenwirtstochter Elisabetha Dorothea Kodweiß ließ sich Johann Kaspar Schiller als Bürger in Marbach nieder, meldete sich jedoch schon 1752 zum Militär, wo er Fourier (Schreiber) wurde. Seine Familie besuchte der Soldat, der 1761 zum Hauptmann befördert wurde, selten. 1763 wurde er Werbeoffizier in Schwäbisch Gmünd und die Familie zog nach Lorch. Später wohnte sie in Ludwigsburg und zuletzt auf der Solitude, wo Johann Kaspar Schiller seit 1775

stricker Johann Georg Schmid und eröffnete wohl unmittelbar danach die Gastwirtschaft. Da die Familie im Siegelring einen Löwen führte, übernahm Kodweiß das Wappentier für seine Gassenwirtschaft, die im Gegensatz zu den ständigen Wirtschaften damals nur zeitweise geöffnet war. So hatte der Abkömmling einer alteingesessenen und einflussreichen Marbacher Familie Zeit, seinem Amt als herrschaftlicher Floßverwalter nachzugehen, das er ebenfalls 1726 übernahm. Der damals 28-Jährige erhoffte sich wohl einen Synergieeffekt, denn ihm war das Bewirten der Fuhrleute gestattet, die das Floßholz transportierten. Zudem befand sich der neu angelegte Holzlagerplatz an der Murr nicht allzu weit von der Wirtschaft entfernt.

Offenbar florierten die Geschäfte, denn um 1740/45 ersetzte Kodweiß das kleinere Haus durch das jetzige Gebäude. Wenige Jahre später kam 1749 der Chirurg (zu den Handwerkern zählender Wundarzt) Johann Kaspar Schiller aus Bittenfeld als Kunde in das Gasthaus und heiratete noch im selben Jahr die Tochter des Wirts. 1750 wurde dem Schwiegersohn Schiller der Anbau am Haus übertragen und er hoffte, eines Tages alles zu erben. Doch Kodweiß geriet durch Hochwasser und unglückliche Spekulationen in wirtschaftliche Schwierigkeiten, die damit endeten, dass er und Schiller 1756/57 das Gasthaus um 1200 Gulden und 10 Scheffel Dinkel an Johann Ludwig Pfuderer verkaufen mussten. Johann Kaspar Schiller genierte dies so sehr, dass er sich in Militärdienste begab und seine Frau mit den kleinen Kindern in Marbach die meiste Zeit alleine ließ. Der „Goldene Löwe" ist aber bis heute ein Gasthaus geblieben und konnte 2001 sein 275-jähriges Bestehen feiern. Unvergesslich als Löwenwirt bleibt Eberhard Hubrig, der die Wirtschaft über 30 Jahre bis Ende Juli 2001 führte und manche Prominenz in seinem Haus hatte.

Einen ganz anderen Charakter hat der Stänglehof gegenüber (Niklastorstraße 34). Von diesem Gebäude ist nur das Einfahrtstor und die Frontseite mit dem schönen klassizistischen Portal, das von einem vierblättrigen Kleeblatt als Glücksbringer gekrönt wird, zu sehen. Es handelt sich um eine typische geschlossene Hofanlage des 19. Jahrhunderts, die damals für den Bauern Melchior Stängle gebaut wurde und aus dem Hauptbau, der Scheune, dem Brennhaus bzw. Waschhaus und einem eingeschossigen Anbau besteht. Der jetzige Eigentümer hat das Anwesen in den letzten Jahren schön restauriert. Falls das Tor geöffnet ist, sollte man unbedingt einen Blick in den Innenhof riskieren, der eine vergangene Zeit wieder erstehen lässt.

An Schillers Geburtshaus vorbei zur Unteren Holdergasse

Einige Meter die Niklastorstraße hinauf gelangt man über die noch im Boden vorhandene, aber nicht sichtbare spätmittelalterliche Steinbogenbrücke, deren Brüstung auf der rechten Seite die Lage verdeutlicht. Sie wurde bei Straßenbauarbeiten im Jahr 1992 freigelegt. Gleich nach dieser Brücke gelangte man früher durch das 1473 erstmals genannte **Niklas- oder Wicklinstor**, eines von ehemals drei Stadttoren. Der 1693 ausgebrannte Torturm wurde 1732 wieder aufgebaut und 1794 bzw. 1805 abgebrochen und durch ein so genanntes Staketentor ersetzt, das man 1833 beseitigte. Die Sockelwand des alten Tores ist Teil der Erdgeschossmauer des Gebäudes Niklastorstraße 33, an dessen Ecke noch einer der beiden Pfeiler des Stachettentores zu sehen ist. Der Grundriss des alten Torturms wurde im Pflaster durch die Verwendung anderer Steine sichtbar gemacht, ebenso der weitere Verlauf der Mauer zur Linken, auf die wir am Ende unseres Rundgangs zurückkommen.

die herzoglichen Gärten versah. Er starb dort 1796 und hinterließ mehrere Veröffentlichungen, von denen „Die Baumzucht im Großen" die bekannteste ist.

Elisabetha Dorothea Schiller geb. Kodweiß (1732–1802, Porträt aus dem Schiller-Nationalmuseum).

Literaturtipps:

Reinhard Buchwald: Kaspar Schiller. In: Schwäbische Lebensbilder Bd. 1, Stuttgart 1940.

Agnes Maisch: Herzoglicher Garteninspektor auf der Solitude. In: Beiträge zur Landeskunde (Beilage zum Staatsanzeiger) Nr. 1 (Februar 1989).

Johann Kaspar Schiller: Meine Lebensgeschichte. Widerdrucke 1 (des Schillervereins Marbach am Neckar e.V.), Marbach am Neckar 1993.

Hermann Schick: Johann Kaspar Schiller zum 200. Todestag. Sonderdruck aus Schwäbische Heimat Jg. 1996 Heft 4.

Stadtgrundriss von Marbach. Kolorierte Federzeichnung von Johann Friedrich Haug, 1796. Deutlich sind die innere und äußere Stadtmauer sowie die Stadttore und die ummauerte Wehrkirche zu erkennen.

Schillers Geburtshaus

Niklastorstraße 31
71672 Marbach am Neckar

Träger: Schillerverein Marbach e.V.
Tel. 0 71 44/1 75 67,
Fax 0 71 44/1 02-2 02

Geöffnet: täglich 9 – 17 Uhr (vom 24. – 26. sowie am 31. Dezember geschlossen)
Eintritt: € 2,–, ermäßigt € 1,–
Führung für Gruppen nach Anmeldung

Sammlungsgebiete: Dokumente, Bildnisse, Gebrauchsgegenstände und persönliche Gegenstände von Friedrich Schiller und seiner Familie, Souvenirs, Postkarten, Literatur zum Thema sowie zur Stadtgeschichte allgemein, Videofilm

Unser Weg führt uns weiter zum Portal des **Schmiedehauses** Niklastorstraße 33 mit leider stark verwitterter Hausmarke. Sie zeigte Vorschlaghammer, Zange und Beschlaghammer als Werkzeuge des Huf- und Nagelschmieds sowie die Jahreszahl 1710 und die Initialen „JM“ und „AST“ für Johann Michael und Anna Stiegler. Das Gebäude war nach dem Stadtbrand von 1693 im Besitz der Schmiedfamilie Stiegler, später Daiber. 1936 wurde die Werkstatt geschlossen und dafür im Erdgeschoss eine Wohnung eingebaut.

Unser nächstes Ziel, Niklastorstraße 31, ist Marbachs meist besuchtes Haus. **Schillers Geburtshaus** ⑤ war nach dem Stadtbrand 1693 ein gewöhnliches Handwerkerhaus im Besitz von Martin Mack, dem vorgeschrieben wurde, eine Frontecke des Gebäudes „so wohl umb des Ranckhs (Ecke) als der Zier willen, umb 5 Schuh“ zurückzuversetzen. So erklärt sich die abgeschrägte Straßenfront, die das Gebäude heute aufweist. Es wurde allerdings erst vom Besitznachfolger Jodokus Müller 1703 aufgebaut. Von 1758 bis 1764, also auch zum Zeitpunkt von Schillers Geburt, besaß der Säckler (Hersteller von Lederwaren) Ulrich Schöllkopf das Gebäude, das 1812 durch eine Zeitzeugenbefragung alter Nachbarsleute als Geburtshaus Schillers identifiziert wurde.

1837 erwarb der Bäcker Johann Georg Fischer das Haus und versetzte den Fronteingang an die Seite. Zum 100. Geburtstag Schillers im Jahr 1859 richtete der Marbacher Schillerverein, der das Gebäude kurz vorher gekauft hatte, eine öffentliche Gedenkstätte ein. Nach den Entwürfen von Oberbaurat Leins wurden 1859 entscheidende historisierende Veränderungen vorgenommen. Das ursprüngliche Portal an der Front ließ er rekonstruieren. 1965 wurde das Haus zum Besuch der englischen Königin in seinen vermeintlich ursprünglichen Zustand um 1759 zurückversetzt, wobei man fälschlicherweise das Portal wieder an die Seite verlegte. Dieser Zustand wurde auch bei der letzten Renovierung 1994/95 beibehalten, hingegen

(Pastellbild von Ludovike Simanowiz (1793) aus dem Schiller-Nationalmuseum).

Johann Christoph Friedrich Schiller

Friedrich von (seit 1802) Schiller wurde am 10. November 1759 in Marbach geboren und besuchte seit 1773 die „Hohe Karlsschule" in Stuttgart. Er studierte Jura, dann Medizin und wurde 1780 Regimentsmedikus in Stuttgart. Daneben betätigte sich Schiller als Dichter und Schriftsteller („Die Räuber"). 1782 floh er vor dem despoti- ▷

Der um 1817 entstandene Stich von S. Lacey zeigt das Schillerhaus in der alten, bis 1837 bestehenden Form mit Rundbogenportal an der Straßenfront. So sah es wohl auch zum Zeitpunkt von Schillers Geburt aus.

▷ schen Herzog Karl Eugen nach Frankfurt und lebte einige Zeit in Oggersheim. Nach weiteren Stationen heiratete der Schriftsteller 1790 Charlotte von Lengefeld und blieb in Weimar, wo er 1805 starb.

Literaturtipps:

Bernhard Zeller u. Walter Scheffler: Friedrich Schiller. Leben und Werk in Daten und Bildern, Frankfurt/Main 1977.

Peter Lahnstein: Schillers Leben, München 1981.

Norbert Oellers: Friedrich Schiller. Zur Modernität eines Klassikers, Frankfurt/Main und Leipzig 1996.

Peter-André Alt: Schiller. Leben – Werk – Zeit, 2 Bde., München 2000.

Hans-Dieter Mück: Schillers Elternhaus in Marbach am Neckar. Zeugnisse über seine Familie 1749–1764. Schriften zur Marbacher Stadtgeschichte Bd. 4, Marbach am Neckar 1984.

Albrecht Bergold und Friedrich Pfäfflin: Schillers Geburtshaus in Marbach am Neckar. Marbacher Magazin 46/1988, Marbach am Neckar 1988.

Michael Davidis u. Sabine Fischer (Fotografien Mathias Michaelis): Aus dem Hausrat eines Hofrats. Die Ausstellung in Schillers Geburtshaus (Marbacher Magazin Sonderheft 77/1997), Marbach am Neckar 1997.

Christiane Lohkamp: Schillers Geburtshaus. Bau- und Besitzgeschichte eines Marbacher Handwerkerhauses. Schriften zur Marbacher Stadtgeschichte Bd. 9, Marbach am Neckar 1997.

Schillers Geburtshaus

erhielt das Innere damals eine völlig neu gestaltete Ausstellung.

Einige Meter weiter oben öffnet sich ein dreieckiger Platz, den an der Ostseite der **Wilde-Mann-Brunnen** ⑥ ziert. Er wird als Niklasbrunnen schon 1690 genannt und hat seinen heutigen Namen von dem „Wilden Mann“ als Wappenhalter des Marbacher Stadtwappens. Die Originalfigur, wohl aus dem frühen 18. Jahrhundert, wurde 1965 durch eine Kopie ersetzt. Der Laufbrunnen mit dem polygonalen Gusstrog mit Stadtwappen stammt aus dem 19. Jahrhundert.

Aus dem Brunnen wurde die ehemalige Wette, ein Feuerlösch- und Viehtränketeich gespeist, die man 1794 mit den Steinen des abgebrochenen Wicklinstorturms auffüllte. Das Eckhaus zur Unteren Holdergasse, Niklastorstraße 21, das ehemalige **Diakonat** ⑦, ist eines der schönsten und geschichts-

Der Wilde-Mann-Brunnen

trächtigsten Fachwerkhäuser der Stadt. Der heute noch erhaltene mittelalterliche Keller gehörte zum Prädikaturhaus der Stadt Marbach. Die Prädikatur war eine vorreformatorische von der Stadt eingerichtete Predigerstelle. Es handelt sich also um ein Gebäude, das damals der Stadt gehörte und bald nach der 1534 eingeführten Reformation an den Herzog, also den Staat, vertauscht wurde. Kurioserweise kam das Haus durch Kauf rund 450 Jahre später wieder an die Stadt als ehemalige Besitzerin zurück. Auf dem Keller wurde 1576/77 ein neues Pfarrhaus errichtet, das fortan der Diakon bewohnte. Doch bald nach 1600 musste er ausziehen und der Spezialsuperintendent, also der Dekan oder kurz Spezial, bezog das Amtsgebäude als Dekanat und erst ab 1678 wurde es wieder Diakonat. Das heutige Gebäude entstand auf den Resten des 1693 abgebrann-

Wilder Mann oder: Die Gründungssage von Mars Bacchus

In der Vergangenheit wurde immer wieder versucht, den Ortsnamen Marbach zu deuten. Man nimmt an, dass die erste Nennung „Marcbach" Grenzbach bedeutet und sich auf den Strenzelbach bezieht. 1534 behauptete der Marbacher Untervogt Michael Demler, der Name leite sich von „Bach des Mars" ab. In der zweiten Hälfte des 16. Jahrhunderts behauptete der Marbacher Georg Hunn in einem Gedicht, das Martin Crusius später im Druck überlieferte, Marbach hätte ursprünglich „Mars Bacchus" geheißen. Daraus leitete man die Götter des Krieges und des Weines ab, die sich in der Marbacher Gründungssage zum „Wilden Mann" vereinigten. Sie besagt, dass am Ort der Siedlung einst ein wilder Mann lebte, dessen Haus von Reben umrankt war und der Vorbeireisende umbrachte und ausraubte. ▷

Von dem Marbacher Lateinschulpräzeptor Simon Studion ist eine Zeichnung des wilden Mannes mit Marbacher Stadtwappen in der Hand aus dem Jahr 1597 erhalten.

ten Vorgängerbaus im Jahr 1698. Die Jahreszahl 1716 über dem Türbogen bezeichnet lediglich einen Umbau mit Vergrößerung dieser Türe.

Bis 1929 war hier das Marbacher Diakonat untergebracht, dann zog ein Landjägerstationskommando in das Haus, das 1938 Reichsbesitz wurde und weiterhin als Polizeigebäude diente. Die heutige Landespolizei resi-

Das Diakonat

dierte bis zu ihrem Umzug in das neue Revier 1990 im ehemaligen Diakonat, das 1991 die Stadt Marbach erwarb, um darin ein (noch nicht realisiertes) Stadtmuseum einzurichten.

Das links daneben stehende wesentlich kleinere **Handwerkerhaus** Niklastorstraße 19 entstand nach dem Stadtbrand um 1700. Baumeister Christian Probst erbaute das Haus auf den Resten des Vorgängerbaus, der laut einer Inschrifttafel 1689 für Ratsmitglied und Kantengießer (Zinngießer) Johann Friedrich Dentzel und seine Ehefrau Anna Katharina errichtet wurde.

Doch gehen wir nun rechts am Diakonat vorbei in die Untere Holdergasse. In Marbach gibt es zudem eine Mittlere und eine Obere Holdergasse, deren Name vermutlich von Holunderbüschen herrührt. Mit diesen Beeren gab man dem Rotwein in früheren Zeiten eine intensivere Farbe. Dies war erlaubt, ja sogar erwünscht.

▶ **Abkürzung:** Direkt die Niklastorstraße hinauf zum Spezialat (s. S. 55)

Nach wenigen Metern erhebt sich rechts das Gebäude Untere Holdergasse 4, das ehemaligen **Beginenhaus** und spätere **Schulhaus** ⑧. Das heutige Gebäude, das vorher schon Lateinschule gewesen war, wurde als Sammelschulhaus, also auch für die sog. Deutsche Schule, auf alten Fundamenten von 1700 bis 1702 neu erbaut. Neben den Klassenzimmern für die Lateinische und die Deutsche Schule beherbergte das stattliche Gebäude auch die Wohnungen des Präzeptors, des Kollaborators und des Deutschen Schulmeisters. Einer der berühmtesten Präzeptoren dieser Schule war Simon Studion.

Im Mittelalter befand sich in diesem Bereich das alte und das neue Haus der Beginen. Die Reformation setzte ihrem Wirken in Württemberg ein Ende und auch die Marbacher Beginen übergaben ihre Häuser 1550/51 dem Herzog, der den Marbachern darin die Einrichtung ihres 1470 gegründe-

Beginen

Beginengemeinschaften lebten, im Gegensatz zu strengen Frauenorden, bei denen der Bußgedanke und stille Selbstentäußerung im Vordergrund standen, von ihrer Hände Arbeit und nur selten vom Betteln. Sie sahen als Grundaufgabe die Nachfolge Christi in der Ausübung leiblicher Barmherzigkeit. Betreut wurde die kleine Gemeinschaft eines Beginenhaues durch eine frei gewählte Meisterin, also eine modern anmutende basisdemokratische Form und damit ganz und gar nicht vereinbar mit den Ritualen der damaligen katholischen Kirche, die mehrfach versuchte, gegen die Frauen vorzugehen. Im Gegensatz zu manch anderen Städten waren die Beginen bei der städtischen Obrigkeit in Marbach wohl gerne geduldet. Man hatte sich arrangiert, indem die Stadt als Kastenvogt, also Schutzherr, der Beginen fungierte. Die Stadt beaufsichtigte das Vermögen der Beginen, und zwar sicherlich nicht zu schlechten Bedingungen. Dafür erhielten diese erhebliche Bauzuschüsse zu ihrem neuen Haus in der Unteren Holdergasse, das vielleicht im 15. Jahrhundert erbaut wurde und das „Schwesternhus uff den Felsen" ersetzte. Die Reformation im Herzogtum Württemberg ließ die Beginen sowohl in Marbach als auch in vielen anderen Städten unberührt. Erst 1546 erging ein Reskript Herzog ▷

▷ Ulrichs, weil die Beginen in den Städten „viel Ärgernis und Widerlaufens anstiften". Man sollte sie an Gottes Wort anhalten sowie ihnen das Tragen ihrer Kleidung und vor allem das Sammeln milder Gaben verbieten. Damit war ihr Schicksal auch in Marbach besiegelt. Im September 1550 traten die letzten fünf Beginen ihr altes und neues Haus an die Stadt ab, durften aber auf deren Kosten bis an ihr Lebensende darin wohnen.

Das Marbacher Sammelschulhaus in der Mitte des 19. Jahrhunderts. Ölgemälde aus dem Besitz der Familie des Präzeptors Johann Friedrich Richter (1794–1853).

Simon Studion

1572 erhielt die Marbacher Lateinschule mit Simon Studion, dem 1543 geborenen Sohn des Uracher Kochs Jakob Studion gen. Hess, wohl ihren berühmtesten Präzeptor. Wegen eines Sprachfehlers blieb ihm der Theologenberuf verschlossen und er wurde nach dem Magister-

ten Spitals erlaubte. 1569 mussten sie das Spital teilweise räumen, denn in die größere und neuere Beginenbehausung zog die Lateinschule ein. Im massiven Sockelbereich sind noch heute zahlreiche bauliche Elemente aus der Zeit vor dem Stadtbrand zu erkennen, so beispielsweise an der Ostseite in Stadtmauernähe ein spätgotisches Spitzbogenportal sowie einzelne Fenstergewände mit floral abschließender Profilierung. Heute ist in dem stattlichen Haus die evangelische Diakoniestation untergebracht, womit sich in gewisser Weise eine Anknüpfung an die vor 450 Jahren zu Ende gegangene Tätigkeit der Beginen ergeben hat.

Das zurückversetzte Haus Untere Holdergasse 6 ist das **zweite Marbacher Schulhaus** nach dem Stadtbrand und wurde 1887 nach Plänen des Oberamtsbaumeisters Dillenius errichtet. Das freistehende Hofgebäude zwischen beiden Häusern ist der ehemalige Knaben-Abtritt. Die Stadt veräußerte das viele Jahre als Jugendherberge und bis vor wenigen Jahren als Jugendhaus genutzte Ensemble nach dem Neubau des Jugendhauses außerhalb der Altstadt an Privat. Der bis

Die „Maurengärten"

dahin zugängliche Hof mit Übergang auf die Stadtmauer ist dadurch leider nicht mehr betretbar.

Geht man die Untere Holdergasse weiter entlang, sieht man rechts an der Stadtmauer Nutzgärten, die **„Maurengärten"**, deren Anlage wohl bis in die Zeit des Ausbaus der Stadtbefestigung im 15. Jahrhundert zurückgeht. Derartige Nutzgärten für Gemüse und andere Kochzutaten lagen in ummauerten Städten meist direkt an der Stadtmauer, da diese Flächen aufgrund der Gefährdung durch Brandgeschosse nicht bebaut werden durften. Erst eine Bauordnung Herzog Christophs aus dem Jahr 1568 erlaubte Bauten an und auf der Stadtmauer. Diese Mauergärten wurden vermutlich nicht bebaut, da die einzelnen Streifen, wie heute noch sichtbar ist, zu schmal für ein Haus waren. Vielleicht wuchs die Stadt auch nicht in dem Maße, wie man es sich vorgestellt hatte. So hat sich hier ein heute unter Denkmalschutz stehendes Ensemble von Gärten erhalten, wie sie im Mittelalter üblich waren, aber heute fast nirgends mehr zu finden sind. 1726 waren diese „Maurengärten" unter ungefähr 40 Besitzern aufgeteilt, die meist in der Marktstraße wohnten. Ein kleiner Weg führt zu einem überdachten Abschnitt des Wehrgangs auf der inneren Stadtmauer, der rekonstruiert wurde, um den früheren Zustand zu zeigen. Die alten mit Dachziegeln gedeckten Wehr-

examen als Kollaborator an das Stuttgarter Pädagogium geschickt.
Studion verfasste nebenbei lateinische Gedichte und beschäftigte sich besonders während seiner Marbacher Zeit ab 1572 intensiv mit historischen Forschungen zur Geschichte des Herrscherhauses und vor allem mit der römischen Geschichte der Umgebung.
Er gilt aufgrund seiner Grabungen nach dem Benninger Römerkastell und den Berichten darüber im Jahr 1597 als Begründer der Archäologie in Württemberg und legte den Grundstein zum Stuttgarter Lapidarium.
Doch Studion wurde von der Kirche misstrauisch beäugt, weil er die „Naometria", also die Tempelmesskunst nach dem biblischen Buch Hesekiel/Ezechiel betrieb und als Wahrsager auftrat.
Trotzdem nahm Herzog Friedrich seine Forschungen ernst und besuchte im Juni 1597 persönlich die Ausgrabungsstätten bei Benningen.
Über Studions Tätigkeit als Lehrer gab es immer wieder Beschwerden, denn er widmete sich zu sehr seinen Forschungen. 1605 wurde Studion nach 33 Jahren Dienst in Marbach mit 30 fl Pension in den Ruhestand nach Maulbronn versetzt, wo er wohl um 1608 starb.

Johann Jakob Steinhofer

Am 22. Januar 1640 wurde in Marbach der berühmte Theologe Johann Jakob Steinhofer als Sohn des Marbacher Bürgers Johann Georg Steinhofer geboren. Spezial Schlotterbeck bezeichnete Johann Jakob Steinhofer als „fähiger Kopf" und Präzeptor Kornbeck nahm ihn in die Lateinschule auf. Der Marbacher studierte seit 1661 in Tübingen, wurde Vikar in Kirchheim/Teck und Stuttgart und 1665 Archidiakonus in Göppingen. Als Reiseprediger begleitete Johann Jakob Steinhofer Herzog Eberhard III. zur Vermählung von seiner Tochter Sophia Luise mit Markgraf Christian Ernst von Brandenburg-Bayreuth, der Steinhofer zum Oberhofprediger und Beichtvater in seine Residenz Bayreuth berief. Dort wurde er 1687 Generalsuperintendent, Kirchenrat und Direktor des Christian-Ernestinischen Kollegs. Sieben Jahre lang hatte man für Steinhofer in Württemberg, in der Hoffnung auf Rückkehr, die Prälatur Adelberg unbesetzt gelassen, jedoch starb der begabte Theologe schon am 7. Januar 1692.

Nordwestecke der inneren Stadtmauer mit Haspelturm

gangaufbauten aus Holz verbrannten 1693 und wurden zumeist nicht wieder aufgebaut. Bis vor einigen Jahren war dieser Teil des Wehrgangs als Rundgang begehbar, endet jedoch seit dem oben erwähnten Verkauf des Gebäudes Untere Holdergasse 6 leider als Sackgasse.

Das Ende der Unteren Holdergasse verläuft in einer leichten Linkskurve zum Gebäude Nr. 40, bei dem der Zugang zum **Haspelturm** ⑨ ist. Über quadratischem Grundriss erhebt sich der zweigeschossige in Bruchstein mit Eckquaderung aufgeführte Bau mit Zeltdach, Schießscharten und Abtritterker. Bei der Stadtverwaltung ist der Schlüssel zum Turm erhältlich. Dieser nordwestliche Eckturm wurde wohl mit der Erweiterung der Stadt nach Norden im 15. Jahrhundert errichtet und wird 1473 erstmals als Bürgerturm erwähnt. Erst im 19. Jahrhundert setzt sich die Bezeichnung „Haspelturm" durch und der Turm an der Südostecke der Stadt wird zum Bürgerturm. Der Turm diente wohl schon seit seiner Erbauung als Gefängnis. Davon kündet noch heute eine hölzerne Haspel, mit der vielleicht die Gefangenen durch ein Loch hinabgelassen und heraufgezogen wurden. Solche Haspeln hatten fast alle Marbacher Gefängnisse in Türmen oder Aufbauten an der Stadtmauer, so auch der

> ***Literaturtipp:***
>
> *Hermann Schick: Feldgeschrey der Kinder Gottes. Johann Jakob Steinhofer und seine Zeit. Schöndrucke 1 (des Schillervereins Marbach am Neckar), Marbach am Neckar 1993.*

Die romantische Mittlere Holdergasse

Malefizturm (s. S. 69 f.), der Küllinsturm (s. S. 38) und wohl auch das Gefängnis auf dem früheren Neckartor, das 1737/38 ausdrücklich als Frauengefängnis bezeichnet wird. Daher ist fraglich, ob die Überlieferung, der Haspelturm sei Frauengefängnis gewesen, zutrifft.

Durch die Mittlere und Obere Holdergasse zur Ölmühle Jäger

Wir biegen nun links in die Mittlere Holdergasse ein. Hier öffnet sich der Blick auf viele kleine und dicht gedrängte Häuser und man erkennt, dass die Holdergassen bevorzugt das Quartier der Marbacher Weingärtner und Bauern waren, denn die Stadt war zu großen Teilen eine so genannte Ackerbürgerstadt. So sind viele Gebäude der Holder-

Weingärtnerhaus Mittlere Holdergasse 16

gassen kleiner als in der oberen Stadt und haben meist auf der gegenüberliegenden Gassenseite ihre zugehörigen Scheunen. Diese heute nicht mehr benötigten Wirtschaftsgebäude wurden inzwischen fast alle zur Wohnnutzung umgebaut und die traditionellen Dunglegen davor eignen sich heutzutage hervorragend als Parkplatz. Oft sind noch Weinstöcke direkt an den Häusern zu sehen, aus denen der sog. Haustrunk gekeltert wurde. Die Mittlere und Obere Holdergasse werden von vielen Besuchern als schönstes Quartier der Altstadt empfunden. Es empfiehlt sich, einfach hindurchzuschlendern und die Blicke schweifen zu lassen. Trotzdem sollen einige Gebäude besonders hervorgehoben werden.

Ein typisches **Weingärtnerhaus** ⑩ ist das Gebäude Mittlere Holdergasse 16, ein eingeschossiger Massivbau, der nach 1700 auf altem Kern mit Giebeldreieck in Sichtfachwerk sowie rückwärtigem Scheunenanbau neu erbaut wurde. Das Gebäude besitzt einen für ein Weinbauernhaus typischen

Gewölbekeller mit breitem Abgang für den Transport der Fässer. Über dem zugehörigen Rundbogentor an der Seite des Hauses ist das Baujahr 1603 des Vorgängerbaus festgehalten. Ebenfalls an der Traufseite sind für Wohnbauten in Marbach einmalige Gewände mit Stabwerk des heute vermauerten ehemaligen Hauseingangs aus der Renaissance-Zeit zu sehen.

Wenige Meter weiter präsentiert sich die liebevoll umgebaute Scheune Mittlere Holdergasse 11, in der Dieter Baader, ein reger Marbacher Bürger, Marbachs erste „Mikrobrauerei" eingerichtet hat. Das Gebäude heißt im Volksmund **„Salzscheune"**, jedoch lässt sich diese Bezeichnung nirgends aktenkundlich belegen. Am linken Eckpfeiler sind alte Einritzungen zu erkennen, die der Eigentümer umsichtig erhalten hat. Marbachs Salzhandelsrecht datiert ins 16. Jahrhundert, kam aber immer wieder zum Erliegen, so auch im 18. Jahrhundert. Die Amtsversammlung verfügte 1738 die Einrichtung eines Salzstadels. Zum Salzverkauf wurde im Erdgeschoss des

Die „Salzscheune"

Die Mittlere Holdergasse um 1920

Idylle vor der „Salzscheune“

Porträtplastik Christian Probst

Interimsrathauses (s. S. 67) ein Verkaufsstüblein mit einem Verschlag zur Verwahrung der ganzen Scheiben eingebaut. Ein 1738 eingerichteter Salzstadel ist wohl diese Scheune in der Mittleren Holdergasse. Öffentliches Eigentum war die Scheune bis mindestens 1693 zurück nie, aber vielleicht hatten Stadt und Amt sie als Stadel gemietet. Jedenfalls diente sie eher Lagerzwecken, als landwirtschaftlichem Betrieb, denn die Eigentümer im 18. und beginnenden 19. Jahrhundert waren durchweg Handelsleute, mehrfach sogar Salzfaktoren, also Salzhändler im öffentlichen Dienst. Auf ihre Tätigkeit geht wohl die Bezeichnung „Salzscheune“ zurück. Die Stadtverwaltung baute 1761 im Erdgeschoss des neuen Rathauses einen Salzstadel ein, der aber wohl eher kleinere Mengen zum Verkauf beherbergte.

Beim Gebäude Mittlere Holdergasse 13 ist ein freistehender **gusseiserner Laufbrunnen** des ausgehenden 19. Jahrhunderts zu sehen. Es handelt sich um das typische Beispiel eines seriell hergestellten künstlerischen Eisengusses. Wenige Meter weiter lohnt sich links ein kurzer Halt beim Gebäude Nr. 4, dem Wohnhaus des Marbacher Bürgers und Steinmetzen Christian Probst. Er hat sich beim Wiederaufbau des Hauses um 1700 im Eingangsbereich mit einer **Porträtplastik** ⑪ selbst dargestellt. Zu sehen sind auch seine Initialen „CP“ und das Handwerkszeug eines Steinmetzen. Christian Probst erbaute einen Großteil der Marbacher Häuser, die gegen Ende des 17. Jahrhunderts entstanden sind. Er trägt die typische Mütze eines Steinmetzen. Vielleicht schuf Probst auch die Porträtplastiken an den Gebäuden Niklastorstraße 7 und Strohgasse 14.

Fast gegenüber steht das im Volksmund „**Kaserne**“ genannte Gebäude Mittlere Holdergasse 5. Auch diese Bezeichnung lässt sich in den Akten nicht nachweisen. Das verputzte und zweifarbig bemalte Gebäude mit Stuckdecken im Inneren wurde 1991 vorbild-

Gusseiserner Laufbrunnen

lich restauriert und erhielt dafür 1992 den Denkmalschutzpreis des Schwäbischen Heimatbundes. Zum Ensemble gehört auch das Gebäude Niklastorstraße 7, das weiter unten beschrieben wird. Dieser Teil, an den im Westen eine Laube mit hölzernen Arkaden als Verbindungsweg zwischen Niklastorstraße und Mittlerer Holdergasse angebaut ist, war ursprünglich ein Fruchtkasten. Eindrucksvoll ist die auf drei Niveaus gesplittete Kelleranlage unterschiedlicher Entstehungszeiten, die allerdings leider nicht öffentlich zu besichtigen ist.

Bevor wir vorn auf die Niklastorstraße gelangen, öffnet sich links vor dem Eckhaus Niklastorstraße 17, dem **Spezialat** ⑫ ein Hof, in den man einen Blick werfen sollte. Dort ist an einer Türe die wohl früher über dem Haupteingang an der Vorderfront angebrach-

Die Spezialsuperintendenz

Seit der Synodalordnung Herzog Ulrichs von 1547 umfasste das Dekanat Marbach die Ämter Marbach, Beilstein und Großbottwar und war seit 1577 dem Generalat Lorch, später Adelberg untergeordnet, dem es bis 1810 angehörte. Unter Herzog Christoph wurde 1559 als wichtigste Grundlage im kirchlichen Bereich die Große Kirchenordnung des Herzogtums Württemberg publiziert. Damit war die Landeskirche in vier Generalsuperintendenzen eingeteilt, denen die ▷

Das Spezialat (Dekanat)

te Bauinschrift erhalten, die den Geistlichen Verwalter Johann Sebastian Ratmann 1696 als Bauherrn nennt (Info zur Geistlichen Verwaltung s. S. 68). Schon drei Jahre nach dem Stadtbrand wurde das jetzige Gebäude, das viele Jahre Spezialat, also Dekanat war, auf den massiven Resten eines Vorgängerbaus als Wohnhaus errichtet. Von diesem Vorgängerbau hat sich am Stockwerkgesims die umlaufende, aber leider unvollständige und dadurch entstellte Inschrift erhalten. Daraus geht auch hervor, dass Jakob Plobst und dessen Ehefrau Maria Gossin das Haus 1626 bauten. Das Gebäude war also in Privatbesitz und der Spezial residierte viele Jahre im Diakonat (s.o.). Erst 1678 kaufte die Geistliche Verwaltung dieses sog. Plöbstische Haus und richtete es nach Renovierung als Spezialat, also Dekanat ein. Es hatte damals einen schönen zweiteiligen Keller, der so lang und breit wie das Haus war. Im Erdgeschoss befand sich ein großer Lagerplatz und ein

▷ evangelischen Äbte von vier württembergischen Mannsklöstern vorstanden. Untergeordnet waren 28 Spezialsuperintendenzen (Spezialate, Dekanate) mit einem Spezialsuperintendenten (abgekürzt Spezial) bzw. Dekan an der Spitze. Oberste Behörde war das Konsistorium oder der Kirchenrat in Stuttgart mit einer weltlichen und geistlichen Bank. Das Vermögen wurde im sog. Kirchenkasten verwaltet. Nun waren die kirchlichen Pflichten, Aufgaben und Rechte genau definiert.

Stall. Das Haus konnte sehr bequem sowohl von der Stadtkirche, als auch von der sog. äußeren, also der Alexanderkirche erreicht werden. Dieses Anwesen verbrannte 1693 und wurde ab 1696 wieder aufgebaut. Allerdings datierte nur der Baubefehl von 1696, wohingegen das Haus selbst mit getäfelter Stube samt Schweinestall, Hühnerhaus und Viehstall größtenteils 1697 entstand.

Ein Befehl vom 20. März 1754 ordnete jedoch den Austausch der Häuser des Geistlichen Verwalters (Strohgasse 13, s. S. 67) und des Dekans an und so war das Spezialat nur von 1678 bis 1754 in diesem Haus beheimatet. Da Verwalter Johann Gottlieb Ruoff damals in seinem eigenen Haus wohnte, blieb das ehemalige Spezialat, jetzt Geistliche Verwaltung, zunächst unbewohnt. Erst der Geistliche Verwalter August Reuß bezog es 1756 und erhielt eine neue Schreibstube im ersten Stock auf dem Waschküchenanbau. Die dreigeschossige Erweiterung nach Norden entstand 1765. Von 1754 bis zur Verstaatlichung der Kirchengüter 1806 war das Gebäude Geistliche Verwaltung und ging dann wieder, wie vor 1678, in Privatbesitz über. Später wohnte darin Stadtschultheiß Klein und 1845 wurde hier die erste Marbacher Zeitung „Der Postillon" gedruckt. Drucker Dürr wechselte jedoch schon im Mai 1847 in das Haus des Metzgermeisters Scharr, heute Niklastorstraße 12, das nur wenige Schritte weiter nördlich liegt.

Schräg gegenüber stand früher ein stattliches Gebäudeensemble auf mittelalterlichem Kern, das seit 1929 offiziell als Göckelhof bezeichnet wurde. Leider fiel es in den 1970er Jahren der Spitzhacke zum Opfer. Neben dem Abbruch der Großen Kelter ist dies eine der wenigen Bausünden dieser Zeit. Im Eingangsbereich kann man noch einige vermauerte Portalfragmente sehen. Nun gehen wir die Niklastorstraße ein Stück aufwärts und folgen ihr dann nach rechts. Die abgeschrägte Ecke am Gebäude Nr. 11 (ehemaliges **Gast-**

Wilhelm Holder

1542 wurde in Marbach Wilhelm Holder geboren. Er war seit 1571 Stuttgarter Stiftsprediger. Der 1609 gestorbene Holder stand von 1594 bis 1608 als Abt dem Kloster Maulbronn vor.

Christliche Leichpredigt/ 7636
Bey der Begräbnus des
Ehrwürdigen vnd Hochgelehrten Herrn/ M. Wilhelm Holders
gewesenen Abbts zu Maulbronn/ etc.
So Montags/ den Vier vnd zweintzigsten Julij/ Anno 1609. zu Stutgart in Gott seeliglich verschieden/ Vnd Mitwochs/ den Sechs vnd zweintzigsten hernach alda zur Erden bestattet worden:
Gehalten zu Stutgarten in der Stiffts Kirchen/
Durch
M. Joannem Magirum/ Prop[illegible] daselbsten.
Getruckt in der F. Hauptstat Stutgart
Bey Gebhard Grüb/ Jm Jar 1609.

Leichenpredigt Wilhelm Holder (Württ. Landesbibliothek).

Das Wohnhaus des früheren Göckelhofs

Das Rathmannsche Haus (Mitte) und links daneben das Gebäude Obere Holdergasse 2, in dem sich die Ölmühle Jäger befindet.

haus mit Bäckerei und Brauerei) weist noch Ringe auf, an denen Pferde der Gasthausbesucher angebunden werden konnten. Seit 1880 betrieb Julius Rommel hier eine Bierbrauerei. Das nebenstehende Haus Niklastorstraße Nr. 9 hat ein reich floral ornamentiertes **Hauszeichen** mit Datierung 1779, den Initialen JM und einer Brezel, das wohl auf den Bäcker Johannes Mayer hinweist, der den Eingangsbereich damals umbaute.

Das nebenstehende **Rathmannsche Haus** ⑬, die Niklastorstraße 7, bildet eine Sachgesamtheit mit dem Gebäude Mittlere Holdergasse 5 (s. S. 54). Es handelt sich um ein stattliches Anwesen des 18. Jahrhunderts auf älterem Kern, das aus zwei dreigeschossigen giebelständigen Gebäuden und einem im Hof freistehenden ehemaligen Brennhaus besteht. Die gesamte Anlage gehörte dem von 1663 bis 1688 amtierenden Geistlichen Verwalter Johann Friedrich Rathmann und wurde nach dem Stadtbrand 1693 in den Jahren 1698 und 1699 als Privathaus seines Sohnes und Amtsnachfolgers Johann Sebastian Rathmann neu erbaut. Das Wappenschild mit Herzogshut und die Jahreszahl 1699 am Rundbogenportal sind vielleicht ein Hinweis auf Rathmann als staatlichen Beamten, wobei durchaus sein Familienwappen abgebildet gewesen sein könnte.

Besonders schön ist das Stockwerkgesims mit figürlich ausgearbeiteten Konsolsteinen in Form von Köpfen. Es wurde vermutet, dass es sich um sog. Neidköpfe handelt, die Menschen- oder Tierköpfe, manchmal auch Fratzen, aus Stein oder Holz zeigen, die als Abwehrzauber gegen böse Mächte am Haus angebracht wurden. Meist entstanden sie im Außenbereich, beispielsweise an Türen, Giebeln oder Mauern, wie im vorliegenden Fall. Man findet sie aber auch in Innenräumen, so in der Alexanderkirche an den Pfeilern der Orgelempore und auf der Empore. In diesem Fall dürfte es sich aber eher um den 1699 verstorbenen Bauherrn Johann Sebastian Rath-

Johann Sebastian Rathmann (?)

Johann Friedrich Rathmann (?)

mann handeln, dem man ein Denkmal setzen wollte. Die andere Darstellung zeigt wohl seinen Vater Johann Friedrich.

1744 kam des Gebäude nach mehreren Besitzerwechseln an den Diakon Johann Andreas Hochstetter, der das ganze Anwesen grundlegend umgestalten ließ. Das Gebäude Niklastorstraße 7 bekam ein weiteres Wohngeschoss sowie einen großen Gewölbekeller und der Fruchtkasten Mittlere Holdergasse 5 erhielt ebenfalls ein Wohngeschoss mit Stuckdecken und mehreren Zimmern. Falls das Portal nicht verschlossen ist, sollte man einige Schritte hineingehen, um den freien Gartenplatz und den Laubengang mit den hölzernen Stützen zu bewundern.

Das anschließende Gebäude Obere Holdergasse 2 nördlich der Stadtkirche, inzwischen besser bekannt als **Ölmühle Jäger** ⑭, wurde nach dem Stadtbrand von den Erben des Spezials Schlotterbeck an Amtsschreiber Johann Christian Amend (1649–1717) verkauft, der das Haus 1706 auf dem alten Sockel wieder aufbauen ließ. Der breite Hals mit Rundbogentor datiert vermutlich ins 16. Jahrhundert,

Das Technische Kulturdenkmal Ölmühle Jäger

während eine barocke Engelsfigur im Türgewände des Hauseingangs als Hinweis auf den geistlichen Besitzer, Spezialsuperintendent (Dekan) Philipp Jakob Schlotterbeck (1643 bis 1703) gilt.

Später wurde es ein Handwerkerhaus und 1906 richtete Ölmüller Friedrich Jäger, der seit 1896 eine Hälfte des Hauses besaß, eine elektrisch betriebene Ölmühle, wohl den ersten elektrisch betriebenen Marbacher Gewerbebetrieb, ein. Die Stadt Marbach mietete das Gebäude vom Enkel des Ölmüllers und nach einfühlsamer Restaurierung im Auftrag des Landesdenkmalamtes wurde die vollständig erhaltene elektrische Ölmühle von 1906 mit späteren Ergänzungen 1994 als Technisches Kulturdenkmal Ölmühle Jäger eröffnet.

Abkürzung: Die Niklastorstraße hinauf und neben dem Rathaus vorbei bis zur ehemaligen Geistlichen Verwaltung (s. S. 67)

Nun lassen wir zunächst die Stadtkirche links liegen und gehen weiter in die Obere Holdergasse hinein. An der Ostseite des Gebäudes Obere Holdergasse 5 ist ein typisches **barockes Sandsteinportal mit Hauszeichen** aus dem Jahr 1706 mit Berufszeichen des Bäckers, einer Brezel mit gekreuzten Brotschiebern, sowie den Initialen „IBM" und „ICM" der Familie Mehrer sehen. Beim nächsten Gebäude **Obere Holdergasse 7** weist ein vermauertes Rundbogentor mit der Jahreszahl 1688 auf das Vorgängergebäude hin. Die **Scheune** Obere Holdergasse 15 ist eine der wenigen noch erhaltenen Scheunen innerhalb der Altstadt und wurde 1747 für den reichen Marbacher Handelsmann Wilhelm

Technisches Kulturdenkmal Ölmühle Jäger

Obere Holdergasse 2
(Postanschrift:
Stadtverwaltung,
Marktstraße 23
71672 Marbach
am Neckar)

Leitung:
Albrecht Gühring
Träger: Stadt Marbach
Tel. 0 71 44/1 02-2 97
Fax 0 71 44/1 02-2 02

Geöffnet:
letzter Sonntag im Monat
von 14 – 17 Uhr
Gruppenführung
nach Vereinbarung

Eintritt: € 1,50,
ermäßigt € 1,–,
Führung pro Gruppe
€ 15,–

Ausstattung: Nahezu vollständig erhaltene elektrische Ölmühle von 1906 mit späteren Ergänzungen; Dauerausstellung zur Geschichte und Funktion der Ölmühle; Museumsfaltblatt

Literaturtipp:

Albrecht Gühring: Die Ölmühle Jäger in Marbach am Neckar. Das Technische Kulturdenkmal und die Marbacher Mühlengeschichte, Marbach am Neckar 1999.

Hausmarke Obere Holdergasse 5

Burkhardt David Mauchart

1696 wurde in Marbach Burkhardt David Mauchart, auch Mauchardt, als Sohn des Stadt- und Amtsphysikus Johann David Mauchardt geboren.
Er studierte Medizin und wurde 1723 Hofmedikus sowie 1729 Leibmedikus und dann Professor der Chirurgie und Anatomie in Tübingen.
Großen Ruhm erlangte der vorzügliche Chirurg durch seine Kenntnisse in der Augenheilkunde.
Er starb 1751 in Tübingen.

Literaturtipp:

Albrecht Gühring:
„So ist die wehrte Statt ein öder Aschen-Hauffen“. Der Marbacher Stadtbrand im Jahr 1693.
Schriften zur Marbacher Stadtgeschichte Bd. 7, Marbach am Neckar 1993.

Friedrich Renz auf dem Platz der ehemaligen Zehntscheune der Kellerei Marbach erbaut. Fast am Ende der Gasse ist beim Haus Nr. 34 ein 1706 entstandenes Hauszeichen erhalten, das in barocken Formen die Jahreszahl sowie die Berufszeichen eines Tuchmachers zeigt. Es handelt sich um eine Kardätsche, nämlich einen Holzrahmen mit Griff und aufgesteckten Kardendisteln zum Kämmen der Wolle. Hinter den Initialen „CHR“ und „ABHR“ verbergen sich der Tuchmacher Caspar Höllriegel und seine Frau Anna Barbara.

Auf den Felsen, Ludwigsburger Straße und untere Strohgasse

Am Ende der Oberen Holdergasse biegt der Weg nach links ab und eröffnet nach wenigen Metern den Blick auf das markante Gebäude Auf den Felsen 1 und 3, den **Heinlinschen Hof** ⑮. Dieses außergewöhnlich große Gebäude ist das bisher einzig bekannte Gebäude innerhalb der Stadtmauer, das den Stadtbrand von 1693 praktisch unbeschadet überstanden hat. Eine dendrochronologische Untersuchung des massiven Eichenholzes ergab, dass dieses Haus im Jahr 1688 errichtet wurde. Im Gegensatz zu den nach dem Stadtbrand meist dürftiger und mit Nadelholz wieder aufgebauten Gebäuden atmet dieses heute überdimensioniert wirkende Haus mit reichlich ausgestaltetem Eichenfachwerk und Walmdach noch den Reichtum der alten Amtsstadt Marbach. In dieser Art müssen wir uns die Gebäude vor dem Stadtbrand vorstellen. Das steinerne Sockelgeschoss weist mit seinen Fensterrahmen samt Verzierungen auf eine Bauzeit des Vorgängergebäudes um 1600 hin. 1688 überbaute es der reiche Marbacher Metzger Johann Jakob Heinlin. An der Westseite des Gebäudes ist der Neckarterrassenschotter, eine eiszeitliche Geröllablagerung des Neckars zu sehen.

Etwas zurückversetzt steht das Gebäude Marktstraße 53, das ehemalige **Physikat** ⑯.

Laut Inschriftstein über dem Portal wurde das 1693 verbrannte Haus 1699 von Stadt und Amt Marbach über den Resten eines Vorgängerbaus für den Stadt- und Amtsphysikus, also den studierten Arzt, erbaut. Zugleich zeigt der Stein die älteste farbige Darstellung des Marbacher Stadtwappens innerhalb der Altstadt. Der Stadt- und Amtsphysikus bewohnte seit mindestens 1691 diese je hälftig Stadt und Amt gehörende und auf die Stadtmauer gebaute Physikatsbehausung samt Scheune „unten in der Marktgassen". Das Haus, das früher dem Stift Backnang steuerpflichtig war, hatten Stadt und Amt etliche Jahre vorher gekauft. Es ist seit 1789 in Privatbesitz. 1696 wurde hier der berühmte Marbacher Burkhard David Mauchar(d)t geboren. Bis zu seinem Tod im Jahr 1989 wohnte hier der Heimatforscher Eugen Munz, dem Marbach unzählige Bausteine zu seiner Stadtgeschichte, darunter vor allem das 1972 erschienene Buch „Geschichte der Stadt Marbach am Neckar" (gemeinsam mit Otto Kleinknecht) zu verdanken hat.

Der 1688 erbaute Heinlinsche Hof (rechts) und das Physikat.

Wappen am Physikathaus

Das brennende Marbach. Ölgemälde (1993) von Hanns-Otto Oechsle, Oberstenfeld. Vorbild ist die wenige Jahre vor dem Brand entstandene Zeichnung von Andreas Kieser (vgl. S. 18).

Einige Schritte geht es nun die Marktstraße hinauf bis zum Gebäude Nr. 47 auf der rechten Seite. Es ist eines der frühesten, vielleicht sogar das erste **Wiederaufbauhaus** ⑰ nach dem Stadtbrand 1693 und entstand laut Inschrift über dem Portal schon 1694. Die Initialen „JCW" und die Weintraube nennen den Bauherrn Johann Caspar Weinlen, der als sog. redendes Wappen eine Weintraube wählte. Sein Vermögen war wohl durch den Stadtbrand nicht tangiert, da es aus einzutreibenden Schulden bestand oder rechtzeitig aus der Stadt geschafft werden konnte. Es handelt sich um ein typisches dreigeschossiges Wohnhaus als charakteristisches Beispiel eines barocken Sichtfachwerkbaus mit Gestaltungselementen nach Art des 17. Jahrhunderts. Dies sind leichte Geschossvorstöße, auch an den Traufseiten, sowie reiche Zierformen im Giebeldreieck, die so genannten Halbemannfiguren, aber auch geschwungene Streben mit Nasen, s-förmige Streben und Andreaskreuze in den Brüstungsfeldern.

Nun geht es zunächst die Marktstraße wieder hinunter in die Ludwigsburger Straße zum Gebäude Nr. 6 auf der rechten Seite. An der Südseite ist die **Jahreszahl 1608** über einem heute vermauerten Rundbogentor zu erkennen. Dieses Vorgängergebäude war vor dem Brand im Besitz der wohl aus Frankreich zugewanderten Schönfärberfamilie Ploucquet, die sich aus Marbach später nach Stuttgart und Heidenheim verzweigte und zu den wichtigsten Vertretern der württembergischen Textilindustrie zählte. Sie bauten dieses Haus um 1700 wieder auf. Zugleich bietet sich ein schöner Blick auf den Neckar und das alte **Wasserkraftwerk** der Stadt Stuttgart.

Einen ähnlichen Blick hat man an einer Einmündung nach dem Gebäude Ludwigsburger Straße 10, das direkt auf der inneren Stadtmauer steht. Sie kann man ein Stück weit betreten, wenn man die kleine Treppe

Das Eselstor am Neckartor

Den Bauernkrieg im Jahr 1525 bekam Marbach zu spüren, als am Kirchweihfest, dem 3. Mai, etwa 150 bewaffnete Bauern die Stadt besetzten und eine gefährliche Situation heraufbeschworen, die zu eskalieren drohte. Obervogt Eitelhans von Plieningen und Untervogt Michael Demler waren sich einig, nicht gewaltsam einzugreifen, ließen jedoch die Tore schließen. Als die Anführer herrschaftlichen ▷

Wiederaufbauhaus Marktstraße 47

einige Schritte hinuntergeht. Im Gebäude selbst stecken die Reste des **Torhauses**, in dem der Neckartorwart wohnte. Der **Neckartorturm** stand bis zu seinem Abbruch 1811/12 knapp unterhalb der Einmündung der Strohgasse in die Ludwigsburger Straße und wird 1473 erstmals genannt. Vor ihm lag die zweite Badstube der Stadt und der Anfang des Mühlwegs, der hinunter zur Neckarmühle führte. Wahrscheinlich entstand dieser Durchbruch erst mit der 1377 erstmals genannten Neckarmühle, die die alte Mahlmühle am Strenzelbach ersetzte. Ein einfacheres Tor mit zwei Pfeilern, ähnlich dem neuen Wicklinstor (s. S. 41), wurde 1847 abgebrochen.

Exkurs: Das ehemalige Mühlenviertel und die Kraftwerke (s. S. 104)

Am **Neckartorbrunnen** biegen wir links in die untere Strohgasse ein, die früher von Handwerkern dominiert wurde. Auf der linken Seite verdient das **Steinmetzhaus** Strohgasse 22 Beachtung. Von außen wurde das Gebäude durch den Steinmetz Abraham Holzmann 1780 spätbarock überformt. Für sich und seine Frau Rosina Magdalena schuf er damals ein reich ornamentiertes Haus- und Berufszeichen mit Inschrift im Türsturz. In stilisiertem Blattwerk sind als Handwerkszeug des Steinmetzen Scharriereisen, Winkel und Hammer zu sehen. Bei dem Gebäude handelt es sich um die spätmittelalterlichen Reste eines Wohnhauses, wohl des frühen 16. Jahrhunderts.

Auf der rechten Straßenseite sind einige denkmalgeschützte Gebäude zu bewundern, die ehemals wohlhabenden Weingärtnern und Handwerkern gehörten (Strohgasse 37, 33, 27, 25, 23, 21 und 15). Bei einigen dieser Häuser sind über den Türen schöne Steinmetzarbeiten zu sehen, so beim Gebäude Nr. 37, das 1719 wieder aufgebaut wurde, ein Gerberhauszeichen des 19. Jahrhunderts und bei der Strohgasse 33 ein 1707 in baro-

Das Neckartor im Kupferstich von Matthäus Merian von 1643.

▷ Wein verlangten, zeigte sich der Obervogt auf Anraten des Untervogts spendabel, jedoch mit der Absicht, die betrunkenen Bauern nach ihrem Erwachen bei Tagesanbruch mit bewaffneten Bürgern zu empfangen. Tatsächlich erschraken die Bauern so sehr über die auf sie gerichteten Waffen, dass einige über die Stadtmauer sprangen, denn ihnen wurde mit dem Tod gedroht. Der Rest wurde auf dem Marktplatz zusammengetrieben und bat um Gnade, die ihnen auch gewährt wurde, jedoch unter der Bedingung, die Stadt durch das kleine Eselstor, also ein Nebentor am Neckartor, durch das die Müller ihre Esel führten, schändlich zu verlassen.

cker Form entstandenes Hauszeichen mit Jahreszahl, Initialen und Pflugschar.

Auf der linken Seite erwartet uns an der Ecke des Hauses Strohgasse 14 **Handelsmann Dietrich Wunderlich** ⑱, der als Porträtplastik dargestellt ist. Laut Inschrift ließ er dieses Haus 1678 für sich und seine Ehefrau Anna Margaretha geb. Schroll erbauen. Wunderlich, einer der reichsten Marbacher Bürger, besaß zum Zeitpunkt des Stadtbrandes mehrere Gebäude. Um möglichst schnell nach dem Brand wieder eine Bleibe zu haben, kaufte er das heutige Haus einem Höpfigheimer Bauern ab, ließ es abbrechen und in Marbach wieder aufbauen. Den Aufbau 1695 erlebte Wunderlich aber nicht mehr, denn er starb noch 1694. Daraufhin wurde das Haus von seinen Erben bis 1698 als Marbacher Diakonat vermietet.

Handelsmann Dietrich Wunderlich

Wenige Meter weiter oben gehen wir einige Schritte in die Rathausgasse links. Rechter Hand steht eine mit einem Fachwerkstockwerk überbaute Scheune, heute Rathausgasse 1. Der Stadtbrand von 1693 zerstörte das aus dem 15. Jahrhundert stammende Marbacher Rathaus, das die Stadt mangels Geld erst 1763 wieder aufbauen konnte. Hingegen entstand als **Interimsrathaus** ⑲ diese Scheune mit Fachwerkaufbau. Das Vorgängergebäude, ehemals städtisches Kornhaus, wurde laut einem von außen nicht sichtbaren Inschriftstein am Keller, der unter anderem das Stadtwappen und einen Fassreiter zeigt, 1682 vom städtischen Spital erbaut. Noch im 19. Jahrhundert war das Gebäude je zur Hälfte in städtischem und staatlichem Besitz. Im Erdgeschoss aus Stein wurden damals die städtischen Marktmaterialien aufbewahrt und im oberen Fachwerkstock befanden sich drei heizbare Gefängnisräume.

Das Interimsrathaus

Wieder auf der Strohgasse zurück, treffen wir auf das Gebäude Nr. 13, die **Geistliche Verwaltung** ⑳. Das Gebäude entstand mit Scheune, Schweinestall und Waschhaus im

Das württembergische Herzogswappen mit Herzogshut, Hirschstangen (Württemberg), Rauten (Teck), Reichssturmfahne und Fischen (Montbéliard/Mömpelgard)

Geistliche Verwaltung

Nach Einführung der Reformation in Württemberg im Jahr 1534 wurden die ehemals geistlichen Besitztümer weiterhin separat verwaltet und in sog. Geistliche Verwaltungen eingeteilt und an die bestehenden weltlichen Ämter angelehnt. An der Spitze stand ein Geistlicher Verwalter, der aber kein Theologe, sondern meist Jurist war und als weltlicher Beamter im Regelfall in der Amtsstadt residierte. Zugleich war der Verwalter Pfleger der Einkünfte des Klosters Murrhardt in

Jahr 1700 auf zwei bürgerlichen Bauplätzen, die von dieser Verwaltung gekauft wurden, als zweigeschossiger Bau mit Sichtfachwerk und massivem Erdgeschoss über großem Gewölbekeller. Imposant ist das **Barockportal** auf der Nordseite mit dem viergeteilten Wappenschild unterm Herzogshut: Württembergische Hirschstangen, Rauten des Herzogtums Teck, Barben von Mömpelgard und Reichssturmfahne. Dieses Wappen geht auf die Erhebung Württembergs zum Herzogtum im Jahr 1498 zurück. 1754 wurde das Gebäude mit dem Spezialat in der Niklastorstraße vertauscht und blieb lange Zeit Dekanat. Heute ist es Amtshaus des Pfarrers, während sich das Dekanat in der Uhlandstraße befindet. Das Dachgeschoss mit Querhaus an der Südseite wurde 1864 angebaut.

Die 1865 abgerissene zugehörige Scheune befand sich südlich des Wohnhauses und grenzte an die Stadtmauer. Auch Reste der Einfriedung sind noch erhalten.

Von der südlichen Stadtmauer zum Oberen Torturm

Beim Gang um die Ecke nach der Geistlichen Verwaltung stoßen wir auf das 1847 durchgebrochene **Grabentor** ㉑, das einer geplanten Stadterweiterung dienen sollte. Der Graben vor der abgebrochenen äußeren Stadtmauer wurde um 1873 eingeebnet.

Vergleichbare Vorgänge sind in vielen Städten, meist mit Abriss der gesamten Befestigungsanlagen und dem Bau von Straßen, nachweisbar, da die Mauern und Gräben keine Funktion mehr hatten. Dieses Tor war neben den drei bestehenden Toren (Neckartor, Wicklinstor und Oberes Tor) der vierte Zugang zur Stadt und ist am Scheitel mit dem Marbacher Stadtwappen verziert. Es wurde 1934 und 1978 umgestaltet. Auf der gegenüberliegenden Seite befindet sich die 1990 eingeweihte neue Marbacher Polizeiwache.

Geht man die Grabenstraße auf Altstadtseite ein Stück hinauf, ist der auf die innere südliche Stadtmauer aufgebaute **Diebs- oder Malefizturm** ㉒ zu sehen. Dieses ehemalige

Erdmannhausen. Bis 1559 wurden die Ämter des Marbacher Untervogts und Geistlichen Verwalters oft in Personalunion besetzt. Aus dem Fundus der neuen Geistlichen Verwaltungen wurden weiterhin die vorher kirchlichen Aufgaben bestritten, also beispielsweise die Besoldung der Pfarrer und Lehrer oder die Baulast an Kirchen, Pfarrhäusern und Schulen. So wurden, wie bei den Kellereien, Lagerbücher angelegt, die für die Geistliche Verwaltung Marbach in der zweiten Hälfte des 16. Jahrhunderts Rechte und Einkünfte in den Orten Affalterbach, Benningen, Burgstall, Erbstetten, Erdmannhausen, Großbottwar, Heutingsheim, Hochdorf, Hoheneck, Kirchberg, Kleinbottwar, Marbach, Murr, Neckarweihingen, Pleidelsheim, Poppenweiler, Rielingshausen, Steinheim, Stuttgart und Weiler zum Stein ausweisen.
Im Gegensatz zu den Kellereien griffen die Befugnisse der Geistlichen Verwaltungen aufgrund der alten kirchlichen Strukturen öfters über den Amtsbezirk hinaus.

Malefizturm

Blick aus dem Rondellturm

Gefängnis brannte 1693 aus und wurde 1719/20 wieder zu zwei Gefängnissen eingerichtet. Es entstanden zwei Böden samt Türen und Stiegen, dabei „ein viereckichts Loch mit einer Fallthür zue einem Torthur Gestell" sowie eine Haspel beim Abgang in das untere Gefängnis. Sie stand auf einem großen Lochstein, durch den die Malefikanten hinuntergelassen und heraufgezogen wurden. Auch ein neues Dach mit zwei Walmen erhielt der Malefizturm. Damit das untere Gefängnis besonders sicher war und den Gefangenen nichts von außerhalb gebracht werden konnte, wurde die Türe zur Stadtmauer zugemauert, ebenso das bisher unten angebrachte „secret" herausgebrochen, das Loch zugemauert und der heute noch als Steinnase sichtbare Abtritt am oberen Stockwerk angemauert. 1754/55 folgten weitere Ausbesserungen. Zudem fertigte Schmied Georg Friedrich Butz je zwei neue Hand- und Fußschellen mit einer Stange.

Weiter östlich steht ein **Rondellturm** ㉓ der äußeren Stadtmauer. Dieser Zwingerturm steht etwa zur Hälfte in der Erde, sodass man ermessen kann, wie breit und tief der ehemalige Graben war, der sich rings um die Stadt zog. Hier an der Südseite der Marbacher Altstadt lässt sich exemplarisch die Befestigung einer mittelalterlichen Stadt ablesen. Die innere Stadtmauer ist inzwischen überbaut, jedoch bis auf Teile an der Ostseite rings um die Altstadt erhalten. Die äußere Stadtmauer tritt nur noch an wenigen Stellen zu Tage, so beispielsweise hier an der Südseite. In unregelmäßigen Abständen wurde sie durch Rondelltürme wie diesem Zwingerturm ausgebuchtet, um eine bessere Verteidigung zu ermöglichen. Der Freiraum zwischen innerer und äußerer Stadtmauer hieß Zwinger.

Abkürzung: Links durch den Fußgängerdurchgang zur Vogtei (s. S. 83)

Wir gehen durch den Zwinger und nach dem Rondellturm nach rechts. Jetzt liegt das 1991 vollendete Park- und Geschäftshaus vor uns. Vom obersten Parkdeck aus hat man eine schöne Sicht auf die Altstadt. Wer gleich weiter möchte, geht die Grabenstraße hinauf und biegt nach etwa 100 Metern links ab. Jetzt hat man einen schönen Blick auf den romantischen **Bürgerturm** ㉔, eines der malerischsten Motive Alt-Marbachs. Er ist der ehemalige Eckturm der hier nicht mehr erhaltenen äußeren Stadtmauer und diente zeitweise als Gefängnis. Allerdings darf man sich durch sein Äußeres nicht täuschen lassen, denn er war ursprünglich eckig und wohl eher schmucklos. Das Gebäudekataster im Stadtarchiv besagt, er sei 1826 erbaut worden und so muss man davon ausgehen, dass der Turm damals abgebrochen und in der Zeit der Romantik im mittelalterlichen Stil als städtisches Gefängnis wieder aufgebaut wurde. Seit damals heißt er wohl Bürgerturm, denn diese Bezeichnung trug vorher der heutige Haspelturm.

Bürgerturm

Exkurs: Von hier aus kann man einen Spaziergang auf die Schillerhöhe beginnen (s. S. 99)

Am Bürgerturm vorbei gehen wir außerhalb der Stadtmauer entlang, die zugleich Ostwand des mittelalterlichen Marbacher Schlosses war. Nach einigen Metern stoßen

Die mit der Vogtei überbaute innere Stadtmauer und die äußere Stadtmauer mit Rondellturm.

Ottilie Wildermuth geb. Rooschüz

Die 1817 in Rottenburg geborene Tochter des Oberamtsrichters Gottlob Rooschü(t)z besuchte seit 1833 in Stuttgart eine private Haushaltungsschule und bildete sich autodidaktisch in Literatur und Sprachen (Englisch, Französisch) weiter. Sie heiratete 1843 den aus Pleidelsheim stammenden Gymnasiallehrer Johann David Wildermuth und war auch auf karitativem Gebiet tätig. Seit 1847 betätigte sich Wildermuth als erfolgreiche Verfasserin von Erzählungen. Sie verbrachte ihre Jugendzeit in Marbach und verarbeitete zahlreiche Eindrücke aus der Stadt in ihren Werken. Ottilie Wildermuth starb 1877 in Tübingen.

wir auf eine Ausbuchtung der Mauer, die ehemals wohl ein Treppenhaus zu einem der Schlossgebäude beherbergte. Es ist anzunehmen, dass in früheren Zeiten kein Erdgeschosseingang vorhanden war, sondern der Zugang über eines der oberen Stockwerke (man beachte die höher gelegene Türöffnung an der Nordseite) bzw. im Inneren erfolgte. Vermutlich diente diese Treppe als Zugang zu dem ehemals herrschaftlichen und ummauerten Bereich außerhalb der Altstadt, der sich hier Richtung Osten erstreckte.

Vorne stößt man auf die Marktstraße. Einige Meter weiter oben steht links Gebäude Wildermuthstraße 5, das **Wohnhaus der Schriftstellerin Ottilie Wildermuth ㉕**. Es ist das 1824/25 erbaute Wohngebäude für Oberamtsrichter Gottlob Rooschüz. Er ist der Vater der Schriftstellerin Ottilie Wildermuth geb. Rooschüz (1817–1877), die von 1825 bis 1837 in diesem Haus wohnte.

Durch den **Oberen Torturm ㉖** geht es wieder in den Bereich der ummauerten Stadt hinein, jedoch nicht ohne die schöne Bemalung an der Ostseite zu bewundern. Sie wurde 2001 anlässlich der ersten Renovierung des Turms seit rund 120 Jahren einem 1736 entstandenen Motiv nachempfunden. Beim Durchgang fällt links eine Nische auf, in der früher vermutlich die Brotwaage und die Büchse für das Weggeld standen. Eine Umgehungsstraße gab es bis um 1850 nicht und wer durch die Stadt wollte, musste ein Weggeld entrichten. Das Gewicht der Backwaren auswärtiger Bäcker wurde vor Betreten der Stadt geprüft. Im Durchgang ist das Stadtwappen sowie Laufschienen an den Seiten und ein Streichbalken Richtung Osten zu sehen. Dieser Balken ist das älteste verbaute Stück Holz in der Marbacher Altstadt, denn der betreffende Baum wurde um 1300 gefällt.

Der Obere Torturm ist bis heute als letzter von ehemals drei Tortürmen, wenn auch in späterer Überformung, erhalten. Mit seiner

Wohnhaus der Schriftstellerin Ottilie Wildermuth

Literaturtipp:

Agnes Willms u. Adelheid Wildermuth: Ottilie Wildermuths Leben, Stuttgart, Berlin u. Leipzig o. J.
Rosemarie Wildermuth: Ottilie Wildermuth 1817–1877 (Marbacher Magazin 37/1986), Marbach am Neckar 1986.
Ottilie Wildermuth: Aus Schiller's Heimath. (Schöndrucke 3 des Schillervereins Marbach am Neckar e.V.), Marbach am Neckar 1995.

ursprünglichen Form als Schalenturm, also zur Stadtseite hin offen, entsprach er einem in der Region von 1300 bis ins frühe 17. Jahrhundert verbreiteten Typus. Die Stadtbefestigung und das Obere Tor werden 1290 erstmals erwähnt. Der steinerne Torso des Turms überstand, wenn auch teilweise in desolatem Zustand, den Stadtbrand 1693, jedoch vergingen 25 Jahre, bis man ihn 1718 grundlegend sanierte. Der ganze Turm wurde 1736 „verblendet" und mit Steinfarbe angestrichen. Ob davor schon ein Wappen an der Ostseite des Tors angebracht war, lässt sich nicht feststellen. Jedenfalls wurde bei den Bauarbeiten 1736 durch den Maurermeister eine Wappenbemalung angebracht, und zwar „Ihro Durch[lauch]t deß regierend[en] Herrn Hertzogs, und dero Frau Gemahlin Durch[lauch]t gebohrne Fürstin von Thurn und Taxis beede Wappener, auf der einten Seiten des Thurns, auswärts der Statt Item eine Vertical Sonnen Uhr mit lebendigen Farben". Diese Bemalung hatte einen politischen Hintergrund, denn man wollte dem Herzog schmeicheln, der in eben diesem Jahr die Abtrennung der Orte Benningen und Poppenweiler vom Oberamt Marbach befohlen hatte. Zwar kamen die

Stadtgeschichtliche Ausstellung im Oberen Torturm

Marktstraße 1
71672 Marbach am Neckar

Träger:
Stadt Marbach am Neckar
Tel. 0 71 44/1 02-2 50
oder 1 02-2 52

Geöffnet:
täglich von 11–17 Uhr.
Am Wochenende und an Feiertagen Eintritt gegen geringes Entgelt; während der Woche freier Eintritt.

Den Schlüssel erhält man nebenan im Eiscafé La Porta oder in der Buchhandlung Aigner gegen Hinterlegung des Personalausweises.

Literaturtipp:

Albrecht Gühring: Die Marbacher Tortürme. In: Ludwigsburger Geschichtsblätter Bd. 54 (2000).

Burgplatz mit Oberem Torturm und Wendelinskapelle

Orte 1737 wieder zu Marbach, jedoch nur bis 1762. Die 1736 aufgemalten zwei Wappenschilder wurden samt dem Adler 1904 renoviert und im Stil der Zeit geändert und teilweise sogar verfälscht, indem beispielsweise die Herzogshüte über den Wappenschildern durch Kronen ersetzt wurden. 1934 malte Kunstmaler R. Yelin aus Stuttgart das Hoheitszeichen der NSDAP an den Torturm. Ebenfalls 1934 errichteten die Nationalsozialisten das den Krieg verherrlichende und von Jakob Brüllmann entworfene Kriegerdenkmal mit den martialisch wirkenden Soldatengestalten. Nach dem Krieg musste zwar das Hakenkreuz als Hoheitszeichen der NSDAP geschwärzt werden, aber der Adler blieb noch fast 10 Jahre erhalten. 1955 ersetzte ihn der Stuttgarter Kunstmaler Klaiber durch einen Adler mit Stadtwappen, der jetzt der alten Bemalung wich. Das Kriegerdenkmal konnte trotz vieler Diskussionen bis heute seinen Platz behaupten.

Die Wappen an der Ostseite des Torturms

Der Torturm vor der Renovierung von 1881

Blick vom Torturm über die Marktstraße in Richtung Westen

1841 wurde die Hochwacht gegen Feind und Feuer auf dem Oberen Torturm eingestellt, weil sich die Amtsorte nicht mehr an den Kosten für Licht und Heizung beteiligten. 40 Jahre später entbrannte ein heftiger Streit, der knapp mit einer Renovierung statt mit dem Abbruch des Turms endete. Katharina Walz, die seit 1914 den Turm bewohnte, starb 1958. Dann stand der Turm leer und verwahrloste. Die 2000/2001 durchgeführte Renovierung machte ein öffentliches Schmuckstück aus ihm. Der Aufstieg lohnt sich, denn der Blick ist überwältigend. Zugleich ist der Gang auf die Stadtmauer im Burgplatzbereich möglich (bitte vorsichtig sein).

Direkt nach Eintritt in die Stadt steht rechts die **Wendelinskapelle** ㉗. Keinesfalls alltäglich in einer kleinen Landstadt des 15. Jahrhunderts war es, so Paul Sauer, dass ein wohlhabender Bürger eine Kapelle stiftete und die damit verbundene Priesterpfründe

Blick in den Chor der Wendelinskapelle

reich ausstattete. In Marbach stifteten 1433 Heinz Schmid, genannt der reiche Schmid und seine Frau Beta Vischerin die St. Wendelinskapelle am Oberen Tor. Der Priester dieser Kapelle sollte darin wöchentlich drei Messen lesen und den Pfarrer in der Alexanderkirche unterstützen. Die Pfründe sollte als erster der damals 17-jährige Enkel Nikolaus des Stifterpaars, damals Theologiestudent, erhalten, womit dieser versorgt war.

Rechts neben der Eingangstür befindet sich eine kleine Nische, in deren oberem Bogen schöne Ornamente zu sehen sind. Bemerkenswert sind die seltenen rechteckigen gotischen Fenster. Im Chor befand sich ehemals ein freitragendes gotisches Rippengewölbe. Die Kapelle war dem heiligen Wendelin, dem Schutzpatron der Schäfer gewidmet und es ist davon auszugehen, dass, wie durch viele Wendelinskapellen, so auch durch diese Kapelle, Schafe zur Segnung getrieben wurden. Links und rechts an der Eingangspforte sind noch Scharten zu sehen, deren Bedeutung unklar ist. Vielleicht wurden hier die Schaufeln der Schäferstecken geschärft, um eine Segnung zu erhalten.

Im Sommer vor der Wendelinskapelle

Auf die 1693 ausgebrannte Wendelinskapelle setzte man ein einfaches Bretterdach, das 1727 sehr schadhaft war und saniert wurde. 1743 stand eine größere Renovie-

Wendelinskapelle mit anschließendem Haus Kodweiß

rung für „das sogenannte Kirchle" mit einem Kostenvoranschlag von fast 250 fl an. Die Mauern wurden ausgebessert und die Kapelle erhielt jetzt wieder ein richtiges Dach. Damals wurden städtische Baumaterialien und die Feuerspritze darin aufbewahrt. Wohl im Laufe dieser Renovierung zog man eine Zwischenwand ein, um einen feuersicheren Raum für das Stadtarchiv zu schaffen, dessen Bestände bis 1976 hier untergebracht waren und erhebliche Feuchtigkeitsschäden erlitten. 1760 befanden sich im Erdgeschoss die Stadt- und Amtsregistratur und städtische Materialien, während das Dachgeschoss als städtisches Kornlager diente. Die Kapelle war auch Waffendepot der Stadt und seit 1906 Transformatorenstation der Technischen Werke der Stadt Stuttgart. Eine umfangreiche Renovierung brachte 1977/78 die Umnutzung zur Buchhandlung und Galerie. Es lohnt sich, den Chor zu den Öffnungszeiten auch von innen zu betrachten.

Das nebenstehende Gebäude Marktstraße 8 ist das ehemalige **Wohnhaus der Familie Kodweiß** ㉘. Das Gebäude war im Besitz von Friedrich Schillers Urgroßvater Johannes Kodweiß (1666–1745) und dessen Vorfahren. Der Sohn Georg Friedrich (1698–1771) kaufte 1726 die spätere Wirtschaft Goldener Löwe in der Niklastorstraße (s. S. 39). Rechts daneben ist zurückversetzt ein Türsturz mit

Wirtshausausleger „Adler"

Vollbesetzter Burgplatz bei der Einweihung des renovierten Oberen Torturms am 30. Juni 2001

der Beschriftung „1728 IKW“ (Johannes Kodweiß) zu sehen. Auch dieses Gebäude gehörte der Familie Kodweiß.

Die Marktstraße abwärts kann man noch den Blick heben und am Gebäude Marktstraße 10 das schöne **Wirtshausschild mit Doppeladler** bestaunen (Replik). Im Gebäude befand sich wohl schon um 1700 die Wirtschaft „Adler“.

Abkürzung: Die Torgasse hinunter zum Tobias-Mayer-Museum (s. S. 96) oder die Marktstraße hinunter zum Rathaus (s. S. 87)

Burgplatz und ehemaliger Schlossbereich

Doch nun zur anderen Seite der Marktstraße. Anstelle des Eiscafés und des Ladengeschäftes stand bis 1975 das stattliche Gebäude der Arztdynastie Föhr. Es wurde wohl auf den Grundmauern des 1693 ausgebrannten Schlossmarstalls (Pferdestall) errichtet. Dahinter schloss sich seit dem Stadtbrand ein Gartenanwesen an, das nach einer Arztfamilie der „Föhr'sche Garten“ hieß und Mitte der 1970er Jahre mit einem Supermarkt überbaut werden sollte. Gleich nach

Die Stadtburg um 1300 (Rekonstruktion Landesdenkmalamt Baden-Württemberg).

Die frühere Bebauung des Burgplatzes

Mit Verlegung der Siedlung Marbach auf die südliche Seite des Strenzelbaches entstand vermutlich als erstes Gebäude ein Herrensitz der Markgrafen von Baden. Nach dem Übergang Marbachs an die Herzöge von Teck um 1250 wurde der Herrensitz zugunsten einer großen ▷

▷ Stadtburg abgerissen. Sie bestand aus einem Wohngebäude oder Palas aus Stein (zum Teil verbaut in der Westwand des Amtsgerichtes/Notariates Strohgasse 3), einem Holzbau auf Steinfundamenten (vermutlich Wirtschaftsgebäude) und einem als Stumpf erhaltenen Wehrturm. Da die Stadt wohl noch keine feste Mauer, sondern nur Graben, Wall und Palisaden hatte, wurde die Burg auch zur Stadt hin doppelt befestigt. Diese Anlage ist heute im Norden und Westen des Platzes wieder zu sehen. Die Grafen von Württemberg, seit 1302 im Besitz von Marbach, errichteten im Laufe des 14. Jahrhunderts eine größere Burg im Osten des Platzes, die im 15. und 16. Jahrhundert zum stattlichen Schloss ausgebaut wurde. Ende des 17. Jahrhunderts war das Gebäude sehr baufällig und sollte für Prinz Ludwig von Württemberg als Wohnsitz renoviert werden. Dann beschloss man jedoch, den Fruchtkasten umzubauen und einen neuen Marstall zu errichten. Der Prinz wollte aber nicht nach Marbach und so wurden die Bauarbeiten nach Fertigstellung des Marstalls abgebrochen. Nahezu der gesamte Komplex fiel dem Stadtbrand 1693 zum Opfer und wurde danach nicht wieder aufgebaut, sondern als Gartenfläche genutzt. Mit ein Grund war der wenige Jahre später erfolgte der Bau von Schloss Ludwigsburg.

Beginn der Bauarbeiten stieß man auf die aktenkundig überlieferten Reste des Marbacher Schlosses, das in den darauf folgenden Jahren vom Landesdenkmalamt Baden-Württemberg ergraben wurde. Um den Platz nutzen zu können, wurden die Grabungsbefunde dokumentiert und dann wieder eingeebnet. Wir betreten den **Burgplatz** ㉙ über echte Eisenbahnschienen und erkennen Stahlgerüste, die ehemalige Mauern andeuten sollen. Die Gestaltung des archäologischen Grabungsbereiches des Burgplatzes erhielt 1990 die Auszeichnung guter Bauten des Bundes Deutscher Architekten, Landesverband Baden-Württemberg. Heute ist der Burgplatz ein wichtiger Marbacher Veranstaltungsort, beispielsweise für Freilichttheater und Open-Air-Kino.

Auf dem Platz ist nach Betreten von der Marktstraße aus die doppelte Ummauerung und dann zur Linken ein Keller des ehemaligen Schlosses zu sehen. Auf der Stadtmauer sitzt ein Fachwerkaufbau, der wohl bald nach dem Brand entstand und das auf S. 72 beschriebene Treppenhaus überdeckt. Weiter vorne Richtung Mauerecke ist im südöstlichen Bereich des Burgplatzes der Buckelquaderstumpf des Wehrturms der Burganlage des 13. Jahrhunderts (s.o.) erhalten. Geht man weiter auf der Rampe entlang Richtung Treppe auf die Stadtmauer (Zugang über Torturm), dann steht rechts eine Info-Tafel zum Burgplatz.

Es empfiehlt sich, einen Blick auf die hoch aufragende Ostwand des stattlichen Gebäudes Strohgasse 3, den ehemaligen **Fruchtkasten** ㉚ des Schlosses, zu richten. Das stattliche Gebäude des heutigen Amtsgerichtes und Notariates enthält im Ostteil wesentliche Reste des Wohngebäudes oder Palas der um 1250 errichteten Stadtburg und wurde zu Zeiten der Württemberger, die eine neue Burg weiter östlich bauten, Fruchtkasten, also Speicher für Getreide und andere Früchte. 1534 wurde das Gebäude umgebaut. Die

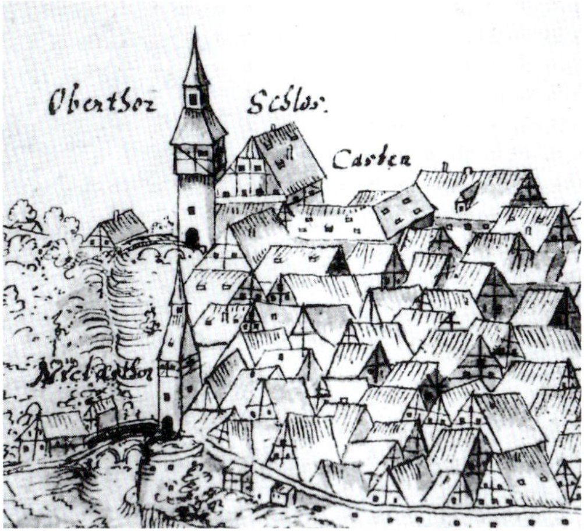

Der Burgplatz von Norden auf der 1664 entstandenen Zeichnung von Wilhelm Kleinsträttel (Hauptstaatsarchiv Stuttgart).

Inschrift hat sich über der Türe mitsamt der Darstellung der württembergischen Hirschstangen erhalten. Vermutlich wurde damals die Vogtei in diesem Gebäude eingerichtet. 1581 wurde der Frucht- oder Kornkasten neu erbaut. Vielleicht entstand erst damals der westliche Gebäudeteil. Noch heute befinden sich darunter zwei getrennte Keller. Der westlich gelegene sog. Schlosskeller wird für Veranstaltungen genutzt. Später zog die Vogtei in das nebenstehende Gebäude Strohgasse 5.

1688 wurde für Prinz Ludwig der Marstall neu gebaut. Anstatt der Renovierung des Grafenschlosses sollten in den Fruchtkasten die Gemächer für den Prinzen eingebaut werden. Vermutlich hatte man schon damit begonnen, als Ludwig auf Marbach verzichtete. Den neuen Marstall und die weiteren Pläne machte der Stadtbrand 1693 zunichte. Der steinerne Bau litt sicher weniger als die Fachwerkgebäude und schon 1698/99 wurde der östliche Teil als Zehntscheune wieder überbaut, da der Platz der abgebrannten Zehntscheune der Kellerei in der Oberen

Philipp Joseph Jenisch

Die ursprünglichen Pläne Herzog Eberhard Ludwigs für Ludwigsburg sahen ein relativ bescheidenes Landhaus beim Erlachhof vor, der ab 1697 dafür umgebaut wurde.
Ausgerechnet aus Marbach kam der erste Baumeister für das bald darauf geplante Schloss.
Philipp Joseph Jenisch wurde 1671 in Marbach als Sohn des Chirurgen und Baders Paul Ludwig Jenisch geboren und 1689 ins Tübinger Stift aufgenommen. Dem Herzog fiel der begabte junge Mann auf, den er 1699 auf die Universität Altdorf zum Studium der Mathematik und Physik schickte.
Es folgten weitere Reisen auf Kosten des Herzogs, wohl auch nach Italien zur Erlernung der Zivil- und Militärbaukunst.
Nach seiner Rückkehr erhielt Jenisch von Eberhard Ludwig 1703 den Auftrag, ein „rechts Jagdlusthaus zu Erlachhof" zu bauen. Zugleich wurde er Professor für Mathematik am Stuttgarter Gymnasium und Landbaudirektor.
Seine Baupläne waren dem Herzog jedoch bald zu altmodisch und er schickte Jenisch 1707 zum Studium ins Ausland.
Damit war der erste Ludwigsburger Schlossbaumeister nach drei Jahren abgeschoben. Jenisch blieb dem Titel nach Landbaumeister und war zuletzt von 1727 bis zu seinem Tod 1736 Ephorus des Seminars Blaubeuren.

Der Burgplatz von Süden auf dem 1643 entstandenen Kupferstich von Matthäus Merian.

Holdergasse an Privat verkauft wurde. Im westlichen Teil befand sich das herrschaftliche Bandhaus (hier banden die Küfer ihre Fässer), das spätestens 1719/20 wieder überbaut wurde und auf dem man 1724 eine Kellereiwohnung errichtete. Der heute sichtbare dreigeschossige Massivbau mit hohem einseitig gewalmtem Dach geht wohl auf diese Zeit zurück. 1747 wollten Stadt und Amt das Gebäude kaufen und die Kellereiwohnung als Rathaus für die Stadt einrichten, jedoch der Herzog verkaufte an seinen Geistlichen Verwalter, und zwar nur die Kellereiwohnung. So blieb die Stadt weiterhin ohne Rathaus.

1837 bis 1839 erfolgte der Umbau der Kellereiwohnung zum Amtsgerichtsgebäude mit Amtsstuben und Dienstwohnungen und 1855 wandelte man Teile der Zehntscheune zum Oberamtsgefängnis um. 1955 entstanden auch hier Dienstwohnungen und Amtsstuben. Das erhaltene kleine Waschhaus davor wurde um 1858 gebaut.

Die Strohgasse, deren oberer Teil zum herzoglichen Bereich der Stadt gehörte,

Der ehemalige Fruchtkasten (rechts) und die Vogtei

führt direkt auf das ehemalige Schloss zu und war wohl ehemals die Hauptzufahrtsstraße zum gräflichen Schloss.

An dem 1976 geschaffenen Mauerdurchbruch für Fußgänger schließt sich das Gebäude Strohgasse 5, die ummauerte **Vogtei** ㉛, an. Dieser vielleicht ehemalige Marbacher Maiereihof, also der herrschaftliche Verwaltungshof, der wohl noch in der ersten Hälfte des 15. Jahrhunderts gräflicher Besitz war, wurde vermutlich vor 1473 an einen Marbacher Bürger verkauft. Seit 1527 war der Marbacher Untervogt Michael Demler Eigentümer des Hofs. Der Marbacher Dekan und seit 1574 Murrhardter Abt Zacharias Etzel, verheiratet mit einer Enkelin Demlers, hatte den Maiereihof wohl zum Teil geerbt und kurz vor 1578 neu erbaut. Ein berühmter Marbacher, der Tübinger Jurist Dr. Anastasius Demler, wurde hier 1520 als Sohn des Untervogts geboren. Der renommierte Tübinger Juraprofessor starb 1591.

1602 verkaufte Etzel das Anwesen mit Scheune und Hofplatz an die Pflege Erdmannhausen des Klosters Murrhardt. Eigentümer war somit der herzogliche Kirchenkasten, der das Gebäude als Dienst- und Wohngebäude für den Untervogt vermietete. 1622 kaufte Vogt Spoun, der bereits in dem Haus wohnte, das Anwesen. Schon vor 1629 übernahm der Herzog das Gebäude wieder und es blieb Vogtei.

Das Amtshaus, also die Vogtei oder spätere Oberamtei wurde 1697/98 unter Einbeziehung der Stadtmauer auf der südlichen Giebelseite über einer Kelleranlage aus einem großen und einem kleinen gewölbten Keller als mächtiger Putzbau mit aufwendigen Sandsteingewänden und Eckquaderung neu errichtet. Zwischen der Vogtei und der Kleinen Kelter stand die an die Stadtmauer gebaute Scheune mit Stallungen sowie zusätzlich im Hof ein an die Kelter angebauter Pferdestall. Um 1743 hatte man an die Westseite der Vogtei noch einen zweistöckigen

Karl Georg von Wächter

Der Jurist Karl Georg von Wächter wurde an Heiligabend 1797 als Sohn des Oberamtmanns Johann Eberhard Wächter in Marbach geboren und verbrachte hier seine Kindheit bis zum 10. Lebensjahr. Er war Professor und Kanzler der Universität Tübingen sowie Präsident der Abgeordnetenkammer des württembergischen Landtages, wodurch er direkt mit den Ereignissen der Revolution 1848/49 in Berührung kam. Wächter ist auf einem der Bronzereliefs an der Jubiläumssäule auf dem Stuttgarter Schlossplatz abgebildet. Nach einigen anderen Stationen war der Jurist bis an sein Lebensende 1880 Professor an der Universität Leipzig, wo er geadelt und mit zahlreichen Auszeichnungen versehen wurde. Wächter ist der Verfasser zahlreicher juristischer Werke.

Literaturtipp:

Albrecht Gühring: „Eine Zierde des Schwäbischen Stammes". Der Jurist Karl Georg von Wächter in seiner Geburtsstadt Marbach am Neckar. Schöndrucke 4 (des Schillervereins Marbach am Neckar e.V.), Marbach am Neckar 1998.

hölzernen Anbau gemacht, der als Holzlager mit Kammer darüber diente. 1831 wurde nach Abbruch der zugehörigen Scheune der dreigeschossige Querbau nach Nordwesten errichtet. Auffallend ist über dem Portal das württembergische Herzogswappen in der unter Herzog Eberhard Ludwig erweiterten Darstellung (vgl. S. 68). Hinzugekommen ist jetzt der „Heidenrumpf", das sog. redende Wappen der Herrschaft Heidenheim, während das Stammwappen in einen Herzschild in die Mitte gesetzt wurde. Links daneben ist eine Gedenktafel für den berühmten Juristen Karl Georg von Wächter angebracht, der an Heiligabend 1797 als Sohn des Oberamtmanns hier geboren wurde.

Gegenüber befindet sich heute ein Parkplatz, in dessen Hintergrund einige Rundbögen sowie der Eugen-Munz-Brunnen zu sehen sind. Es ist der Rest der in Bruchstein aufgeführten Nordgiebelwand der ehemaligen **Großen Kelter** mit kleinen Resten der Seitenwände sowie einem großen und einem kleinen heute vermauerten Rundbogentor. Die zu unbekannter Zeit errichtete

Die 1971 abgebrochene Große Kelter

Der Kelterplatz heute. Am linken Bildrand die rekonstruierten Gebäude Kleine Kelter und Bandhaus.

Große Kelter wurde 1687 durch einen Teilabbruch verkleinert oder ganz abgebrochen und kleiner wieder aufgebaut. Der mächtige Steinbau brannte 1693 aus und wurde 1699/1700 saniert. Aus heute nur schwer nachvollziehbaren Gründen wurde dieses große und stattliche Gebäude, das den heute dringenden Bedarf von Veranstaltungsräumen erfüllen würde, abgebrochen, um den jetzt noch bestehenden Parkplatz zu schaffen. Glücklicherweise ist dies eine der wenigen großen Bausünden innerhalb der ummauerten Altstadt.

Bevor wir nach rechts wieder auf die Marktstraße gehen, kann man die Strohgasse hinunter den Blick auf zwei linker Hand stehende Gebäude mit grauem Fachwerk richten. Sie wurden 1985/86 auf den alten Grundrissen im historischen Stil neu errichtet. Das Gebäude Strohgasse 7 war die ehemalige **Kleine Kelter**, die als Zehntscheune früher zum Anwesen Strohgasse 5 gehört hatte, aber schon vor 1584 an den Herzog gekommen war. Über der eingebauten Kelter befand sich aber noch immer ein Fruchtboden. Nach dem Stadtbrand wurde das Gebäude zwischen 1697 und 1701 wieder aufgebaut.

Die Kleine Kelter und das Bandhaus kurz vor dem Abbruch

Das Vorgängergebäude der Strohgasse 9, ein Wohnhaus, kaufte der Herzog 1556 von Ludwig Schönwalter. Das Gebäude wurde

Johann Christoph Hampp

In den 1980er Jahren entdeckte der damalige Schorndorfer Stadtarchivar Uwe Jens Wandel in der Kirche von Norwich zufällig die Grabplatte des gebürtigen Marbachers John Christopher Hampp. Im heutigen Gebäude Marktstraße 7 wurde dieser Johann Christoph Hampp 1750 als Sohn des Bürgers, Bäckers und Geistlichen Verwaltungskastenknechts Johann Christoph Hampp und der Maria Katharina geb. Nieß geboren. Johann Christoph Hampp d. J. lernte Französisch und Englisch. Seit mindestens 1781 lebte der Marbacher in Norwich in England, wo er 1793 das Bürgerrecht als Kammgarnweber erhielt und später ein wohlhabender und angesehener Kaufmann von Tuchen und Stoffen wurde. Dann spe-

dem Gemeinen Kirchenkasten einverleibt, der zur Geistlichen Verwaltung Marbach gehörte. Seit mindestens 1575 war in dem Haus mit Scheune und Hofplatz die Marbacher Vogtei zur Miete untergebracht. Später wurde es Geistliche Verwaltung und nach dem Brand 1693 im Jahr 1699 als **Bandhaus** für den Küfer der Geistlichen Verwaltung wieder aufgebaut.

Marktstraße, Rathaus, Stadtkirche und Tobias-Mayer-Museum

Nun gehen wir zurück auf die Marktstraße. Beim Einbiegen sieht man zur Rechten das große Eckhaus, in dem sich eine Pizzeria befindet. Ursprünglich standen hier zwei Gebäude. In einem dieser Häuser wurde 1750 Johann Christoph Hampp als Bäckersohn geboren. Er zählt zu den berühmten Marbachern.

Einige Meter die Marktstraße abwärts ist in einer Seitengasse vor dem Gebäude Marktstraße 15 das beim Umbau 1962 versetzte Rundbogenportal dieses Hauses zu sehen. Es zeigt als **Hausmarke** ㉜ die Jahreszahl 1696 sowie das Hauszeichen (Herzmotiv und die „4“ mit zwei Querbalken) und die Initialen des reichen Handelsmannes Georg Ehrenreich Schroll und seiner Frau Clara. Auch ein wohl unvollständiger Segensspruch ist zu sehen. Das Gebäude wurde bereits drei Jahre nach dem Stadtbrand von dem reichen

Hauszeichen Schroll (Hans Besch)

Handelsmann über älterem, massivem Sockel und gewölbtem Keller neu errichtet. Für Georg Ehrenreich Schroll und seine Frau Clara geborene Krämer entstand 1700 ein schönes in der Alexanderkirche erhaltenes Epitaph.

Die Hausmarke, die der Zahl „4“ ähnelt, kommt meist in größeren und bedeutenderen Orten vor. Es handelt sich um kein Wappen, sondern um eine typische Haus- oder Hofmarke bzw. Rune, die sehr oft von Kaufherren und Handelsleuten als Handelsmarke beispielsweise auf Warenballen und Fässern angebracht wurde. Vielleicht symbolisiert sie vier Straßen oder die vier Himmelsrichtungen. In Marbach künden vom Reichtum noch heute die Hausmarken Schroll (Marktstraße 15) und Renz (Marktstraße 24).

Fast gegenüber steht das Gebäude Marktstraße 22, die Marbacher **Apotheke**. 1609 wird mit David Krönlein erstmals ein Marbacher Apotheker erwähnt. 1629/30 wird der Apotheker Hans Jörg Mutzhaas genannt, der aber offensichtlich noch zwei Kollegen hatte, von denen 1674 nur noch Johann Ludwig Uschalk tätig war. Später übernahm der um 1655 geborene Apotheker Gottfried Wohlgemuth die „Offizin“. Er baute das Gebäude nach dem Stadtbrand ab 1699 wieder auf, starb jedoch 1706. Erst 1709 war das Haus vollendet, in dem 1754 der Apothekersohn Friedrich Ferdinand Drück geboren wurde.

Nun geht es die Marktstraße weiter hinunter. Gleich nach dem Restaurant **„Schillerhof“**, wie das weiter unten stehende ehemalige Gasthaus **„Bären“** aus zwei Häusern um 1900 neu erbaut, kann man einige Schritte die Bärengasse hineingehen. Das Gebäude Bärengasse 2 wurde laut Datierung des Eckständers 1705 errichtet. Es ist ein typisches **Ackerbürgerhaus** mit massivem Sockel und darüber eingefügtem Zwischengeschoss zu Lagerzwecken. Selbst die Ladeluke ist noch sichtbar.

Unser eigentliches Augenmerk gilt hier aber dem Gebäude Marktstraße 23, dem

zialisierte sich Hampp auf den Handel mit kirchlichen Glasmalereien, die in Frankreich massenhaft im Zuge der französischen Revolution verkauft wurden. Als er 1825 starb, wurde er mit schöner Grabplatte in der Kirche von Norwich begraben und stiftete testamentarisch 30 Pfund, was etwa 300 Gulden entsprach, zur Verteilung unter den Armen seiner Geburtsstadt Marbach.

Literaturtipp:

Uwe Jens Wandel: John Christopher Hampp Esquire – von Marbach nach Norwich. In: Ludwigsburger Geschichtsblätter Bd. 49 (1995).

Friedrich Ferdinand Drück

1754 wurde in Marbach Friedrich Ferdinand Drück als Sohn des Apothekers Andreas Jakob Drück geboren. Der spätere Bibliothekar war Lehrer an der Hohen Karlsschule in Stuttgart und starb 1807.

Rathaus mit Marktbrunnen

Öffnungszeiten des Rathauses

Montag 7.30 – 12 Uhr u.
15 – 18 Uhr
Dienstag – Donnerstag
7.30 – 12 Uhr u.
13.15 – 16.30 Uhr
Freitag 7.30 – 12.30 Uhr

Tel. 0 71 44/1 02-0
Fax 0 71 44/1 02-3 00

e-mail: rathaus@schiller-stadt-marbach.de
Homepage: www.schiller-stadt-marbach.de

Rathaus ㉝ der Stadt Marbach am Neckar. Das wohl erste Rathaus durfte die Stadt 1465 mit Erlaubnis des Grafen Ulrich V. von Württemberg an Stelle eines Kauf- bzw. Kornhauses errichten. Im Erdgeschoss war es weiterhin ein Kaufhaus, denn die Metzger und Bäcker hatten dort ihre Verkaufsbänke. Es brannte 1693 ab und konnte aufgrund fehlender Finanzen nicht wieder errichtet werden. Marbachs Wiederaufbau wurde durch die wenige Jahre später erfolgte Gründung von Ludwigsburg schwer gehemmt.

So blieb das Rathaus eines der wenigen Gebäude, das nach 1693 zunächst nicht wieder aufgebaut wurde. Im Januar 1700 äußerten Vogt, Bürgermeister und Gericht die Absicht, noch im selben Jahr das steinerne Erdgeschoss des neuen Rathauses zu bauen. Doch die Pläne wurden, vielleicht weil Zuschüsse fehlten und andere Bauten mehr Geld als geplant verschlangen, nicht realisiert. Stattdessen baute die Stadtgemeinde 1699/1700 anstelle ihres ehemaligen Kornhauses auf dem Spitalkeller (s. S. 67) hinter dem abgebrannten Rathaus eine „Hütte", die 1703/04 noch einen Fruchtbodenaufbau erhielt, als Behelfsrathaus. Ein neuer ebenfalls nicht realisierter Anlauf zum Rathausbau wurde 1737 genommen.

Fortschritte brachten zwei Besuche Herzog Karl Eugens im April und Mai 1759 in Marbach. Es war von ihm „mit Befremden geäussert worden, dass allhiesige Stadt mit keinem eigenen Rathhauß versehen, sondern stattdessen nur ein unansehliches und unbequemes Gebäude" habe. Am 13. August 1759, also ein Vierteljahr vor der Geburt Schillers, wurde der Beschluss gefasst, endlich das ganze Rathaus wieder aufzubauen. So wurde 1760 bis 1763 das heutige Gebäude errichtet. Das Erdgeschoss war ganz oder größtenteils eine Halle auf Freisäulen, die als Kaufhaus diente und Verkaufsbänke der Bäcker und Metzger sowie den Salzstadel beherbergte. Der heutige große Eingang hat ein Pendant im Süden und diente als Durchfahrt zum Be- und Entladen. Im Obergeschoss befanden sich die Verwaltungsräume. Finanziert wurde das Rathaus aus städtischen Mitteln, aus der Salzkasse von Stadt und Amt sowie aus Zuschüssen der Amtsorte. Der Herzog, der den Wiederaufbau gewünscht hatte, gab nichts dazu. Steht man vor dem Rathaus auf der Marktstraße, wird deutlich, dass dieses Gebäude rund 60 Jahre nach den meisten anderen Häusern, die zum Barockzeitalter zählen, gebaut wurde. Es atmet bereits den Geist des Klassizismus. Bescheiden nimmt sich das neuere Marbacher Stadt-

Stadtarchiv

Stadtarchiv
Marbach am Neckar
Marktstraße 25
71672 Marbach am Neckar

Leitung:
Stadtarchivar
Albrecht Gühring

Tel. 0 71 44/1 02-3 06
Fax 0 71 44/1 02 2 02

e-mail:
albrecht.guehring@schiller-stadt-marbach.de
Beständeübersicht über
www.schillerstadt-marbach.de/kultur/stadtarchiv
Benutzung nach
telefonischer Vereinbarung

Stadtinfoladen

Arbeitsgruppe
„Stadtinfoladen"
Marktstraße 25
71672 Marbach am Neckar

Tel. 0 71 44/89 77 64
Fax 0 71 44/89 77 65

e-mail:
stadtinfoladen@t-online.de
Montag – Freitag (außer
Mittwoch) 16 – 18.30 Uhr
Mittwoch 9 – 12 Uhr
Samstag 9 – 13 Uhr
Sonntag (nur von Mai – Oktober) 11 – 15 Uhr

Spielzeiten des Glockenspiels

Sonntag – Freitag:
10.02, 15.02 und
17.02 Uhr
Samstag:
10.02, 13.02, 15.02
und 17.02 Uhr

wappen über dem Eingang aus. Das Rathaus erfuhr mehrere Restaurierungen, so in den 1930er und 1950er Jahren sowie letztmals von 1986 bis 1989. Damals wurde das Foyer im Erdgeschoss und der Bürgersaal sowie die weiteren Räume im Dachgeschoss geschaffen. Falls gerade Öffnungszeit ist, sollte man nicht versäumen, diese Räume anzuschauen. Das Glockenspiel auf dem Türmchen wurde 1997 eingebaut. Die Melodien wechseln vierteljährlich. An Schillers Geburtstag (10. November) erklingt „Freude schöner Götter Funken".

Noch heute herrscht mittwochs und samstags reges Marktgeschehen in der Marktstraße.

Sprechzeiten der Stadtverwaltung

Montag – Freitag 9 – 12 Uhr
Montag 15 – 18 Uhr
Mittwoch 14 – 16 Uhr

Die Stadtverwaltung residiert inzwischen in drei Häusern, nämlich im Rathaus, in der Marktstraße 25 und in der Marktstraße 32. Das Gebäude **Marktstraße 25** steht neben dem Rathaus und gehörte zum Zeitpunkt des Rathausbaus Amtsschreiber Christoph Friedrich Hartmann, der sich über das angeblich viel zu große Rathaus beim Herzog erfolglos beschwerte. Seine neugierige Sicht auf den Markt war verbaut. Fragen zur Stadtgeschichte beantwortet gerne das im zweiten Stockwerk untergebrachte Stadtarchiv (nur Verwaltungsräume). Im Erdgeschoss empfiehlt sich ein Besuch im Stadtinfoladen.

Unterhalb des Rathauses vor dem Gebäude Marktstraße 25 stand schon vor 1693 der **Marktbrunnen**, der nach dem Stadtbrand wieder aufgebaut wurde. Seine Brunnenfigur, der sog. Wilde Mann, ziert seit der Zeit um 1800 den Wilde-Mann-Brunnen (s. S. 44), während der neue Marktbrunnen aus Gusseisen war. Dieser schöne Brunnen wurde leider 1956 verschrottet und durch den heute etwas weiter oben in der Fußgängerzone stehenden Brunnen ersetzt.

Wenn wir uns nun zu dem roten Briefkasten vor dem Rathaus stellen, sehen wir schräg gegenüber mit mehreren kleinen Schaufenstern das Gebäude Marktstraße 34. Der östliche Teil ist die 1697/98 wieder aufgebaute **Stadtschreiberei**, die wohl auch einige Jahre als Behelfsrathaus diente. Das Gebäude war bis 1830 im Besitz der Stadt Marbach, die es 2001 von einem Privatmann wieder erwarb.

Rechts daneben beginnt die Niklastorstraße, auf deren anderer Seite das graue Fachwerkhaus Marktstraße 32 (heute Stadtverwaltung) steht. Dieses Marbacher **Schatzhaus** ㉞ besaß zur Zeit des Stadtbrandes Handelsmann Johann Gifftheil und es wurde auf dem alten Sockel wieder aufgebaut. Das Gebäude in seiner heutigen Form ließ 1732

Der nach 1693 geschaffene Marktplatz. Links das Schatzhaus.

Johann Friedrich Closs

Johann Friedrich Closs oder, wie er sich später nannte, Clossius, wurde 1735 in Marbach als Sohn des Gürtlers Georg Friedrich Closs im heutigen Gebäude Marktstraße 28 geboren. Er studierte Medizin, promovierte 1764 und praktizierte an verschiedenen Orten, beispielsweise in Brüssel, edierte und übersetzte aber auch als Bibliothekar des Prinzen von Oranien in Den Haag die Aphorismen des Hippokrates. Die erste Ehefrau Johann Friedrichs, Christine Friederike Knauß, wurde 1741 in Metzingen geboren und lebte mit ihm zunächst in Armut in Holland, bis er angeblich eine reiche russische Gräfin heilte, zu Patienten und Wohlstand kam und mit ihr ohne Familie nach Russland zog. Tatsächlich wurde aber die Ehe mit seiner ersten Frau geschieden und Closs ließ sich mit der zweiten Gattin in Hanau am Main nieder, wo er im Juni 1787 starb. Sein noch berühmterer Sohn, der Anatom, Chirurg und Zahnarzt Karl Friedrich Clossius, wurde mit der ersten Frau 1768 in den Niederlanden geboren.

der Bäcker Hans Jakob Bader erbauen. Es war rund zwei Jahrhunderte lang Bäckerei und Gastwirtschaft und wurde 1986 grundlegend renoviert und umgenutzt. Besondere Bedeutung erhielt dieses Gebäude durch den bei diesem Umbau aufgefundenen umfangreichen Münzschatz aus der Zeit von 1340 bis 1385, der sich in der Kellerdecke befand.

Rechts daneben stehen die Gebäude Marktstraße 28 und 30, die nach dem Stadtbrand von 1693 zurückversetzt auf gleicher Höhe wie die Marktstraße 32 wieder aufgebaut werden mussten und deren Kelleranlagen zum Teil in den damals vergrößerten Marktplatz hineinragen. Die großzügig gestaltete Marktstraße ist kennzeichnend für das kommunale Selbstbewusstsein der Städte. Marbach, dessen Marktrechte im Jahr 1009 bestätigt wurden, ist eine der ältesten Marktstädte des heutigen Baden-Württemberg. 1304 wird der Marktplatz im Bereich des Rathauses erwähnt.

Erst das dreigeschossige Wohn- und Geschäftshaus Marktstraße 24, das den Beginn der Baulinie der oberen Marktstraße markiert, ragt wieder weiter vor. Hier interessiert uns vor allem das reich ausgestattete **Eingangsportal** ㉟ an der Ostseite. Das Gebäude kam vom reichsten Marbacher Einwohner, dem 1694 gestorbenen Handelsmann Dietrich Wunderlich, an dessen Schwiegersohn Handelsmann Wolfgang Friedrich Renz (1664–1720). Er erweiterte das Gebäude 1717 und ließ das schöne Portal errichten. Es zeigt

Portal Renz

ein Medaillon im rosenverzierten Rankenwerk mit der Datierung sowie im Herzmotiv die Initialen WFR und daraus entspringend das Berufszeichen eines Handelsmannes mit der „4“ (vgl. S. 86) und das Familienwappen mit einem Bügelhelm, der normalerweise Adelsfamilien vorbehalten war. Tatsächlich war der Urururgroßvater Ulrich von Renz 1523 in den Adelsstand erhoben worden.

Ein „Schwätzle“ nach dem Gottesdienst

Das nach 1693 zurückversetzte Eckhaus Marktstraße 28 auf der anderen Seite ist das Geburtshaus des berühmten Arztes Johann Friedrich Closs oder Cloß.

Nun gehen wir links die Zwischengasse hinunter, die ehemals „Kirchgäßle“ hieß. Auf halber Höhe ist an der Treppe rechts eine schöne barocke Kartusche mit den Initialen „JCC“ und der Datierung 1731 über einem barocken Eingangsportal zu sehen. Das Gebäude wurde 1731 für den Handelsmann Johann Christoph Canz, den Schwiegersohn des o.g. Wolfgang Friedrich Renz, erbaut.

Nun treffen wir direkt auf die heutige **Stadtkirche** ㊱, früher auch „Unser Frauen Kirche“ oder „innere Kirche“ genannt. Sie wird 1315 erstmals erwähnt und diente damals als Marienkapelle, denn Pfarrkirche war nach der Reformation (1534) vermutlich bis in die zweite Hälfte des 16. Jahrhunderts die außerhalb gelegene Alexanderkirche („äußere Kirche“). Ob die Stadtkirche damals schon ihre heutige Größe hatte, muss offen bleiben. An den Strebepfeilern des Chors waren ehemals Steinfiguren angebracht, die heute, sofern sie erhalten sind, in der Alexanderkirche stehen. Ihnen setzten Witterungseinflüsse so heftig zu, dass man sie vor einigen Jahren abnehmen musste.

Als Pfarrkirche erhielt die Stadtkirche 1601/02 eine Empore für die gewachsene Einwohnerschaft und die neue und wohl erste Orgel dieser Kirche. Als Schmuckstück auf der Südseite entstand der erhaltene Wendeltreppenturm als Zugang zur Empore. Das schöne Renaissanceportal zeigt das

Der Chor der Stadtkirche mit den Steinfiguren um 1930

Baudatum 1602 sowie den Wilden Mann (vgl. S. 45) als Wappenhalter des Marbacher Stadtwappens. Es ist das einzige vollständig erhaltene Marbacher Portal dieser Zeit.

1693 brannte die Kirche bis auf die steinernen Umfassungsmauern vollständig aus und wurde, größtenteils mit Spendengeldern, im nüchternen Stil wiederaufgebaut. Auch der o. g. Treppenturm erhielt einen neuen Fachwerkaufbau. Der Dachreiterturm in seiner heutigen Form datiert ins Jahr 1833. Die Stadtkirche ist die Taufkirche von Friedrich Schiller, Tobias Mayer und Karl Georg von Wächter.

Die Stadtkirche ist im Regelfall das ganze Jahr über von 9 bis 18 Uhr geöffnet. Es empfiehlt sich sonst eine Anfrage bei der ev. Kirchenpflege (Steinerstraße 4, Telefon 0 71 44/ 89 80-10). Der Innenraum ist ebenso schlicht, wie das Äußere, birgt jedoch zwei Epita-

Epitaph Schneider

Epitaph Beurlin

phien, die ehemals in der Alexanderkirche hingen. Franz Beurlin und seine Frau Anna Margaretha geb. Köhler starben, wohl an der Pest, 1626. Das Epitaph zeigt eine Darstellung der Verklärung Christi. An den 1678 gestorbenen Stadtschreiber Johann Jakob Schneider und seine Frau Katharina erinnert das Epitaph an der Südseite des Landhauses. An der Nordseite sind die Reste eines gotischen Flügelaltars zu sehen, in den man Orgelpfeifen montiert hat, sowie das Marbacher „Heilandsbild". Dieses Glasfenster befindet sich seit 1892 in der Stadtkirche und wurde zur Erinnerung an die Trennung der bürgerlichen von der kirchlichen Gemeinde gestiftet.

Nun führt der Weg vom Chor der Stadtkirche wenige Meter die Niklastorstraße hinunter und dann wieder leicht rechts nach oben in die Rosengasse an dem vor wenigen Jahren vollständig überbauten ehemaligen Göckelhofquartier vorbei. Nach dem letzten innerstädtischen Bauernhof, den Hermann Breitenbücher betreibt, erwartet uns als hübsches Eckhaus Torgasse 13 das **Tobias-Mayer-Museum** ㊲. Hier wurde am 17. Februar 1723 der Mathematiker, Kartograf, Astronom und Erfinder Tobias Mayer geboren.

Das Handwerkerhaus wurde 1711 für den Vater, den Brunnenwärter und Wagner Tobias Mayer, erbaut und enthielt im Erdgeschoss eine Wagnerwerkstatt. Davor wohnte die Familie in der Mittleren Holdergasse. Der Großvater, ebenfalls mit Namen Tobias, war seit mindestens 1679 Weingärtner und Stadtknecht in Marbach und wurde 1645 in Schorndorf geboren. Ein halbes Jahr nach der Geburt des späteren Naturwissenschaftlers zog die Familie nach Esslingen, wo der Vater eine Stelle als Brunnenmacher erhalten hatte. Das Geburtshaus von Tobias Mayer wurde im 19. Jahrhundert in hohen Ehren gehalten, jedoch im 20. Jahrhundert wieder vergessen. In den 1970er Jahren soll-

Tobias Mayer

Der am 17. Februar 1723 in Marbach geborene Tobias Mayer brachte es zu Weltruhm. Nur wenige Monate lebte er in Marbach, dann zogen seine Eltern nach Esslingen, wo er mit 16 Jahren einen Stadtplan zeichnete. Da Mayer aus armer Familie stammte und seine Eltern früh starben, konnte er zwar die Lateinschule, aber keine Universität besuchen. Er eignete sich trotzdem erstaunliche Kenntnisse, unter anderem in Augsburg und Nürnberg, an. Seit 1751 war Tobias Mayer Professor für Ökonomie und

te es sogar abgerissen werden. Prof. Erwin Roth von der Pädagogischen Hochschule Ludwigsburg kaufte das Gebäude und renovierte es mit viel Eigenarbeit. Zudem gründete er den Tobias-Mayer-Museumsverein und schuf ein Museum im Erdgeschoss. Vor wenigen Jahren konnte der aktive Verein unter dem Vorsitz von Prof. Armin Hüttermann das Gebäude erwerben. Zur Erinnerung an Mayers Bemühung zur Längenmessung auf hoher See befindet sich hier ein 2004 eingelassener Meridian auf 9° 15′36″ östlicher Länge.

Wir gehen nun vor auf Marbachs steilste Gasse, die Torgasse. Hier durften die Bürger nach 1800 die Stadtmauer abtragen und bebauen. Gegenüber steht die 1829 von Kübler Friedrich Hellriegel erbaute Scheune Torgasse 10, die eine der ersten Bauten am ehemaligen Stadtgraben war. Der massive Sockel aus Bruchstein wurde direkt auf der ehemaligen Stadtmauer erbaut. Die Naht ist

Mathematik in Göttingen. Er machte sich durch seine geografischen und astronomischen Forschungen sowie als Kartenzeichner, unter anderem seiner Mondtafeln, einen Namen. Mayers größter Erfolg war eine Siegbeteiligung bei einem englischen Preisausschreiben zur Bestimmung des Längengrades auf hoher See, wo seine Mondtafeln Anwendung fanden. Das Preisgeld betrug 20 000 Pfund Sterling, von denen Tobias Mayers Witwe 1765 3 000 Pfund erhielt. Der hochbegabte Naturwissenschaftler war bereits am 20. Februar 1762 gestorben. Tobias Mayer ist unter den berühmten Marbachern eine große Ausnahme, denn er stammt nicht von reichen und angesehenen Bürgern, Beamten oder Geistlichen ab, sondern rekrutiert seine Vorfahren aus eher ärmlichen Weingärtnerschichten.

Literaturtipp:

Erwin Roth: Tobias Mayer 1723 – 1762. Vermesser des Meeres, der Erde und des Himmels. Esslingen in alten und neuen Karten, Esslingen 1995.

Armin Hüttermann: Tobias Mayer Museum Marbach. Museumsführer. Schriftenreihe des Tobias Mayer Museum e.V. Nr. 24, Marbach am Neckar 1998.

Die südwestliche Altstadt. Luftaufnahme um 1930.

Tobias-Mayer-Museum

Torgasse 13
71672 Marbach am Neckar
Leitung:
Prof. Armin Hüttermann
Träger:
Tobias-Mayer-Museum e.V.
Tel. 0 71 44/1 69 42 oder
102-0 (Stadtverwaltung)
www.ph-ludwigsburg.de/geographie/tobi/index.htm
Geöffnet:
Sonntag von 14 – 17 Uhr
Gruppenführung nach Vereinbarung
Eintritt: € 2,–
ermäßigt € 1,–,
Führung pro Gruppe € 30,–
Sammlungsgebiet:
Leben und Werk des Astronomen, Mathematikers und Kartografen Tobias Mayer (1723 – 1762)
Museumsführer, Literatur zum Thema

besonders gut zu sehen, wenn man von unten auf die Giebelseite schaut.

Ein Stück die Torgasse hinunter ist auf der rechten Seite eine Aufmauerung zu sehen, die man an der Stelle der alten Mauer aus deren Steinen, die 1992 unterhalb des Bodenhorizonts ergraben wurden, baute. Von hier aus biegt man nach rechts ab und kommt wieder auf den Cottaplatz, wo sich unser Rundgang schließt. Vom Cottaplatz aus besteht nun die Möglichkeit, zu Fuß nach oben zum Bahnhof oder Richtung Neckar zur Schiffsanlegestelle zu gelangen. Wer möchte, kann aber auch noch einen kleinen Spaziergang in die Marbacher Weinberge unternehmen (s. S. 120).

Ziele außerhalb der Altstadt

Die Schillerhöhe und ihre Einrichtungen

Zur Schillerhöhe gelangt man entweder direkt mit dem PKW über die Haffnerstraße (Parkplatz vor dem Museum) oder zu Fuß von der Altstadt vom Park- und Geschäftshaus oder vom Bürgerturm aus (s. S. 71). Beginnt man beim Turm, dann empfiehlt sich die Überquerung der Grabenstraße an der Fußgängerampel. Nun liegt der König-Wilhelm-Platz vor Augen, dessen Ostseite früher von zwei schönen Gründerzeit- bzw. Jugendstilvillen gesäumt wurde. Während sie in den letzten zwanzig Jahren Neubauten weichen mussten, hat sich als Südabschluss des Platzes das **Volksschulgebäude** von 1913, die heutige Uhlandschule für Lernbehinderte, erhalten. Dieses 1913 erbaute Schulhaus (König-Wilhelm-Platz 9) entstand nach Plänen des im Schulhausbau bekannt gewordenen Stuttgarter Architekten Fritz Müller, der den damals ausgeschriebenen Wettbewerb gewonnen hatte. Das Gebäude

Der König-Wilhelm-Platz um 1950

Kilian Steiner

Otto Güntter

Traugott Haffner

ist von der sog. Stuttgarter Schule geprägt und zeigt Gestaltungsmerkmale des Klassizismus, wie annähernd symmetrisch gegliederte Schauseiten mit zentralem Zwerchhaus. Auch das umlaufende Kassettengesims zur Betonung der Giebeldreiecke sowie das rundbogige Eingangsportal mit keilförmigem Schlussstein, zweiflügeliger Füllungstüre und Oberlicht in geometrischen Formen gehört zu diesen Merkmalen. An der Südseite sind sogar Reste der Einfriedung aus Fußmauern und Pfeilern in Stampfbeton mit Lattenzaun erhalten.

Wir überqueren beim Weitergehen die **Steinerstraße**, die nach einem der maßgeblichen Mäzene des Schiller-Nationalmuseums, Kilian Steiner, benannt wurde. Nach dem Eckhaus Steinerstraße/Poppenweilerstraße ist rechts ein kleiner Innenhof, in den man einen Blick werfen sollte. Dort steht die 1903 errichtete Haffnerhalle, eine frühe Turnhalle. **Haffnerhalle** und **Haffnerstraße** sind nach Stadtschultheiß Traugott Haffner benannt, der in Marbach von 1880 bis zu seinem Tode 1903 amtierte. Er war ein engagierter Förderer der Schillerstätten und neben Kilian Steiner und Otto Güntter die dritte maßgebliche Persönlichkeit, der es zu verdanken ist, dass Marbach Sitz des Schiller-Nationalmuseums wurde.

Die Haffnerstraße und der Weg zur Schillerhöhe hat man als Zugang zu den Schillerstätten großzügig angelegt. Die Stadterweiterung in dieser Richtung setzt in der zweiten Hälfte des 19. Jahrhunderts in Richtung zum geplanten Schiller-Denkmal ein. Als erstes Haus entstand das Gebäude **Haffnerstraße 4** 1875 für den „Privatier" Louis Müller als zweigeschossiges Wohnhaus, ehemals Hauptgebäude einer Hofanlage, nach Plänen des Oberamtsbaumeisters Dillenius. Auch dieses Gebäude nimmt Formen des Klassizismus auf, so das zentrale Zwerchhaus und die weitgehend symmetrische Fassadengliederung sowie das kräftige Gesims an

Trauf und Giebeln. Das Haus bildet gemeinsam mit dem zweiten Anlieger König-Wilhelm-Platz 11 die Pforte zur Haffnerstraße. Es ist die 1873 für den „Ökonomen“ Carl Theurer ebenfalls nach Plänen von Dillenius erbaute **Hofanlage**. Das freistehende Wohnhaus in markanter Lage am einstigen Viehmarkt sowie die zurückliegenden Ökonomiegebäude wurden 1914 zu einer u-förmigen Anlage erweitert.

Gehen wir die Haffnerstraße weiter, so stoßen wir auf das Gebäude Nummer 26, das 1911 nach Plänen des Ludwigsburger Architekten Karl Hammer als **villenartiges Zweifamilienhaus** erbaut und 1923 um einen Pferdestall und Garagenanbau erweitert wurde. Am Ende der Haffnerstraße öffnet diese sich zur **Schillerhöhe**, dem ehemaligen Flurstück Schelmengrüble, das die Stadtgemeinde Marbach gemeinsam mit dem 1835 gegründeten „Verein für Schillers Denkmal“ zur Schillerhöhe umgestaltete. Der Verein entwickelte sich 1895 zum Schwäbischen Schillerverein, der heutigen Deutschen Schillergesellschaft. Daneben blieb als lokaler Verein der Marbacher Schillerverein bis heute bestehen. Marbach verlor damals den sog. Denkmalstreit gegen Stuttgart, wo 1839 das heute auf dem Schillerplatz noch stehende **Schillerdenkmal** ㊳ von Thorwaldsen errichtet wurde. Das Marbacher Denkmal entstand 1876 nach einem Entwurf des Bildhauers Ernst Rau aus Biberach. Den Eisenguss aus dem Material erbeuteter französischer Kanonen des Krieges 1870/71 besorgte die Stuttgarter Kunst- und Metallgießerei W. Pelargus.

Gegenüber thront über dem Neckar das 1901 bis 1903 nach Plänen der bedeutenden Stuttgarter Architekten Ludwig Eisenlohr und Carl Weigle erbaute **Schiller-Nationalmuseum** ㊴. Das Gebäude, offiziell Schillerhöhe 10, lehnt sich an spätbarocke Vorbilder, beispielsweise Schloss Monrepos und Schloss Solitude an. Der eingeschossige Putzbau

Literaturtipp:

Hermann Schick:
Otto Güntter – eine Erinnerung. Schöndrucke 5 (des Schillervereins Marbach am Neckar e.V.), Marbach am Neckar 1999.

Eugen Munz:
Dem Dichter ein Denkmal. Schriften zur Marbacher Stadtgeschichte Bd. 1, Marbach am Neckar 1976.

Heinz Georg Keppler:
160 Jahre Marbacher Schillerverein.
In: Ludwigsburger Geschichtsblätter Bd. 49 (1995).

Museum:
Schiller-Nationalmuseum

Schillerhöhe 8 – 10
71672 Marbach am Neckar

Leitung:
Dr. Heike Gfrereis

Träger:
Deutsche Schiller-gesellschaft e.V.
Tel. 0 71 44/8 48-6 01

Homepage:
www.dla-marbach.de

Geöffnet:
Dienstag – Sonntag
10 – 18 Uhr, Mittwoch
10 – 20 Uhr, vom 24.– 26. sowie am 31. Dezember geschlossen
Eintritt: € 3,–, ermäßigt € 1,50
Führung für Gruppen nach Anmeldung

Sammlungsgebiet:
Zeugnisse und Dokumente zur Deutschen Literatur von 1750 bis zur Gegenwart in biografisch oder thematisch angelegten Ausstellungen (Wieland, Schubart, Schiller, Hölderlin, Kerner, Uhland, Mörike, 20. Jahrhundert); Sonderausstellungen, wechselnde kleinere Kabinettausstellungen
Museumsprospekt, Ausstellungskataloge, Literatur zum Thema

Literaturtipp:

Dierk Möller:
Das Schillermuseum in Marbach. Die Geschichte der Gründung 1895 – 1903. Schriften zur Stadtgeschichte Bd. 3, Marbach am Neckar 1983.
Marbach. Rückblick auf ein Jahrhundert. 1895 – 1995, Marbach am Neckar 1996.

Das Schillerdenkmal

trägt ein Mansard-Walmdach mit zentraler Kuppel. Nach Plänen des Stadtbaumeisters Keim wurden die Flügel 1934 im alten Stil um jeweils drei Achsen verlängert. Eine 2001 abgeschlossene Renovierung lässt das Gebäude in neuem Glanz erstrahlen. Das Innere des Schiller-Nationalmuseums ist ein mit wertvollen Materialien gestalteter repräsentativer Innenraum. Die ständige Ausstellung zu Literatur und Autoren seit etwa 1750 wird durch sehr beliebte Wechselausstellungen zu literarischen Themen ergänzt.

Die nationale Schillerverehrung, die bereits 1835 zur Vereinsgründung führte, leitete über die Stationen Erwerb des Schillerhauses und Bau des Schillerdenkmals seit 1891 zu der Idee, als Gegenstück zum Weimarer Goethe- und Schiller-Archiv ein schwäbisches Dichtermuseum zu schaffen. Stiftungen und der Ankauf verschiedener Nachlassstücke Friedrich Schillers sowie das Wohl-

Das Schiller-National-museum

wollen König Wilhelms II. von Württemberg führten 1895 zur Gründung des Schwäbischen Schillervereins, dessen Hauptziel der Bau eines solchen Museums war. Der Bauplatz hierfür wurde 1897 erworben und 1900 ergab die Ausschreibung eines internationalen Wettbewerbs 74 Entwürfe. Derzeit wird neben dem Schiller-Nationalmuseum das Literaturmuseum der Moderne gebaut. Es soll 2005 eingeweiht werden.

In den fünfziger Jahren erfolgte die Erweiterung des Schiller-Nationalmuseums zum **Deutschen Literaturarchiv**, das sich bis heute als Sammel- und Forschungsstätte für jegliche Art von Nachlässen zur deutschen Literatur seit etwa 1750 sieht. Dem enormen Zuwachs der Bestände trug man Rechnung, indem neben dem alten Gebäude 1973 nach preisgekröntem Entwurf der Stuttgarter Architekten Jörg und Elisabeth Kiefner sowie Wolfgang Lauber ein Neubau im Stile der damaligen Zeit erstellt wurde. Der Erweiterungsbau war 1995 fertiggestellt.

Auf der Schillerhöhe befinden sich zudem der Vertriebenengedenkstein von 1952, der Eugen-Oehler-Brunnen sowie der Sockel

Öffnungszeiten des Deutschen Literaturarchivs:

Montag – Freitag
8.30 – 17.30 Uhr

Tel. 0 71 44/8 48-0

Homepage:
www.dla-marbach.de

eines Sühnekreuzes und ein Markstein aus dem Siebersbacher Wald.

Im Tal Richtung Süden schließt sich das 1995 fertiggestellte **Collegienhaus**, ein Wohnhaus für die Benutzer des Literaturarchivs, an. Richtung Südosten wurde 1957 im Hinblick auf die Feiern zum 200. Geburtstag Friedrich Schillers die **Stadthalle** mit Restaurant erbaut. Zwischen beiden Gebäuden ist der Neubau eines Museums für moderne Literatur geplant. Unten am Weg wurde vor einigen Jahren Schillers Obstbaumgarten angelegt. Der Museumsgarten mit alten Obstsorten, größtenteils aus der Zeit von Schillers Vater, Johann Kaspar Schiller, wurde 1991 mit rund 30 Obstbäumen auf einer Fläche von 31 a angelegt. Gruppenführungen sind auf Anfrage unter 0 71 44/1 02-2 52 bzw. Fax 0 71 44/1 02-2 02 möglich.

Blick von der Terrasse beim Museum auf die Altstadt

Exkurs: Spaziergang zum Stadtteil Hörnle (s. S. 118)

Geht man um das Schiller-Nationalmuseum herum, so bietet sich ein **Blick über das Neckartal** und einen Teil der Altstadt von Marbach, der wir jetzt wieder zustreben. Im Zickzackkurs geht es über die Schafgartenstraße, wo die **Methodistische Erlöserkirche** steht, in die Steinerstraße. Kurz vor der Einmündung in die Grabenstraße kommen wir links am **Martin-Luther-Haus**, dem evangelischen Gemeindehaus vorbei. Einige Meter die Grabenstraße hinauf kann man über einen Zebrastreifen gefahrlos über die Straße gehen und kommt über den Mauerdurchbruch direkt wieder vor auf die Marktstraße.

Das ehemalige Mühlenviertel und die Kraftwerke

Ein interessanter Spaziergang führt durch das ehemalige Marbacher Mühlenviertel. Kurz vor Einmündung der Ludwigsburger Straße in die Grabenstraße kennzeichnet ein Hinweisschild zur Schiffsanlegestelle den Eingang zum Mühlweg, der noch im 19. Jahrhun-

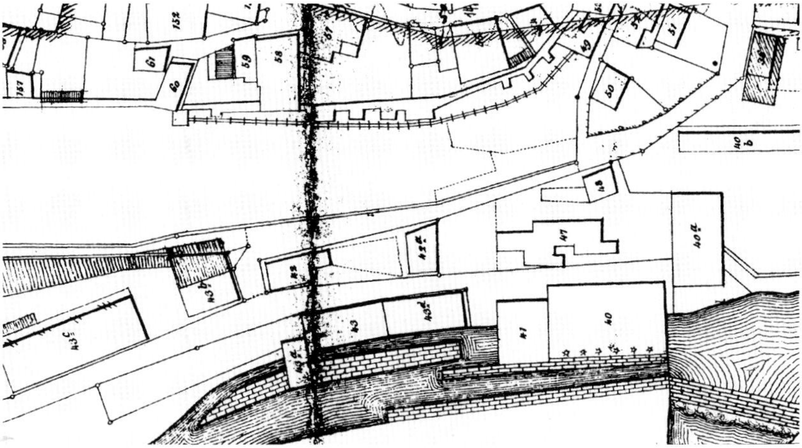

dert Eselsrain hieß, weil hier die Mülleresel unterwegs waren. Er entstand nach Anlage der 1377 erstmals genannten Neckarmühle. Davor reichte eine kleinere Mühle am Strenzelbach, die noch vom alten Dorf Marbach unterhalb der Alexanderkirche herrührte, aus. Der Mühlweg führte durch das Neckartor in die Stadt herein. Leider sind die Hauptgebäude, nämlich die Mühlen, nicht mehr erhalten, da die Stadt Stuttgart 1891/92 nicht nur sie, sondern auch das umliegende Gelände mit weiteren Gebäuden kaufte und die Mühlen später abbrach, um das noch stehende Laufwasserkraftwerk zu errichten, das jahrelang den Großteil des Stuttgarter Stroms über eine Fernleitung lieferte. Der abgebildete Kartenausschnitt gibt eine Orientierung über die frühere Situation. Im Folgenden stehen in Klammern die alten Gebäudenummern des Planes.

Das Mühlenviertel am Neckar auf einem Plan vom Ende des 19. Jahrhunderts

Die Gebäude am romantischen Mühlweg stehen alle auf der linken Seite. Rechts waren Weinberge. Das Haus **Mühlweg 1** (alte Nummer 36) wurde 1828 von Rotgerber Johann Friedrich Haffner als Lohgerberei erbaut. 1891 war der Gerber Carl Ernst und später Möbelfabrikant Gottlob Hoffmann Besitzer.

Das nächste Haus, **Mühlweg 3**, ließ 1891 die Witwe des Sägmüllers und Fabrikbe-

Das ehemalige Krapp-magazin Mühlweg 12

Die Öl- und Sägmühle am Neckar um 1890 (alte Nummer 43, 43 a, 43 d)

Die Öl- und Sägmühle wurde durch ein sog. Wasserflatterrad betrieben, das vier Meter hoch und dreieinhalb Meter breit war. Es trieb die Farbholz-schneidemaschine, den Farbholzmahlgang sowie zwei Zirkelsägen und eine Bandsäge an. Die Ölmühle-einrichtung, die sich in einem Anbau befand, wurde durch ein eigenes Wasserrad angetrieben. An die Sägmühle war ein zweistockiges Holzmagazin angebaut. Zum Anwesen gehörten auch zwei zwei-stöckige Wohnhäuser am Eselsrain, von denen das eine durch einen über-dachten Gang mit der Ölmühle verbunden war sowie „ein Thürmlein von Brettergetäfer", auf dem

sitzers Friedrich Schellenberger nach dem Brand ihrer Sägmühle neu erbauen. Vorher stand hier ein längliches Wirtschaftsgebäude (40 b). Das Wohnhaus im Landhausstil ist ein eineinhalbgeschossiger Bau mit Naturstein-erdgeschoss. Das Gebäude Mühlweg 7 wird weiter unten beschrieben, da von hier aus nur das Hangstockwerk zu sehen ist.

Am Ende des Mühlwegs trifft man auf das 1835 von Kaufmann Heinrich Müller erstellte große dreistöckige Gebäude **Mühlweg 10** (alte Nummer 43 b), in dem ursprünglich Krapp gelagert und gedörrt wurde. Die Blüte und Wurzel dieser Pflanze ist seit dem Altertum als Rotfärbemittel bekannt und der Krappanbau nahm in unserer Gegend in den 1830er Jahren einen großen Aufschwung. Die Verwendung chemischer Farben, besonders nach Entdeckung der Anilinfarben, brachte die Pflanze jedoch bald in Vergessenheit, zumal die Wurzel vier bis fünf Jahre unter besonderen klimatischen Verhältnissen und unter Schutz vor Licht trocknen musste. Das heutige Gebäude wurde 1839 nach einem Brand 1838 neu erbaut und war von mehreren schmalen Scheunen umgeben. 1846 war Albert Körner, 1865 Adolf Planck und 1889 der Kaufmann Karl Friedrich Konz Besitzer. 1891 kam die Krappdörre mit den anderen Liegenschaften des Mühlviertels an die Stadt Stuttgart.

Rechts am Gebäude führt ein alter Pfad vorbei. Entweder von hier oder nach der Linkskurve des Mühlwegs kann man das dahinter stehende große dreigeschossige Magazingebäude mit Krappdörre **Mühlweg 12** (alte Nummer 43c) sehen, das 1828 Sägmüller Christoph Heinrich Albrecht errichten ließ. Es stand früher am Kiesplatz, also einer Kiesbaggerstelle am Neckar, der vor der Verlegung direkt hier vorbeifloss. Der Besitzerwechsel ist derselbe wie beim Gebäude Mühlweg 10. 1877 und 1891 wurden Wohnungen in das stattliche Anwesen eingebaut. Hier befand sich von 1899 bis 1923 die Höhere Töchterschule.

Den gepflasterten Weg in die andere Richtung entlang erreichen wir das Gebäude **Mühlweg 15** (alte Nummer 42). Es ist das 1792 erbaute Wohnhaus des Zimmermanns und Werkmeisters Heinrich Albrecht, das 1818 nach Süden erweitert wurde. Besitzer war jetzt der Sohn, der bereits genannte Werkmeister, Zimmermann und Sägmüller Christoph Heinrich Albrecht, Sägmüller (Mühlacker 1791–Marbach 1834). Ab 1834 ist die Besitzerfolge wie beim Gebäude Mühlweg 10. In diesem Haus wohnte noch 1936 Oberwerkmeister i. R. Alfred Ziegele, der frühere Direktor des Kraftwerks. Das Gelände hatte ein Tor, dessen rechter Pfeiler noch zu sehen ist. Er markiert zugleich die Ecke der ehemaligen Säg- und Farbholzmühle, die hier direkt am Mühlkanal des Neckars stand, wo heute Rasen ist. 1824 waren Sägmühle, Ölmühle und Farbholzschneidemaschine im Besitz des o.g. Albrecht, der 1832 zusätzlich eine Lohmühle einbauen ließ. Kaufmann Heinrich Müller übernahm das Anwesen 1836. Ihm folgte 1846 Albert Kör-

sich eine Glocke und eine vergoldete Merkur-Figur befanden. Ebenso zählte zum Betrieb das frühere Krappdörrgebäude am Mühlweg mit einem drei Meter hohen Turm, das 1891 zu einem Ölmagazin umgebaut wurde.
Zu Zeiten von Adolf Planck wurden in der Farbholzmühle, die nach ihrem Vorbesitzer auch Körnersche Fabrik genannt wurde, Farbstoffe aus zermahlenen überseeischen und einheimischen Hölzern gewonnen, jedoch lief das Geschäft wegen der aufkommenden chemischen Stoffe zunehmend schlechter. Planck war viele Jahre führend bei der Gewerbebank des Bezirks Marbach als Kassier tätig, gab aber diese Aufgabe nach einer schweren Krankheit im Frühjahr 1889 ab. Als er einen Monat später starb, wurde offenbar, dass seine schon vorher bekannten finanziellen Schwierigkeiten erheblicher waren, als man vermutet hatte und fast die gesamte Gewerbebank ruiniert hätten. Diese konnte sich nur durch die Übernahme des Anwesens und dessen Verkauf retten.

Die Mahlmühle am Neckar (alte Nummer 40, 41)

Die 1377 erwähnte und wohl kurz vorher erbaute Mühle brachte auch eine Umgestaltung des Neckarflussbettes mit sich, indem die drei Wehre und die damit verbundenen drei Inseln geschaffen wurden. Die Beschreibung des Oberamts Marbach von 1866 würdigt die große Wasserkraft des Neckars bei Marbach mit den ▷

ner, nachdem der Betrieb künftig „Körnersche Fabrik" hieß. 1877 war Fabrikant Adolf Planck und nach dessen Tod 1889 der Bietigheimer Kaufmann Karl Friedrich Konz Besitzer, der 1891 die Firma Friedrich Konz und Kompanie gründete und Teile der Gebäude umbaute, indem er unter anderem die Ölmühle einrichtete. Er verkaufte 1892 den Großteil des Anwesens an die Stadt Stuttgart, blieb jedoch Pächter seiner ehemaligen Anlagen und pachtete, nachdem Stuttgart nicht sofort mit dem Kraftwerkbau begann sogar noch die weiteren Liegenschaften der Landeshauptstadt.

Das Gebäude **Mühlweg 11** (alte Nummer 42a) wurde 1828 fertiggestellt und ist ein in barocken Formen gehaltener Putzbau. Das Krüppelwalmdachgebäude erstellte der Sägmüller Christoph Heinrich Albrecht anstelle eines durch Hochwasser zerstörten Gerberhauses.

Einige Schritte weiter führt ein Treppe nach oben. Hier stand im 19. Jahrhundert ein zweistöckiges Wohnhaus (alte Nummer 47), das 1824 dem 1791 in Buttenhausen bei Münsingen geborenen Bürger und Mühlenbesitzer Johann Jakob Klingler gehörte. Gegenüber, damals direkt am Neckar, stand das Gebäude Nr. 41 (alte Nummerierung),

Das Mühlenviertel um 1890

Die Marbacher Getreidemühle. Aquarell 1876 (Städtisches Museum Ludwigsburg)

eine Walk-, Schleif- und Reibmühle mit Fournierschneide, die 1824 ebenfalls Johann Jakob Klingler gehörte, der die Marbacher Müllerstochter geheiratet hatte. Er zog 1836 nach Neuffen und ein Jahr später übernahm Kreisoberforstmeister Schott von Schottenstein aus Ludwigsburg das Anwesen. Er ließ die alte Walk-, Schleif- und Reibmühle abbrechen und als Walk-, Tuchschererei- und

▷ Worten: „Der Neckarkanal treibt eine großartige Getreidemühle mit sechs Mahlgängen, einem Gerbgang (entfernte die Hülsen vom Getreide) und einem Koppgang". Eine „schwunghaft betriebene Krappfabrik" war 15 Jahre zuvor, also um 1850, abgegangen. Übrig waren noch eine Farbmühle und eine Sägerei. Die Feinsägerei und die Ölmühle waren infolge eines Brandes auf „ein Drittel des Betriebes herabgekommen".
Die beschriebene Mühle wurde 1613/14 von dem berühmten Architekten und Baumeister Heinrich Schickhardt gebaut und war technisch auf dem neuesten Stand, denn er baute eine sog. gehängte oder Panstermühle ein. Die Mühlräder waren im Dach aufgehängt und konnten mittels Ketten auf- und abgelassen und so dem Wasserstand angepasst werden. Zugleich war es möglich, Flöße durchfahren zu lassen.
Die herrschaftliche Mühle war an die Stadt verpachtet, die wiederum meist

Hanfreibeeinrichtung neu errichten. Schott erwarb 1841 auch die Mahlmühle.

1858 waren die Schorndorfer Fabrikanten Ferdinand und Friedrich Gabler und seit 1869 Gottlieb Friedrich Schellenberger Inhaber des zweistöckigen „Fabrikgebäudes mit Furnierschneiderei und Ölmühle", das die Witwe Schellenbergers 1892 an die Stadt Stuttgart veräußerte. Nach seinem Besitzer seit 1866 hieß der Betrieb auch „Schellenbergersche Fabrik". Schellenberger war Mitglied des Bürgerausschusses und des Gemeinderats und während der Krankheit von Stadtschultheiß Fischer sowie nach dessen Tod bis zur Amtseinsetzung des neuen Stadtschultheißen Haffner Amtsverweser in Marbach. Der Selbstmord seines Sohnes setzte ihm schwer zu und er starb im Frühjahr 1891. Die bereits aufgenommenen Verkaufsverhandlungen mit der Stadt Stuttgart wurden von seiner Witwe fortgeführt.

Nun befinden wir uns auf einem alten ehemals gepflasterten Straßenstück, das früher ein Stück am Neckar bzw. den Mühlkanal entlang führte und heutzutage in der Natur endet. Es lohnt sich, diesen romantischen Weg, der langsam von befestigter Straße in Wildnis übergeht, einige Meter weiterzugehen. Hier standen zur Rechten die Gebäude der Marbacher Neckarmühle. Sie wurden 1898 abgerissen und die Stadt Stuttgart erstellte 1898 bis 1900 das heute noch sichtbare

Der Gedenkstein aus dem Hungerjahr 1817 ist am Pfeiler des Stegs eingemauert.

Wasserkraftwerk zur Stromversorgung der Stadt Stuttgart. Über den Neckarseitenkanal im Überschwemmungsbereich führte danach ein Hochwassersteg, der in Teilen mitsamt dem östlichen Widerlager, Treppenanlage und Torbogen erhalten ist. Beim Aufgang zum Torbogen ist ein Gedenkstein aus dem Hungerjahr 1817 eingemauert, der ehemals Bestandteil der Mühle war. Das eigentliche Hauptgebäude des Mühlenviertels war aber die Mahlmühle mit Anbau. Zu der stattlichen Mühle am Neckar gehörte als Abschluss des Mühlhofs eine große zweistöckige Scheune (alte Nummer 40a) mit gewölbtem Keller, in der auch Ställe für Schweine und Pferde eingebaut waren, sowie ein Waschhaus, ein Rindviehstall und ein 1884 erbautes Backhaus.

Die Treppe links nach oben führt zum Gebäude **Mühlweg 7** (alte Nummer 48), das in Privatbesitz ist. Daher ist der Durchgang nicht gestattet. Es ist das alte Eseltreiberhäusle, das 1824 der Wollspinner Karl Friedrich Theilacker besaß. 1830 kam es an Johann Jakob Klingler und dann (s.o.) an Schott, Gabler, Schellenberger und zuletzt 1891 an die Stadt Stuttgart. 1892 wurde das Haus einschneidend umgebaut und 1936 wohnte hier Ernst Weste, Werkmeister der TWS.

1891/92 kaufte Stuttgart, wie mehrfach erwähnt, in Marbach die Wasserrechte am Neckar und zahlreiche damit verbundene Liegenschaften auf. Wichtig waren in erster Linie natürlich die Wasserrechte, denn sie blieben auch nach Abbruch der alten Gebäude bestehen. Es handelte sich in der Hauptsache um die Mahlmühle von Breitling, die Sägmühle von Schellenberger und die Ölmühle Konz einschließlich aller Nebengebäude. Doch 1893 wurde der Plan, Stuttgart mit Hilfe von Wasserkraft Elektrizität zu verschaffen, zugunsten einer in der Stadt gelegenen Dampfzentrale auf Eis gelegt. Die Stadt Stuttgart verpachtete an Konz, den

einen Unterpächter einsetzte.
1792 beschloss die Stadt Marbach, ihre Mühle bzw. das Lehensrecht daran zu verkaufen. Käufer war Müller Johann Philipp Koch und fortan war das Anwesen in Privatbesitz. Später waren Johann Jakob Klingler und Schott von Schottenstein Besitzer. Kurze Zeit gehörte das Anwesen 1841 bis 1849 dem Frankfurter Kaufmann Johann Baptist Endlich. Dann kam die Mühle 1852 an den aus Pfullingen stammenden Müller Johann Jakob Weiß und an dessen Sohn gleichen Namens. Ebenfalls 1852 wurde das mittelalterliche Mühlbannrecht aufgehoben. Bis dahin waren die Marbacher und Benninger Bürger verpflichtet, ihr Getreide in dieser Mühle zu mahlen. 1877 waren in der Mühle sechs Mahlgänge, ein Gerbgang mit doppeltem Eisengetriebe, ein Koppgang mit zwei konischen Getrieben, fünf eichene Wasserräder mit je einem Durchmesser von 3,34 Meter und einer Breite von 1,80 Meter sowie drei hölzerne Kammerräder von je zwei Meter Durchmesser.
1885 kauften Christian Lausterer und Friedrich Lauer die 120 Pferdekräfte starke Mühle, die Lauer 1888/89 ganz übernahm. Jakob Breitling aus Reutlingen, seit 1890/91 Besitzer, verkaufte 1891/92 das Anwesen an die Stadt Stuttgart, die es im Sommer 1898 für den Bau des Laufwasserkraftwerks abbrach.

Literaturtipp:

Albrecht Gühring: Marbach am Neckar. In: Sönke Lorenz u. Wilfried Setzler (Hrsg.): Heinrich Schickhardt, Leinfelden-Echterdingen 1999, S. 210–215.

Albrecht Gühring: „… dass man suchen sollte, sich eine Wasserkraft zu sichern". Stuttgarter Kraftwerke in Marbach. Veröffentlichungen des Archivs der Stadt Stuttgart Bd. 71, Stuttgart 1996.

Bau, Ausstattung und Betrieb des ehemaligen Laufwasserkraftwerks

Die Hochbauarbeiten umfassten in erster Linie die Ausführung des Turbinenhauses in Backsteinrohbau mit Hausteinverzierungen. Der sechseckige Treppenturm diente zugleich als Leitungsführung vom Schaltraum zur Fernleitung. Beim Bau wurden „beste hartgebrannte Ringofenziegelsteine und ausgesuchte gleichfarbige scharfkantige Fassadensteine erster Sorte" verwendet. Schließlich erhielt das Gebäude im Inneren eine ca. 460 m² große Holzdecke in Segmentbogenform und als Dachunterbau eine ca. 15 000 Kilogramm schwere schmiedeeiserne Dachkonstruktion. Der durch die neue Standortwahl benötigte Hochwassersteg wurde mit Ziergeländer, eichenem Dielenbelag und Torpfeiler aus Sandstein gefertigt.

früheren Ölmüller, das Gelände und die Liegenschaften, so auch die Körnersche Fabrik, die Konz noch einige Jahre bis zum Neubau seiner Firma an der Rielingshäuser Straße als Ölmühle weiterbetrieb. Das Schellenbergersche Anwesen brannte 1891 ab und wurde nicht wieder aufgebaut. Konz pachtete auch dieses Anwesen. Die ehemals Breitlingsche Mühle wurde an einen gewissen Barth vergeben.

Die Pachtverträge, die Stuttgart in Marbach abgeschlossen hatte, wurden im Mai 1898 gekündigt und sofort mit dem Verkauf der alten Gebäude zum Abbruch und der Versteigerung des Inventars begonnen, obwohl man sich des Risikos der fehlenden Konzession für den Kraftwerksbau bewusst war. Eine Änderung Anfang 1899 erweiterte das im Bau befindliche Marbacher Kraftwerk von drei auf vier Turbinen. Wohl noch im Juli 1898 war die Baustelle in Marbach eingerichtet worden und es entstand das heute noch stehende Laufwasserkraftwerk Gebäude Mühlweg 21 (40), das zunächst die alte Nummer 40 von der Mühle übernahm. Das 1900 eingeweihte Kraftwerk ist ein historistischer Backsteinbau mit farblich abgesetzten Hausteinelementen. Der Hauptbau ist die fünfachsige Turbinenhalle, wobei die Turbinen und Drehstromgeneratoren ausgebaut wurden. Lediglich die Schalttafel und einige Ausstattungselemente sowie der Kran sind erhalten. Marbach erhielt erst ab 1906 Strom aus diesem Kraftwerk und ist bis heute Kunde der Neckarwerke Stuttgart (NWS).

Die Neckarkanalisierung in den 1930er Jahren brachte die Verlegung des Neckars in Richtung Westen und schnitt das Wasserkraftwerk vom Wasser ab. Die Mühlkanäle wurden aufgefüllt und ein Teil des schönen Stegs für den Schienenstrang zum neuen Dampfkraftwerk abgebrochen. Die alte Anlage wurde ausgeweidet, aber das schmucke Gebäude blieb bis heute erhalten. Seit Jahren werden unterschiedliche Nutzungsvorschläge

Das Laufwasserkraftwerk der Stadt Stuttgart

gemacht und es bleibt zu hoffen, dass eines Tages eine auch der Öffentlichkeit dienende Bestimmung gefunden werden kann.

In den 1950er Jahren erfuhr der Steg für den Bau der Umgehungsstraße eine weitere Kürzung. Als Ersatz für das alte Werk baute die Neckar AG 1938 bis 1941 das noch in Betrieb befindliche Laufwasserkraftwerk und verpachtete es an die TWS, heute NWS. Das Gebäude mit der Hausnummer Ludwigsburger Straße 96 und 98 liefert drei Megawatt Leistung aus zwei Kaplanturbinen.

In der Ferne sind die Bauten der ehemaligen Kraftwerke zu sehen. Das Gelände gelangte durch eine Markungsänderung 1940 von Neckarweihingen an Marbach. Dort erbaute die TWS seit 1938 ein Dampfkraftwerk (heute Ludwigsburger Straße 100 – 104), das noch im Rohbau an die EVS, heute EnBW, kam. 1942 war die erste Ausbaustufe fertiggestellt. Die künstlerische Ausgestaltung mit Reliefs stammt aus der Werkstatt des Stuttgarter Bildhauers Julius Frick. Die Inbetriebnahme erfolgte zunächst mit einem Turbogenerator und einem Kessel für Stückkohlenfeuerung. 1949 bis 1951 wurde das Kraftwerk entsprechend der ursprünglichen Planung zu Ende gebaut. Es war damals das modernste Kraftwerk der EVS und war

Die motorische Ausstattung bestand aus vier sog. Francis-Turbinen der Firma Voith in Heidenheim, von denen jede 200 bis 300 PS erzeugte. Sie absolvierten 37 Umdrehungen in der Minute und wurden mit der Eisenbahn von Heidenheim bis zur Station Marbach und von dort mit Pferdefuhrwerken zur Baustelle gebracht.
Das Herzstück der elektrischen Ausstattung waren vier Drehstrom-Dynamomaschinen mit je 200 kW Leistung, die mit je einer Turbine verbunden wurden. Eine völlige Neuentwicklung war der Bau dieser Maschinen für eine Spannung von 11 000 Volt. Für diese hohe Primärspannung wurden nicht nur die Maschinen, sondern auch ihre Isolierung neu entwickelt. Der Vorteil dabei war die Möglichkeit der direkten Weiterleitung dieser hohen Spannung, die dann am Zielort nicht mehr hochtransformiert werden musste. Der teuerste Posten der elektrischen Einrichtung des Kraftwerks war übrigens eine „Apparatentafel aus Marmor mit Eisengerüst und Holzumrahmung“, die noch heute im alten Kraftwerk erhalten ist.

Die Kraftwerke im Jahr 1996 (Riemann Aero-Photo)

schon mit seiner ersten Ausbaustufe von rund 100 Megawatt das erste Großkraftwerk Württembergs. 1981 wurde der Dauerbetrieb des Kohlekraftwerks eingestellt. Die endgültige Stilllegung erfolgte 1998. Stattdessen will die Fa. Würth, Künzelsau auf dem Gelände, das jetzt Energie- und Technologiepark Marbach heißt, eine Anlage zur serienmäßigen Herstellung von Dünnschicht-Photovoltaikzellen erstellen.

Das Kraftwerk Marbach III für Schweröl, weithin sichtbar durch seinen hohen Kamin, wurde 1973 fertiggestellt, konnte aber aufgrund der kurz darauf entstandenen Ölkrise nicht mehr in Betrieb genommen werden.

Über die Ziegelhütte zum Bahnhof

Ein Spaziergang vom Cottaplatz führt die Schillerstraße hinauf zur 1952/53 erbauten katholischen Kirche zur Heiligen Familie.

Wer möchte, kann die Ziegelstraße rechts einige Schritte hinaufgehen, um in der nach rechts als Sackgasse einbiegenden Tobias-Mayer-Straße die Gebäude Nr. 14 und 16 anzuschauen. Es sind 1923 nach Plänen des Stuttgarter Architekten Fritz Müller erbaute Villen in Hanglage für die Teilhaber der unten anschließenden ehemaligen Sitzmöbelfabrik Bock und Feil.

Zurück auf der Schillerstraße überquert man diese und geht im Ziegelhüttenweg zur ehemaligen Ziegelhütte der Stadt Marbach (Ziegelhüttenweg 7, 9 und 11). Der heutige Bestand wurde nach 1700 errichtet, wohingegen wohl schon im Mittelalter an dieser Stelle eine Ziegelhütte stand. Das Hauptgebäude, dessen Südostecke von einer Stütze getragen wird, war die eigentliche Ziegelhütte und wurde 1886 zum Wohnhaus umgebaut. Die Scheune wurde um 1740 errichtet.

Weiter geht es Richtung Eisenbahnbrücke, vor der ein Pfad zum Bahnhof führt. Auch für Eisenbahnliebhaber bietet Marbach einiges. Schon bei der Einfahrt mit der S-Bahn (Linie 4) über den Neckartalviadukt hat man einen wunderschönen Blick auf Marbach und den Neckar. Die Trasse von Bietigheim über Marbach nach Backnang wurde Ende der 1870er Jahre als Teilstrecke der Murrtalbahn erbaut und 1879 eingeweiht. Der Abschnitt zwischen Freiberg am Neckar und Bietigheim existiert leider nicht mehr.

Der Bahnhof Marbach

Der Neckarviadukt in den 1950er Jahren

Der Bahnhof Marbach wurde 1877 als dreigeschossiges Empfangsgebäude erbaut und erhielt 1906 einen eingeschossigen Anbau nach Osten. Die historistische Architektur des Bahnhofs ist an die Formensprache des Klassizismus angelehnt. Das nach Plänen des königlichen Eisenbahnhochbauamtes Marbach entstandene Gebäude ist ein gut überliefertes Beispiel typischer Bauten für die königlich-württembergische Staatseisenbahn. Ebenfalls aus dieser Zeit ist der nebenstehende Güterschuppen erhalten.

Der Bau der Eisenbahn hatte zu Unstimmigkeiten geführt, da die Bahn durch den Friedhof ging und die nördliche Wehrmauer der Alexanderkirche samt zwei Mauertürmen abgebrochen werden musste. Nur dadurch konnte aber auf Marbacher Seite die gleiche Höhe erreicht werden, auf der die

Seit 1980 fährt die S-Bahn über den neuen Viadukt

Die Bottwartalbahn 1966 (Hans-Joachim Knupfer)

Bahnlinie von Benningen aus den Neckar überquerte. Dadurch entstand die Bahnhofsanlage weit im Osten und der übliche Zufahrtsweg, auch für die Bahnpost, führte vom Bahnhof durch die heutige Güntterstraße zum Torturm in die Stadt hinein. Als bequemere Zufahrt vom Neckar her wurden 1888/89 nach Abbruch einiger Gebäude der Cottaplatz und die Schillerstraße angelegt.

Von Marbach aus kann man in die seit 1996 elektrifizierte Bahn weiter Richtung Backnang zur Hauptstrecke nach Schwäbisch Hall und Nürnberg steigen. Die sehr idyllische Bahnstrecke bietet reizvolle landschaftliche Einblicke.

In die andere Richtung zweigt das nur noch selten benutzte Gleis der ehemaligen Bottwartalbahn ab. Sie wurde 1894 als eine der ersten Schmalspurbahnen in Württemberg mit einer Spurweite von 750 mm errichtet und führte zunächst bis Beilstein. Eine Verlängerung bis Heilbronn-Süd erfolgte 1899/1900. Ein Großteil der Strecke wurde 1967 demontiert und das verbliebene Teilstück zwischen Marbach und Steinheim auf Normalspur umgespurt/umgebaut. 1990 wurden auch die Gleise von der Markungsgrenze Marbach bis zum Bahnhof Steinheim herausgenommen. Heute wird die Spitzkehre nur noch für den Gleisanschluss bis zum ehemaligen Kohlekraftwerk benötigt.

Literaturtipp:

Hartmut Fries: Ausstattung und technische Einrichtung der Bottwartalbahn. In: Geschichtsblätter aus dem Bottwartal Bd. 2 (1987). Albrecht Gühring: Die Bottwartalbahn. In: Ludwigsburger Geschichtsblätter Bd. 48 (1994). Hans-Joachim Knupfer: Die Bottwartalbahn. Schmalspurbahn Marbach–Beilstein–Heilbronn, Schweinfurt 1994.

Blick über den Steg zum Stadtteil Hörnle

Der Stadtteil Hörnle

Den Marbacher Stadtteil Hörnle, Richtung Ludwigsburg gelegen, erreicht man mit dem Auto über die Poppenweilerstraße oder zu Fuß bzw. mit dem Fahrrad von der Schillerhöhe Richtung Marbach-Süd über den Hörnlessteg. Das Areal gehörte zum Makenhof, dessen Gebäude heute noch erhalten sind und zeitweise als Besenwirtschaft genutzt werden. Der früher rund 40 ha große Bauernhof wurde 1880 von dem Marbacher Bürger Johann Gottlieb Mak und seiner Ehefrau Friederike erbaut. Die Güter lagen jedoch nur zu einem kleineren Teil auf Marbacher Markung; der Großteil mitsamt den Gebäuden gehörte zu der damals noch selbstständigen Gemeinde Neckarweihingen. Den Hof konnte man damals nur über einen eigens dafür angelegten Weg vom Neckartal aus erreichen. Der Enkel des Hofgründers, Hermann Mak, starb 1959. Zu diesem Zeitpunkt war ein Großteil der Güter bereits für den Bau des Stadtteils Hörnle verkauft worden. Der Rest des Anwesens wurde von 1963 bis 1965 an die Württembergische Landwirtschaftliche Zentralgenossenschaft-Raiffeisen veräußert, die dort einen Versuchs- und Demonstrationshof zur Prüfung und Weiterentwicklung von Betriebsmitteln und Produktionsverfahren einrichtete, der 1975 aufgegeben wurde.

Inzwischen hatte der Hof auch einige Jahre zur Marbacher Markung gehört, denn 1941 wurde das Neckarweihinger Gewann Lachenwiesen u.a. mit dem Hörnleswald und dem Makenhof als Ausgleich für die Auflösung des Oberamts Marbach 1938 nach Marbach umgemeindet. Entscheidend war natürlich der Bau des neuen Kraftwerks in den Lachenwiesen, weshalb schon im Mai 1945 im Rahmen der „Wiedergutmachung nationalsozialistischen Unrechts" Rückgliederungsforderungen von Neckarweihingen geltend gemacht wurden. Eine Einigung brachte Neckarweihingen 1948 die Rückgliederung von 47 der 107 ha mit dem Makenhof und dem Großteil des Hörnleswald, hingegen verblieb ein Teil des Waldes und das Kraftwerk bei Marbach. Auf diesem Marbacher Gelände wurde eine Siedlung für rund 2000 Menschen mit 311 Wohneinheiten im Reihenbau, drei Turmhäusern mit hundert Wohnungen sowie 159 Mietwohnungen geplant. Am 11. Dezember 1957 wurde der Grundstein gelegt. Die eigentlichen Bauarbeiten begannen erst 1958 und der dritte und letzte Bauabschnitt fiel ins Jahr 1960.

1961 wurde schließlich noch der Kindergarten fertiggestellt und Ende 1963 das Christophorushaus als Kirche eingeweiht. Der als ästhetischer Gegenakzent zu den Turmhäusern vorgesehene Kirchturm blieb in der Planungsphase stecken. 1989 wurde der Stadtteil Hörnle endlich eine eigenständige Kirchengemeinde, die schon 1995 wieder ihre Selbstständigkeit verlor.

Der Stadtteil hat seit seiner Erbauung nur kleinere Bebauungsplanänderungen erfahren. So wurde in den 1980er Jahren die Mannheimer Straße geschaffen. 1995/96 wurde der lange ersehnte Hörnlessteg gebaut, der den Stadtteil enger mit der Kernstadt verbindet. Das Luftbild auf Seite 22 zeigt den Stadtteil im Vordergrund.

Marbach-Rundwanderungen

Wanderung 1 (ausgeschildert)

Weglänge ca. 11 1/2 km
Wanderzeit etwa 2 3/4 Stunden
Karte (für alle drei Wanderungen):
Freizeitkarte Marbach-Bottwartal
(Herausgeber: Tourismusgemeinschaft Marbach-Bottwartal)

Von der Marktstraße gehen wir durch die Bärengasse, überqueren die Grabenstraße und gehen durch die Bangertstraße zur Krähbergstraße, auf der wir unterhalb der Schillerhöhe, vorbei am Literaturarchiv, dem Schiller-National-Museum und dem Kollegienhaus in den Rotmannsweg gelangen. An dessen Ende gehen wir über den Hörnlessteg und beim Kindergarten ein paar Schritte links, um gleich wieder rechts oberhalb des Wäldchens in den Pestalozzi-Weg einzubiegen, der uns zur Dreibronnenstraße führt.

Diese gehen wir links hinab zum Eichgraben-Bach, wo wir beim Schild „Aichhof" rechts abbiegen und dem Bach entlang, vorbei an den Aussiedlerhöfen nach ca. 700 m die Kreisstraße K 1695 (Marbach–Poppenweiler) erreichen. Wir gehen unter dieser hindurch, folgen weiter dem Bach und gehen schon beim ersten Weg links hinauf. Oben gehen wir rechts, vorbei an Gärten und Streuobstwiesen, bis sich nach ca. 200 m der Blick auf Affalterbach, den Lemberg und die Lemberghöfe öffnet. Wir folgen dann dem links abbiegenden Weg und kommen, stets geradeaus, vorbei an einer Feldscheune zur rechten Hand, zur Landstraße L 1127 (Marbach–Affalterbach). Nach Überschreiten der Straße gehen wir an den zur rechten Hand liegenden Gärten vorbei und biegen am Ende des Weges nach links, gehen zwischen den Aussiedlerhöfen aufwärts und biegen danach rechts ab Richtung Erdmannhausen. Nach ca. 400 m macht der Weg eine Biegung nach links, der wir folgen und

Blick vom Panoramaweg.

Blick zur Neckarschleuse

gehen, stets geradeaus, durch die Obstanlagen abwärts bis zur Kreisstraße K 1603 (Marbach–Erdmannhausen).

Nach Überschreiten der Straße gehen wir geradeaus weiter bis zum ersten, rechts abbiegenden Weg, auf dem wir an einer Feldscheune vorbeikommen, um ca. 200 m dahinter links hinab zu gehen. Danach gehen wir rechts in das Industriegebiet hinein und biegen links in die Gottlieb-Daimler-Straße. Auf ihr kommen wir zur Fa. Neuform, nach der wir links in einen Weg biegen, auf dem wir zur L 1124 (Marbach–Rielingshausen) kommen. Wir gehen über die Brücke, die uns über die Bahngleise führt und biegen danach links in den „Wegweinberg". Dieser biegt schon nach ca. 20 m links ab, wir gehen jedoch geradeaus und folgen erst dem nächsten Weg nach links. Vorbei an Streuobstwiesen und Rebflächen zur rechten Hand kommen wir nach ca. 700 m zu einem rechts zwischen Rebflächen hinaufführenden Sträßchen, auf dessen Höhe wir links zum „Galgen" abbiegen. Schon nach wenigen Schritten blicken wir oberhalb der Rebhänge hinaus auf Erdmannhausen, den Lemberg und Marbach, bevor wir, auf dem Höhenrücken weitergehend, beim Naturdenkmal Galgen die herrliche Aussicht genießen können. Wir sehen hinüber zum Stromberg und über das Bottwartal bis zum Murrhardter Wald. Der 1997 vom Schwäbischen Albverein gestiftete Orientierungsstein ist hier eine gute Orientierungshilfe.

Im weiteren Verlauf führt der Weg an einer Feldscheune vorbei links hinab zum Kirchenweinberg. Wir biegen schon vor der Sommerhalde rechts ab, gehen durch den Friedhof und danach links hinunter, vorbei an der Alexanderkirche, zum „Alten Markt". Nach Überschreiten der Bottwartalstraße gehen wir die Niklastorstraße hinauf, vorüber am Goldenen Löwen, Schillers Geburtshaus, dem Wilden-Mann-Brunnen und der Stadtkirche, zur Marktstraße.

Wanderung 2 (ausgeschildert)

Weglänge: 6 km
Wanderzeit: 1 3/4 Stunden

Von der Marktstraße gehen wir die Niklastorstraße hinab. Vorbei an der Stadtkirche, dem Wilden-Mann-Brunnen, Schillers Geburtshaus und dem Goldenen Löwen kommen wir zur Bottwartalstraße, die wir überschreiten und „Am alten Markt" hinaufgehen. Wir folgen nun dem Württembergischen Weinwanderweg (rote Traube auf weißem Grund), gehen an der rechts liegenden Alexanderkirche und dem Friedhof aufwärts, biegen links in die Panoramastraße und gehen vor dem großen Parkplatz beim Krankenhaus rechts das Sträßchen hinauf. Oben links gehend kommen wir zu einem Aussichtspunkt, der uns nach Süden über den Neckar hinaus den Blick bis nach Ludwigsburg öffnet. Im Westen sehen wir Benningen und hinüber zum Stromberg. Auf einem 1977 gestifteten Stein lesen wir:

Weinproben in Marbach

Nach vorheriger Anmeldung sind Weinproben für Gruppen ganzjährig möglich bei:
Weingärtnergenossenschaft Marbach und Umgebung e.G.
Affalterbacher Straße 65
71672 Marbach am Neckar
Tel. 0 71 44/64 19
Fax 0 71 44/1 76 34
Weingärtnergenossenschaft Unteres Murrtal e.G.
(Herr R. Stirm)
Hauptstraße 24
71672 Marbach am Neckar-Rielingshausen
Tel. 0 71 44/80 98 70
Fax 0 71 44/33 27 62

Was macht das Land uns so vertraut,
es ist der Wein der dort gebaut
mit Müh und Fleiss und Sorg und Schweiss
o' guter Neckar-Schleckerwein.

Im weiteren Verlauf des Weges sehen wir Rebflächen zur rechten Hand, blicken links zum Neckar mit Benningen und den gegenüberliegenden Rebhängen und hinab zur Kläranlage und der Häldenmühle.

Den Württ. Weinwanderweg verlassend gehen wir, vorbei an Streuobstwiesen, weiter geradeaus, den später unbefestigten Weg abwärts und kommen zu einer rechts liegenden, verwilderten Obstwiese, bei der wir rechts, hier auf befestigtem Weg, zu den Goldäckern hinaufgehen. Bereits bei den ersten Aussiedlerhöfen (Schild Radweg Marbach) gehen wir rechts hinauf und nach ca. 250 m rechts den Weg hinein zum Milzenbrunnen. Eine Ruhebank bei der Hans-Besch-Eiche lädt zum Verweilen ein mit einem schönen Ausblick auf das Neubaugebiet bei der Murrer Bergkelter. Danach gehen wir den Hohlweg „Naturdenkmal" weiter hinauf, nehmen den zweiten Weg nach links (ab hier wieder als Weinwanderweg markiert) und kommen zum Naturdenkmal Galgen mit den 1860 gepflanzten, inzwischen 30 m hohen Platanen. Von hier haben wir einen herrlichen Rundblick; Orientierung gibt uns der 1997 vom Schwäbischen Albverein gestiftete Orientierungsstein.

Auf dem Höhenrücken weitergehend biegen wir bei der nächsten Weggabel rechts ab und kommen in die Kirchenweinbergstraße, der wir, die Viehwegbrücke und den Bahnhof links liegend lassend, folgen. Am Ende gehen wir links unter den Bahngleisen hindurch und biegen danach rechts in den Ziegelhüttenweg ein. Er führt uns zur Schillerstraße, die wir kurz abwärts gehen. Über den Cottaplatz gelangen wir in die Niklastorstraße, die uns wieder hinauf zur Marktstraße führt.

Wanderung 3 (ausgeschildert)

Weglänge: 6 km
Wanderzeit: 1 1/2 Stunden

Wir gehen die Marktstraße hinauf zum Torturm. Danach wenden wir uns nach rechts am ehemaligen Schloss und dem Torturm vorbei und kommen nach Überschreiten der Grabenstraße, zum König-Wilhelm-Platz. Über die Haffner-Straße gelangen wir zur Schillerhöhe mit dem Literaturarchiv, dem National-Museum und dem Schillerdenkmal. Nach der Stadthalle und dem Hermann-Zanker-Bad gehen wir den Hörnlesweg geradeaus weiter, überschreiten die Steigäckerstraße und gehen danach links in den Schweriner Weg. An dessen Ende gehen wir rechts den Feldweg hinab und biegen nach 100 m links ab. Auf diesem Weg kommen wir zur Kreisstraße K 1695, die wir überschreiten. Schon nach wenigen Schritten, vor der Feldscheune, gehen wir den ersten Weg links hinauf, vorbei an der Feuerwache und dem Stadion am Leiselstein. Oben rechts abbiegend kommen wir zum „Lauerbäumle“.

Vor der Winzergenossenschaft überschreiten wir die L 1127 und gehen den vierten Weg links hinauf zum Wasserbehälter „Eck“. Hier laden Ruhebänke ein und wir können die Aussicht auf den Asperg, den Stromberg, die Ottmarsheimer Höhe, das Bottwartal (mit dem Wunnenstein, dem Forstberg und dem Benning), sowie dem Murrhardter Wald und die Höhen bei Bürg bis hinüber zum Korber Kopf und rechts von Affalterbach zum Lemberg genießen.

Anschließend gehen wir den Weg Richtung Stadt hinab und vor den ersten Häusern links vor zur Lerchenstraße. Ihr folgend kommen wir zur Affalterbacher Straße, die wir überqueren und auf der Kernerstraße weitergehen. Die Schulstraße gehen wir rechts hinab und gelangen auf der Wildermuthstraße links wieder zurück zur Marktstraße.

Die Wanderungen wurden zusammengestellt vom Schwäbischen Albverein, Ortsgruppe Marbach.

Weiteres Wissenswerte

Marbach am Neckar liegt direkt an den Radfernwegen „Alb-Neckar-Radweg", dem „Neckartal-Weg" und ist Endpunkt des „Stromberg-Enztal-Wegs". Einen Überblick über die einzelnen Streckenabschnitte geben die gleichnamigen Broschüren, die die Tourismus-Marketing Baden-Württemberg GmbH herausgegeben hat. Eine Radwanderkarte „Stuttgart und Umgebung" hat das Landesvermessungsamt Baden-Württemberg 1993 veröffentlicht. Zu empfehlen ist auch die Wanderkarte „Stuttgart und Umgebung", die 1997 vom Landesvermessungsamt Baden-Württemberg in Zusammenarbeit mit dem Schwäbischen Albverein herausgegeben wurde. Einen Überblick über die Strecken und Adressen erhält man im Internet unter www.schillerstadt-marbach.de oder über e-mail: touristik@schillerstadt-marbach.de.

Grillplätze gibt es auf der Freizeitanlage Galgen (mit Spielgeräten und kleinem Bolzplatz) sowie beim Waldspielplatz im Hardtwald. Weitere Freizeitmöglichkeiten bietet die Freizeitanlage bei der Rielingshäuser Gemeindehalle sowie das Hermann-Zanker-Bad, ein Hallenbad mit Sauna und medizinischer Badeabteilung, und die Skate-Anlage direkt unter dem Eisenbahnviadukt. Auf der Schillerhöhe befindet sich eine Boule-Bahn.

Auch für Wohnmobilreisende ist gesorgt. Die Stadt Marbach empfiehlt Wohnmobilisten auf dem Parkplatz am Bolzplatz Ecke Poppenweiler-/Weimarstraße zu übernachten. Gebühren werden hierfür nicht erhoben. Eine Reservierung ist nicht erforderlich. In Marbach ist auch eine Ver- und Entsorgungsstation für Wohnmobile vorhanden. Sie befindet sich beim Gruppenklärwerk Häldenmühle an der Landesstraße L 1100 zwischen Marbach am Neckar und der Gemeinde Murr.

Die Stadt Marbach ist Mitglied in der Tourismusgemeinschaft Marbach-Bottwartal (www.marbach-bottwartal.de), bei der Deutschen Fachwerkstraße (www.deutsche-fachwerkstraße.de) und bei der Stuttgart Regio (www.stuttgart-tourist.de).

Rielingshausen

Chronik

776
Ersterwähnung im Lorscher Codex.

972
Rielingshausen kommt zum Bistum Speyer.

1322
Rielingshausen ist im Besitz der Grafen von Württemberg und zählt zum Amt Asperg, später zum Amt Marbach.

um 1350
Erwähnung der Kelter und des Weinbaus.

1453
Graf Ulrich V. von Württemberg überlässt dem Stift Backnang die Rielingshäuser Kirche mit allen Rechten.

1525
Zahlreiche Rielingshäuser nehmen am Bauernkrieg teil.

1634/38
Schwere Zerstörungen und Bevölkerungsverluste im Dreißigjährigen Krieg.

1648
Die Sanierung der Peterskirche wird abgeschlossen.

1693
Plünderung durch ein französisches Heer im pfälzischen Erbfolgekrieg.

1718
Neubau der Kelter.

1720
Neubau des Schulhauses und Gründung des Hinterbirkenhofs.

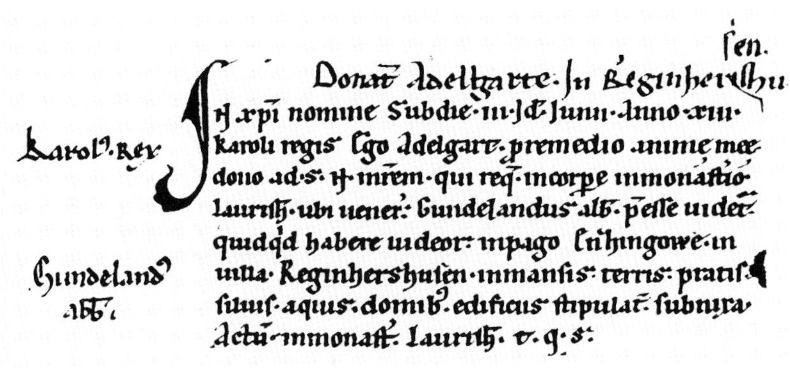

sen.
Donat Adelgarte. In Reginhershu
In xpi nomine Sub die .III. Id. Iunii. Anno .XIII.
Karol'. Rex — Karoli regis. Ego Adelgart pro remedio anime mee
dono ad s. N. mrem. qui req. in corpore in monasterio
Laurish. ubi uener. Gundelandus abb. p̄esse uidet.
quicquid habere uideor in pago Crihingowe. in
Gundeland' abb. — uilla. Reginhershusen. in mansis. terris. pratis.
siluis. aquis. domib. edificiis. stipulat. subnixa.
Actu in monast. Laurish. t. q. s.

Die Erstnennung von „Reginhershusen“ (Generallandesarchiv Karlsruhe).

Rielingshausen von Süden am 19. August 2001 (Riemann Aero-Photo).

1753
Neubau des Rathauses.

1780
Neubau des Kirchturms.

1796
Einquartierungen und Durchzüge der französischen Armee.

1808
Gottlieb Wildermuth, der Urgroßvater des Schriftstellers Max Frisch, wird in Rielingshausen geboren.

1811/12
Neubau des Langhauses der Kirche.

1826–1828
Der bedeutende pietistische Theologe Ludwig Hofacker wirkt und stirbt in Rielingshausen.

1848
Gottlieb Stirm erhält als Soldat in den Revolutionswirren von König Wilhelm I. die Verdienstmedaille in Gold für tapferes Verhalten.

1886
Gründung einer Pflichtfeuerwehr.

1899
Eisenbahnanschluss über den Haltepunkt Erdmannhausen-Rielingshausen an der 1879 eröffneten Strecke Bietigheim–Marbach–Backnang.

1912/13
Anschluss an die Stromversorgung.

1927
Bau der Wasserversorgung.

1928
Gründung der freiwilligen Feuerwehr.

1940

Adolf Stirm aus Rielingshausen stirbt als Mitglied der Zeugen Jehovas im Konzentrationslager Mauthausen.

1945

Amerikanische Truppen besetzen das Dorf am 21. April.

1972

Anschluss an Marbach am Neckar.

1976

1200-Jahr-Feier der Erstnennung mit großem historischem Festzug.

1994

Eröffnung des Dorfmuseums Kelter Rielingshausen.

1996

Das neu bearbeitete Heimatbuch wird vorgestellt.

1999

Rielingshausen hat ca. 2500 Einwohner.

2000

Der Kreisverkehr am Ortseingang von Osten wird gebaut.

2004

Das Dorfmuseum Kelter Rielingshausen feiert 10-jähriges Jubiläum.

Das Baugebiet „Östlich der Kirchberger Straße“ wird erschlossen.

Aus der Geschichte

Rielingshausen liegt ungefähr sieben Kilometer nordöstlich von Marbach im westlichen Teil der sog. Backnanger Bucht. Das Haufendorf mit unregelmäßigem Straßennetz ist gekennzeichnet durch 18 ehemalige Lehenhöfe und noch gut ablesbare Hofstätten. Das Dorfzentrum mit Kirche, Pfarrhaus, Rathaus, Schule, ehemaliger Zehntscheuer und Resten des Kieleisenhofes liegt am südlichen Dorfrand in einer leichten Talsenke des Weidenbachs, der hier ursprünglich einen See speiste. Bei Bauarbeiten fand man eine versteinerte Eiche, die ins 13. Jahrhundert datiert wurde. Das Zentrum wird über die Lindenstraße mit dem übrigen historischen Teil des Ortes verbunden, der sich von West nach Ost in leichter Krümmung entlang der Lange Straße zieht. Sie mündet an einer platzartigen Erweiterung am ehemaligen Gasthaus Krone in die halbkreisförmig angehängte Königstraße. Auch die beim Rathaus abzweigende Alleenstraße mündet

Rielingshausen. Kolorierte Federzeichnung von Andreas Kieser, 1686 (Hauptstaatsarchiv Stuttgart).

Rielingshausen von Westen in den 1970er-Jahren (Hans Besch)

nach einem Halbkreis in die Lange Straße. Die Hauptstraße im Norden wurde erst im 19. Jahrhundert angelegt. In charakteristischer Lage zwischen Wohnstätten und Rebflächen steht noch heute die Kelter.

Im Ortskern hat sich trotz Zerstörungen des Dreißigjährigen Krieges und der Franzoseneinfälle ein beachtlicher Bestand an historischer Bausubstanz erhalten. So datieren die Gebäude Lange Straße 18, 28, 40 und 50 ins 16. Jahrhundert. Die meisten Gebäude sind giebelständige Bauernhäuser vom Typus des gestelzten Fachwerkhauses, oft mit viel Zierfachwerk. Selbst die Scheunen wurden aufwändig gebaut. Komplett erhaltene Hofanlagen aus Haupthaus, Scheune, Altenteil und Ofenhaus belegen die einst florierende Landwirtschaft. Die Beschreibung des Oberamts Marbach aus dem Jahr 1866 spricht sogar von einzelnen Häusern im „städtischen Styl". Damit ist beispielsweise das 1775 von Schultheiß Johann Jakob Wildermuth vollendete Haus Lange Straße 14 mit seinem im ländlichen Bereich ungewöhnlichen Mansard-Vollwalmdach, aber auch die Gebäude Lange Straße 15 und Hauptstraße 35 mit Erkerbauten bzw. überbautem Kellerabgang an der Schauseite. Kriege und Missernten beendeten in der ersten Hälfte des 19. Jahrhunderts den Wohlstand.

Literaturtipp:

Albrecht Gühring u. Hans Wahl: Rielingshausen. Vom fränkischen Adelssitz zum Marbacher Stadtteil, Marbach am Neckar 1996.
Albrecht Gühring: Rielingshäuser Einwohner als Nachkommen des Hochadels. In: Südwestdeutsche Blätter für Familien- und Wappenkunde Band 23, Heft 5 (März 2002).

Rundgang durch Rielingshausen

Von Marbach nach Rielingshausen gelangt man am besten mit dem Bus oder mit dem Auto. Spaziergängern und Bahnfreunden ist die Fahrt von Marbach aus auf der idyllischen Bahnstrecke nach Backnang zu empfehlen (Haltepunkt Erdmannhausen-Rielingshausen). Ein schöner **Überblick** bietet sich, wenn man einige hundert Meter vor dem Ortseingang nach links in einen Feldweg einbiegt und anhält. Hier kann man den Eindruck des berühmten Rielingshäuser Pfarrers Ludwig Hofacker nachempfinden, der 1826 als ersten Eindruck festhielt: „Das hiesige Dörfchen ist freundlich und still, in ein Thälchen hineingeworfen." Wenige hundert Meter nach dem Ortseingang kann man im Vorbeifahren zur Linken das stattliche Gebäude Hauptstraße 48 sehen. Es ist das Gasthaus **„Zum Rössle"**, das Rössleswirt Karl Pfuderer 1846 an der „Staatsstraße" gegenüber seiner alten Wirtschaft baute. Das im streng klassizistischen Stil gehaltene Gebäude gibt

Die 1910 geschriebene Ansichtskarte zeigt das Gasthaus Rössle und eine Gesamtansicht des Dorfes.

Rielingshausen

1 Ehemaliger Gasthof „Krone“ (S. 136)
2 Geburtshaus des Bäckers Gottlieb Wildermuth (Urgroßvater von Max Frisch, S. 137)
3 Gemeindebackhaus (S. 137)
4 Rathaus (S. 138)
5 Ludwig-Hofacker-Kirche (S. 138)
6 Pfarrhaus (S. 140)
7 Grab von Ludwig Hofacker (S. 142)
8 Hofanlage Lange Straße 40, 42, 44 und 46 (Hauptgebäude 1549, S. 143)
9 Mittelalterliche Hofanlage Ölmagenlehen Lange Straße 26, 28, 32 und 34 (Hauptgebäude von 1537, S. 144)
10 Ältestes Haus von 1516 (S. 144)
11 Spätbarocken Wohnhauses mit Mansard-Vollwalmdach von 1775 (S. 144)
12 Hofanlage von 1555/56 (S. 145)

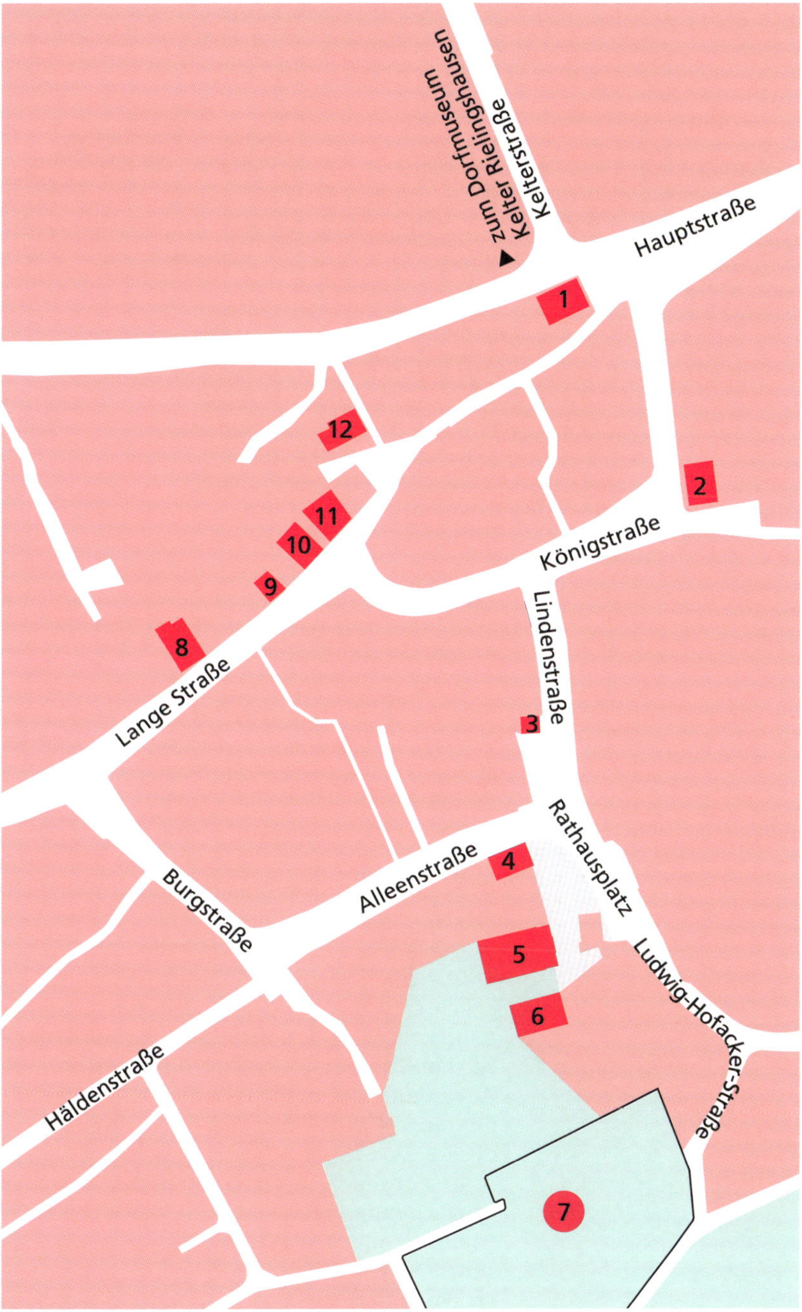
▲ zum Dorfmuseum
Kelter Rielingshausen
Kelterstraße
Hauptstraße
1
12
2
11
10
Königstraße
9
8
Lindenstraße
Lange Straße
3
Rathausplatz
4
Alleenstraße
Burgstraße
5
Ludwig-Hofacker-Straße
6
Häldenstraße
7

Ansichtskarte aus dem Jahr 1914

die traditionelle Bauweise des gestelzten Hauses mit Stallungen im Erdgeschoss und Wohnteil im Obergeschoss auf, indem die Stallungen als separates Gebäude rückwärtig erstellt wurden.

Erstes Ziel ist die Einmündung der Königstraße in die Hauptstraße, wo sich bei der Volksbank (Hauptstraße 37) die Bushaltestelle befindet. Geht man von der Bushaltestelle weiter Richtung Osten, so erkennt man beim Gebäude Hauptstraße 35 einen **überbauten Kellerhals**. Solche Aufbauten waren im Dorf früher oft zu sehen. Es handelt sich um ein sog. Parallelgehöft des 18. Jahrhunderts (bezeichnet 1785) mit älterem Kern und wurde damals von Schultheiß Johann Jakob Lillich erbaut. Der Scheitelstein des Kellerabgangs mit Rundbogentor ist mit einem Hauszeichen geschmückt, das die Initialen HL, ACL, die Datierung 1785 und eine Brezel mit gekreuzten Brotschiebern als Berufszeichen des Bäckers Johann Jakob Lillich trägt.

In entgegengesetzter Richtung fällt der stattliche ehemalige Gasthof **„Zur Krone“** ① (Hauptstraße 43, 45 und 47) ins Auge. Das stattliche Gasthaus wurde von 1772 bis 1779 errichtet und gehörte zum mittelalterlichen

Trillen-Lehen. Das Gebäude war damals die Wirtschaft zum Ochsen und im Besitz von Gottlieb Grettenberger, dem Bruder des Ururgroßvaters des Schriftstellers Max Frisch. Links am Gasthaus führte die alte Straße (Lange Straße) und rechts seit dem 19. Jahrhundert die Hauptstraße als frühe Umgehungsstraße vorbei.

Doch biegen wir nach unten in die Königstraße ein, die schon 1583 als „Königsgasse" erwähnt wird. Die Herkunft der Benennung ist leider unklar. Vor der Rechtskurve steht zur Linken das baulich stark veränderte Gebäude **Königstraße 24** ②. Hier wurde 1808 der Bäcker Gottlieb Wildermuth geboren, der in die Schweiz auswanderte und der Urgroßvater des Schriftstellers **Max Frisch** ist.

Nach der Rechtsbiegung kommt nach wenigen Metern das stattliche Gebäude Königstraße 9, das zum **Großen Hof**, einem der Lehenhöfe, gehörte. Es wurde im 17. Jahrhundert auf einem älteren Kern, wohl des 16. Jahrhunderts, aufgebaut. Bei der Fachwerkkonstruktion handelt es sich um einen Wiederaufbau der zweiten Hälfte des 17. Jahrhunderts nach Zerstörung im Dreißigjährigen Krieg.

Nun geht unser Weg links in die Lindenstraße hinein. Nach ungefähr hundert Metern fällt rechts das 1840 erbaute **Gemeindebackhaus** ③ auf. Früher stand es bei der Wette, einem Feuerlösch- und Viehtränketeich. Es musste aufgrund eines Erlasses zum Brandschutz von 1835, der den Bau von freistehenden Gemeindebackhäusern anordnete, errichtet werden. Das Rielingshäuser Gemeindebackhaus, das noch heute in Betrieb ist, ist ein typisches Beispiel für klassizistischen Stil. Einmal jährlich findet das Backhausfest statt.

Gegenüber steht das traufständige zweigeschossige Bauernhaus Lindenstraße 2, das ein typisches Beispiel für ein quer erschlossenes **Einhaus oder Eindachhaus** ist, denn die Wohn- und Vorratsräume sowie Stallungen

Max Frisch 1972 in Berzona (Brigitte Friedrich)

Literaturtipp:

Albrecht Gühring: „Ein Urgroßvater, der von Württemberg kam". Max Frisch und seine Vorfahren aus Rielingshausen. Schöndrucke 2 (des Schillervereins Marbach am Neckar), Marbach am Neckar 1993.

Das Rathaus (rechts) und die ehemalige Schule

Info

Verwaltungsstelle Rielingshausen
Ortsvorsteher: Eberhard Ruoff
Rathausplatz 2
71672 Marbach am Neckar-Rielingshausen
Tel. 0 71 44/31 34
Fax 0 71 44/3 47 98
Öffnungszeiten:
Montag, Dienstag, Donnerstag, Freitag 9–11 Uhr
Mittwoch 16–18 Uhr

Überfüllung der Kirche zu Zeiten Ludwig Hofackers

Ludwig Hofacker war von der Rielingshäuser Kirche begeistert: „Sie hat mehr Raum, als die hiesige Gemeinde bedarf, ist hell freundlich, sehr gut geeignet zum Predigen – man predigt ohne besondere Anstrengung der Brust darin." Hofackers Predigten in dieser Kirche hatten den gleichen Effekt wie an seinen vorherigen Wirkungsstätten. Er schreibt: „Am Sonntag ist Sturm. Stuttgarter und Leute aus

sind unter einem Dach vereint. Das zum sog. **Ölmagenlehen** gehörige Gebäude wurde wohl im 17. Jahrhundert oder früher errichtet.

Vor uns erschließt sich nun der Rathausplatz, das Zentrum des Dorfes. Früher war hier ein See, die Wette, der durch den inzwischen verdolten Weidenbach gespeist wurde. Er fließt neben der von rechts einbiegenden Alleenstraße. Unübersehbar ist das **Rathaus** ④ mit seinem Dachreiter für die Rathausglocke (Rathausplatz 2). Der barocke Fachwerkbau wurde laut Balkeninschrift 1753 erbaut. Die heutige Ansicht des Erdgeschosses geht auf einen Umbau von 1863 zurück.

Das Gebäude Rathausplatz 4 links daneben ist das 1720 erbaute ehemalige **Schulhaus**, das 1788 einschneidend umgebaut wurde. Aus diesem Jahr ist im Erdgeschoss rechts, etwas verborgen hinter Buschwerk, eine Inschrift erhalten. Auch die Zahl 111 ist sichtbar. Vor 1930 waren die Gebäude nicht straßenweise, sondern durchgehend nummeriert.

Die ehemalige Peterskirche (Rathausplatz 8) heißt seit 1965 **Ludwig-Hofacker-Kirche** ⑤. Von der mittelalterlichen Vorgängerkirche sind außen die Grundmauern des Chors (vor dem Turm stehend rechts unter dem Gebüsch) sowie im Inneren ein einge-

mauerter Christuskopf in kielbogiger Nische und der untere Teil des Turms mit Spitzbogen im Sockelgeschoss erhalten. 1780 wurde das oberste Stockwerk des Kirchturms, das aus Fachwerk war, abgetragen und durch ein steinernes Stockwerk und einen neuen Dachstuhl ersetzt.

Das heutige Kirchenschiff entstand 1811/12 nach Plänen des Ludwigsburger Landbaumeisters Kummerer. 1811 wurde mit dem Abriss der alten baufälligen Kirche begonnen. Zwischen dem ersten und zweiten Turmstockwerk wurde das spätgotische „Kreuzgewölbe" entfernt. Auch der nordöstlich gelegene Chor mit „steinerner Kreuzverreihung", also ebenfalls einem Netzgewölbe, wurde abgetragen. Die Einweihung des Neubaus fand im November 1812 statt. Die in der klassizistischen Formensprache errichtete Kirche hat eine streng symmetrische Gliederung mit zwei axialen Fensterreihen an den Traufseiten und einen mittigen Turm. Der flachgedeckte schlichte Innenraum im Betsaalsstil hat eine dreiseitige Empore. Aus dem Vorgängerbau wurde die heute noch sehr sehenswerte Orgel von 1742 eingebaut.

Wenn man die Kirche, deren Inneres durch Renovierungsarbeiten 1910 und Mitte der

der weiten Umgebung strömen hierher; sie wollen einander erdrücken um das Wort Gottes". Tatsächlich war der Zulauf zu seinen Predigten in der ganzen Rielingshäuser Zeit ungeheuer. Die Zuhörer kamen jeden Sonntag von weit her gefahren und teilweise bis zu zwölf Stunden gelaufen. Dies verursachte auch Unmut in der Gemeinde und die Rielingshäuser beschwerten sich: „Wir haben die Kirche gebaut und die Fremden drücken sie zusammen." Eine Verordnung Hofackers sorgte dafür, dass Einheimische zuerst in die Kirche durften, und dann Fremde die noch freien Plätze einnehmen durften. Derer waren jedoch zu wenig, sodass viele Leute, zum Teil sogar im Freien, stehen mussten. Angeblich wurden sogar Leitern an die Fenster gelehnt. Die Kanzel, von der Hofacker predigte, wurde bei der Renovierung 1910 entfernt.

Ludwig Hofacker

Die „Allgemeine Deutsche Biographie" nennt Ludwig Hofacker 1880 „einen der bedeutendsten und eingreifendsten Prediger ▷

▷ dieses Jahrhunderts". Eine treffende kurze Charakterisierung verfasste Hermann Ehmer einleitend in seinem Lebensbild über Ludwig Hofacker in dem 1996 erschienenen Heimatbuch Rielingshausen: „Knapp zweieinhalb Jahre, von 1826 bis 1828, war Ludwig Hofacker Pfarrer von Rielingshausen. Er war schon ein bekannter Prediger, als er hierher kam und hat weit über Rielingshausen hinaus gewirkt, wo er im Alter von 30 Jahren starb. Hofackers Predigten haben noch lange nach seinem Tod durch das Predigtbuch, das von seinem Bruder herausgegeben wurde, in Dutzenden von Auflagen unzähligen Menschen im deutschen Sprachraum und darüber hinaus als Andachts- und Erbauungsbuch gedient. Sein kurzes Wirken als Prediger und die Wirkung seines Predigtbuches machen die Bedeutung Hofackers aus".
Ludwig Hofacker wurde am 15. April 1798 in Wildbad geboren, wo sein Vater Diakon und zweiter Stadtpfarrer war. Die Eltern Karl Friedrich Hofacker (1758–1824) und Friederike geb. Klemm (1770–1827) entstammten typischen Familien der sog. württembergischen Ehrbarkeit. Nach dem Tod ihres Mannes lebte Friederike Hofacker zuletzt bei ihren Söhnen Ludwig und Max im Rielingshäuser Pfarrhaus, wo sie 1827 starb und auf dem Rielingshäuser Friedhof beigesetzt wurde.

1960er-Jahre stark nachteilig verändert wurde, besichtigen möchte, empfiehlt sich ein Anruf beim Evangelischen Pfarrsekretariat (Telefon 07144/37041, Fax 07144/881851).

Neben der Kirche steht das stattliche **Pfarrhaus** ⑥ (Rathausplatz 12). Es wurde 1743/1744 über älterem Kern nach Plänen des Landbaumeisters Johann Adam Groß aus Winnenden erbaut. Das Gebäude ist ein charakteristisches Beispiel eines barocken Pfarrhauses der Region, das über einem kleineren Gewölbekeller mit Rundbogentor und massivem Sockel, die wohl beide vom Vorgängerbau stammen, als Putzbau errichtet wurde. Das Gebäude mit Krüppelwalmdach besitzt im Inneren noch die weitgehend original überlieferte Grundrissstruktur mit großzügiger, zweiläufiger Treppe und Mittelflurerschließung. Früher waren im Erdgeschoss zwei Ställe, eine Mosttreterkammer, eine Holzkammer und eine kleinere Kammer untergebracht. Im ersten Stockwerk befanden sich die Wohnstube und die Studierstube sowie vier weitere Zimmer, eine Küche und eine Speisekammer. Auf dem Dachboden waren Fruchtböden. 1749 zeigte das fünf Jahre alte Haus schon Baumängel, indem ein Stück Küchenboden in den darunter liegenden Stall fiel. 1751 musste dieser Boden repariert werden, da er „von dem Dampf, den das Vieh täglich von sich gibt, ganz morsch, faul und erstickt ist". Das Kameralamt Marbach urteilte 1825: „Das [Pfarr]Haus ist, nachdem eine bedeutende Reparation daran vorgenommen wurde, in gutem Zustand, hat übrigens eine ungesunde Lage". Besondere Bedeutung kommt dem Gebäude als Wohn- und Sterbehaus des bedeutenden pietistischen Theologen Ludwig Hofacker zu, der hier seit 1826 wirkte und 1828 sein Leben beschloss.

Der Pfarrhof war früher ein geschlossenes Ensemble. In der Mitte vor Pfarrhaus und Kirche stand ein 1927 abgebrochenes Waschhaus mit zwei Backöfen, einem Waschofen

und sogar einem Branntweinofen. Von der Zehntscheune des Stifts Backnang sind nur die beiden Keller erhalten, denn sie wurde in den 1970er-Jahren abgebrochen und durch das heutige CVJM-Haus ersetzt. Rechts, wo sich heute Garagen befinden, war die Pfarrscheune angebaut.

Am CVJM-Haus vorbei geht es die Paul-Gerhardt-Straße hinauf, wo zur Rechten (Ludwig-Hofacker-Straße 2a) eine typische **Fachwerkscheune** des 18. Jahrhunderts mit älterem Keller steht, die zum Kieleisenhof gehörte. Darunter befand sich der sog. Fleckenkeller der Gemeinde. Wer möchte, kann die Paul-Gerhardt-Straße nach links einige Meter weitergehen, um das 1837 erbaute **neue Schulhaus** der Gemeinde zu sehen.

Der Rundgang führt weiter rechts die Ludwig-Hofacker-Straße hinauf Richtung Friedhof, wo zur Rechten beim Kriegerdenkmal eine Sammlung von zehn **Grenzsteinen** des 18. und 19. Jahrhunderts zu besichtigen ist, die von den Markungsgrenzen zusammengetragen wurden. Auch das Steinkreuz aus der Zeit vor 1600, das sog. Gänsehirtenkreuz ist zu sehen. Es ist ein Sühnekreuz, das der Legende nach für den Mord an einem Gänsehirten aufgestellt wurde.

Der Friedhofseingang ist ein schönes **Rundbogentor** aus Bruchstein, das mit der Jahreszahl 1597 datiert ist. Seitlich sind zwei Inschriften von 1597 und 1803 zu sehen. Auch

Ludwig Hofacker studierte in Tübingen Theologie und wandelte sich während dieser Zeit vom „Bruder Lustig" zum frommen Studenten. Den Abschluss des Studiums vereitelte die Erkrankung am „Nervenfieber" im Sommer 1820. Erst im Januar 1821 konnte Hofacker das Examen ablegen und bewarb sich als Vikar nach Stetten im Remstal, wo er allerdings nur 16 Tage im Amt war, um dann Vikar in Plieningen zu werden. Bereits nach einem Vierteljahr erkrankte Hofacker erneut und musste ins Elternhaus nach Stuttgart zurück. Erst Ende Januar 1823 konnte er nach rund zwei Jahren schwerster Krankheit wieder predigen. Diese erste Predigt fand an einem der damals in Württemberg üblichen monatlichen Bußtage statt und machte großen Eindruck auf die Zuhörer, die in Mundpropaganda das gewaltige Wort des Pfarrers priesen und zum Zulauf beitrugen. Am 7. April 1826 bewarb sich Hofacker um die Rielingshäuser Pfarrstelle, die er auf Juli erhielt. Hofackers Predigten hatten in Rielingshausen den gleichen Effekt wie an seinen vorherigen Wirkungsstätten (s.o.). Doch auch hier fiel Hofacker wegen seiner Krankheit oft aus. Gleich zu Jahresbeginn 1827 benötigte er eine Unterstützung, die ihm sein Vetter, Vikar Friedrich Klemm, bot. Klemm wurde im März 1828 wegversetzt, worauf Hofacker wegen Krankheit am 30. März ▷

▷ 1828 bat, ihm seinen Bruder Wilhelm als Vikar zu überlassen. Wilhelm wurde am 8. April 1828 Vikar in Rielingshausen und übernahm die Geschäfte seines Bruders, der an Ostern 1828 zum letzten Mal predigte. Rund fünf Monate war Ludwig Hofacker krank, bis er am 18. November 1828 im Pfarrhaus starb.

Literaturtipp:

Albrecht Gühring: „Einen Keil in das Gewissen schlagen". Der Theologe Ludwig Hofacker (1798–1828). In: Ludwigsburger Geschichtsblätter Bd. 54 (2000).

Hermann Ehmer: Ludwig Hofacker. Ein Lebensbild. In: Rielingshausen. Vom fränkischen Adelssitz zum Marbacher Stadtteil, Marbach am Neckar 1996, S. 293–302.

Rolf Scheffbuch: Ludwig Hofacker. Vor allem: Jesus!, Filderstadt-Neuhausen 1998.

Albert Knapp: Leben von Ludwig Hofacker, weil[and] Pfarrer zu Rielingshausen, Heidelberg [3]1860.

eine Inschrift von 1835, die auf eine erhebliche Vergrößerung des Friedhofs hinweist, ist erhalten. Die Inschrift von 1597 lautet:

> Stehe stille Wanderer
> Bedencke wer Du bist hier
> wird vor Deinen Leib die
> Stätte zugerüst wo ist der
> Seelen Ort wo wird sie hin
> getragen. Dieß kan Dir Gottes
> Wort u[nd] Dein Gewissen sagen

Nach Betreten des Friedhofs weist ein Hinweisschild zum **Grab von Ludwig Hofacker** ⑦, der hier gemeinsam mit seiner Mutter bestattet ist. Wir verlassen den Friedhof durch das Westtor und gehen die Bergstraße hinunter zur Häldenstraße. Hier fällt links ein einzeln stehendes Gebäude an einem Hügel auf (Häldenstraße 6). Es ist wohl der ehemalige **Burghügel** des urkundlich nachgewiesenen fränkischen Adelssitzes „Reginherishusen".

Nun führt der Weg nach wenigen Metern links in die Burgstraße und diese entlang bis zur Lange Straße. Gegenüber der Einmündung sehen wir das ehemalige Gasthaus **„Zum Lamm"** (Blumenstraße 2). Der einzige Bäcker am Ort, Jakob Elias Wildermuth, baute 1875 das Haus, das er 1876 mit einem Bäckereibackofen ausstattete. 1885 wird er als Lammwirt in der Lammgasse genannt.

Nach rechts führt der Rundgang in die Lange Straße, im Volksmund noch heute

Das Grab Ludwig Hofackers und seiner Mutter

Die Hofanlage Lange Straße 40

„Langgass" genannt. Sie ist die eigentliche Hauptstraße und hat in früheren Zeiten wohl nicht unwesentlich zum Wohlstand des Dorfes beigetragen, denn sie ist ein Teil der sog. Salzstraße, einer alten Handelsstraße für Salz, Holz und Wein, die von Schwäbisch Hall über Rielingshausen Richtung Marbach führte. Die Trasse führt zum Teil über eine alte Römerstraße, die nördlich an Rielingshausen vorbei zog.

Trotz aller Kriege haben sich in der Lange Straße mehrere Gebäude erhalten, die in die Zeit vor dem Dreißigjährigen Krieg zurückdatieren. Sie stehen alle in unserer Gehrichtung auf der linken Seite und wurden 1995 dendrochronologisch datiert. Als erstes sehen wir das hervorkragende Haus **Lange Straße 40** ⑧, das **1549** erbaut wurde. Dazu gehören

Die Ermordung von Schultheiß Adam Wildermuth

Der 1700 geborene Rielingshäuser Schultheiß Adam Wildermuth trat 1760 in den Ruhestand, den er nur acht Jahre erlebte.
Am 24. Mai 1768 wurde er auf Backnanger Markung zwischen Oppenweiler und Strümpfelbach ermordet. Dieser Mord war kein Einzelfall, denn zwischen 1760 und 1773 trieb im Grenzgebiet zwischen Württemberg, Hohenlohe und Schwäbisch Hall eine Räuberbande ihr Unwesen. Ihre erste Tat war ein Überfall auf den Wirt in Thüngental bei Schwäbisch Hall im März 1760. Die fast 40 Mann starke Bande hatte ein ausgezeichnetes Kundschafter- und Spitzelsystem, das sowohl über günstige Tatgelegenheiten, als auch über nahende Gefahr informierte. Anführer war ein württembergischer Zolleinnehmer und Wirt aus der Gegend von Mainhardt, der ein Doppelleben führte. Er erfuhr von seinem Kollegen in Sulzbach, dass der alte Rielingshäuser Schultheiß nachmittags in dessen Wirtschaft gegessen, gezecht und unvorsichtigerweise von 100 Reichstalern, die er bei sich trug, erzählt habe.
Wenig später sammelten sich die Räuber bei ihrem Anführer, dem Wirt, lauerten Wildermuth zwischen Oppenweiler und Strümpfelbach auf, beraubten und ermordeten ihn. Passanten fanden den Toten

die Gebäude 42, 44 und 46, die neueren Datums sind. An der Scheune (Nr. 44) ist am Eckständer die Jahreszahl 1679 zu sehen; am Gebäude Nr. 46 1734.

Wenige Häuser weiter steht die mittelalterliche Hofanlage des **Ölmagenlehens** ⑨ (Lange Straße 26, 28, 32 und 34). Das Hauptgebäude wurde **1537** erbaut.

Das Gebäude Lange Straße 18, ein zweigeschossiges Wohnhaus in Hanglage, ist das bisher **älteste bekannte Haus** ⑩ in Rielingshausen und wurde **1516** erbaut. Leider hat es den Großteil der originalen Bausubstanz eingebüßt, da um 1900 das Wohngeschoss aufgemauert wurde und vor nicht allzu langer Zeit die Bausubstanz im Inneren ohne Rücksicht auf gewachsene Strukturen vollständig ausgewechselt wurde. Schön zu sehen ist noch das Krüppelwalmdach mit Eulenloch.

Gleich daneben steht das Gebäude Lange Straße 14, ein **stattliches dreigeschossiges Gebäude** ⑪. Es wurde wohl von Schultheiß Adam Wildermuth geplant und nach dessen Tod laut einer Inschrift am linken Eckbalken

Spätbarockes Wohnhaus Lange Straße 14

von seinem Sohn Johann Jakob Wildermuth, ebenfalls Schultheiß, 1775 vollendet. Die Schauseite des ersten Stocks wurde um 1890 in Backstein aufgemauert. Es stellt im dörflichen Bereich das seltene Beispiel eines spätbarocken Wohnhauses mit Mansard-Vollwalmdach dar und wird in der Oberamtsbeschreibung von 1866 mit „städtischen Styl" bezeichnet. Gleich daneben (Lange Straße 12) steht die zugehörige **Fachwerkscheune** des 18. Jahrhunderts. Sehr schön ist das Hauszeichen am Scheitel des Kellerportals mit Ochsenkopf und Beil als Metzgerzeichen.

Bevor wir die sich verengende Lange Straße weiter hinaufgehen, sollte man einen Blick zurück auf die gegenüberliegende Straßenseite werfen. Das Gebäude Lange Straße 15 ist laut Inschrift eine **Hofanlage** von 1717. Charakteristisch ist der polygonale Erker auf zwei Freipfosten. Gehen wir nun die Lange Straße weiter hinauf, ist etwas zurückversetzt linker Hand das große Gebäude Lange Straße 10, das mit Gebäude Hauptstraße 55 zusammengebaut ist, zu sehen. Es ist ein **giebelständiges Wohnhaus** ⑫ des 16. und 17. Jahrhunderts in Hanglage zwischen den beiden Straßen. Die stattliche Hofanlage wurde 1555/56 erbaut.

Hauszeichen Lange Straße 12

Lange Straße 15 (links) und Lange Straße 18 (Mitte)

mit zerrissenen Kleidern und mit dem Gesicht in einer Wasserlache liegend. Von den Räubern, deren Anführer 50 Taler der Beute erhielt, fehlte zunächst jede Spur. Erst vier Jahre später wurde ein Räuber bei einem kleinen Fruchtdiebstahl ertappt und verriet unter Zwickfolter mit Zangen seine Komplizen. Schließlich konnten nach und nach alle 40 Räuber verhaftet und in Pfedelbach und Maienfels eingekerkert werden, wo sie peinlich, das war im Regelfall durch Folter, befragt wurden. Dabei gestanden sie alle Untaten, auch die Ermordung Wildermuths.
Leider waren die zwei übelsten Gesellen, darunter der Wirt, entkommen. 19 der gefangenen Räuber wurden 1773 in Pfedelbach und Maienfels hingerichtet, indem sie mit dem Schwert geköpft und ihre Körper und Köpfe auf Räder geflochten wurden.

Die Kelter

Nun gehen wir die Lange Straße vollends nach oben bis zur Hauptstraße, unserem Ausgangspunkt. Wer möchte, kann jetzt auf der gegenüberliegenden Straßenseite die Kelterstraße hinaufgehen, die zu der bereits im 14. Jahrhundert erwähnten Rielingshäuser **Kelter** führt. Das heutige Gebäude (Kelterstraße 21) stammt aus dem Jahr 1718. Das Zehnthäuslein an der Südseite der Kelter wurde 1791 abgebrochen und vom Stift Backnang gemeinsam mit der Kellerei Marbach neu erbaut. 1990 bis 1992 renovierte die Stadt Marbach das städtische Gebäude, in dem 1994 das **Dorfmuseum Kelter Rielingshausen** des Heimat- und Museumsvereins Rielingshausen e.V. eröffnet wurde. Im Museum sind Gegenstände und Dokumente zum Weinbau in Vergangenheit und Gegenwart sowie Gebrauchsgegenstände zur Dokumentation früherer Männer- und Frauenarbeit am Ort zu sehen. Das kirchliche Leben, vor allem das Wirken Ludwig Hofackers, wird ebenfalls illustriert.

Nach dem Besuch des Heimatmuseums kann man an der Hauptstraße wieder den

Bus nach Marbach besteigen oder mit dem Auto den etwa zweieinhalb Kilometer östlich von Rielingshausen gelegenen Parkplatz Frühmesshof ansteuern. Dort führen drei markierte Rundwanderwege durch den Hardtwald. Am Parkplatz befindet sich eine Wandertafel.

Dorfmuseum Kelter Rielingshausen (Ausschnitt)

Gustav Stirm in den 1960er-Jahren bei der Weinlese in den Rielingshäuser Weinbergen

Dorfmuseum Kelter Rielingshausen

Kelterstraße 21
71672 Marbach am Neckar-Rielingshausen
Träger: Heimat- und Museumsverein Rielingshausen e.V.
Tel. 0 71 44/31 34,
Fax 0 71 44/3 47 98
Geöffnet nach Vereinbarung; Führung für Gruppen nach Anmeldung
Eintritt: € 1,50,
ermäßigt € 1,–
Sammlungsgebiete: Gegenstände und Dokumente zum Weinbau in Vergangenheit und Gegenwart; Gebrauchsgegenstände zur Dokumentation früherer Frauen- und Männerarbeit am Ort; Dokumente zum kirchlichen Leben (v. a. Ludwig Hofacker)
Museumsfaltblatt, Literatur zum Thema

Der Stadtteil Siegelhausen

Chronik

1230
Graf Berthold von Beilstein und seine Gattin Adelheid von Bonfeld schenken dem Stift Backnang ein Gut und das Patronatsrecht an der Martinskirche in Siegelhausen.

1243
Friedrich von Bonfeld schenkt dem Stift Backnang Güter in Siegelhausen.

1245
Papst Innozenz IV. bestätigt dem Stift Backnang dessen Rechte in Siegelhausen als alleinigem Inhaber; Backnang setzt in der Folgezeit zwei Maier (Verwalter) ein.

1245/46
Nennungen als Siglerhusen, Sigelarhusin (abgeleitet vom Personennamen Sigilo).

1446
Inschrift auf dem Taufstein der Siegelhäuser Kirche (heute in Bittenfeld).

1458
Schwaikheim und Bittenfeld gehören zur Siegelhäuser Kirche.

1468
Erste Investitur in Bittenfeld, wo wohl kurz vorher der Siegelhäuser Pfarrsitz hinverlegt worden war.

1568
Ein Lagerbuch über die beiden Höfe des Stifts Backnang wird an-

Siegelhausen. Kolorierte Federzeichnung von Andreas Kieser, 1686 (Hauptstaatsarchiv Stuttgart).

gelegt; Siegelhausen gehört zum Amt Backnang.

vor 1593
Die Kirche wird abgetragen oder zerstört.

1728–1754
Schultheiß Martin Fischer ist im Amt.

1810
Siegelhausen kommt zum Oberamt Marbach, aber Kirche und Schule gehören weiter zu Bittenfeld.

1822
Verwaltungsedikt: Schultheißen der Weiler heißen jetzt Ortsvorsteher oder Anwalt; Weiler und Höfe sollen sich der nächstgelegenen Ortschaft anschließen.

1823
Der letzte Schultheiß Johann Matthäus Ziegler dankt ab.

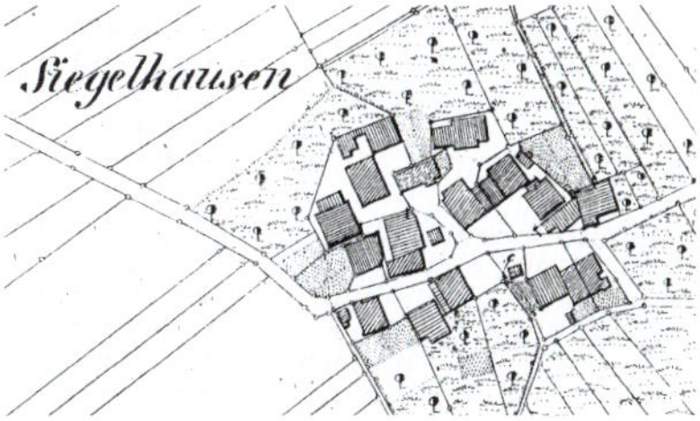

Urflurkarte von 1832

1823 bis 1845
Johann Georg Fischer ist Anwalt.

1828
Freiwilliger Anschluss an die Stadt Marbach; Siegelhausen erhält einen Teilgemeinderat.

1873 bis 1918
Johann Georg Rath ist Anwalt.

1912
Die Elektrizitätsversorgung wird eingeführt.

Idyllischer Blick auf Siegelhausen

Gebäude des 18. und 19. Jahrhunderts im nördlichen Teil des Weilers

1935
Das Amt des Anwalts wird offiziell abgeschafft, aber diese Bezeichnung für den Sprecher als Bindeglied zwischen Weiler und Kernstadt bleibt weiter gebräuchlich; die Teilgemeinden heißen jetzt Ortsteil (Deutsche Gemeindeordnung).

1944
Ein Spreng- und Brandbombenabwurf über Siegelhausen verursacht erhebliche Schäden.

1953–1998
Rudolf Häußermann ist Anwalt.

1963
Anschluss der Wasserleitung an Affalterbacher Wasserversorgung.

1978
Großes Jubiläumsfest aus Anlass der 150-jährigen Zugehörigkeit zu Marbach.

1998
Werner Händle wird Anwalt.

2003
Der Stadtteil Siegelhausen feiert seine 175-jährige Zugehörigkeit zu Marbach.

Geschichte und Besichtigung

Seit 1828, also über 175 Jahre, ist Siegelhausen ein Stadtteil von Marbach am Neckar. Allerdings gibt es, wie beim Stadtteil Rielingshausen, keine gemeinsame Markungsgrenze. Will man Siegelhausen besuchen, so gilt es zuerst, die Stadt in Richtung Affalterbach zu verlassen und in Affalterbach etwa in der Ortsmitte beim Hinweisschild Richtung Siegelhausen rechts abzubiegen. An der nach Hochberg führenden Straße liegt ungefähr auf halber Strecke links in das Apfelbachtal eingebettet der Weiler Siegelhausen, dessen Ortsschild „Siegelhausen-Stadt Marbach am Neckar“ kurios anmutet,

Historistisches Bauernhaus Im Weiler 1

denn von einer Stadt ist weit und breit nichts zu sehen. Die Häuser des Weilers sind aufgrund der geringen Anzahl einzeln durchnummeriert (Im Weiler 1 bis 11), jedoch wird in jüngster Zeit die Einführung von Straßennamen diskutiert. Fast mutet der Gang durch Siegelhausen an wie eine Reise in eine vergangene Zeit, so sehr haben sich die heute wieder gefragten ländlich-idyllischen Gegebenheiten hier erhalten. Dabei ist es kaum vorstellbar, dass dieser Weiler im Hochmittelalter Pfarrort mit Mutterkirche für die umliegenden Orte südlich des Lembergs war. Die Kirche entstand wohl anstelle eines heidnischen Heiligtums. Erst im 15. Jahrhundert wurden die Pfarrrechte der hiesigen Kirche an Bittenfeld übertragen, zu dem Siegelhausen heute noch kirchlich gehört. Bis vor kurzem nahm darauf auch der aufgelöste Schulverband Bittenfeld-Siegelhausen Bezug. So zählen die Kirchenmitglieder (evangelisch) heute zum Kreis Waiblingen, während die politische Zugehörigkeit zur Stadt Marbach am Neckar an den Grenzen des Kreises Ludwigsburg liegt.

Wie der Stadtteil Rielingshausen, so war auch Siegelhausen über Jahrhunderte vom Stift Backnang dominiert. Im Mittelalter war der heutige Weiler ein wohlhabendes und vollständiges Dorf mit Kirche, Kelter und reichen Bauernhöfen. Heute ist immerhin noch ein Baubestand aus 300 Jahren als geschlossene Bausubstanz des 18. und 19. Jahrhunderts sichtbar. Die einstige Bedeutung des Dorfes wurde durch die Verlegung der Pfarrrechte nach Bittenfeld und den Dreißigjährigen Krieg, der den Weiler über Jahre menschenleer werden ließ, geschwächt, sodass heute praktisch nichts mehr von der einstigen Bedeutung erkennbar ist. 1719 standen in Siegelhausen fünf Häuser und vier Scheunen. Von der einstigen Bedeutung des Weinbaus zeugen der Flurname Weinbergäcker sowie große Gewölbekeller. Noch in der Urflurkarte um

Literaturtipp:

Eugen Munz u. Hans Besch: Siegelhausen. Vergangenheit – Gegenwart. Schriften zur Marbacher Stadtgeschichte Bd.5, Marbach am Neckar 1988.
Albrecht Gühring: Siegelhausen vom Regierungsantritt Herzog Christophs bis zum Anschluss an Marbach am Neckar (1550–1828). In: Ludwigsburger Geschichtsblätter 57/2003, S.27–72.
Paul Sauer: Siegelhausen im Mittelalter und zu Beginn der früheren Neuzeit. In: Ludwigsburger Geschichtsblätter 57/2003, S.11–25.

Der Siegelhäuser Taufstein mit der Jahreszahl 1446 steht seit 1468 in der Bittenfelder Ulrichskirche.

1839 ist das Gewann Klotzberg als Weinberg dargestellt. Die noch 1719 genannte Kelter ging im 19. Jahrhundert ab.

Damals gehörte Siegelhausen zum Amt Backnang und seit 1810 zum Marbacher Amt. 1822 erging ein Erlass des württembergischen Königs Wilhelm I., wonach sich kleine Weiler und Höfe der nächstgelegenen Ortschaft anzuschließen hatten. Siegelhausen genügte dies nicht und der Weiler stellte den Antrag auf Eingemeindung in die Stadt Marbach am Neckar, die 1828 vollzogen wurde.

Da Siegelhausen ein Straßendorf ist, kann kein Rundweg beschritten werden. Daher sollen die wichtigsten Gebäude ihrer Nummer nach kurz vorgestellt werden. Das Gebäude Im Weiler 1 ist ein **Bauernhaus vom Typus des Einhauses**, das im 19. Jahrhundert auf den Resten eines Vorgängerbaus errichtet wurde. Kennzeichnend ist die charakteristische Bauweise des Historismus in Backstein mit vielfältig eingebrachten Hausteilelementen in zweifarbiger Verwendung. Dazu gehören auch gestalterische Details wie beispielsweise das

Gusseiserner Laufbrunnen. Im Hintergrund das klassizistische Gebäude Im Weiler 11.

als „Deutsches Band“ ausgeführte Stockwerkgesims sowie das in Sichtfachwerk gehaltene Giebeldreieck mit Andreaskreuz und profilierten Pfettenköpfen.

Haus- und Wirtschaftsgebäude Nr. 2, 2b und 2c stellen eine **Hofanlage des 18. Jahrhunderts**, wohl mit älterem Kern, dar. Es ist der frühere obere Hof, der in der frühen Neuzeit gemeinsam mit dem unteren Hof den gesamten Weiler Siegelhausen bildete.

Die **Fachwerkscheune** Im Weiler 6 ist ein typisches barockes Gebäude des 18. Jahrhunderts, wohingegen sich unter dem Gebäude Nr. 8 ein **mittelalterlicher Gewölbekeller** verbirgt, der wohl im 16. Jahrhundert entstand und über dem 1923 ein neues Wohnhaus errichtet wurde. Es handelt sich wohl im Kern um einen mittelalterlichen Baubestand, auf dem sich laut Ortsliteratur die einstige Pfarrkirche befunden haben soll.

Ein typisches **Gebäude des Klassizismus** ist das Anfang des 19. Jahrhunderts erbaute Wohnhaus Im Weiler 11, das eine symmetrische Fassadengestaltung mit gleichmäßiger Gefügestruktur des Fachwerks sowie für die Bauzeit charakteristische V-Streben in den Brüstungsfeldern zeigt. Das Eingangsportal ist in klassizistischer Form und Sprache ausgeführt, wohingegen der Dachstuhl noch solide in barocker Tradition gezimmert ist. Ein typisches Motiv für Siegelhausen ist der vor diesem Gebäude stehende **gusseiserne Laufbrunnen** aus dem 19. Jahrhundert mit rechteckigem Trog und freistehender Säule.

Literatur (Auswahl)

Die folgenden Literaturangaben sind zum Teil Quelle für diese Veröffentlichung, aber auch Hinweise zur weiteren Vertiefung.

Bauser, Thomas u. *Hild*, Paul: Das Ortsbuch von Rielingshausen, Ludwigsburg 1973.

Bauser, Thomas: Geschichte von Rielingshausen, Stuttgart 1935.

Bergold, Albrecht u. *Pfäfflin*, Friedrich: Schillers Geburtshaus in Marbach am Neckar, (Marbacher Magazin 46/1988), Marbach 1988.

Besch, Hans (Bearb.): Marbach am Neckar. 700 Jahre Stadtrechte 1282–1982. Ausstellungsbericht, Marbach 1982.

Besch, Hans u. *Munz*, Eugen: Siegelhausen, Vergangenheit – Gegenwart (Schriften zur Marbacher Stadtgeschichte Bd. 5), Marbach 1988.

Besch, Hans: Alte Stadtansichten von Marbach am Neckar (Schriften zur Marbacher Stadtgeschichte Bd. 2), Marbach 1980.

Besch, Hans: Sehenswerte Schillerstadt Marbach am Neckar. Ein kleiner Stadtführer. Marbach [2]1987.

Beschreibung des Oberamts Marbach. Stuttgart 1866.

Davidis, Michael u. *Fischer*, Sabine (Fotografien Mathias Michaelis): Aus dem Hausrat eines Hofrats. Die Ausstellung in Schillers Geburtshaus (Marbacher Magazin Sonderheft 77/1997), Marbach 1997.

Der Kreis Ludwigsburg. Hrsg. von Ulrich Hartmann, Stuttgart [2]1994.

Der Postillon, Amts- & Intelligenzblatt für den Oberamtsbezirk Marbach, Marbach 1845–1925.

Deutelmoser, Otto K./*Keppler*, Heinz-Georg/*Lämmert*, Eberhard/*Ott*, Ulrich/*Pfäfflin*, Friedrich: Rückblick auf ein Jahrhundert. 1895 . 1995, Marbach 1996.

Dinkelacker, Hans: Alexanderkirche Marbach am Neckar, Regensburg 2001.

Dinkelacker, Hans: Die Kanzel der Alexanderkirche in Marbach am Neckar, Marbach 1996.

Förstner [Karl]: Heimatbuch des Oberamtsbezirks Marbach für Schule und Haus. Im amtlichen Auftrag bearbeitet von Oberlehrer [Karl] Förstner in Kirchberg a.M. mit anderen Lehrern des Bezirks, Marbach 1923.

Geschichte der Stadt Marbach am Neckar Bd.1 (bis 1871), Marbach am Neckar 2002.

Gühring, Albrecht: „... daß man suchen sollte, sich eine Wasserkraft zu sichern". Stuttgarter Kraftwerke in Marbach. Veröffentlichungen des Archivs der Stadt Stuttgart Band 71, Stuttgart 1996.

Gühring, Albrecht: 100 Jahre Bottwartalbahn. In: Ludwigsburger Geschichtsblätter 48/1994. Seite 53–83.

Gühring, Albrecht: Der Bau von Schloss und Stadt Ludwigsburg aus der Sicht Marbachs. In: Ludwigsburger Geschichtsblätter 58/2004, S.111–134.

Gühring, Albrecht: Der verkannte Marbacher Großvater von Tobias Mayer. In: Südwestdeutsche Blätter für Familien- und Wappenkunde Band 21 Heft 10 (Dezember 1996).

Gühring, Albrecht: Die Ahnenliste des Pfarrers und Predigers Ludwig Hofacker (1798–1828). In: Südwestdeutsche Blätter für Familien- und Wappenkunde Band 22, Heft 4 (Dezember 1998).

Gühring, Albrecht: Die Ahnenliste Karl Georg von Wächters (1797–1880). Ein Ausflug in die württembergische Ehrbarkeit. In: Südwestdeutsche Blätter für Familien- und Wappenkunde Band 22, Heft 1 (März 1998).

Gühring, Albrecht: Die Alexanderkirche in Marbach am Neckar. In: Ludwigsburger Geschichtsblätter 50/1996, S. 20–60.

Gühring, Albrecht: Die Marbacher Tortürme. In Ludwigsburger Geschichtsblätter 53/1999, S. 75 – 94.
Gühring, Albrecht: Die Ölmühle Jäger in Marbach am Neckar. Das technische Kulturdenkmal und die Marbacher Mühlengeschichte, Marbach 1999.
Gühring, Albrecht: Ein Urgroßvater, der von Württemberg kam. Max Frisch und seine Vorfahren aus Rielingshausen (Schöndrucke 2), Marbach 1993.
Gühring, Albrecht: Eine Zierde des schwäbischen Stammes. Der Jurist Karl Georg von Wächter in seiner Geburtsstadt Marbach am Neckar (Schöndrucke 4), Marbach 1998.
Gühring, Albrecht: Einen Keil in das Gewissen schlagen. Der Theologe Ludwig Hofacker (1798 – 1828). In: Ludwigsburger Geschichtsblätter 54/2000, S. 51 – 68.
Gühring, Albrecht: Ergänzungen zu den Vorfahren von Tobias Mayer. In: Südwestdeutsche Blätter für Familien- und Wappenkunde Band 22, Heft 2 (Juni 1998).
Gühring, Albrecht: Johann Friedrich Richter (1794 – 1853). Ein Marbacher Lateinschulmeister in der ersten Hälfte des 19. Jahrhunderts (Schriften zur Stadtgeschichte Bd. 8), Marbach 1994.
Gühring, Albrecht: Marbach am Neckar. In: Heinrich Schickhardt. Baumeister der Renaissance. Leben und Werk des Architekten, Ingenieurs und Städteplaners, Leinfelden-Echterdingen 1999, S. 210 – 215.
Gühring, Albrecht: Siglillum civium in Marpach : 700 Jahre Marbacher Stadtinsignien. (Schöndrucke 6), Marbach 2001.
Gühring, Albrecht: So ist die wehrte Statt ein öder Aschen-Hauffen. Der Marbacher Stadtbrand im Jahr 1693 (Schriften zur Stadtgeschichte Bd. 7), Marbach 1993.
Günther, Georg: Christian Palmer: „ein zweiter Orpheus". Diaconus und Komponist in Marbach am Neckar (1839 – 1843) (Schöndrucke 7), Marbach 2003.
Kast, Johann Friedrich: Beschreibung der Stadt Marbach und ihrer Umgebungen. Ein Beitrag zur Geschichts- und Vaterlands-Kunde, Ludwigsburg 1836.
Lohkamp, Christiane: Liste der Kulturdenkmale Marbach am Neckar (maschinenschriftlich). Landesdenkmalamt Baden-Württemberg, Stuttgart 1993.
Lohkamp, Christiane: Schillers Geburtshaus. Bau- und Besitzgeschichte eines Marbacher Handwerkerhauses (Schriften zur Stadtgeschichte Bd. 9), Marbach 1997.
Marbach am Neckar. Schillers Geburtsstadt. The town of Schiller's birth. La ville natale de Schiller, Marbach 1997.
Marbach und das Wasser. Katalog zur Ausstellung des Staatsarchivs Ludwigsburg und des Stadtarchivs Marbach am Neckar in Kooperation mit dem Kreisarchiv Ludwigsburg; Ausstellungsort: Staatsarchiv Ludwigsburg, Ludwigsburg, 2001.
Möller, Dierk: Das Schillermuseum in Marbach. Die Geschichte der Gründung 1895 – 1903 (Schriften zur Stadtgeschichte Bd. 3), Marbach 1983.
Marbacher Zeitung ab 1926.
Mück, Hans-Dieter: Schillers Elternhaus in Marbach am Neckar (Schriften zur Marbacher Stadtgeschichte Bd. 4), Marbach 1984.
Munz, Eugen u. *Kleinknecht*, Otto: Geschichte der Stadt Marbach am Neckar, Stuttgart 1972.
Munz, Eugen: Dem Dichter ein Denkmal (Schriften zur Marbacher Stadtgeschichte Bd. 1), Marbach 1976.
Ortskernatlas Baden-Württemberg: Stadt Marbach am Neckar Landkreis Ludwigsburg (1.11). Hrsg. vom Landesdenkmalamt und Landesvermessungsamt Baden-Württemberg. Bearbeitet von Peter *Findeisen* u. a., Stuttgart 1995.
Rielingshausen. Vom fränkischen Adelssitz zum Marbacher Stadtteil. Marbach 1996.
Rühl, Hans/*Schick*, Hermann/*Gühring*, Albrecht: Schillerstadt Marbach am Neckar. Photographien 1940 – 1995, Marbach 1997.
Rühl, Hans: Marbach am Neckar. Photographien 1890 – 1940, Marbach 1989.
Schick, Hermann: 600 Jahre Lateinschule Marbach. Eine Schulgeschichte von 1392 bis 1992. In: 600 Jahre Lateinschule Marbach a. N., Marbach 1992.
Schick, Hermann: Feldgeschrey der Kinder Gottes. Johann Jakob Steinhofer und seine Zeit (Schöndrucke 1), Marbach 1993.

Schick, Hermann: Geschichte der Stadt Marbach am Neckar Bd. 2 (1871–1959), Marbach 1992.
Schick, Hermann: Johann Friedrich Schiller, der Steinheimer Vetter Eine Ehrenrettung (Widerdrucke 6), Marbach 2002.
Schick, Hermann: Otto Güntter – Eine Erinnerung (Schöndrucke 5), Marbach 1999.
Wahl, Hans: Rielingshausen in alten Bildern, Marbach 1992.
Wandel, Uwe Jens: John Christopher Hampp Esquire – von Marbach nach Norwich. In Ludwigsburger Geschichtsblätter 49/1995, S. 93–104.
Wolf, Reinhard: Naturdenkmale und Landschaftsschutzgebiete der Stadt Marbach am Neckar (Schriften zur Stadtgeschichte Bd. 6), Marbach 1992.
Zeller, Bernhard: Marbacher Memorabilien Bd. I u. II, Marbach 1995 u. 2000.

Orts- und Personenregister

Bearbeitet von Petra Binder und Albrecht Gühring

Adelberg 50, 55
Adelheid von Bonfeld 146
Affalterbach 69, 149
Aigner 73
Albrecht, Christoph Heinrich 107 f
– Heinrich 107
Alemannien 11
Altdorf 81
Amend, Johann Christian 60
Antoninus Pius 27 f
Asperg 127
Augsburg 96

Baader, Dieter 53
Backnang 13, 63, 115, 117, 127, 130, 133, 140, 146, 148 f, 152
Bader, Hans Jakob 92
von Baden 18, 79
Baden-Württemberg 11, 92
Bad Friedrichshall-Kochendorf 32
Barth 112
Bayreuth 50
Beilstein 13, 18, 55, 117
Bengel, Johann Albrecht 34
Benningen 11, 17, 28, 69, 73, 111, 117
Berthold von Beilstein (Graf) 148
Beurlin, Anna Margaretha (geb. Köhler) 96
– Franz 96
Biberach 101
Bietigheim 13, 115, 130
Bittenfeld 40, 148 f, 150
Blaubeuren 81
Bottwartal 13, 15
Braun, Hartmut 28
Breitenbücher, Hermann 96
Breitling, Jakob 111
Brüssel 92
Burgstall 69
Buttenhausen 108
Butz, Georg Friedrich 70

Canz, Johann Christoph 93
Chlodwig 11
Christian Ernst von Brandenburg-Bayreuth (Markgraf) 50
Christoph (Herzog von Württemberg) 49, 55
Closs (= Clossius), Christine Friederike (geb. Knauß) 92
– Georg Friedrich 92
– Johann Friedrich 92 f
– Karl Friedrich 92
Crusius, Martin 45

Daiber 42
Demler, Anastasius 83
– Michael 45, 65, 83
Den Haag 92
Dentzel, Anna Katharina 47
– Johann Friedrich 47
Dillenius 48, 100 f
Dinkelacker, Hans 32
Drück, Andreas Jakob 87
– Ferdinand Friedrich 87

Eberhard I. (Herzog von Württemberg) 12
Eberhard III. (Herzog von Württemberg) 50
Eberhard Ludwig (Herzog von Württemberg) 81, 84
Ehmer, Hermann 140
Eisenlohr, Ludwig 101
Elisabeth II. (Königin von Großbritannien) 14, 20
Endlich, Johann Baptist 111
Erbstetten 50, 69
Erdmannhausen 34, 69, 83, 130, 133
Ernst, Carl 105
Esslingen 96
Etzel, Zacharias 83

Fischer 110
– Johann Georg 43, 149
– Martin 149
Föhr 79
Franken 11
Frankfurt 44
Freiberg am Neckar 115
Frick, Julius 113
Friedrich (Herzog von Württemberg) 49
Friedrich von Bonfeld 148
Friedrich von der Pfalz (Kurfürst) 26
Frisch, Max 130, 137

Gabler, Ferdinand 110 f
– Friedrich 110 f
Gifftheil, Johann 91

Göppingen 50
Göttingen 96
Gossin, Maria 56
Graß, Johann Friedrich 37
Grettenberger, Gottlieb 136
Groß, Johann Adam 140
Großbottwar 18, 55, 69
Güntter, Otto 100

Händle, Werner 150
Haffner, Johann Friedrich 105
– Traugott 100, 110
Hammer, Karl 101
Hammleylen, Johann Georg 38
Hampp, Johann Christoph 86
– Maria Katharina (geb. Nieß) 86
Hartmann, Christoph Friedrich 90
Haug, Johann Friedrich 42
Häußermann, Rudolf 150
Heidelberg-Neuenheim 28
Heidenheim 114
Heilbronn 117
Heinlin, Johann Jakob 62f
Heinrich II. (Kaiser) 11, 18
Heinriet, Konrad 29
Hellriegel, Friedrich 97
Hettich, Wilhelm 38
Heutingsheim 69
Hippokrates 92
Hochberg 151
Hochdorf 69
Hochstetter, Johann Andreas 60
Hofacker, Friederike (geb. Klemm) 140
– Karl Friedrich 140
– Ludwig 130, 133, 138ff, 146
– Max 140
– Wilhelm 142
Hoffmann, Gottlob 105
Hoheneck 69
Holder, Wilhelm 57
Höllriegel, Anna Barbara 62
– Caspar 62
Holzmann, Abraham 66
– Rosina Magdalena 66
Hoss, Andreas 37
Hubrig, Eberhard 40
Hunn, Georg 45
Hüttermann, Armin 97

Innozenz IV. (Papst) 146

Jäger, Friedrich 61
Jenisch, Paul Ludwig 81
– Philipp Joseph 81
Jörg, Aberlin 25f, 29

Karl Eugen (Herzog von Württemberg) 44, 89
Keim 102
Kiefner, Elisabeth 103
– Jörg 103
Kieser, Andreas 33, 129, 148
Kirchberg 69
Kirchheim/Teck 50
Klaiber, Albert 75
Klein 57
Kleinbottwar 69
Kleinsträttel, Wilhelm 81
Klemm, Friedrich 141
Klingler, Johann Jakob 108, 111
Koch, Johann Philipp 111
Kodweiß, Elisabetha Dorothea (verh. Schiller) 39f, 41
– Georg Friedrich 39, 78
– Johannes 78
Konrad von Weinsberg 12
Konz, Karl Friedrich 107, 111
Kornbeck 50
Körner, Albert 107
Krönlein, David 87
Kummerer 139
Künzelsau 14, 21, 114

Lacey, S. 43
Lauber, Wolfgang 103
Lauer, Friedrich 111
Lausterer, Christian 111
Leins 43
Leipzig 83
von Lengefeld, Charlotte 44
Lillich, Johann Jakob 136
L'Isle Adam 14
Lorch 40, 55
Ludwig (Prinz von Württemberg) 80f
Ludwigsburg 13, 18f, 40, 80f, 88, 109, 118, 152
Ludwigsburg-Hoheneck 38

Mack, Martin 42
Maienfels 145
Mainhardt 144
Mak, Friederike 118
– Johann Gottlieb 118
– Hermann 118
Mauchart, Burkhardt David 62f
– Johann David 62
Mayer, Johannes 59
– Tobias 12, 20, 95f
Markgröningen 26
Märklin, Paulus 30
Maulbronn 49, 57

Mauthausen 130
Mehrer, Johann Bernhard 39
Merian, Matthäus 12, 66, 82
Metzger, Georg Friedrich 37
Metzingen 92
Mühlacker 107
Müller, Fritz 99, 115
– Heinrich 106 f
– Jodokus 43
– Louis 100
Munz, Eugen 63, 84
Murr 7, 40, 69, 124
Murrhardt 28, 68, 83
Mutzhaas, Hans Jörg 87

Napoleon Buonaparte 18
Neckarweihingen 69, 113, 118 f
Niederlande 92
Norwich 86 f
Nürnberg 96, 117

Oechsle, Hanns-Otto 64
Oggersheim 44
Oppenweiler 142
von Oranien (Prinz) 92

Pelargus, W. 101
Pfalz 26
Pfedelbach 145
Pfuderer, Johann Ludwig 40
– Karl 131
Pfullingen 111
Planck, Adolf 107
Pleidelsheim 69, 72
Plieningen 141
Plobst, Jakob 56
Ploucquet 65
Poppenweiler 17, 69, 73
Probst, Christian 47, 54

Rath, Johann Georg 149
Rathmann, Johann Friedrich 59
– Johann Sebastian 56, 58, 59
Rau, Ernst 101
Rau, Johannes 15
Raulff, Ulrich 15
Renz, Wilhelm Friedrich 61 f
– Wolfgang Friedrich 87, 92 f
von Renz, Ulrich 93
Reuß, August 57
Reutlingen 111
Richter, Johann Friedrich 48
Rielingshausen 14, 20, 69
Rommel, Julius 59
Rooschütz, Gottlob 13, 72
– Ottilie 13, 72
Roth, Erwin 97
Rußland 92
Rottenburg 72
Ruoff, Johann Gottlieb 57
Ruthart, Michael 31

Sauer, Paul 76
Scharr 57
Schellenberger, Gottlieb Friedrich 106, 110 f
Schickhardt, Heinrich 110
Schiller, Friedrich 12, 14, 20, 39, 43 f, 78, 87, 89 f, 95, 102 ff
– Johann Kaspar 40, 104
– Johannes 40
Schlotterbeck, Philipp Jakob 50, 60 f
Schmid, Heinz 77
– Johann Georg 40
Schneider, Johann Jakob 95 f
– Katharina 95 f
Schöllkopf, Ulrich 43
Schönwalter, Ludwig 85
Schorndorf 34, 96
Schott von Schottenstein 109 ff
Schroll, Clara (geb. Krämer) 86 f
– Georg Ehrenreich 86 f
Schwäbisch Gmünd 40
Schwäbisch Hall 17, 117, 143 f
Schwaikheim 148
Seitz, Alexander 24
Seyffert, Gottfried 37
Siegelhausen 13, 18
Speth, Kaspar 29
Speyer 11, 18, 24, 127
Spindler, David Wendel 34
Spoun 83
Stadtmann, Daniel 38
– Anna Maria 38
Stängle, Gottlieb 37
– Melchior 41
Starrenwadel 38
Steiner, Kilian 100
Steinheim 17, 69, 117
Steinhofer, Johann Jakob 50
Stetten 141
Stiegler, Anna 42
– Johann Michael 42
Stirm, Adolf 130
– Gottlieb 130
Strenzelbach 35, 66, 79, 104
Strümpfelbach 144
Studion, Jakob (gen. Hess) 48
– Simon 45, 47, 48 f
Stuttgart 13, 15, 19, 26, 50, 65, 69, 72, 78, 81, 87, 99, 101, 103, 105, 107, 108, 110 ff, 141
Sulzbach 144

von **T**eck 18, 79
Theilacker, Karl Friedrich 111
Theurer, Carl 101
Thorwaldsen 101
Thüngental 142
Traub, Helmut 120
Tübingen 50, 62, 72, 83, 141

Ulrich (Herzog von Württemberg) 26, 29, 48, 55
Ulrich V. (Herzog von Württemberg) 88, 127
Ulm 28
Uschalk, Johann Ludwig 87

Vischerin, Beta 77

von **W**ächter, Eberhard 83
– Karl Georg 20, 83f, 95
Waiblingen 151
Walter von Speyer 18
Walz, Katharina 76
Wandel, Uwe Jens 86
Washington/Missouri 14
Weidenbach 138
Weigle, Carl 101
Weiler zum Stein 69
Weimar 44
Weinlen, Johann Caspar 64
Weiß, Johann Jakob 111
Weste, Ernst 111
Wildbad 140
Wildermuth, Adam 144f
– Gottlieb 130, 137
– Jakob Elias 142
– Johann David 72
– Johann Jakob 132, 145
– Ottilie (geb. Rooschüz) 13, 72f
Wilhelm I. (König von Württemberg) 154
Wilhelm II. (König von Württemberg) 103
Winnenden 140
Wohlgemuth, Gottfried 87
Wolwald 11, 17
Wunderlich, Dietrich 67, 92
– Anna Margaretha (geb. Schroll) 67
Württemberg 18, 24, 36, 47, 49, 68, 80, 127, 144, 12

Yelin, Rudolf 75

Zerweck, Alexander 28
Ziegele, Alfred 107
Ziegler, Johann Matthäus 149

Marbach

1 Spätgotische Alexanderkirche (S. 24)
2 Armenhaus von 1611 (S. 34)
3 Gerberhaus von 1578 (S. 36)
4 Gasthaus „Goldener Löwe" (Geburtshaus von Schillers Mutter Elisabetha Dorothea Kodweiß, S. 39)
5 Schillers Geburtshaus (S. 42)
6 Wilder-Mann-Brunnen (S. 44)
7 Diakonat (S. 44)
8 Beginen- oder Schulhaus (S. 47)
9 Haspelturm (S. 50)
10 Typisches Weingärtnerhaus (S. 52)
11 Porträtplastik Christian Probst im Hauseingang (S. 54)
12 Spezialat (Dekanat, S. 55)
13 Rathmannsches Haus (Porträtplastiken an den Seiten, S. 59)

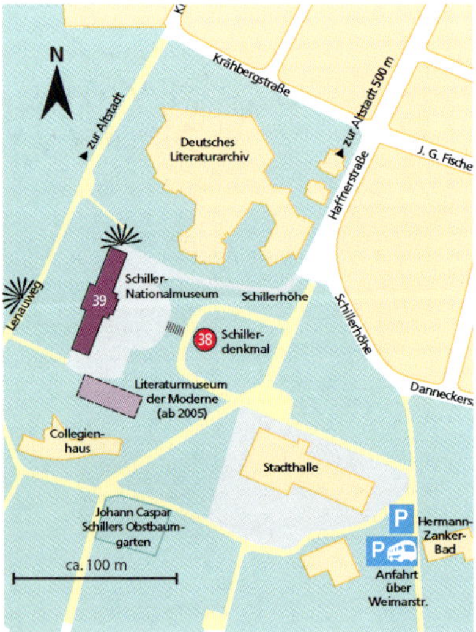

14 Technisches Kulturdenkmal Ölmühle Jäger (S. 60)**15** Heinlinscher Hof von 1688 (S. 62)
16 Physikat (Dienstsitz des Stadt- und Amtsarztes, S. 62)
17 Typisches Wiederaufbauhaus nach dem Stadtbrand von 1693 (S. 64)
18 Porträtplastik Handelsmann Dietrich Wunderlich (S. 67)
19 Interimsrathaus (S. 67)
20 Geistliche Verwaltung (S. 67)
21 Grabentor (S. 69)
22 Diebs- oder Malefizturm (S. 69)
23 Rondellturm der äußeren Stadtmauer (S. 70)
24 Bürgerturm (S. 71)
25 Wohnhaus der Schriftstellerin Ottilie Wildermuth (S. 72)
26 Oberer Torturm (S. 72)
27 Wendelinskapelle von 1433 (S. 76)
28 Wohnhaus der Familie Kodweiß (Vorfahren von Schillers Mutter, S. 78)
29 Burgplatz (S. 80)
30 Fruchtkasten und Zehntscheune (S. 80)
31 Vogtei (S. 83)
32 Hausmarke Schroll an der Ostseite des Gebäudes (S. 86)
33 Rathaus (S. 88)
34 Schatzhaus (1986 Fund eines Goldmünzschatzes, S. 91)
35 Wappen Renz über Eingangsportal (S. 92)
36 Stadtkirche (S. 93)
37 Tobias-Mayer-Museum (S. 96)
38 Schillerdenkmal (S. 101)
39 Schiller-Nationalmuseum (S. 101)
40 Laufwasserkraftwerk der Stadt Stuttgart von 1900 (S. 112)